LITERATURA INFANTIL BRASILEIRA

LEONARDO ARROYO

LITERATURA INFANTIL BRASILEIRA

3ª edição

Fundação Editora da UNESP (FEU)
Praça da Sé, 108
01001-900 – São Paulo – SP
Tel.: (0xx11) 3242-7171
Fax: (0xx11) 3242-7172
www.editoraunesp.com.br
www.livrariaunesp.com.br
feu@editora.unesp.br

CIP – Brasil. Catalogação na fonte
Sindicato Nacional dos Editores de Livros, RJ

L596L
3.ed.

Arroyo, Leonardo, 1918-1986
Literatura infantil brasileira / Leonardo Arroyo. – 3.ed. rev. e ampliada. São Paulo: Editora Unesp, 2011.
408p.

Inclui bibliografia e índice
ISBN 978-85-393-0094-5

1. Literatura infantojuvenil brasileira – História e crítica. I. Título.

11-0920. CDD: 809.89282
CDU: 82-93

Editora afiliada

Asociación de Editoriales Universitarias de América Latina y el Caribe

Associação Brasileira de Editoras Universitárias

Para
Arnaldo Magalhães de Giacomo
Decio Diegoli
Francisco Marins
Leão Machado
Lourenço Filho
Otacílio de Carvalho Lopes
e
Lenyra C. Fraccaroli

Mas na realidade disso só entendo que a maior e mais importante dificuldade da ciência humana parece residir no que concerne à instrução e à educação das crianças.

Montaigne, *Ensaios*, Livro I, Capítulo XXVI

Exíguo, limitado, como ensaio, confessado que é...
Começo de começo, como deve ser...
Mas o ensaio tem razão de existir.

Afrânio Peixoto, *História do Brasil*

Sumário

Apresentação à terceira edição

Literatura infantil brasileira, de Leonardo Arroyo (1918-1986), é um clássico da historiografia da literatura infantil brasileira.

A primeira edição deste livro foi publicada em 1968, pela Edições Melhoramentos, com o subtítulo "ensaio de preliminares para sua história e suas fontes", com um prefácio do próprio autor e um ensaio introdutório, assinado pelo educador Manoel Bergström Lourenço Filho, para quem os méritos do livro lhe conferem "na bibliografia da especialidade uma posição de real preeminência, a de um estudo básico".

Com ilustração de capa assinada por Gioconda Uliana Campos e ilustrado internamente com imagens de raras e valiosas fontes documentais utilizadas pelo autor, o livro integrava a Série "Grandes textos" da prestigiada Coleção "Biblioteca de Educação", criada em 1927, organizada e dirigida por Lourenço Filho. Em consonância com a estreita relação entre Educação, Psicologia e Sociologia – como se constata, por exemplo, na relação de títulos apresentada na quarta capa –, o objetivo dessa coleção era reunir obras de utilidade para estudantes, professores e demais interessados pelos "conhecimentos fundamentais da Educação".

Essas destinação e circulação previstas para a área de Educação, predominantemente, são reafirmadas e ampliadas no texto de orelha – "leitura complementar para estudantes de Literatura de nossas Faculdades de Filosofia" – e no ensaio introdutório, em que Lourenço Filho indica a leitura também a "sociólogos, historiadores e homens de letras".

A segunda edição do livro foi publicada em 1988, também pela Melhoramentos, com algumas diferenças, sobretudo na composição gráfica: formato menor; capa com a reprodução da ilustração da capa de um dos volumes da coleção "Biblioteca Infantil" – criada em 1915, pelo professor Arnaldo O. Barreto, e publicada pela mesma editora –; inclusão, na capa, do nome de Lourenço Filho como autor da apresentação; supressão do subtítulo na folha de rosto; supressão da indicação de pertencimento à Biblioteca da Educação; inclusão de informações sobre o autor e atualização da relação de suas obras. Além disso, foi acrescentada uma nota de apresentação e foi substituído o texto da quarta capa.

Considerando-se a repercussão do livro ao longo dos vinte anos de intervalo entre as duas edições, todas essas modificações contribuíram para ampliar a destinação e a circulação pretendidas para o livro, dessa vez predominantemente para o campo dos estudos literários relacionados com educação, como se pode observar, por exemplo, na nota de apresentação e no texto da quarta capa.

Na nota, assinada por Glória Pondé, professora da Faculdade de Letras da Universidade Federal do Rio de Janeiro, são destacadas como qualidades do livro, a inventariação documental crítica exaustiva e a articulação entre perspectiva periodológica e "situação histórico-social-educativa do país na época, comparando-a com os movimentos culturais existentes no exterior". Ainda nessa nota, o livro é caracterizado como um "documento raro e precioso, que resgata para os pesquisadores de todas as áreas a história social do país" e que apresenta, mais que história da literatura infantil brasileira, uma "história da pedagogia brasileira".

No texto de quarta capa dessa segunda edição, o livro é apresentado como "obra fundamental para pesquisadores de todas as áreas das ciências humanas" e como "um importante documento, de leitura indispensável para aqueles que buscam as raízes da formação social brasileira". Ainda nesse texto, tem-se a transcrição da seguinte avaliação do livro, assinada por Nelly Novaes Coelho, professora de Teoria Literária na Universidade Estadual Paulista/Marília e da Universidade de São Paulo, ensaísta, crítica literária e autora do notável *Dicionário Crítico da Literatura Infantil e Juvenil Brasileira*: "... tem servido de base ou ponto de partida obrigatório a tudo quanto se tem publicado sobre o assunto, desde então".

Publicada pela Editora Unesp 13 anos após a anterior, esta terceira edição contém poucas modificações: acréscimo desta apresentação e atualização de alguns dados relacionados à bibliografia sobre o autor e suas obras, além das relativas aos aspectos de composição gráfica.

Embora se tenham modificado as condições sociais, culturais e educacionais do momento histórico em que Arroyo produziu o ensaio e embora se tenham esgotado os exemplares das edições anteriores, o livro continua sendo utilizado, por meio da leitura de exemplares que integram acervos pessoais de estudiosos e pesquisadores e de bibliotecas universitárias, sobretudo.

Literatura infantil brasileira continua, portanto, atual e necessário, como "profetizavam" o autor do livro e o autor de seu ensaio introdutório da primeira edição.

***

Em seu prefácio, Arroyo explicita compreensão das grandezas e limites do trabalho que desenvolvera individualmente, ao longo de vários anos, coletando e reunindo fontes de diferentes tipos relacionadas à literatura infantil

> em sua acepção ampla: tudo quanto se dê a ler, e, mais, todas as formas literárias da tradição oral, ou do folclore, tenham elas formas recreativas ou didáticas, ou ambas [...]

Assim, a literatura infantil, "como qualquer outra expressão literária, decorre de condições sociais em seu conceito mais amplo".

Com base nessa ideia, Arroyo formula um objeto de investigação – literatura infantil *brasileira* – em relação direta com o método de investigação e de exposição adotados. A formulação desse objeto e a elaboração do ensaio se situam em um momento no qual já estavam consolidadas e reconhecidas tanto a obra de Arroyo, como jornalista, historiador, ensaísta, contista e autor de livros de literatura infantil, quanto sua interlocução com ilustres representantes do efervescente movimento em torno da constituição de um projeto para o país, que configurou o pensamento social brasileiro e, em torno dele, o movimento cultural, literário e editorial da época. Dentre esses nomes, podem-se destacar, por exemplo, Lourenço Filho, Fernando de Azevedo, Luís da Câmara Cascudo, Mário de Andrade, Sérgio Buarque de Hollanda, Gilberto Freyre, Antonio Cândido, Raimundo de Menezes, Ernani Silva Bruno, Francisco Marins e Octales Marcondes Ferreira.

Buscando responder a perguntas de seu tempo, Arroyo produz uma versão da história da literatura infantil brasileira. Essa história, o autor a caracteriza como um processo evolutivo complexo e diversificado "em face das numerosas áreas culturais brasileiras e prevalência transregional dos elementos característicos da educação". E, nesse processo evolutivo, identifica fases, de acordo com sua sucessão (complexamente linear) no tempo: a literatura oral, a literatura escolar, a imprensa escolar e infantil e, por fim, a "maturidade de nossa literatura infantil", a partir da publicação, em 1921, de *Narizinho arrebitado*, de Monteiro Lobato.

A partir dessa tese defendida e demonstrada por Arroyo, estava, então, posta, de forma sistemática e programática, a questão nuclear – a ambiguidade fundante da literatura infantil brasileira –, da qual decorre sua oscilação entre os gêneros didático e literário, e o correspondente esforço de autores e pesquisadores em propor caminhos de superação do didatismo em favor da literariedade dos textos desse gênero.

Essa questão já estava presente na escassa produção brasileira sobre o tema, anterior à publicação do livro de Arroyo e com a qual manteve interlocução direta, além daquela por ele estabelecida indiretamente com o "rol bibliográfico competente de obras" publicadas na França, na Inglaterra, nos Estados Unidos, na Espanha, na Alemanha e na Itália.

No que se refere à produção brasileira sobre o tema, contava-se, até a década de 1960, com iniciativas esparsas, predominantemente vinculadas a ou motivadas por necessidades e pontos de vista educacionais e didático-pedagógicos, algumas delas contundentes, como: na esfera institucional, a criação, em 1936, por iniciativa do ministro Gustavo Capanema, da Comissão Nacional de Literatura Infantil; a inclusão gradativa da matéria Literatura Infantil nos Cursos Normais, inicialmente nos estados do Rio de Janeiro, em 1932, e de São Paulo, em 1946; e, na esfera editorial, a publicação, relativa ao tema, do capítulo de um livro de Afrânio Peixoto (1923), dos artigos de Lourenço Filho (1943) e de Fernando de Azevedo (1952), do livro de Cecília Meireles (1949), da bibliografia de Lenyra Fraccaroli (1951), dos manuais de ensino de Antônio d'Ávila (1957) e de Bárbara V. Carvalho (1959).

É, porém, a partir do ensaio de Arroyo que a questão da ambiguidade fundante da literatura infantil brasileira assume importância nuclear, em torno da qual, predominantemente, desenvolveram-se estudos posteriores e se vem constituindo um campo de conhecimento específico e interdisciplinar, envolvendo, em especial, as áreas de Educação, Letras, Psicologia, Biblioteconomia, História da Educação.

Assim, engajado nas complexas discussões de sua época e nas não menos complexas questões que então se formulavam, Arroyo volta sua atenção para um tema cuja compreensão estava a demandar explicações mais aprofundadas. Desse novo "lugar" que passa a ocupar, produz o que não pretendia ser "obra definitiva", nem "amplamente, uma história" da literatura infantil brasileira, mas somente um "ensaio de preliminares para a sua história e suas fontes", que, conforme o plano original, seria completado com uma *Antologia da Literatura Infantil Brasileira*.

Arroyo reconhecia as limitações e as qualidades de sua iniciativa. Sabia que se tratava do "começo de começo", em relação ao estudo sobre o tema, e, ao mesmo tempo, obra de maturidade em relação a sua produção intelectual.

Sabia ser o ensaio, por vezes "deficiente por pretender cobrir toda a área cultural brasileira, sobre literatura infantil brasileira". Mas sabia também que o farto, disperso e desconhecido conjunto de fontes documentais que coletara e reunira se caracterizava como "o suficiente para um estudo pioneiro", que as possíveis deficiências estavam a indicar inúmeras possibilidades de pesquisa, em diferentes áreas, e que o excesso de inventariação poderia justificar a utilidade do ensaio, por seu

> valor histórico irrecusável – pelo menos o de tentar salvar do tempo uma enorme quantidade de elementos capazes de servir a um analista ou historiador literário para uma obra definitiva, ou quase definitiva, sobre a literatura infantil brasileira.

O engajamento do autor em sua época, ou, talvez, as limitações por ele reconhecidas, ou, ainda, o conceito amplo de literatura infantil e o estabelecimento de sistema evolutivo a que se subordina a literatura infantil, alguns ou todos esses aspectos podem suscitar ressalvas ao ensaio de Arroyo, do ponto de vista de alguns leitores de hoje.

Mas são justamente esses aspectos que, também do ponto de vista dos leitores de hoje, conferem ao ensaio seu caráter inaugural e pioneiro, derivado da formulação – de um ponto de vista até então inédito – de um objeto de investigação, de uma versão da história da literatura infantil brasileira e de um tipo de abordagem histórica desse tema. E é também dessas características "de fundo" que derivam as inquestionáveis qualidades e a reiterada atualidade do livro: inaugura a tradição tanto de abordagem histórica da literatura infantil quanto de formulação de um objeto específico – a literatura infantil *brasileira* – com base na configuração do correspondente fenômeno em nosso país, o qual o autor busca compreender; e recupera, reúne e interpreta, pioneiramente, o conjunto de fontes documentais até então desconhecidas ou dispersas.

Coincidência, ou não, a partir da publicação, em 1968, da primeira edição do livro, relacionadamente às mudanças significativas no âmbito político e social ocorridas no Brasil e em outros países, teve início o processo de discussão e proposição, em novas bases, de soluções para os problemas da educação e da leitura em nosso país.

Apesar do diferente contexto político e social, Arroyo também participou desse momento de discussão, seja por meio da circulação e utilização de *Literatura infantil brasileira*, seja por meio de sua atuação direta em novos espaços acadêmicos e editorias de produção, circulação e discussão da literatura infantil, como exemplifica sua participação, em 1972, no júri do Prêmio Hans Christian Andersen do *International Board on Books for Children* (IBBY), na condição de especialista brasileiro indicado pela Fundação Nacional do Livro Infantil e Juvenil (FNLIJ).

Desse clima favorável à expansão da produção *de* e *sobre* literatura infantil brasileira derivam iniciativas também contundentes, como o *boom* da produção de livros de literatura infantil e de editoras especializadas nessas publicações, a partir da década de 1970; o alargamento da circulação e utilização de livros de literatura infantil, predominantemente como leitura "paradidática", nos diferentes níveis e graus de ensino escolar destinado a crianças; a criação de programas governamentais de incentivo à leitura de livros de literatura infantil; a criação, em 1968, da FNLIJ, seção brasileira do IBBY, e do Centro de Estudos de Literatura Infantil e Juvenil (CELIJU); a fundação, em 1978, da Academia Brasileira de Literatura Infantil e Juvenil; e a publicação de estudos sobre literatura infantil que se tornaram referências obrigatórias assim como seus autores, atuantes em diferentes áreas do conhecimento e vinculados a diferentes instituições de ensino e pesquisa brasileiras: Eliana Yunes, Nelly N. Coelho, Regina Zilberman, Marisa Lajolo, Fúlvia Rosemberg, Lígia Cadermatori e Edmir Perroti.

Em decorrência desse conjunto de iniciativas e considerando o acentuado crescimento, nas últimas décadas, da produção acadêmico-científica vinculada a diferentes programas de pós-graduação das Ciências Humanas, vem-se constituindo um corpo básico de conhecimentos sobre literatura infantil e temas correlatos, no qual se encontra a marca, explícita, ou não, do pensamento de Arroyo contido no livro em questão.

Esse lugar que conquistou na bibliografia sobre literatura infantil brasileira e na historiografia sobre o tema pode ser constatado, dentre outros exemplos, nas milhares de citações do livro ou de menções a ele, a seu autor e ao conjunto de sua obra; e no espaço a ele dedicado em obras que também já se tornaram clássicos na área, como, o verbete "Leonardo Arroyo", no *Dicionário crítico de literatura infantil,* de N. N. Coelho, e a dedicatória ao "mestre e pioneiro nos estudos de literatura infantil brasileira" contida em *Literatura infantil brasileira: história & histórias,* de M. Lajolo e R. Zilberman.

***

Literatura infantil brasileira, de Leonardo Arroyo, é, indubitavelmente, um clássico da historiografia da literatura infantil brasileira, tendo-se tornado também referência obrigatória na produção acadêmico-científica brasileira sobre outros aspectos do tema – teoria e crítica da literatura infantil, literatura infantil e ensino, literatura juvenil – e sobre tantos outros temas correlatos, com destaque para os abordados no âmbito da história da educação e da história da cultura brasileiras.

Ao longo de mais de quatro décadas, foram-se ampliando a destinação e a circulação previstas e efetivadas em relação a esse livro, acompanhando a crescente importância da literatura infantil (e juvenil) para os envolvidos com atividades educacionais, editoriais e acadêmico-científicas em nosso país.

Os resultados do trabalho investigativo de Arroyo, de atualidade sempre renovada, continuam suscitando, em diferentes gerações de pesquisadores e professores, motivos para reflexão crítica e ampliando as possibilidades de formulação de temas e problemas de investigação, em diferentes campos de conhecimento na área das humanidades.

Assim, também se ampliou a condição inicial de "livro básico", que lhe foi reconhecidamente conferida, podendo-se hoje constatar seu lugar proeminente na "classe" de estudos cuja tradição inaugurou, para cuja elaboração contribuiu e pelos quais continua sendo autorizado e abonado.

No âmbito da historiografia da literatura infantil, esse lugar de excelência ocupado pelo livro decorre, sobretudo, de seu caráter inaugural e pioneiro, configurado pela conjunção das principais qualidades do trabalho empreendido pelo autor.

Para as gerações de pesquisadores e professores atuantes, em diferentes áreas, nas últimas décadas, dessas qualidades derivam diferentes formas de utilização do livro: ora como inspiração e ponto de partida para o desenvolvimento de estudos históricos *stricto sensu* sobre o tema; ora como obra de referência para consulta de informações ou para sumarização de fatos e interpretações da história da literatura infantil, da "literatura escolar", da educação e da cultura brasileiras; ora, ainda, como fonte documental secundária, uma espécie de "fonte das fontes", que abrevia o trabalho de pesquisadores relativamente à localização e à recuperação de fontes primárias para seus estudos.

Dentre as possibilidades de estudo que o livro propicia, porém, não se têm notícias de que já tenha sido abordado, ele mesmo, considerando-se seu inquestionável valor como documento histórico.

Necessário que é, estudo dessa natureza demanda intensa e extensa pesquisa documental, com o objetivo de localizar, recuperar, reunir e analisar informações sobre muitos dos aspectos brevemente apontados nesta Apresentação, tais como, dentre tantos outros: o conceito de literatura infantil em que se fundamenta o pensamento do autor, a trajetória editorial do livro, a história de sua leitura.

Ainda por ser feito, estudo dessa natureza certamente poderá contribuir para a compreensão, dentre outros, do significado histórico do pensamento do autor sobre literatura infantil, na relação com o conjunto de sua obra, com o conjunto da produção brasileira e estrangeira sobre literatura infantil e com o conjunto da produção sobre o pensamento social e educacional brasileiro elaborado, em meados do século XX, pela geração de intelectuais e escritores que Arroyo integrou. Assim, poderá contribuir para se ampliar a compreensão do caráter inaugural e pioneiro do livro e de sua permanência no tempo.

Conforme o que aqui expus, a despeito da forma necessariamente sintética, a repercussão do livro ao longo desses 43 anos vem confirmar muitas das "profecias" relativas a sua utilidade e a suas possibilidades de circulação, assim como evidencia muitos caminhos de estudo e pesquisa ainda inexplorados, como os sugeridos ou os sequer vislumbrados por seu autor.

Considerando o já feito e o muito que ainda se pode fazer com esse inestimável legado de Leonardo Arroyo, a oportuna publicação desta terceira edição – que tive a honra de apresentar – vem propiciar condições para que se ampliem a destinação e a circulação do livro, contribuindo significativamente para a configuração de uma "terceira" e mais complexa geração de leitores, entre pesquisadores, professores, bibliotecários e demais interessados no assunto.

Contando com as contribuições das gerações anteriores e engajados no contexto deste novo século e novo milênio, os das novas gerações que acolherem o convite representado por esta relevante iniciativa da Editora Unesp certamente têm ainda muito a explorar e para além das possibilidades que tanto o autor de *Literatura infantil brasileira* quanto nós, leitores formados no século XX, pudemos pensar, até aqui.

Marília/SP, fevereiro de 2011
Maria do Rosário Longo Mortatti

Nota à segunda edição

A literatura para crianças e jovens é uma das áreas editoriais que mais tem se desenvolvido nas últimas décadas.

Pioneiro, Leonardo Arroyo, no início de 1968, publica este ensaio de preliminares para a história da literatura infantil no Brasil. Abrange do período colonial até Monteiro Lobato, terminando o estudo em 1966. Realiza, pois, um inventário crítico de tudo o que foi impresso até então: a imprensa dirigida ao público escolar distribuída por regiões e estados, os levantamentos bibliográficos já existentes como tentativa de sistematização do fenômeno nascente e uma relação exaustiva de autores e obras de literatura, incluindo até, edições em fac-símile.

Na sua perspectiva periodológica, o mestre Arroyo alia às datas e aos depoimentos um comentário sobre a situação histórico-social-educativa do País na época, comparando-a com os movimentos culturais existentes no exterior. A análise desses fatores torna o livro um documento raro e precioso, que resgata para os pesquisadores de todas as áreas a história social do País.

Assim, mais do que uma história da literatura infantil, apresenta-nos uma história da pedagogia brasileira: as origens e transformações da educação formal no Brasil, bem como o papel do folclore visto como transmissor da ideologia popular.

Embora não contenha a produção mais recente de livros para crianças e jovens, a obra de Leonardo Arroyo permanece atual pela justeza de seu critério de análise. Trata-se de um livro fundamental para todos os estudiosos do assunto.

Em um momento em que a literatura infantil vem ganhando cada vez mais espaço na área acadêmica, nas escolas de 1º e 2º graus, na imprensa e na preocupação dos pais em torno do gosto pela leitura, da formação de público e da melhoria da produção editorial, a reedição de *Literatura infantil brasileira* vem responder a uma demanda que já havia sido intuída, genialmente, por seu autor.

São Paulo, 20 de junho de 1988.
Gloria Pondé

Obras do autor

Viagem para Málaga. Rio de Janeiro: Livraria José Olympio Editora, 1950.

Absalão e o rei. São Paulo: Difusão Europeia do Livro, 1961.

O tempo e o modo. São Paulo: Comissão Estadual de Literatura do Conselho Estadual de Cultura, 1963.

Carta a El-Rei D. Manuel, de Pero Vaz de Caminha. São Paulo: Dominus Editora, 1963.

Igrejas de São Paulo. 2.ed. São Paulo: Companhia Editora Nacional, 1966 (Coleção Brasiliana). [Livraria José Olympio Editora, Rio de Janeiro, 1954]

Literatura infantil brasileira. São Paulo: Melhoramentos: Biblioteca de Educação, 1968.

Memória e tempo das igrejas de São Paulo (texto histórico, com desenhos de Diana Dorothéa Danon). São Paulo: Editora Universidade de São Paulo: Companhia Editora Nacional, 1970.

Discurso de posse na Academia Paulista de Letras (resposta de Osmar Pimentel). Rio de Janeiro: Livraria José Olympio Editora, 1972.
Agravos do tempo. São Paulo: Conselho Estadual de Cultura, 1976.
A carta de Pero Vaz de Caminha (ensaio de informação à procura de constantes válidas de métodos). 2.ed. São Paulo: Melhoramentos; Brasília: INL-MEC, 1976. [1973]
São Paulo. São Paulo: Livraria Kosmos Editora, 1977.
Relação do rio Tietê. 2.ed. São Paulo: Obelisco Editora, 1980. [1963]
A cultura popular no Grande Sertão: Veredas (filiações e sobrevivências tradicionais, algumas vezes eruditas). Rio de Janeiro: Livraria José Olympio Editora; Brasília: Instituto Nacional do Livro, 1984 (Coleção Documentos Brasileiros).
10 Contos escolhidos. Brasília: Instituto Nacional do Livro: Fundação Nacional Pró-Memória: Horizonte Editora, 1985.

Literatura infantil

Você já foi à Bahia? São Paulo: Melhoramentos, 1950.
Estórias do Galo e do Candimba. 4.ed. São Paulo: Melhoramentos, 1951.
Olavo Bilac. 2.ed. São Paulo: Melhoramentos, 1953.
Roberto Fúlton. São Paulo: Donato Editora, 1960.

Obras sobre o trabalho do autor

COUTINHO, A. *Brasil e brasileiros de hoje, enciclopédias de biografias*. 2v. Rio de Janeiro: Sul América, 1961.
CUNHA, F. *Situação da ficção brasileira*. Rio de Janeiro, Paz e Terra, 1970.
MENEZES, R. de. *Dicionário literário brasileiro*. Rio de Janeiro, Livros Técnicos e Científicos Editora, 1978.
MENEZES, R. *O conto brasileiro e sua crítica*. Rio de Janeiro: Biblioteca Nacional, 1977. (Coleção Rodolfo Garcia)
PACHECO, J. *Antologia do conto paulista*. São Paulo: Conselho Estadual de Cultura, 1959.

Adendo à segunda edição

ABRAMOVICH, F. *Literatura infantil: gostosuras e bobices*. São Paulo: Scipione, 1989.

CARVALHO, B. V. de. *A literatura infantil: visão histórica e crítica*. São Paulo: EDART, 1982.

COELHO, N. N. *A literatura infantil: história – teoria – análise*. São Paulo: Quíron, 1981.

COELHO, N. N. *Dicionário crítico da literatura infantil e juvenil brasileira*. 4.ed. ver e ampl. São Paulo: Edusp, 1995. [1983]

COELHO, N. N. *Panorama histórico da literatura infantil/juvenil*. 3.ed. refund. e ampl. São Paulo: Quíron, 1985.

CUNHA, M. A. A. *Literatura infantil: teoria & prática*. São Paulo: Ática, 1983.

CUNHA, M. A. A. *Como ensinar literatura infantil: para os colégios normais*. 3.ed. São Paulo: Discubra, [s.d.]

GÓES, L. P. *Introdução à literatura infantil e juvenil*. São Paulo: Pioneira, 1984.

HALLEWELL, L. *O livro no Brasil: sua história*. Trad. M. P. Villalobos e L. L. Oliveira. São Paulo: T.A. Queiroz: Editora da USP, 1985.

LAJOLO, M. *Usos e abusos da literatura na escola: Bilac e a literatura escolar na República Velha*. Rio de Janeiro: Globo, 1982.

LAJOLO, M.; CECCANTINI, J. L. (Orgs.). *Monteiro Lobato: livro a livro* – obra infantil. São Paulo: Unesp, 2009.

LAJOLO, M.; ZILBERMAN, R. *Literatura infantil brasileira: história & histórias*. São Paulo: Ática, 1984.

MAGNANI, M. do R. M. *Leitura, literatura e escola: sobre a formação do gosto*. 2.ed. São Paulo: Martins Fontes, 2001.

MELLO NETO, G. A. R. *O discurso especializado em literatura infanto-juvenil no Brasil na década de 50*. Cadernos de pesquisa, São Paulo, n.72, p.17-28, fev. 1990.

MELO, L. C. de. *Dicionário de autores paulistas*. São Paulo: Comissão do IV Centenário da cidade de São Paulo, 1954.

MORTATTI, M. do R. L. *Os sentidos da alfabetização: São Paulo – 1876/1994*. São Paulo: Unesp, 2000.

PERROTTI, E. *O texto sedutor na literatura infantil*. São Paulo: Ícone, 1986.

PERROTTI, E. *Confinamento cultural, infância e leitura*. São Paulo: Summus Editorial, 1990.

PROMM NETO, S.; ROSAMILHA, N.; DIB, C. Z. *O livro na educação*. Rio de Janeiro; Primor: INL, 1974.

ZILBERMAN, R. *A literatura infantil na escola*. São Paulo: Global, 1981.

ZILBERMAN, R.; LAJOLO, M. *Um Brasil para crianças: para conhecer a literatura infantil brasileira: histórias, autores e textos*. São Paulo: Global, 1986.

Apresentação à primeira edição

Um livro básico sobre literatura infantil brasileira

No uso corrente, "literatura infantil" significa o conjunto de publicações que, sem conteúdo especialmente didático, sejam destinadas a crianças. Para especialistas na matéria, poderá significar realidade mais ampla. Entendem eles que, como os demais ramos das letras, também esse há de ser em cada país considerado expressão geral de sua cultura, com profundas raízes no passado, portanto ligado aos sentimentos do povo, suas tradições e aspirações. E têm toda razão. Muito antes de haver livros e revistas, esses elementos estavam atuantes em formas de comunicação primária, por transmissão oral. Só mais tarde viriam a ser transpostos para documentos escritos, e, ainda depois, intencionalmente preparados para leitores jovens. Da literatura geral, ou comum, só recentemente se destacou esse gênero específico, com aspectos técnico-formais caracterizados.

Quando empregamos a expressão "literatura infantil" no sentido mais corrente, referimo-nos a essa conceituação técnica, necessariamente restrita. Quando o fazemos no outro, designamos uma realidade muito vasta, um processo com evolução lenta, cujo conhecimento interessa por justificadas razões. Em qualquer dos casos, é evidente, pode-se traçar um relato histórico, mas, se desejarmos mais completo entendimento da matéria, teremos de esmiuçar as origens remotas sob a forma de tendências gerais e demais nítidas expressões da cultura.

Ao estudar o assunto em nosso País, Leonardo Arroyo, autor deste livro, decidiu-se pela segunda forma, mais longa e árdua, a exigir grande trabalho. Realmente, por muitos anos esse ilustre escritor coletou material de diversas fontes, textos de historiadores, livros de memórias, obras de sociólogos e folcloristas; juntou catálogos de livreiros e editores; realizou observações diretas em bibliotecas gerais e especializadas; ouviu pais e mestres e escreveu, ele próprio, livros para crianças. Intercorrentemente, analisou outros aspectos da cultura nacional, sobre os quais compôs excelentes estudos, em cuja feitura teve oportunidade de aprimorar o seu gosto natural e acuidade pelos empreendimentos do gênero.

A razão desse esforço facilmente se explica. Para traçar uma história da literatura infantil brasileira, tecnicamente considerada, bastaria que reunisse os documentos publicados nestes últimos decênios, examinando-os e classificando-os pelos critérios que escolhesse. Mas já não seria assim em um levantamento total, abrangente das situações preliminares, longas raízes e origens, indispensáveis também. A elas teria, por assim dizer, de rastrear, identificando fatos não ainda definidos, ou menos perfeitamente caracterizados, para entre eles discernir elos ocultos em acontecimentos sociais e tendências variáveis da vida nacional. Teria, enfim, de servir-se de um método sociográfico de investigação, bastante caprichoso, pois seus procedimentos têm de adaptar-se a cada particular, exigindo, por assim dizer, lances de intuição.

É certo que, em trabalhos que se têm publicado sobre nossa literatura infantil, referências sociográficas de ordem geral têm sido feitas, e a eles Leonardo Arroyo se refere. Em nenhum desses trabalhos, porém, encontra-se análise minuciosa das fontes, como aqui se faz, com documentação muito abundante, haurida em livros, artigos de jornal e mesmo correspondência particular. Se outros méritos não tivesse esta obra, como realmente os tem, isso bastaria para dar-lhe na bibliografia da especialidade uma posição de real preeminência, a de um estudo básico.

* * *

Para lograr o objetivo em vista, deveria o autor estabelecer um esquema prévio que esclarecesse o tema da literatura infantil, na conotação muito ampla com que decidiu tratá-la, associando-a ao conceito da transmissão geral da cultura e dela extraindo a caracterização evolutiva pressuposta. E assim realmente o faz, na primeira parte do livro, de caráter introdutório. Aí examina a tradição oral em povos antigos, da qual muitos temas ainda sobrevivem; refere-se à transposição deles para a escrita, na literatura oriental e na de países da Europa; assinala a especialização crescente, resumindo, enfim, esses dados em uma tábua cronológica. Então, expõe e confronta opiniões de consagrados cultores da matéria, a elas juntando suas próprias ideias.

Nelas, subentende-se a tese geral de etnografistas e antropologistas, a de que tudo deriva de uma função elementar e persistente na vida social: a comunicação de conteúdos favoráveis à coesão dos grupos, para isso inculcando modos de sentir e agir, através de relatos que favoreçam atitudes, sentimentos de integração, ou valores a todos sensíveis. Por estranho que pareça, menos dependerá ela de formas racionais que de outras meramente sugestivas, através de imagens repetidas, alegorias e símbolos, estreitamente unidos a tradições, mitos e crenças, ou, se assim se quiser dizer, ao "inconsciente coletivo", na comunidade que se considere. É o que explica a precedência de fábulas, apólogos e parábolas, sobre narrativas de mais extensa e elaborada estrutura.

De qualquer modo, esse acervo comunicava o que o grupo possuísse de "épico", no sentido original dessa palavra, ou aquilo que ao grupo parecesse "digno de ser contado" para exemplo e inspiração. Ter-se-ia de juntar, porém, feição estética a cada conteúdo para que o fim sugestivo fundamental mais se pudesse fortalecer. Constituiriam, portanto, pela intenção, as bases de uma etologia primitiva, mas, pela forma, a fonte mesma da arte literária pelo gosto de narrar bem, se não já essa arte.

A esses pontos, os psicólogos modernos têm acrescentado uma função correlata, de não menor importância. Quem recebe comunicações dessa ordem é levado a desenvolver com elas o seu "mundo interior", o de seu espírito, domínio sem fronteiras e que, por isso, pode opor-se ao "mundo real", limitado e áspero. Crianças e jovens, pela tendência de se identiticar com as personagens e com elas conviver, entregam-se a exercícios imaginativos, a sonho e fantasia... Daí o prazer de criar, ou recrear, "criar de novo", característica de toda comunicação literária verdadeira.

Quando as formas escritas se desenvolveram, os melhores padrões nesse sentido passaram a ser selecionados, acentuando o significado moderno do nome literatura, e permitindo que os mais diversos conteúdos, com essa base, viessem a ser adaptados a diferentes níveis de desenvolvimento.

Leonardo Arroyo examina todos esses aspectos, o moral ou ético, o estético ou artístico, e o de adaptação às idades. Quanto a este último, só lhe faz breve menção, porquanto seu intuito não é analisar as aplicações técnicas da literatura infantil, como o fazem os pedagogos, não sem grandes riscos, *hélas*!... Realmente, nessas passagens, como em outras, observa que, da regulação dos conteúdos para as idades, frequentemente deriva um estreito "didatismo"; do sentido ético – estéril feição moralizante, e, enfim da diluição dos valores estéticos, o mau gosto e a sensaboria, que as próprias crianças repelem.

* * *

A substância própria, da obra, que é o histórico da literatura infantil no Brasil, desde suas preliminares, dá matéria às cinco outras substanciosas partes do livro. Ao desenvolvê-las, o autor não apresenta a documentação em simples ordem cronológica, mas o faz de modo recorrente, isto é, com idas e vindas, tantas quantas necessárias à índole do método adotado.

Assinala, primeiro, o fato da confluência das três raças – a branca, a indígena, a africana –, que não disporiam senão da linguagem falada para intercurso simbólico. Cada uma das raças punha em presença das demais suas ideias, sentimentos, mitos e crenças, defendendo-as em seus valores fundamentais. Deles, uns permitiriam fácil amálgama, mas outros obrigavam a contradições e luta. De tudo, resultou uma "literatura oral" extraordinariamente rica e complexa, acerca da qual o livro nos fornece indicações das mais preciosas. Dos temas dessa literatura oral, ainda agora se nutre muito de nossa literatura popular, nela incluída a que se destine a crianças.

Em todo o tempo, certos aspectos da cultura dos colonizadores buscavam impor primazia, e mais vivos haviam de tornar-se quando da vinda de D. João VI e sua corte. Leonardo Arroyo bem explica esse fato, salientando a atenção que então se deu à educação escolar, ou ao ensino, mais ou menos formal. Até que ponto teria ele concorrido para desviar os fundamentos de nosso processo de cultura, com tradições já marcadas no contato da terra, das coisas da natureza, e nas relações humanas então possíveis? Essa é uma das questões que sugere, e mesmo porque, como demonstra, trazia a corte outras influências, especialmente francesas. Transculturação, até certo ponto, artificial. A demonstração ganha maior evidência na descrição dos elementos de leitura que deviam formar o Príncipe Pedro de Alcântara, depois Pedro II.

Em seu longo reinado, como ainda em parte da República, os livros mais correntes entre as crianças, fossem para fins didáticos ou iniciação literária, provinham de Portugal. E, por todo esse tempo, grande foi o papel de *Os Lusíadas*, poema de largo emprego em cursos secundários e mesmo escolas primárias. Influiu ele para que a nossa linguagem escrita se tivesse apartado da fala comum do povo, aspecto que Leonardo Arroyo mostra ter alcançado mesmo a literatura recreativa, ao constituir-se ela, mais tarde. Mas as formas populares, como igualmente documenta, não estariam inertes. Atuavam por outras vias, a dos contadores de histórias, e a de pequenos e rústicos folhetos, os da "literatura de cordel". Igualmente teriam desempenhado certo papel, a tal respeito, os jornais escolares, e, enfim, revistas ilustradas, em certa época muito expressivas de valores nacionais.

A verdadeira "reação nacional", na literatura infantil, viria, no entanto, com a fase do livro mais difundido, na forma industrializada. Começou ainda aos fins do século passado, com volumes traduzidos ou adaptados, para firmar-se quando autores nossos, crescentemente "brasileiros", pelos temas e pela linguagem, bravamente irromperam em cena. Aí recorda Leonardo Arroyo um período inicial de transição entre livros propriamente didáticos e outros, já de maior valor artístico, registrando observações muito exatas. E aí aponta também curiosos problemas, que só virão a ser de todo solvidos mediante pesquisas complementares, ainda que, sobre autores e livros, o autor logo emita seu julgamento pessoal. Prudentemente observa, contudo, que essa fase ainda se acha muito próxima de nós para que dela se possa fazer apreciação de todo isenta.

* * *

Nas derradeiras páginas, mantidos os objetivos do grande estudo, Leonardo Arroyo enuncia algumas conclusões de origem geral. Assevera que, na literatura infantil, "uma orientação verdadeiramente criadora revela um fato tradicional. Ou, melhor, um processo tradicional, qual seja o da utilização de velhos temas nacionais com perspectivas e formulações novas".

E, logo a seguir, explicando determinados aspectos:

> Serão eles: o tradicional (folclore); o educativo, no sentido de insistir sob temas didáticos; e o de ficção, isto é, a criação pura, com invenção de temas. Embora tradicional, o processo sofreu uma poderosa alteração em seus objetivos. O despertar da consciência nacional, mercê de uma melhor integração do país tanto em sua área econômica quanto social e cultural, descobriu-nos um

conceito novo de cultura, uma filosofia nova da nacionalidade. Essa moldura condiciona inclusive os valores da literatura infantil brasileira, dando-lhe um teor mais brasileiro, mais da terra, com o aproveitamento de seus próprios valores culturais e da contribuição das correntes imigratórias que ajudam a construir a nação.

Formuladas embora de modo sucinto, essas conclusões defluem da documentação apresentada e de segura reflexão sobre ela. As preliminares não podem ser desprezadas, mas a literatura infantil terá de acompanhar as exigências ora impostas pelas mudanças de ordem econômica, de estrutura social, de maior mobilidade pelos efeitos de mais difundida educação do povo.

Para que de modo razoável isso se possa dar, estudos sociográficos como o que este livro contém deverão ser bem considerados. De fato, se forem postos de parte, nem mesmo o alcance daquelas mudanças poderá ser compreendido, a fim de que se possa distinguir entre variações úteis e perturbadoras, umas a serem acoroçoadas e outras atenuadas, com a defesa de valores da tradição. O presente e o futuro não se tornam inteligíveis sem que as coisas do passado se levem em conta.

Como no prefácio insiste em dizer, Leonardo Arroyo não tem a pretensão de haver produzido obra definitiva, no sentido de que este livro possa deslindar todos os problemas da literatura infantil brasileira. Expressão da cultura do povo, nela há uma realidade que continuamente se renova e, assim, jamais se esgota. Mas poderá o ilustre escritor estar certo de que esta obra representa contribuição de inestimável valor, tanto pelo que contém como pelo que possa influir em novas pesquisas.

Levantamentos deste gênero realmente facilitarão investigações de outros tipos. Por exemplo, acerca de aspectos psicológicos, os de motivos que levem os autores a escrever para crianças e dos que levem o público a bem aceitar ou refugar determinadas obras. Facilitarão estudos que tenham em vista a análise literária pura, ou que a cada composição apreciem em seu mérito estético, em função dos níveis de desenvolvimento dos leitores. Será em resultados de maior número de estudos dessas classes, como de outras, que os próprios educadores encontrarão elementos para que bem possam compreender o papel da literatura na formação emocional e mental de nossas crianças e jovens, ou para que bem avaliem de seu préstimo na ação educativa intencional, cuja finalidade não se exaure em objetivos estritamente didáticos, mas, nos de apreciação e de criação estética se prolonga.

Bem fundados, estudos dessas várias classes não apresentarão resultados colidentes, nem poderão uns excluir os demais, sobretudo quando se tenham à vista dados sociográficos como os que Leonardo Arroyo aqui apresenta.

Não se pode deixar de admirar, neste livro, a riqueza das informações, a multiplicidade das fontes, a consistência geral do método adotado. Não se poderá deixar de admirar também a largueza e profundidade de muitas das inferências, algumas das quais não deixarão de suscitar úteis debates.

A esses pontos, propriamente de fundo, um se junta, meramente formal, que não deixará, no entanto, de despertar a atenção dos professores, dadas as consequências práticas no ensino. Trata-se do uso da grafia "estória", em vez de "história", de que o texto sistematicamente se vale para designar "conto popular", "narrativa imaginosa", "tema de literatura infantil", ressalvados apenas os trechos transcritos, nos quais permanece, como de rigor nesses casos, a grafia "história", pois que assim escreveram os autores citados.

Essa inovação tem sido ensaiada por alguns de nossos folcloristas, e, ao que parece, pela sugestão das formas paralelas "*history*" e "*story*", no inglês dos Estados Unidos, porém não no da Inglaterra. No primeiro desses países, elas se justificam pelas origens históricas, que importaram também na variação do acento tônico, e assim, na fala comum, distinguindo uma palavra da outra. A rigor, são elas sinônimas, mas, na literatura, os autores norte-americanos empregam "*story*" como narrativa de ficção.

Em nossa língua, isso não ocorre, pois a pronúncia é a mesma, e a nossa velha e boa palavra "história" tanto designa "narração exata de acontecimentos", "anais", "crônicas", como também "conto, fábula, novela, anedota, patranha, peta". Ademais, tem a significação de "adorno, enfeite ou acessório dispensável", como se vê na frase "um vestido cheio de histórias"...

Mas essa questão, como todas as demais que nesta obra possam suscitar debate, não constituem contraindicação para que ela seja recomendada a todos quantos se interessem a sério pelo estudo de nossas letras, e, particularmente, o de questões de nossa literatura infantil. Pelo contrário. As obras mais fecundas são precisamente aquelas que, de par com tudo quanto possam informar, apresentem também motivos para reflexão crítica e conclusões próprias de cada leitor. Obras que façam pensar...

Pelo seu conteúdo tão valioso como atraente aos olhos de educadores, sociólogos, historiadores e homens de letras, em geral, este substancioso trabalho de Leonardo Arroyo desde agora nessa classe passa a figurar.

Rio de Janeiro, dezembro de 1967.
Lourenço Filho

Prefácio

O presente trabalho, por sua própria natureza, de modo algum pretende ser obra definitiva. Procura, talvez, pelos métodos utilizados em sua composição, o título menos ambicioso de apresentação de coordenadas pioneiras, com a inventariação, tanto quanto possível completa, e ainda assim não poucas vezes deficiente, do fenômeno da literatura infantil no Brasil, desde o destaque à literatura oral, autêntica fonte de tradições e de valores característicos do Brasil em suas formas convergentes, como lembra Luís da Câmara Cascudo – e sobretudo pela confluência dos seus três elementos básicos, o português, o índio e o negro, a que se somaram mais modernamente a multiplicidade riquíssima da contribuição dos imigrantes deste último século – até a fase do aproveitamento integral dos recursos gráficos na feitura de livros para crianças e consequente maturidade de nossa literatura infantil. O subtítulo do trabalho é bem claro a respeito: ensaio de preliminares para a história da literatura infantil no Brasil. E não, amplamente, uma história.

A pretensão do autor em falar e tratar de história de literatura infantil no Brasil – quando dois ou três livros existentes abordam o tema em sua natureza mais geral, ou seja, a da literatura infantil como novo gênero literário – baseia-se na própria documentação que veio reunindo ao longo de vários anos e que, bem ou mal, se desdobra em divisões e subdivisões que lhe pareceram as mais lógicas e consequentes, em vários capítulos.

Ao leitor mais exigente – ou em complementação ao tema exposto nestas páginas, o da literatura infantil brasileira – lembrou-se o autor de colaborar para uma visão mais circunstanciada da literatura infantil em geral, que alcançou admirável notoriedade, tanto como volume de exegética como de criação puramente literária, em países como a França, a Inglaterra, a Itália, os Estados Unidos e a Espanha. É que o panorama da literatura infantil estrangeira extravasava dos limites deste estudo, mesmo porque há toda uma enorme bibliografia a respeito, da qual os leitores e estudiosos, principalmente, poderão colher ensinamentos, dados e informações, sobre problemas da literatura infantil em diversos países do mundo. Mesmo em português, aliás, existe o pequeno volume da grande poetisa Cecília Meireles, entretanto atualmente raro e que, por isso mesmo, muito pouca gente conhece.

Por isso, em vez de um capítulo especial sobre essa literatura infantil estrangeira, seu desenvolvimento, seus problemas e sua mais apurada consequência, encontrará o leitor, de acordo com as oportunidades, ao pé de página, ou ainda referido no texto, o rol bibliográfico competente de obras publicadas na França, na Inglaterra, nos Estados Unidos, na Espanha, na Alemanha e, principalmente, na Itália. As mais das vezes, força é confessar, tal relação contém obras não consultadas diretamente pelo autor, como particularmente a bibliografia alemã. Compreender-se-ão facilmente tais dificuldades quando se leva em conta a atividade especificamente individual que norteou os anos seguidos de pesquisas neste tema.

Daí, portanto, a ênfase deste estudo na paisagem brasileira, ou melhor, na paisagem da língua portuguesa, dado que em determinado momento de nossa evolução cultural houve largo trânsito de influência portuguesa no Brasil, expressa, aliás, nos livros que nos vinham d'além-mar para serem utilizados em nossas escolas. Esse fato expressa-se de modo até dramático nos velhos catálogos de nossas editoras antigas e de nossas maiores livrarias fornecedoras de livros em geral. Havíamos colhido, nesses catálogos, em livros de memórias, em depoimentos pessoais, em estudos sociológicos e educacionais, imenso material – o suficiente para um estudo pioneiro, embora muitas vezes deficiente por pretender cobrir toda a área cultural brasileira, sobre literatura infantil brasileira. É que, em verdade, o desenvolvimento cultural brasileiro, como é da natureza da evolução histórico-social, se fez diferentemente em várias áreas do País, de conformidade com sua maior ou menor potencialidade econômica, e muito pouca coisa, nesse tema, ficou a salvo em bibliotecas escolares ou em arquivos. Acresce, neste particular, um pormenor curioso. Em 1885 foi publicado o Catálogo da Biblioteca do Museu Escolar Nacional, organizado por Júlio de Lima Franco, seguindo-se um suplemento editado no ano de 1887. Nunca encontramos um exemplar desse trabalho. É possível que em suas páginas haja muitos elementos úteis, do ponto de vista do conhecimento dos livros para crianças publicados em largo período histórico, em nossa terra.

É evidente também, por consequência, que, sendo este um trabalho pioneiro, ressente-se ele possivelmente do que poderíamos considerar de excesso e, paradoxalmente, de pobreza de inventariação. O método prevalecente foi o da caracterização das diversas fases da nossa literatura infantil, e não o da análise crítica, ou da aproximação histórica com sondagens inter-relacionais das fases em que o tema se apresenta, e que pareceram ao autor, desde o início, a mais válida e correta, com a base inicial da literatura oral. Isso não implica, como se verá, no divórcio total do fenômeno literário com a paisagem histórico-social brasileira. De modo nenhum se pretendeu ignorar a natural vinculação existente, mas tão somente aproveitar, no caráter de preliminares deste ensaio, mais os fenômenos em sua realidade pura do que em sua realidade vinculada.

Esse método, aliás, não deve ser novo. Todavia, o excesso talvez de inventariação se justifica plenamente: é que os dados colhidos, principalmente os extraídos de catálogos antigos, atualmente muito raros e que só um feliz acaso e uma procura constante ao passar dos anos fez chegar às nossas mãos, precisam ser colocados a coberto da inexorabilidade do tempo. É possível, pois, que, sob este aspecto particularíssimo, o ensaio que ora apresentamos tenha valor histórico irrecusável – pelo menos o de tentar salvar do tempo uma enorme quantidade de elementos capazes de servir a um analista ou historiador literário para uma obra definitiva, ou quase definitiva, a respeito da literatura infantil brasileira.

Isso quer dizer que estamos no papel do oleiro humilde que faz, com o barro e o fogo, o tijolo e a telha, para serem utilizados na construção da casa pelo arquiteto e pelo mestre de obras, em tempo oportuno. Podemos repetir aqui, nesta justificativa, o que já dizia Montaigne em um dos seus ensaios: "tal como estou posto, assim mesmo vou andando: por isso não há aqui matérias que não seja permitido ignorar e discutir casualmente e temerariamente" (*Ensaios*, Livro II, Cap. I).

A rigor, a evolução cultural no Brasil, dentro das perspectivas deste ensaio, que são as de inventariar as constantes preliminares de uma literatura infantil, não obedeceu a um sistema esquematizado. Seria fácil construir esse sistema para efeito de composição do tema. Mas ao autor pareceu melhor um certo estilo barroco mais concorde com uma sociologia de imaginação; conforme expressão já consagrada e recomendada pelo mestre Wright C. Mills nos seus reparos ao ceticismo científico do homem moderno, do que afinado a um rígido esquema que poderia ser falso no seu rigor ortodoxo. De modo algum esquematizado, como poderia, em certos pontos, transparecer destas páginas. Se assim transparecem é porque ao autor ainda pareceu de melhor ciência um esquema de trabalho com essa ordem, de tal disposição de material. A evolução foi complexa e diversificada, repitamos, na literatura infantil brasileira, diante das numerosas áreas culturais brasileiras e prevalência transregional dos elementos característicos da educação, uns em estágio mais desenvolvido, outros menos.

Certo é, como observa o professor Fernando de Azevedo, em seu livro *A educação e seus problemas*, que a origem da literatura infantil se vincula "às modificações de estrutura econômica e social e suas repercussões no próprio sistema de relações sociais, no grupo doméstico, que favoreceram a formação de um 'novo público' para escritores". Mais ainda, adverte a importante observação do mestre brasileiro, não concorreram menos do que tais fatores sociais "os de ordem cultural e ideológica". Aí está, na comprovação das pesquisas apresentadas ao longo deste volume, como se demonstra que o processo de evolução da literatura infantil brasileira não obedeceu a critérios rígidos e claramente distintos, no espaço e no tempo. Principalmente na fase que classificaríamos de literatura escolar, muita tradução continuou a aparecer nas livrarias, ao lado inclusive de autores portugueses e mesmo de autores publicados em sua língua original, como o francês, o espanhol, o italiano e o inglês. Não só livros, mas jornais educativos e de ilustração também. Revistas predominantemente, como as lembradas no depoimento de Maria Isabel Silveira ou de Maria Paes de Barros: *Fillette*, *Diabolo Journal*, o *Corriere dei Piccoli*, com predomínio das pequenas revistas francesas dedicadas à infância.

Este complexo editorial, que ressalta evidente das pesquisas em catálogos antigos, não invalida, contudo, o estabelecimento das fases deste ensaio, que servem de estrutura para o seu desenvolvimento, para melhor comodidade de sua composição. Na fase em que surgiram os precursores procurando dar à literatura infantil o caráter que haveria de destacá-la da puramente escolar, ainda encontraríamos muitas coleções com os títulos de *Biblioteca da infância*, *Biblioteca rosa ilustrada* ou mesmo *Biblioteca da juventude*, com uma curiosa mistura de obras de caráter escolar e puramente de ficção, algumas mesmo de autores clássicos. Mesmo aí os autores renovadores tiveram de fazer largas concessões ao predomínio didático e escolar, único público infantil, leitor, de peso no Brasil. É ilustrativo desse fenômeno o fato de o livro de Monteiro Lobato, *Reinações de Narizinho*, ter aparecido sob a égide da literatura escolar, com a competente recomendação das autoridades do ensino. O mesmo se verificou com outros livros seus da fase inicial de sua grande literatura infantil. É o caso de *Fábulas* e de *O Saci*, todos eles aprovados pela Diretoria da Instrução Pública do Estado de São Paulo.

Observarão os leitores que o autor, em seu ensaio, toma a literatura infantil em sua acepção ampla, e não simplesmente restrita. O critério adotado procura reunir, em seu entendimento, por isso mesmo, a tradição oral, os contos populares, referências a rondas e parlendas, sem exclusão, em consequência, da literatura escolar ou "propriamente didática", como a chama o professor Lourenço Filho. Aliás, neste particular, o leitor fará bem, e colherá os melhores frutos, se consultar o trabalho que o professor Lourenço Filho realizou, a pedido da Academia Brasileira de Letras (*Revista da Academia Brasileira de Letras* n.7, Ano III), procurando esclarecer a questão. Tudo quanto se destina à criança, ou seja, a ela relativo, assevera, pode ser chamado infantil. Assim, em sentido amplo, tudo quanto se lhe dê a ler, e, mais, todas as formas literárias da tradição oral, ou do folclore, tenham elas formas recreativa ou didática, ou ambas, caberá na rubrica de literatura infantil. E em trabalhos recentes há mesmo autores que nela acham que se deverá incluir o rico material de formas modernas de difusão, como as do cinema, rádio e televisão. Não nos inscrevemos entre estes autores. O cinema, o rádio e a televisão são instrumentos lúdicos para as crianças, mas dificilmente se poderão inscrever, no sentido de criação e fatura, na rubrica da literatura infantil.

Nosso intuito, pois, é demonstrar também que a literatura infantil, como qualquer outra expressão literária, decorre de condições sociais em seu conceito mais amplo. Daí incluirmos no ensaio um capítulo sobre a tradição oral, a leitura escolar, a imprensa escolar, o teatro – como "expressões evolutivas", como as considera o professor Lourenço Filho – da literatura infantil em sua acepção ampla. É essa mesma literatura que Afrânio Peixoto já defendia em 1923, (*Ensinar a ensinar – ensaios de pedagogia aplicada à educação nacional*), ao tempo em que os primeiros livros de Monteiro Lobato começavam a aparecer, que pode "prescindir de outra intenção que a de divertir".

Este ensaio é fruto de longos e pacientes anos de pesquisas, pesquisas pessoais, sem rigor de equipe, como seria ideal, mas movidas apenas pela alegria de uma velha dívida que deveria ser paga, e cujas origens se perdem na infância do autor: o agradecimento aos autores de livros que primeiro iluminaram seus verdes anos em São José do Rio Preto e em Bebedouro. É verdade, reconhece o autor, que o pagamento é feito nos limites de suas boas intenções. E daí também reconhecer o autor que ainda haverá muita área para pesquisar – a da contribuição de mestres franceses, norte-americanos, mestras e mestres que andaram a desasnar muito menino brasileiro da transição do Império para a República; a área da fundação de muitos colégios, onde professores escreveram livros para seus alunos; a da imprensa escolar, para uma distinção plena entre a feita por crianças e para crianças. Coleções de jornais, como a *Gazeta do Rio de Janeiro* e *Jornal do Comércio*, entre outras, bem que revelariam particularmente a influência francesa. Basta dizer como lembra o professor Lourenço Filho, que quinze anos depois da criação da Imprensa Régia em 1808 surge a primeira editora com a oficina de Émile Plancher, "livreiro e impressor". Em 1830, no Rio de Janeiro, circulava o primeiro número da *Gazeta Francesa*. Esses jornais estão cheios de anúncios sobre professores e professoras francesas, e mesmo de professores ingleses, constituindo-se assim fonte rica de informações para todo o levantamento sociocultural de uma época, na lição de Gilberto Freyre.

Influência estrangeira onímoda e profunda, várias vezes referida ao longo destas páginas. Como a dos irmãos Laemmert, Eduardo e Henrique, como a de Genoud. Os irmãos Laemmert vieram para o Rio de janeiro em 1833 e até 1906 haviam editado 1.440 obras de autores nacionais e tinham traduzido cerca de quatrocentas obras de autores franceses, ingleses, alemães e italianos, segundo nos informa Ernesto Senna, no seu delicioso *O velho comércio do Rio de Janeiro*. As educadoras estrangeiras, principalmente, moças e velhas, cujos nomes não figuram nestas páginas, quem nos dera a possibilidade e espaço de relembrá-las todas pelos serviços que nos prestaram em um instante dramático de nossa formação cultural!

Toda uma pertinente soma de livros a respeito de literatura infantil acha-se relacionada nas referências deste volume. Um simples exame dará ao leitor a medida de nossa pobreza – a da língua portuguesa – em estudos dessa natureza. Meia dúzia de autores, apenas, entre nós trataram especificamente do tema. As referências fazem figurar livros em francês, espanhol, inglês, italiano e alemão. Muitas dessas obras não foram consultadas pelo autor, principalmente as alemãs, por deficiência de conhecimento da língua de Goethe; outras, inglesas e italianas, não atenderam ao nosso esforço no sentido de localizá-las. Pareceu, entretanto, ao autor, que a simples relação de tais obras seria um traço de valorização deste ensaio, que entrega, assim, à curiosidade de algum estudioso com mais lazer e disponibilidade, a chance de conhecer praticamente tudo que existe publicado, naquelas línguas sobre história e teoria de literatura infantil: debates de problemas, a simbologia dos tipos universais da literatura infantil, a vida e a obra dos autores mais famosos, a significação de sua obra, a tese de remodelação da literatura infantil tradicional e muitos outros problemas profundamente vinculados com exigências da pedagogia moderna como decorrência de um novo conceito e estilo de educação. Deve-se lembrar, também, embora isto seja talvez inútil, das notas de pé de página. Elas aí se encontram não apenas como amostra de erudição ou de base teórica de exposição, ou mesmo mero aparato bibliográfico: têm uma função definida, que é a de enriquecer o texto e relacionar informações complementares de significativa importância para o tema tratado.

O plano original deste ensaio abrangia o período demarcado entre o Brasil Colonial e o aparecimento da literatura infantil de Monteiro

Lobato. Ao longo dos anos de pesquisa, não se preocupara muito o autor com a análise da dinâmica criadora da literatura infantil posterior a Monteiro Lobato nem com o arrolamento de elementos capazes de lhe traçar uma orientação firme ou batizar seu desenvolvimento nos anos que medeiam entre 1921, data do aparecimento de Narizinho, e 1966, data em que se deu por findo o exaustivo trabalho pessoal de pesquisa. Esta explicação talvez fosse desnecessária. A verdade, porém, é que o plano original sofreu alterações, e esta mudança talvez tenha acarretado algumas insuficiências de composição no Capítulo 6 do livro, sob o título de *A literatura infantil.*

Com efeito, as deficiências de informações e composição no citado Capítulo 6 correm por conta do autor, que não contou com os elementos suficientes para um completo levantamento da produção editorial infantil e o consequente exame dos valores das obras surgidas de Monteiro Lobato até nossos dias. Isso seria, realmente, um trabalho para equipe, inclusive para a atualização do importante trabalho de Lenyra C. Fraccaroli, *Bibliografia de literatura infantil em língua portuguesa*, que abrange até o ano de 1951. Além da inventariação de obras e autores, com a síntese temática, o trabalho de Fraccaroli possui um traço que lhe dá a máxima importância: a determinação da idade a que se destinam os livros. Essa idade foi a média obtida das idades das crianças que leram cada um dos exemplares citados na bibliografia relacionada. Chega agora ao nosso conhecimento, quando este livro se encontra em provas, que as bibliotecárias Edith Gouvêa de Sousa e Ana Lúcia de Ulhoa Cavalcanti realizaram amplo trabalho nesse sentido, isto é, o de uma completa bibliografia brasileira de livros infantis, distribuída em cinco grupos distintos: de três a seis anos; de seis a oito anos; de oito a dez anos; de dez a doze anos e enciclopédias. Em cada grupo de idade foram, ainda, os livros reunidos segundo o tipo de estória, conteúdo e texto. As autoras do trabalho pertencem ao Centro de Bibliotecnia do Instituto de Pesquisas e Estudos Sociais. A bibliografia citada, que deverá ser publicada brevemente, inclui os livros infantis editados no Brasil e existentes à venda no 1º semestre de 1967. O que estamos tentando é justificar, pois, algumas deficiências do Capítulo 6, em que os autores da moderna literatura infantil brasileira não são analisados ou examinados individualmente, a não ser em um ou outro caso.

Parece-nos, por outro lado, muito cedo para isso. Estão eles próximos demais para que haja uma perspectiva de crítica menos vinculada a diversos fatores de um tempo comum. Mais ainda: este ensaio de preliminares será completado com uma *Antologia da literatura infantil brasileira*, volume com que se pretende cobrir algumas falhas de ordem bibliográfica que, dado o método por nós seguido, se refletem nestas páginas presentes, inclusive no que diz respeito à ilustração de trechos de obras de literatura infantil de nossos mais importantes e representativos autores. Com essa antologia e com a eventual colaboração de leitores, ilustrar-se-á a própria evolução da literatura infantil brasileira com suas páginas mais significativas.

Devemos manifestar, ao final, nosso agradecimento a um grande número de pessoas que, de uma forma ou de outra – apesar da afirmação inicial do autor sobre a iniciativa individual da pesquisa – nos ajudaram com material iconográfico, lembranças de livros e estudos, sugestões etc. e que enriqueceram consideravelmente o conteúdo deste ensaio de preliminares. São elas Antonio Olavo Pereira, Gulnara Lobato de Morais Pereira, Rodrigo Monteiro Lobato Neto, Olinto Moura, Octales Marcondes Ferreira, Tomaz Aquino de Queiroz, Francisco Marins, Decio Diegoli, Rubens Barros de Lima, Lourenço Filho, Arnaldo Magalhães de Giacomo, Leão Machado, José de Freitas, o velho livreiro paulista, e Péricles da Silva Pinheiro. Ao professor Lourenço Filho, agradecemos principalmente pelas suas valiosas sugestões que, se não foram bem aproveitadas, ainda, culpa se deve atribuir ao autor deste trabalho e a mais ninguém.

Bertioga, dezembro de 1967.
Leonardo Arroyo

1 Introdução

1.1 Origens: tema e problemas

Desde suas origens, a literatura infantil, em todos os países em que se tornou realidade, tem apresentado numerosos problemas. Não seriam estes problemas, à luz de um ponto de vista crítico mais acurado, de filiação e de simultaneidade no que diz respeito aos autores mais antigos. Estes aspectos históricos das origens da literatura infantil já se acham amplamente estudados. O tema que se discute, em sua problemática histórica, é o que poderíamos denominar de "temas de circunstância". Para usar uma linguagem mais atual, o que os especialistas têm procurado estudar são as relações técnico-pedagógicas da literatura infantil, que vem variando no espaço e no tempo da cultura humana. A afirmação ilustra-se com os cuidados com que se vigiam as edições modernas dos clássicos, como Perrault e Andersen, e não poucas estórias tradicionais colhidas das *Mil e uma noites*. Se prestarmos atenção às edições dos autores dos séculos XVIII e XIX, comparando-as com as mais modernas, vamos constatar diferenças fundamentais na construção e no desenrolar do tema, bem como na utilização da linguagem e do vocabulário.

Queremos dizer, em síntese, que a natureza da literatura infantil, seu peso específico, é sempre o mesmo e invariável. Mudam as formas, o revestimento, o veículo de comunicação que é a linguagem. A fábula de Esopo é imutável desde seu nascimento e, desde que consagrada pelo único critério válido em literatura infantil – o gosto do leitor infantil –, permanecerá despertando interesse até o fim dos tempos. Esta realidade específica não pode ser confundida com exercícios intelectuais ou pedagógicos estritos, fórmulas de moral ou de pureza gramatical, variáveis em suas vinculações históricas. Deixa-se bem claro o valor fundamental do gosto infantil como único critério de aferição da literatura infantil.

No começo do século, a escritora portuguesa Ana de Castro Osório afirmava que "o melhor livro de leitura é o que mais interesse e agrado desperta à criança".[1] Na simplicidade da frase sobressai uma grande verdade. Reduzia ela a uma fórmula simples e comprovada historicamente o problema tornado complexo pelo abuso da pedagogia. Em uma grande literatura, diz-nos a especialista, "a própria criança escolhe conforme o seu gosto ou o grau de cultura a que vai chegando". Foi por meio desse critério que se elegeram os autores clássicos e as obras-primas da literatura infantil em todo o mundo. Pouco ou quase nada adiantou a exasperação de algumas teses discutíveis de uma pedagogia apenas moralizante. Já no século passado, debatia-se a conveniência ou não do elemento fantástico em livros para crianças. A escritora sueca Ellen Key defendeu a liberdade total da criança na ficção, isto é, livros sem qualquer restrição temática. Na mesma linha, encontravam-se os educadores Clemence Royer e Lefebvre de Laboulaye com alguns trabalhos nos quais defendiam a participação do elemento fantástico na obra de ficção para crianças –, no caso, as famosas fadas. Anatole France também defendia a liberdade preconizada por Ellen Key, quando assinalava a repugnância que sentiam algumas crianças diante de

1 Osório, *Instrução e educação*, p.101.

"livros feitos para elas",[2] apontando então duas características da má literatura infantil: a puerilidade e o tom moralizante.

Essa experiência de consagração data de séculos recuados. A literatura infantil como categoria literária, de acordo com a conceituação adotada atualmente pelos maiores especialistas no assunto, quer europeus ou norte-americanos, e principalmente europeus, é muito recente, o que não excluiu a floração de uma série de problemas, como veremos ao longo destas linhas. Data ela dos fins do século XVII, quando Fénelon, com o seu *Traité de l'éducation des filles* [Tratado sobre a educação das meninas], lançou novos princípios de educação. O autor procurava diversificar as então tradicionais leituras que se entregavam às crianças, ou seja, os livros piedosos de vidas de santos ou de personagens das sagradas escrituras.[3] Encarregado da educação do Duque de Borgonha, Fénelon deu como leitura ao menino livros profanos, inspirados na mitologia,[4] nos fatos lendários da Antiguidade ou na tradição popular. Pela primeira vez, então, como assinala Marie-Thérèse Latzarus, uma criança tinha entre as mãos livros escritos para ela mesma. E eram estes trabalhos de Fénelon, as *Fables* [Fábulas], os *Dialogues des morts* [Diálogos dos mortos] e *Télémaque* [Telêmaco], que se "proposent de l'instruire en

---

2 Carneiro, *Metodologia da linguagem*, p.198. Vejam-se os ensinamentos de Anatole France, suas ideias e conceitos sobre literatura infantil no livro *Le livre de mon ami* [O livro de meu amigo].

3 Fénelon escrevia no *Traité de l'éducation des filles* que "Je crois qu'il n'est pas inutil de laisser aux filles, selon leur loisir et la portée de leur esprit, la lecture des livres profanes qui n'ont rien de dangereux pour les passions; c'est même le moyen de les dégoûter des comédies et des romans" [Creio que não é inútil permitir às meninas, segundo seu tempo livre e sua capacidade intelectual, a leitura de livros profanos que nada tenham de perigoso para as paixões; é até um meio de desagradá-las das comédias e dos romances]. A transcrição é feita por Latzarus, em *La littérature enfantine en France dans la deuxième moitié du XIXe siècle* [A literatura infantil na França na segunda metade do século XIX], p.27.

4 O aproveitamento dos temas da mitologia, como os populares, da tradição cultural do povo, como se vê, é bem antigo. E permanente. A fonte inesgotável do folclore atualmente constitui temática preferencial na literatura infantil brasileira.

l'amusant[5]",[6] muito embora sofressem, desde o início, forte campanha de difamação. A razão desta condenação, sem dúvida, devia-se tanto aos conceitos então revolucionários sobre educação como a alusões políticas. A estória de *Télémaque*, principalmente, desafiou os preconceitos da época e foi o livro mais lido na França até o século XIX,[7] conforme o testemunho de numerosos escritores.

A iniciativa de Fénelon, contudo, era consequência de uma soma histórica de esforços no sentido de proporcionar às crianças uma leitura adequada à sua estrutura mental e ao seu interesse intelectual. Comenius escrevera o *Orbis Pictus*,[8] enciclopédia ilustrada, em 1657. O esforço, a experiência e o interesse que condicionariam no século XVII o aparecimento do livro infantil, porém, tinham suas raízes bem mais antigas. Carmen Bravo-Villasante indaga sobre a licitude de chamar de literatura infantil às estórias, lições de moral e comportamento, de educação, de que já encontramos exemplos numerosos na Antiguidade e na Idade Média. Considera que sim e não, pois "por una parte es indubable que los autores pensaban en el niño cuando los escribieron, pero también es cierto que pensaban en el adulto[9]".[10] Na Idade Média, na Espanha, já se conhecia

---

5 "propõem educá-lo(a) divertindo-o(a)".

6 Latzarus, op. cit., p. 28. Fénelon era sacerdote, o que agravou a campanha da difamação contra seu livro escrito para o segundo Delfim da França, neto de Luís XIV. Não exigirá muito esforço compreender-se a alteração que um homem da Igreja estava provocando em educação, passando para o plano secundário os chamados livros piedosos, única leitura permitida para as crianças.

7 Meireles, *Problemas da literatura infantil*, p.44 et seq. Este livro, pioneiro no tratamento do tema da literatura infantil no Brasil, é de leitura obrigatória para todos quantos se interessam sobre o assunto do ponto de vista histórico-pedagógico.

8 Nesse livro extremamente curioso, Comenius pretendia acabar com a ignorância de todos. Vide Abu-Merhy, em *Didática magna*, de João Amos Comenius. O livro foi editado em quatro idiomas, isto é, em latim, alemão, italiano e francês, dispostos em quatro colunas por página.

9 "por um lado é indubitável que os autores pensavam no menino quando os escreveram, mas também é verdade que eles pensavam no adulto".

10 Bravo-Villasante, *Historia de la literatura infantil española* [História da literatura infantil espanhola], p.19.

uma tradução, que fora mandada fazer do latim por Alfonso X, em 1251, de autoria de Juan de Capua: a tradução de *Calila e Dimna*; a tradução do *Libro de los ejemplos* [Livro dos exemplos] e a do *Libro de los gatos* [Livro dos gatos] – todos eles, como quer Carmen Bravo-Villasante, "versiones romances de fabularios antiguos que tenían las más de las veces animales como protagonista[11]".[12] Não seria de estranhar que se encontrassem, nas traduções de estórias orientais, reminiscências da ocupação árabe na Península Ibérica, a formar um gosto todo especial de leitura pelas velhas narrativas persas, árabes e hindus.

O pensador espanhol Raimundo Lúlio (1253-1315) compôs, para aplicação pedagógica ou escolar, um livrinho intitulado *Ars Puerilis* e um outro, sob o título de *Libre des les besties* que reunia vários apólogos traindo profunda influência oriental. Influência que vinha já de *Calila e Dimna*, ou deste outro famoso livro indiano, o *Hitopadexa*[13], cheio de ensinamentos morais. Livro que marcou época nesse histórico período estudado foi o de Don Juan Manuel (1282-1349), com o longo título de *El libro del conde o Libro de los ejemplos del conde Lucanor y de Patronio* [O livro do conde ou Livro dos exemplos do conde de Lucanor e de Petrônio], obra que, segundo Cecília Meireles, representaria na Europa Ocidental papel idêntico ao *Hitopadexa*. Com finalidade educativa, o livro de Don Juan Manuel tinha objetivo salvacionista por intermédio das cinquenta e duas estórias (de temas populares e comuns a muitos povos, o que demonstra quanto o aproveitamento da cultura de tradição é antigo na literatura) que narram com exemplos morais edificantes.[14]

Com a invenção da imprensa no período da Renascença, tornou-se fácil a ampliação do número de livros, aumentando o de leitores,

---

11 "...versões de antigos contos de fábula que tinham, na maioria das vezes, animais como protagonista".

12 Villasante, op. cit., p.19.

13 Meireles, op. cit., p.62.

14 Bravo-Villasante, op. cit., p.20.

restrito à classe dominante, da nobreza e do clero. E é na Espanha que vamos encontrar talvez a primeira impressão das fábulas de Esopo, quando o impressor alemão Juan Hurus, em Zaragoza, em 1489, rodou o *Isopete historiado*,[15] livro mandado traduzir pelo Infante Don Enrique de Aragón – fábulas que até então se conheciam por meio de versões orais. Este livro dirigia-se tanto a adultos como a crianças e trazia um pormenor muito curioso: era todo ilustrado com gravuras de madeira. A tradução de *Calila e Dimna* também foi impressa em Zaragoza no ano de 1493, com título de *Ejemplario contra los engaños y peligros del mundo* [Exemplário contra os enganos e os perigos do mundo].

A introdução à edição argentina de *Calila e Dimna*[16] salienta que seria tarefa difícil achar, na vasta produção de contos árabes ou persas, ou mesmo hindus, alguma coleção que tivesse escapado ao conhecimento do mundo ocidental em tempos antigos. Nessas mesmas páginas se conhecem alguns pormenores do caminho dessas

---

15 Difícil é estabelecer-se a verdade sobre Esopo. Desde seu primeiro biógrafo, Claude Gaspard Bachet de Mézeriac, até os mais modernos exegetas, a vida do grande fabulista é constituída de muita fábula, não fosse ele mesmo um fabulista. Nasceu em 620 e morreu em 560 a.C., conforme o monge Máximo Planude, de Constantinopla, que recolheu suas fábulas e é mesmo o autor de *Vie d'Ésope* [A vida de Esopo] considerada sem nenhum valor histórico. Sabe-se, porém, que Esopo era negro e escravo de Demarco, em Atenas. Foi vendido ao filósofo Xanto, de Samos, que, por sua vez, o vendeu a Yadmon, do Egito. Teria Esopo, com este seu amo, assistido à construção de uma das pirâmides do Egito. Para os leitores mais interessados na vida e estudo da obra de Esopo, recomendam-se os seguintes livros: *Vie d'Ésope, le Phrygien* [A vida de Esopo, o frígio], de La Fontaine; *The Fables of Aesop* [As fábulas de Esopo], de F. Jarobs; *Studies in the Text History of the Life and Fables of Aesop* [Estudos dos textos históricos sobre a vida e as fábulas de Esopo], de Ben Edwin Perry; e *Die Typen der Griechen* [Os tipos dos gregos], de W. Wienert. Este mesmo *Isopete historiado* aparece em Portugal em tradução portuguesa desconhecida, no século XIV, com o título de *Livro de Esopo* ou *Esopete*. Devemos essa descoberta a J. Leite de Vasconcelos. Descobriu ele a tradução na Biblioteca Palatina, de Viena, e a publicou em 1906.

16 *Calila y Dimna*, tradução do texto árabe de Abdullah Muqaffa, com 81 ilustrações da época. Editorial Arábigo-Argentina El Nilo, Buenos Aires, 1948.

estórias para o Ocidente, cuja fonte maior seria o *Pantcha-Tantra*, livro de lendas, apólogos e estórias que alguns especialistas dão como originário da índia búdica, sob a dinastia de Sandra Gupta. Referem--se a antigas crônicas iranianas que contam o trajeto dessas estórias de sua pátria natural para o Irã, por intermédio do qual passaram, depois, para a Europa Mediterrânea, com estágio entre vários povos antigos, inclusive os do norte da África. O monarca iraniano Casroes Anuxiruán enviou o médico Barzauaih à Índia para tomar conhecimento do grau de adiantamento de sua ciência médica. No regresso, Barzauaih trouxe uma cópia do livro *Pantcha-Tantra* (cinco partes), o qual encerrava uma série de lições, compostas de forma amena, que o sábio bramânico Vixnu Sarma havia escrito como contribuição à educação dos filhos do rei Amara-Sacti.

Esse livro original, em que já se nota a pedagogia intimamente ligada à literatura infantil, ou simplesmente lúdica, a transparecer um instrumento de educação, sofrera na própria Índia as transformações naturais a uma obra que subsistia pelo conhecimento oral e, raramente, pelo trabalho dos copistas. Os acréscimos, as variantes, os cortes e as imitações surgiram ao longo do tempo em torno das estórias mais interessantes escritas originalmente por Vixnu Sarma. Foi assim que nasceu outro livro curioso, o *Hitopadexa* (*Instrução saudável*, na tradução), que colheu larga popularidade "por su belleza literaria y cierta originalidad en las nuevas creaciones que incorporaba al género apológico que tanto condecía con el gusto de aquellas poco complicadas mentalidades[17]".[18] O médico Barzauaih, encantado pelo *Pantcha-Tantra*, tratou de traduzi-lo para o velho idioma persa, fato localizado como tendo ocorrido em começos do século VI, e ainda, como quem conta um conto acrescenta um ponto, o velho e sábio

17 "por sua beleza literária e determinada originalidade nas novas criações que incorporava ao gênero apólogo que tanto combinava com o gosto daquelas pouco complicadas mentalidades".

18 *Calila y Dimna.*, p.7. O famoso livro foi traduzido em Portugal no ano de 1897. Deveu-se a tradução a Monsenhor Sebastião Delgado.

médico juntou sua contribuição pessoal, inclusive na adaptação das estórias narradas para a psicologia persa. Esse trabalho passou à posteridade com o título de *Calila e Dimna*. Outra versão conheceu o trabalho coletor de Barzauaih, desta vez para o árabe, feita por Abdullah Muqaffa no século VI de nossa era[19] e do qual teriam saído as fábulas de Esopo. Os estudos recentes de Frilley e Max Müller revelam a existência de um nexo cultural e comercial entre a Grécia e a Índia, por intermédio dos audaciosos fenícios, povo de navegadores e mercadores.

A rica fantasia oriental espraiou-se por toda a Europa, um "rio verdadeiramente caudaloso", na expressão de Menéndez y Pelayo,[20] que fluiu em traduções do árabe para o hebreu, do hebreu para o latim, do latim para as línguas vulgares. É o caso lembrado por Renato Almeida desse *Calila e Dimna*, que se desdobrou[21] no *Roman du renart*[Romanceiro de Renart], na *Disputa del asno* [Disputa do asno], de Frei Anselmo Turmeda, em Boccacio, nos *Fabliaux*, no *Conde de Lucanor*, de Juan Manuel, nos contos e provérbios da *Disciplina Clericalis*, na compilação de Pedro Alfonso, em La Fontaine. O mesmo fenômeno se observou com o livro *Sandelbar*, traduzido do árabe para o castelhano.

O processo do conhecimento de todas essas fontes da literatura infantil foi muito complexo no mundo ocidental. Vieram elas também, as fontes, por meio da expressão oral, espraiando-se pelos povos da Europa, sofrendo em cada região uma acomodação bem acentuada. As alterações e os acréscimos de cada povo a cada estória

---

19 O problema da inspiração de Esopo em fontes indianas é discutido por vários especialistas, pois uma tese considera que o fabulista grego é anterior à divulgação do texto persa e árabe na Europa, quando outra considera a face exatamente contrária, pondo em dúvida a veracidade da data em que Esopo viveu. O leitor interessado no problema poderá consultar Frillay, *Antologia Índia*; Max Müller, *Mitologia comparada*, e Lourenço Filho, *Literatura infantil*, v.7, 1943, da *Revista Brasileira*.

20 Apud Almeida, *Inteligência do folclore*, p.65.

21 Ibid.

em sua forma original foi um fenômeno de profunda repercussão. Esta situação, encontrou-a Charles Perrault (1628-1703) ao escrever os seus *Contes de fées* [Contos de fadas] ou *Histoires du temps passé avec des moralités* [Histórias do tempo antigo com moralidades] (1697), com o subtítulo de *Contes de ma mère l'Oye* [Contos da mamãe ganso]. Desde logo se constatam em Perrault duas fontes clássicas italianas: as narrativas de Bocaccio e de Giambattista Basile com seu livrinho *Conti de conti* [Contos de contos]. É possível aceitar-se a esta altura a tese de Carmen Bravo-Villasante, segundo a qual as fontes próximas ou remotas não interessam, a curto prazo, em um ensaio sobre literatura infantil ou sobre as influências que sofreu Charles Perrault. "Solo nos importa saber que Perrault con sus cuentos maravillosos de antaño introdujo y consagró de un modo definitivo la *féerie* en la literatura infantil[22]".[23] A originalidade de Perrault, que pertencia à Academia de Letras da França, como não poderia deixar de ser, não encontrou boa repercussão entre os adultos. O maior crítico da época, Boileau, não perdoou o autor por ter escrito coisas tão infantis.

> Boileau falhou redondamente em sua crítica. O que Perrault inaugurava era algo de novo no conhecimento humano: a surpreendente revelação de uma nova paisagem com dignidade e profundidade, ou seja, a cultura do povo. Utilizou-a em um sentido nobre de compreensão e generosidade, sem nenhum preconceito. O mesmo preconceito que marcou a crítica de Boileau. Recuados tantos anos, as figuras dos contos de Perrault transcenderam de sua simples significação de personagem de narrativas para alcançar, com o desenvolvimento da psicologia e da psicanálise, a categoria de símbolos, tal a sua raiz na alma do homem do povo. É o que nos mostra J. A. Pérez-Rioja em seu curioso estudo[24] sobre símbolos e mitos, onde os personagens de Perrault estão mais vivos do que o próprio Boileau.

---

22 "O importante para nós é saber que Perrault, com seus contos maravilhosos de outrora, introduziu e consagrou de um modo definitivo a *féerie* na literatura infantil."

23 Bravo-Villasante, *Historia de la literatura infantil española*, p.49.

24 Pérez-Rioja, *Diccionario de símbolos y mitos*, 1962.

A importância de Perrault não é apenas de criador, mas também de escritor que rompeu com o preconceito mantido em torno da cultura popular e em torno da criança. Graças ao seu livro, tornou-se possível o florescimento de uma série de autores importantes para a literatura infantil, tanto em seu país como em outras nações da Europa. Assim constatamos que já em 1730 o livro merecia uma tradução inglesa, feita por John Newberry. Da mesma forma que Collodi, Newberry seria fortemente influenciado por Perrault. Em 1760, publicava, de sua autoria, em Londres, *Mother's Goose* [Mamãe Ganso], em uma identidade de título que dispensa qualquer comentário. Na França, Madame Jeanne-Marie Leprince de Beaumont (1711-1780), que Jean de Trigon considera ser talvez "le premier auteur français dont l'essentiel de l'oeuvre s'adresse uniquement aux enfants, et à tout les enfants[25]",[26] publica vários livros importantes, tais como: *Le magazin des adolescents* [A revista dos adolescentes] (1760), *Le manuel de la jeunesse* [O manual da juventude] (1773) e outros. É dela o famoso conto *La belle et la bête* [A bela e a fera], tão duradouro quanto sua obra. Armand Berquin (1749-1791), cuja obra *Legouvé* considera das mais importantes porque "il sortit du monde féerique et entra dans la vie réelle",[27] inaugura assim um realismo que marca a criação literária dos grandes autores modernos.[28] Cada um desses autores "montra l'enfance à l'enfance".[29]

Em 1744, na Inglaterra, aparece o primeiro livro ilustrado para crianças, *Little Pretty Pocket-Book* [Um bonito livrinho de bolso], de

25 "o primeiro autor francês cujo essencial da obra é dirigido unicamente às crianças, e a todas as crianças".

26 Trigon, *Histoire de la littérature enfantine*, p.21.

27 "Ele saiu do mundo das fadas e entrou para a vida real".

28 Trigon, op. cit., p.36. A tendência da moderna literatura infantil é o fato concreto, ou, como se expressava L. Verniers, a necessidade de se colocar a criança, na medida do possível, em face das coisas concretas ou da representação das coisas. Observe-se, entre nós, a constatação do fato na obra de Monteiro Lobato, Vicente Guimarães e Francisco Marins, entre outros.

29 "mostrou à infância a infância".

autoria de John Newbery, que também assinaria outros vários volumes. Se o *Robinson Crusoe* (1719), de Daniel Defoe, e *Gulliver* (1726), de Jonathan Swift, não surgiriam para a infância, vinham, contudo, ao encontro de uma necessidade universal de leitura, o que se comprovou com a imediata aceitação das narrativas pelas crianças de todo o mundo. O elemento real da vida, o desdobramento da estória no conteúdo das aventuras, fizeram com que as crianças consagrassem esses dois livros apenas pela sequência dos fatos narrados concretamente. Fizeram-se adaptações que omitiam, com muito acerto, as vãs digressões filosóficas existentes nesses dois desses livros.

Como vimos, em rápido debuxo, o século XVII foi rico de obras importantes para a literatura infantil, mas a Idade de Ouro foi, sem dúvida, o século XVIII. Pretendeu-se dar o balizamento mais significativo, o mesmo ocorrendo em relação ao século XIX, que se inicia com a publicação da coletânea de estórias dos irmãos Grimm, *Kinder-und Hausmärchen* [Contos para a criança e para família], em 1812. De certo modo, os irmãos Grimm reatavam a experiência, de repercussão mundial, do seu compatriota Christoph Schmid que, por volta de 1790, havia publicado uma série de contos também baseados na tradição popular. Os personagens dos irmãos Grimm – tais como o Pequeno Polegar, a Branca de Neve, João e Maria, Chapeuzinho Vermelho e Pele de Asno, que um século antes haviam vibrado nas páginas de Perrault –, dominaram as crianças de todo o mundo. Na Dinamarca, Hans Christian Andersen ensaia seus primeiros contos para crianças, e que vão ser completados quando estiver morando na Itália, pois era ele um grande e inquieto viajante. Os *Contes pour enfants* [Contos para crianças] (1835) e *Contes* [Contos], surgidos logo após o êxito dos primeiros, tornaram Andersen um escritor universal pela projeção dos seus personagens (O Soldadinho de Chumbo, A Rainha da Neve, o Patinho Feio). Na Inglaterra, surge nas livrarias o livro *Alice no País das Maravilhas* (1865), de Lewis Carroll, pseudônimo de um velho professor de matemática em Oxford, Charles Lutwidge Dodgson e que, como mais tarde Robert Louis

Stevenson, escreveria seu livro para uma determinada criança. Lewis Carroll introduziria na literatura infantil a manipulação sistemática da imaginação, mesmo aparentemente absurdo, como sistema. E de uma forma declarada, sem subterfúgios, como o haviam feito alguns clássicos. Ela é na verdade, a mola fundamental da magia da literatura de um Perrault, de um Schmid, de um Andersen.

O século XIX foi, por excelência, o século de afirmação da literatura infantil. Nele nasceram aqueles livros marcantes que vêm desafiando o tempo. Vejamos alguns autores, como Júlio Verne (1828-1905), largamente lido no Brasil, assim como Emilio Salgari, Fenimore Cooper, Rudyard Kipling, Mark Twain, Edgar Rice Burroughs, Collodi, Robert Louis Stevenson, todos eles[30] com uma contribuição enorme para a leitura de crianças brasileiras. A imaginação extraordinária de um Carlo Lorenzini, conhecido pelo pseudônimo de Collodi,[31] excitaria o mundo inteiro com seu fascinante personagem, Pinóquio. O boneco Pinóquio nasceu nas páginas de um jornal italiano, *Giornale dei bambini*. Collodi traduzira Perrault para o italiano movido por grande entusiasmo,[32] tanto assim que, inspirado por ele, escreveria para as

---

30 Ao longo destas páginas o leitor terá oportunidade de verificar o quão grande foi a influência dos autores relacionados entre os leitores brasileiros. Para lembrar ilustração bem recente, o êxito dos livros de Edgar Rice Burroughs, a série de Tarzan, foi extraordinário no Brasil. Não se sabe bem por que a polícia carioca cismou de apreender a obra de Burroughs sob a alegação de suas tendências comunistas. A atitude da polícia carioca refletiu-se no próprio Governo, que se encarregou, em nota divulgada pela Hora do Brasil, por volta de 1938, de desfazer a má impressão causada com a apreensão dos livros.

31 Carlo Lorenzini (1826-1890) teve sua obra-prima tardiamente apresentada no Brasil. Foi lançada pela Companhia Editora Nacional, em tradução e adaptação de Monteiro Lobato, no mês de setembro de 1933. As ilustrações eram reproduzidas do original.

32 Chiesa, *Letteratura infantile*, p.44. Essa leitura de Perrault foi feita por Collodi (pseudônimo de Carlo Lorenzini) em 1875, quando o autor de Pinóquio, conforme se expressa a autora, "entrò nel regno della fantasia, guidato da un maestro della fiaba, Carlo Perrault" [entrou no reino da fantasia, guiado por um mestre da fábula, Charles Perrault].

crianças italianas seu primeiro livro, *Giannettino* (1876), que não alcançara grande sucesso. Em 1881 aparecem nesse jornal as primeiras aventuras de Pinóquio, um encanto duradouro de fantasia e realismo, tão ao gosto da imaginação dos leitores infantis de todo o mundo.

1.2 Cronologia necessária

Jean de Trigon em sua *Histoire de la littérature enfantine* [História da literatura infantil] apresenta um quadro sinótico das origens e desenvolvimento da literatura infantil em suas fases fundamentais. Nele procura estabelecer, principalmente, as concordâncias entre os autores de literatura infantil franceses e de outros países, no contexto da criação literária universal. O quadro é sugestivo e eficiente. Há, porém, algumas falhas de origem, quanto ao aproveitamento das fases iniciais da *criação* já na Antiguidade, em que encontramos as raízes complexas da literatura infantil profundamente ligadas às raízes da literatura popular. Com os conhecimentos atuais da evolução cultural e o aparecimento de novas obras estudando e analisando aspectos parciais dessa evolução, podemos levantar outro quadro sinótico, uma cronologia necessária e cronológica, capazes ambos de proporcionar a síntese das origens e evolução da literatura infantil em suas representações mais importantes.

Desse modo, estabelece-se a cronologia seguinte com os pontos básicos (fatos, nomes, livros e tempo) da evolução literária para crianças, desde seus fundamentos orais. Apontam-se nessa cronologia apenas aqueles autores de maior repercussão e contribuição para a maioridade do importante gênero literário.

1. A tradição oral.
2. Fábulas. Nascimento no Oriente com o *Pantcha-Tantra*, o *Ramayana*, o *Hitopadexa*, o *Calila e Dimna* e as *Mil e uma noites*.
3. Homero, poeta grego, com *Odisseia* e *Ilíada*, obras que reúnem material de tradição oral. Esopo e Fedro com suas fábulas.

4. Giulio Cesare Della Croce (1550-1620), com *Bertoldo*, um personagem que divertiu o mundo e trouxe o humorismo como tema de literatura infantil.
5. Giovanni Francesco Straparola de Caravaggio (... -1557), com *Le XIII piacevoli notte* [As 13 noites prazerosas], publicado em 1554 pelo impressor Domênico Ferri, em Veneza. Trata-se de uma reunião de contos folclóricos, cujos temas se universalizaram, inclusive na literatura infantil. É nessa obra que o famoso personagem Gato de Botas dá sua entrada na literatura.
6. Giambattista Basile (1575-1632), com *Conti de conti* publicado em duas partes. Por intermédio de suas estórias, entram na literatura infantil universal, pela vez primeira, a Gata Borralheira, a Bela Adormecida no Bosque, a Branca de Neve etc.
7. Gonçalo Fernandes Trancoso (.... – ....), com a primeira edição, em 1575, de *Contos e histórias de proveito e exemplo*. São estórias colhidas diretamente da tradição popular portuguesa, influenciada pela árabe, e outras inspiradas nas obras de Caravaggio e Battista Basile.
8. La Fontaine (1621-1695), com *Fábulas*, retomando a tradição de Esopo e Fedro.
9. Charles Perrault (1623-1703), com os *Contos de ma mère l'Oye*, fixando em livro a tradição oral.
10. Madame D'Aulnoy (1650-1705), com *Contes de fées*, introduzindo pela primeira vez o elemento fada na literatura para crianças.
11. Comenius (1592-1670), com *Orbis Pictus* (1658), primeiro livro didático ilustrado, para crianças.
12. Fénelon (1651-1715), com *Fables* e *Télémaque*, com o que se inaugura a fase consciente da literatura infantil.
13. Mademoiselle De La Force (1654-1724), com o volume *Les fées* [As fadas], no qual retoma o tema de Madame D'Aulnoy sobre fadas.
14. Daniel Defoe (1661-1731), com o universal *Robinson Crusoé*.
15. Jonathan Swift (1667-1745), com *As viagens de Gulliver*.

16. Condessa de Murat (1670-1716), com *Nouveaux contes de fées* [Novos contos de fadas].
17. Madame Jean-Marie Leprince de Beaumont (1711-1780), com *Le magazin des enfants* [Revista das crianças] e *Contes moraux* [Contos morais].
18. Berquin (1749-1791), com *L'ami des enfants* [O amigo da crianças].
19. Florian (1755-1794), com *Fables*.
20. Cristoph Schmid (1768-1854), com *Les oeufs de pâques* [Ovos de Páscoa].
21. Jacó Luís e Guilherme Carlos Grimm (1785-1863 e 1786-1859), com as célebres narrativas hauridas na tradição popular.
22. Fenimore Cooper (1789-1851), focalizando aventuras entre os indígenas dos Estados Unidos, com a valorização dos temas nacionais do novo mundo.
23. Condessa de Ségur (1799-1894), com a sua famosa *Bibliothèque rose* [Biblioteca cor-de-rosa].
24. H. C. Andersen (1805-1875), que retoma os temas da tradição popular com seus livros de contos.
25. Carlo Lorenzini, Collodi (1826-1890), com *Aventuras de Pinóquio*.
26. Júlio Verne (1828-1905), com os temas do futuro do homem.
27. Lewis Carroll (1832-1898), que consagra o *nonsense* ou a realidade absurda.
28. Wilhelm Busch (1832-1908), com a criação de personagens de caráter universal.
29. Mark Twain (1834-1911), com *Tom Sawyer* e *Huckleberry Finn*, dois livros de repercussão entre crianças de todo o mundo.
30. Edmundo de Amicis (1846-1908), com o *Cuore*, considerado uma das obras-primas da literatura didática universal.
31. Robert Louis Stevenson (1850-1894), com *A ilha do tesouro* e *Raptado*.
32. Selma Lagerlöf (1858-1940), com o tema das lendas escandinavas.

33. James M. Barrie (1860-1937), com *Peter Pan*, que retoma o espírito do *nonsense*, encantando crianças de todo o mundo.
34. Rudyard Kipling (1865-1936), com o *Livro do Jângal* (duas séries), no qual o fabulário e a vida dos animais representam a integração da natureza na literatura infantil.
35. Edgar Rice Burroughs (1875-1950), com a criação de *Tarzan*, o mito da renovação do ser humano pela fantasia.
36. Walt Disney (1901-1966), o gênio da imagem, desta se servindo para uma nova dimensão da literatura infantil pelos seus desenhos e pelo seu cinema.

Esta cronologia representa um esforço de síntese, no sentido de balizar, no tempo, as principais fases da literatura infantil universal representada por seus mais influentes autores. Na área brasileira é particularmente curiosa a influência de Gonçalo Fernandes Trancoso, cujo livro deve ter vindo para o Brasil nos primeiros anos de colonização, ou seja, na data de sua primeira edição, em 1575. Fica claro, também, que a cronologia envolve uma distinção crítica. Foram muitos os autores aparecidos no passar dos anos que deram sua contribuição à literatura infantil e não figuram na relação.[33] Pareceu-nos, contudo, que os trinta e seis autores relacionados, inclusive com o tema primário da tradição oral, representam basicamente o que de mais significativo houve no gênero ao longo dos anos de sua formação.

1.3 Conceitos e temas

A conceituação de literatura infantil tem variado muito no espaço e no tempo, tão íntima é a relação, em sua natureza, com a pedagogia. E tão imponderáveis são também os critérios constituídos para o estabelecimento de um conceito definitivo que, na maioria das vezes,

33 Ibid. Vejam-se principalmente os três capítulos iniciais da obra.

ou geralmente, atendem apenas a determinadas implicações históricas, sociais e, sobretudo, pedagógicas. É o que ressalta facilmente ao longo do estudo de sua história, que vai encontrar no aparecimento do livro especialmente dirigido à criança – e confirmada depois pela aceitação de livros que não o foram, mas se tornaram clássicos pela sacramentalização dos leitores infantis – indisfarçável surpresa. Carmen Bravo-Villasante coloca com muita propriedade o problema, ao afirmar que "así como no todo libro escrito para niños supone forzosamente que sea literatura infantil, del mismo modo puede ser literatura infantil lo que no está destinado para ellos[34]".[35] Duas teses lançadas e defendidas por pedagogos de grande projeção envolvem o conceito de literatura infantil, embora reconhecidamente de modo incompleto: (a) não deve haver literatura especialmente escrita para crianças, mas a utilização, condensada ou adaptada, das obras-primas da literatura universal; e (b) a diferença de mentalidade na criança implicaria na feitura de obras especiais para elas.

Ambas as teses são facilmente contraditadas por numerosos exemplos. No primeiro caso, citar-se-ia o *Robinson Crusoe*, de Daniel Defoe, escrito para adultos, mas consagrado pelas crianças de todo o mundo. Basta dizer que Jean-Jacques Rousseau via nessa obra-prima da literatura inglesa leitura suficiente, se não para toda a vida, ao menos durante toda a infância de Emílio.[36] Estariam nessa primeira hipótese também obras de Júlio Verne, de Swift, numerosos contos das *Mil e uma noites*, ou mesmo alguns livros de Fenimore Cooper. Os exemplos seriam numerosos. Para a segunda hipótese os modelos também são numerosos, como nos casos de Andersen, Collodi ou Perrault. Mas bastaria um apenas, que é clássico: o livro de Robert Louis Stevenson, *A ilha do tesouro*.

---

34 "assim como nem todo livro escrito para meninos pressupõe forçosamente que seja literatura infantil, da mesma forma pode ser literatura infantil o que não é destinado para eles".

35 Bravo-Villasante, op. cit., p.33.

36 Meireles, op. cit., p.118.

A deficiência das duas teses ressalta particularmente o segundo caso. O desenvolvimento técnico, o maior nível de alfabetização no mundo moderno, possibilitou a criação de uma área crescente para a literatura infantil sobremaneira surpreendente,[37] daí decorrendo uma produção simplesmente fantástica de livros para crianças. O que se observa então? O aparecimento de milhares de autores em todo o mundo e a consagração apenas de um número limitadíssimo dentre eles. Entende-se ser fácil escrever para crianças, explorar o seu mundo maravilhoso, quando a visão das coisas, dos valores, é diferente entre o adulto e a criança. Esses livros padecem de dois defeitos, destacados por Lorenzo Luzuriaga[38] e que são: (a) o caráter moralizante e fingido; e (b) os de concepção exatamente ao contrário, ou seja, desmoralizante. Nesta altura vêm muito a propósito as observações que George G. Toudouze faz no prefácio do estudo de Jean de Trigon[39] sobre a atitude de grandes escritores modernos em relação à literatura infantil. Para estes, seria um gênero menor de criação literária, pois "un écrivain pour enfants n'est pas un écrivain[40]".[41] A conclusão se impõe facilmente na perspectiva da própria composição literária do livro para crianças: acontece a

37 Azevedo, *Problemas de educação*, p.218 et seq.

38 Luzuriaga, *Diccionario de pedagogía* [Dicionário de pedagogia], p.246. Veja-se também, pela sua oportunidade, o resumo que o autor faz das ideias pedagógicas de Fénelon à p.155 da mesma obra. Embora não fossem originais em relação ao tempo presente, têm interesse "porque ataca los prejuicios de su tiempo sobre la educación de las jóvenes, y propone un plan educativo para ellas" [porque ataca os preconceitos do seu tempo sobre a educação das jovens, e propõe um plano educativo para elas. Veja-se também A. Deplanque, *La pensée de Fénelon* [O pensamento de Fénelon] e G. Compayré, *Fénelon et l'éducation attrayente* [Fénelon e a educação atraente]. As ideias pedagógicas de Fénelon, em geral, caracterizam-se por seu espírito liberal e compreensivo, e seu método consistia, em síntese, na educação amena. A reação da criança em face das primeiras leituras tem muitos pontos esclarecidos no livro de E. Codignola, *Infanzia* [Infância], que narra a experiência a respeito de muitos grandes escritores, embora na perspectiva do adulto.

39 Trigon, op. cit., p.VIII.

40 "um escritor para crianças não é um escritor".

41 Trigon, op. cit., p.X.

aventura literária; os escritores que aparecem fazem experiências no gênero, que não só inflacionam o mercado, como o desmoralizam. Lorenzo Luzuriaga esqueceu-se de apontar este terceiro fator que compromete a literatura infantil.

Na sondagem destes problemas há um ponto que parece pacífico e já anotado por Carmen Bravo-Villasante, ou seja, de que o popular e o infantil não se contradizem e, por consequência, uma boa literatura será sempre popular. Parece que aqui encontramos uma convergência de elementos que muito pouca oportunidade poderá dar para debates. Na base da literatura infantil estará sempre, soberana, a literatura oral que a antecede historicamente e a fundamenta tematicamente. Charles Perrault apanhou na tradição oral todos os temas de seus contos, subtitulados *Contes de ma mère l'Oye*, narrativa de legendas célticas de raízes talvez no Oriente e já no século XVII, quando apareceu seu livro, de patrimônio comum a toda Europa Ocidental. Os irmãos Grimm, igualmente, utilizaram-se da tradição oral, previamente aproveitada por novelistas da Renascença e constantes dos *fabliaux* da Idade Média. C. Schmid também não fugiu à influência da tradição, inclusive na utilização das narrativas contidas no italiano Straparola,[42] tanto um como outro, aliás, profundos interessados nos processos da sobrevivência e continuidade das narrativas populares no espaço e no tempo.

42 Ganzaroli, *Breve storia della letteratura per l'infanzia* [Breve história da literatura para a infância], p.11. "Sopratutto morale", escreve o autor, "nel senso che gl'insegnamenti del retto vivere devono essere diluiti nel testo sino a menere il ragazzo nelle condiziani di assorbirli e di transformali in linfa vitale, senza che, quasi, se ne accorga: proprio come una medicina della quale non si voglia far sentire il sapore" [Acima de tudo moral, no sentido de os ensinamentos de viver corretamente estarem diluídos no texto até pôr a criança em condições de absorvê-los e de transformá-los em linfa vital, quase sem perceber: exatamente como um remédio do qual não se quer que o gosto seja sentido]. O problema todo parece estar justamente nesse remédio sem sabor, conforme a expressão do autor, pois os valores morais naturais da criança são profundamente relativos. É neste particular que gostaríamos de destacar o segredo do gênio de Monteiro Lobato, das páginas magníficas de sua literatura infantil.

Walter Ganzaroli considera que o conceito de literatura infantil deve ser sobretudo moral[43] e, mais ainda, cremos também que o conceito implica, com efeito, valores estéticos, os quais explicariam, sob muitos aspectos, no que diz respeito ao moral, à sobrevivência de muitos livros para crianças no passar do tempo. Paul Hazard, na magnífica análise que fez sobre o *Robinson Crusoe* e *As viagens de Gulliver*, destaca, implicitamente no desenvolvimento do seu exame, os dois valores, sem que a premência de um deles absorva a do outro: o moral e o estético. É fundamental, neste particular, a leitura do ensaio de Paul Hazard, que preconiza, por meio de determinado depoimento, o predomínio das exigências pedagógicas da criança, conforme a criança e sua autenticidade, sobre a dos adultos imbuídos de uma autoridade as mais das vezes discutível que lhe dá a própria condição e perspectiva da maturidade. O ensaísta francês crê que nos divorciamos do reino infantil rico de "tout ce qu'ils (nós, os adultos) ne possèdent pas, riches des merveilles du possible[44]",[45] daí advindo também o indisfarçável conflito que explica o fracasso da enorme massa de literatura infantil industrializada que marca, sem dúvida, os tempos modernos, e faz a criança se afastar dela. O problema se agrava com o acúmulo de outros fatores condicionantes, inclusive educacionais, sociais e históricos.

Um ensaio importante, que estabelece largas bases para a discussão do problema da literatura infantil, inclusive em seu conceito, é o que A. Brauner escreveu sob o título de *Nos livres d'enfants ont menti* [Nossos livros infantis mentiram], no qual salienta, particularmente, que o realismo na literatura infantil deve opor-se ao

43 Ibid.

44 "tudo o que eles (nós, os adultos) não possuem, ricos das maravilhas do possível".

45 Hazard, *Les livres, les enfants et les hommes* [Os livros, as crianças e os homens], p.72-96. Observações sobre o conceito de literatura infantil, que ainda não perderam atualidade porque se baseiam nos clássicos, no exame crítico de suas obras, podem ser conhecidas também em Arthur Groom, *Writing for Children* [Escrevendo para crianças], e *A Manual of Juvenile Fiction* [Manual da ficção juvenil].

formalismo a ela vinculado pela "héritage des années passées[46]",[47] ou seja, justamente a de certa tradição didática. Trata-se de um estudo polêmico, a começar pelo próprio título, que se baseia no que

46 "herança dos anos passados".

47 Hazard, op. cit., p.14-5. As páginas de Paul Hazard sobre este aspecto delicado e fundamental da literatura infantil (o conceito e a relação pedagógica a partir da perspectiva do adulto) contêm observações preciosas e são de leitura obrigatória para quem deseja ampliar a questão. "Hier était plus oppressif qu'aujourd'hui" [Ontem era mais sufocante que hoje], escreve o ensaísta, "Hier, les hommes étaient encore plus engoncês dans leurs préjugés, plus certains de posséder la vérité sans l'ombre d'un doute, plus autoritaires et plus dura. Ce n'est pas qu'ils aient agi par méchanceté mais bien plutôt par sottise; par une faute de perspective, par un manque de souplesse; par l'idée d'une sagesse supérieure si elle écourait la leçon de l'enfance. C'est la faute, surtout, de notre triste condition, qui fait que nos appels ont tant de mal à se rejoindre, que nous ne comprenons jamais tout à fait, et que l'histoire de nos rapports avec ceux que nous aimons n'est qu'un malentendu, rythmes discordants, bonnes volontés qui dévient et ne se rencontrent plue. Ce n'est méchanceté; mais le fait est qu'en écoutant l'enfance leur demander secours, les hommes refusent de lui donner ce dont elle a besoin, et lui offrent ce qu'elle déteste. Au lieu d'histoires qui ensoleillent son âme, ils lui présentent tout de suite quelque bonne piêce de savoir massive et indigeste, quelque bonne pièce de morale autoritaire qui doit s'imposer par le dehors et sans adhésion profonde. On croit entendre des voix mal alternées; les enfants et les hommes se parlent e ne se comprennent pas" [Ontem, os homens eram ainda mais limitados em seus preconceitos, mais seguros de possuírem a verdade sem uma sombra de dúvida, mais autoritários e mais duros. Não que tenham agido por ruindade, mas muito mais por burrice; por erro de perspectiva, por falta de flexibilidade; pela ideia de uma sabedoria superior se ela escutasse a lição da infância. É culpa, principalmente, de nossa condição, a qual faz que nossos apelos penem tanto para serem ouvidos, que não compreendamos nunca inteiramente, e que a história de nossas relações com aqueles que amamos não passem de mal-entendidos, ritmos discordantes, boas vontades que se afastam e não se encontram mais. Não é maldade; mas o fato é que ao escutar a infância pedir-lhes socorro, os homens recusam dar-lhe aquilo de que ela necessita e lhe oferecem o que ela abomina. Em vez de histórias que encham sua alma de sol, eles lhe apresentam logo um boa obra maciça e indigesta de erudição, alguma obra de moral autoritária que deve se impor de fora e sem adesão profunda. Acreditamos ouvir vozes mal alternadas; as crianças e os homens se falam e não se compreendem]. Evidentemente, progredimos muito nesse particular, com

A. Brauner considera uma literatura abundante e muito complexa e "surtout susceptible de créer d'abondants problèmes et de très complexes débats[48]".[49] Em síntese, temos nestas páginas, como tese de conceito, duas formulações de adaptação, ou seja, a da idade e a da época na literatura infantil.

1.4 O adulto e a criança

O conflito entre o adulto, que faz a literatura, e a criança, que a utiliza, reúne autores de vários países tentando esclarecer a problemática nele implícita. Pretendeu-se distinguir uma "literatura para crianças" de uma "literatura de crianças". Era colocar-se a questão em amplas perspectivas teóricas, talvez com discussões inúteis quanto ao ponto de vista imediatamente prático, que é o da feitura de livros para crianças. Como pode a criança criar sua própria literatura? É difícil responder neste setor da manipulação da linguagem que é, por exemplo, mais lógica do que a imagem. Tanto isto parece

uma compreensão mais lúcida sobre as relações entre criança e adulto. Veja-se também Luigi Santucci, *Letteratura infantile* [Literatura infantil], principalmente o capítulo "Limiti e ragioni della letteratura infantile" [Limites e razões da literatura infantil]. O livro de Luigi Santucci não é "história" da literatura infantil, mas um estudo em que o autor pretende "stabilire, alla luce della pedagogia e dell'estetica, il caratter d'un autentico libro per fanciullo" [estabelecer, à luz da pedagogia e da estética, o caráter de um autêntico livro para crianças]. A segunda parte do estudo contém uma resenha bem feita sobre os clássicos de infância. Outros livros indicados: *Children's Literature* [Literatura de crianças], de C. M. Curry, E. E. Clippinger e Rand McNally; *The Child and his Books* [A criança e seus livros], de W. T. Field; *A Handbook of Children's Litterature, Methods and Materials* [Guia de literatura para criança, métodos e matérias], de E. Gardner e E. Ramsey. Veja-se também, entre nós, o estudo de Duarte, *Algumas ideias sobre literatura infantil* em *Anhembi*, n.104.

48 "sobretudo suscetível de criar problemas excessivos e debates muito complexos".

49 Brauner, *Nos livres d'enfants ont menti*, p.130. À página 59 o autor faz minucioso exame do que considera a tendência formalista e igualmente as tendências idealistas e realistas da literatura infantil. Vide também as páginas 173-4.

verdade que as crianças podem realizar-se amplamente na expressão das artes plásticas com um primitivismo, espontaneidade, pureza e realismo verdadeiramente surpreendentes.

Complexo é o tema da conceituação da literatura infantil. O especialista Anton S. Makarenko discute longamente vários dos problemas pertinentes a essa literatura,[50] preconizando desde logo um objetivo tanto educativo como humanista nos livros para crianças. Para ele a verdadeira literatura tem que ser humanista por defender sempre as melhores ideias da humanidade. Daí poder recomendar para as crianças tanto Júlio Verne como Mark Twain. "À primeira vista", escreve, "parece que em *Tom Sawyer* não há nada de valioso. Os adultos nada têm de bons, as crianças são muito travessas e, às vezes, gamberras; apesar disso, há tanto humanismo nesse livro, um sentimento de vida tão jubilosamente ativo que, por princípio, está em harmonia com nossa época".[51] Anton S. Makarenko nega ao tom moralista qualquer função na literatura infantil, por consequência. Essa é também a tese fundamental da literatura de Monteiro Lobato. Makarenko acha que "en nuestros libros debe haber mucha alegría, mucho espíritu travieso que constituyen magníficos rasgos infantiles y determinan la fuerza del carácter, su tono mayor, su estabilidad y colectivismo[52]".[53]

E quanto ao estilo? Eis a questão mais difícil, talvez, da problemática que envolve a literatura infantil. Desde logo, Makarenko nega propriedade ao impressionismo como caráter do livro infantil, pois

> en todo libro para niños debe haber la misma lucha directa de la luz y de las sombras que existen en los cuentos; no hace ninguna falta el fino juego psicológico ni un análisis demasiado detallista. Son más impropios aun el

---

50 Makarenko, *Acerca de la literatura*, p.198.

51 Ibid., p.201.

52 "nossos livros devem ter muita alegria, muito espírito de travessura, o que constituem magníficas características infantis e determinam a força do caráter, a sua plenitude, a sua estabilidade e o coletivismo".

53 Makarenko, op. cit., p.202.

lirismo pasivamente contemplativo y las tristes reflexiones seniles sobre la naturaleza[54].[55]

O estilo em literatura infantil deve ser concreto, com uma economia verbal capaz de tornar visual a cena e o tema focalizados. Ainda nesse particular, Anton S. Makarenko nos fala em um "complexo psicológico da idade" para advertir que o tema é secundário na literatura infantil. Assim, as leis estilísticas da forma não têm a importância que alguns pedagogos lhe querem atribuir, mas tão somente "las leyes estilísticas del movimiento".[56]

Se se prestar atenção mais demorada ao problema, veremos certa afinidade de pontos de vista entre Lorenzo Luzuriaga, Anton Makarenko e, de autor mais antigo, o admirável Montaigne. Notamos anteriormente algumas observações de Lorenzo Luzuriaga a respeito do tom condescendente com que alguns autores escrevem para crianças. Na verdade, eis um tema que poderíamos ignorar, pois desde logo uma atitude dessas é a negativa formal do escritor de livros infantis. A criança tem um espírito bastante independente para admitir certas intromissões em seu mundo mágico. Desde Montaigne, reclama-se contra essa impostura (a rigor, ela é mais antiga), e o profundo pensador francês lembra que já Plutarco[57] informava que, entre os romanos, *grego* e *escolástico* "eram palavras pejorativas que se empregavam como censura". "Mas na realidade", adverte-nos Montaigne, "disso só entendo que a maior e mais importante dificuldade da ciência humana parece residir no que concerne à instrução e à educação da criança".[58] Assim, reconhecia que "uma das mais

54 em qualquer livro para meninos deve haver a mesma luta direta da luz e das sombras que existem nos contos; não faz falta alguma o refinado jogo psicológico nem uma análise por demais detalhista. São ainda menos apropriados o lirismo passivamente contemplativo e as tristes reflexões senis sobre a natureza.

55 Makarenko. op. cit., p.201.

56 "as leis estilísticas do movimento".

57 Montaigne, *Ensaios*, Livro I, Capítulo XXV.

58 Ibid., Livro I, Capítulo XXVI.

árduas tarefas que conheço é se colocar a gente no nível da criança; e é característico de um espírito bem formado e forte condescender em tornar suas as ideias infantis, a fim de melhor guiar a criança".[59] Estas observações, feitas no século XVI, parecem ainda válidas quatro séculos depois. Montaigne observou muito bem a alma humana e via bem a problemática constante das relações entre o homem e a criança. Uma fórmula definitiva não pode prevalecer, levando-se em conta a psicologia individual de cada criança.

Para Montaigne, a imposição era uma violência à criança. "Tudo se submeterá ao exame da criança e nada se lhe enfiará na cabeça por simples autoridade e crédito",[60] pois "a verdade e a razão são comuns a todos e não pertencem mais a quem as diz primeiro do que ao que as diz depois".[61] Parece-nos que nessas observações de Montaigne há todo um lúcido roteiro, uma orientação, dentro dos complexos caminhos da literatura infantil. Uma delas, porém, não admite discussão não só pela sua verdade fundamental, como pela sua dificuldade de realização: a de se colocar o escritor ao nível da criança.

Montaigne confessa suas preferências pelo fabulário das *Metamorfoses*, de Ovídio, aos sete ou oito anos de idade. São dele as palavras justificadoras da preferência, pois afirma que era livro que "melhor se acomodava à minha tenra idade pelo assunto de que tratava".[62] Na frase de Montaigne temos a preferência infantil em manifestação soberana. E em uma das passagens do seu ensaio, assinala, em latim, uma frase de Cícero, talvez um pouco vulgar, mas muito oportuna pela verdade que encerra, na qual afirma que "a autoridade dos que ensinam prejudica muitas vezes aos que querem aprender".[63] Eis aí, ao que parece, um erro em que não incorreram Perrault, Andersen, os irmãos Grimm, Schmid, Collodi, mas que no geral compromete a moderna literatura

59 Ibid.
60 Ibid.
61 Ibid.
62 Ibid., Livro I, Capítulo XXV.
63 Ibid.

infantil atual: a preocupação de um didatismo excessivo. Jesualdo tem uma frase muito feliz sobre Andersen ao escrever que era "hijo del pueblo, sus cuentos son de su substancia[64]".[65] M. Pellison estudou o elemento "maravilhoso" em Andersen, que era uma espécie de "ótica infantil para a descrição", conforme se expressa,[66] de acordo com a natureza psicológica da criança, a sua tendência para manter-se na atmosfera da magia. Em todos nós existe essa sedimentação de obscura atmosfera irreal, que parece desviar-se agora, no campo literário, para a ficção científica, em que os escritores encontram, como antes encontravam na literatura infantil, maiores recursos para o maravilhoso. A permanência de Andersen, porém, tem suas bases na própria constituição psíquica do homem, nessa prodigiosa soma de valores culturais emanados da experiência humana e do seu sofrimento, das suas alegrias: o folclore, a tradição. Enfim, raízes na própria vida têm seus contos, suas estórias. Andersen contradiz,[67] como alguns outros mágicos da literatura infantil, a afirmação de Paul Hazard, segundo a qual "les enfants et les hommes se parlent et ne se comprennent pas[68]", como é muito comum observar-se ante a espantosa produção literária para os meninos, de espírito mais didático, ou falsamente didático, que literário. Mais manuais de cunho instrutivo, didático, que páginas endereçadas à fantasia das crianças.

Em um dos seus estudos, Alceu Amoroso Lima procura, ao que parece, uma fórmula conciliadora em toda a problemática aflorada nestas linhas. É quando examina livros de M. Bonfim, *Primeiras saudades*; de H. Vasconcelos e M. Mendes, *Alguns contos de o meu presente* e de Monteiro Lobato, *A menina do narizinho arrebitado*. Assim o autor

---

64 "filho do povo, seus contos são da sua matéria".

65 Jesualdo, *La literatura infantil*, 3.ed, p.162. O livro de Jesualdo é um repositório imenso e importante de análises e informações sobre o complexo tema que examinamos nestas páginas.

66 Arroyo, *O tempo e o modo*, p.34.

67 Ibid., p.35.

68 "as crianças e os homens se falam e não se compreendem".

defende a tese de que o livro deve ser para a criança "um meio de estimular o instinto vital, povoar-lhe a imaginação, de provocar-lhe a personalidade"[69] em sua primeira função. "Só em seguida, ajunta, despertado na criança o interesse pela leitura, tendo ela compreendido a riqueza que há nas páginas de um livro, estimulada, portanto, a sua curiosidade, pode começar a obra de ensino e de educação moral".[70] Antes, porém, Alceu Amoroso Lima acredita que a função do livro infantil é "fazer compreender às crianças que a leitura não é um dever mas um prazer",[71] ou, ainda, que "a leitura é o mais movimentado, o mais variado, o mais engraçado dos brinquedos",[72] ponto de vista este, aliás, que não está longe do expresso por Monteiro Lobato em uma de suas cartas a Godofredo Rangel[73] quando afirmava que seu ideal era fazer livro "onde as nossas crianças possam morar".

O sentimento lúdico da leitura, eis o ponto fundamental, o magno objetivo do livro em relação aos meninos. Daí Alceu Amoroso Lima afirmar também que "a literatura infantil é primeiramente um meio de divertir as crianças",[74] com o que se encontra afinado com a lógica e a natureza das obras-primas da literatura para crianças. Estas se impuseram com aquele objetivo e nem são estranhas a essas razões, modernamente, ao que parece, a preferência para as estórias em quadrinhos, em que o ludismo se desenvolve plenamente antes de qualquer outro desiderato. Depois de interessar, a literatura infantil passa para um segundo grau: educar e instruir. Os pontos de vista de Alceu Amoroso Lima coincidem com a grande experiência da própria realidade dos livros para crianças consagrados desde o aparecimento de Perrault. Não foi gratuitamente que Montaigne pôde dizer, conforme vimos, que a imposição era uma violência ao espírito e personalidade da criança.

---

69 Lima, *Estudos literários*, v.I, p.347.

70 Ibid.

71 Ibid.

72 Ibid.

73 Lobato, *A barca de Gleyre*, p.467.

74 Lima, op. cit., p.350.

1.5 Fantasia e valor

É possível apontarem-se mais observações em torno da literatura infantil no que diz respeito à sua conceituação. Elas, contudo, pela divergência de opiniões e de exames, muitas das quais marcadas por extrema ortodoxia, em vez de aclararem o problema e consagrar diretrizes pacíficas sobre o mesmo (tanto quanto seria permitido em relação à mobilidade histórico-pedagógica), mais concorreriam para a dificuldade de sua inteligência. Não se pode desprezar na problemática a variação histórica, com as consequentes modificações no *status* social, dos padrões de moral e dos padrões de ensino. Talvez fosse possível apontar como único critério válido aquele que geralmente os estudiosos procuram ignorar em sua autossuficiência de adultos, ou seja, o que Alceu Amoroso Lima chama de "uma lógica de exposição, que faz parte do seu modo de adulto de entender as relações das coisas", em conflito com a lógica própria da criança, "lógica própria, especial, que só artificialmente nós podemos reproduzir".[75] O critério válido a que nos referimos é a capacidade crítica da criança em contato com o livro. O que ela aprovar deve ser naturalmente a legítima literatura infantil. O melhor argumento desta tese é a própria história da literatura infantil ao longo dos anos, desde o aparecimento das *Aventuras de Telêmaco*, de Fénelon, especialmente escrito para uma criança. Milhões de livros infantis apareceram desde então, mas os clássicos, os verdadeiramente consagrados pela infância, podem ser apontados facilmente.

As teorias de Fénelon sobre a educação, no que diz respeito à literatura, contêm uma observação que somente os escritores ingleses, mais tarde, por condições especiais que não vêm ao caso discutir, poderiam realizar a contento e em toda sua extensão. Referimo-nos àquela sua frase segundo a qual as crianças "amam apaixonadamente os contos absurdos". Já teríamos aí a literatura infantil fundada

---

75 Lima, *Estudos*, 1ª série, p.192.

na imaginação, sem outro fito senão o de divertir, e que encontra um marco histórico em *Aliança*, de Lewis Carroll, escrito para uma criança de seis anos. Igualmente nesse livro, como sobretudo nos seguintes, esse autor aproveitou os efeitos do que chamam os ingleses *gay nonsense*, o disparate engraçado. Em Perrault, em Andersen, em Grimm, em Defoe, em Swift, enfim, nos clássicos, colhe-se muito da literatura do maravilhoso, o que explicaria o profundo sentido de educação de suas obras. É evidente que todos os preceitos, conceitos e teses guardam sua relatividade, tomando-se em consideração, fundamentalmente, a mobilidade histórica da sociedade humana e as tendências da cultura em cada país, bem como, por consequência, dos valores e padrões de suas teorias de educação.

A *magia* não seria, pois, um valor total. Há muitos aspectos na literatura infantil, examinados principalmente por educadores, que se validam ante os imperativos gerais da educação. Orlando Leal Carneiro reduz as características da literatura infantil[76] a cinco pontos fundamentais: (a) desenvolvimento de uma atividade feliz e fácil; (b) imaginação; (c) dramatismo; (d) técnica de desenvolvimento; e (e) linguagem. Esse esquema nos dá elementos importantes, desde a característica inicial, que parece ser a mais válida e permanente na grande problemática da literatura infantil, até aquelas que envolvem o interesse de valores educacionais colhidos na própria experiência da sociedade humana.

A categoria das fadas, de que temos a primeira referência em um geógrafo, Pomponius Mela, que viveu no século I, inclui-se na área da magia pura. Pomponius localizou-as na Ilha de Sena, qualificando-as de nove virgens que imperavam sobre os ventos e o Oceano Atlântico,[77] daí se iniciando uma tradição dessas entidades que encantam, desde há séculos, os meninos de todo o mundo.

---

76 Carneiro, *Metodologia da linguagem*, p.195.

77 Para estudo desse importante tema a respeito das fadas, indica-se o livro de Fryda Schultz de Mantovani, *Sobre las hadas* [Sobre as fadas], principalmente o ensaio "Bíografía de las hadas" [Biografia das fadas], constante do volume.

Delas duas, tornaram-se famosas: Morgana e Melusina. Aristóteles cuidou dessas entidades. Perguntava-se, então, se as fadas não eram a aparência da realidade. De qualquer modo, formando-se o mito de prodígios, como quer nosso filósofo, e situando-se o homem ante o mistério da vida – o mistério e o prodígio da vida – indagam os exegetas se o mito, na solidão do homem ante a natureza, não seria uma resposta interpretativa do mundo.[78] Fryda Schultz de Mantovani cita o pensador espanhol Julián Marias, na introdução que escreveu para a tradução de *Fedro*, lembrando o pensamento de Platão, que "o papel do mito é manifestar-nos a realidade, embora de modo imperfeito e parcial, para dizer ao que se assemelha".[79] Para Platão, o verdadeiro conhecimento reside no mito. O que se conclui ante as lições dos investigadores do tema das fadas é que o homem sempre foi um poeta e que a imaginação tem muito mais realidade do que vulgarmente se admite no mecanismo das compensações em face da realidade da vida. Daí uma nova e admirável observação de Fryda Schultz de Mantovani ao escrever que, quando se pretendeu usar as fadas, *ad usum Delphini*, como se dizia, como instrumento de educação e de moral, elas se rebelaram pela transformação em categorias falsas. Somente com Peter Pan, o maravilhoso menino que não quis crescer, pela pena de James Matthew Barrie (1860-1937), o mágico escocês, reintegram-se as fadas em sua autêntica realidade de poesia, o espírito aberto ao maravilhoso.

Aliás, nesse ponto, concordam os autores em que o homem recorre à criação imaginativa por um compromisso, ou o esforço de substituir uma realidade que também pode ser enganosa, por uma agradável ficção. Tal é a origem psicológica de toda a literatura de imaginação, contos, epopeias, lendas, romances.

Desse modo, na literatura infantil, seus autores devem defrontar-se com questões e problemas de difícil solução. A criança trai, a cada instante, como diz Alceu Amoroso Lima, "em cada pequeno

---

78 Mantovani, op. cit., p.11.

79 Ibid., p.12.

detalhe, uma concepção imperfeita, deformada, efêmera, grotesca da vida, que é por natureza a concepção infantil do mundo", o que parece entrar em conflito com o pretendido equilíbrio e senso de justa medida do adulto. Alceu Amoroso Lima cita o conto recolhido por Karl Groos, professor de filosofia, contado por uma criança, em suas pesquisas sobre o jogo nas crianças e no adulto. Chega ele à conclusão[80] de que as crianças não possuem a mesma concepção de proporções de tamanho que os adultos. Daí Alceu Amoroso Lima pretender que "só no dia em que houver boas histórias de crianças para crianças é que se poderá falar da existência de uma literatura infantil"[81], uma vez que o básico seria, para os adultos, "começar por compreender o mundo, visto de dentro da infância".[82] A tese não deixa de ser curiosa e é praticável, mas exigiria uma disponibilidade mais do que experimental na área da educação, da pedagogia, para tornar-se uma realidade permanente. Não temos condições sociais, históricas e econômicas, talvez, para sua efetivação em algo de permanente e duradouro.

---

80 Lima, op. cit., p.198.
81 Ibid., p.204.
82 Ibid., p.196.

2 A literatura oral

2.1 Nacional e regional

Dos livros de memórias de nossos escritores, daqueles principalmente que tiveram sua infância transcorrida na segunda metade do século XIX, é que vamos colher muitos dos elementos capazes de nos proporcionar um panorama do que liam aquelas crianças. Mas é também nesses livros que assistimos, durante muitos anos, ao predomínio da literatura oral, não só como consequência de um fenômeno social, o privilégio da leitura circunscrito a uma classe distinta, como também por causa da falta propriamente de uma literatura infantil, claramente vinculada àquela situação.[1] Os leitores se limitavam aos livros religiosos e, quanto ao plano profano, à literatura oral, que veio naturalmente com os primeiros marinheiros portugueses e, aqui, foi

---

1 Jean de Trigon assinala que "L'idée de se servir de la matière imprimée pour amuser l'enfant est relativement récent, et au milieu du siècle dernier on n'envisageait guère la publication d'oeuvres qui ne fussent d'abord instructives" [A ideia de usar material impresso para divertir a criança é relativamente recente, e em meados do século passado quase não se conjeturava a publicação de obras que não fossem antes de tudo educativas]. Em *Histoire de la littérature enfantine*, p.8.

acrescida da mitologia e das tradições indígenas, tendo sido, mais tarde, ambas as correntes enriquecidas pela contribuição africana. São, portanto, três correntes culturais agindo no plano histórico da formação brasileira: a europeia, a indígena e a africana.

Essa confluência cultural ressalta claramente de nossa formação histórica – ela forma sólido alicerce, como é fácil perceber. Numerosos estudos, nas várias áreas de atuação dessa influência, já constituem uma coleção de ensaios de alto valor para a compreensão da formação histórica, social, cultural e política do Brasil...

As correntes culturais negras trazidas para o Brasil durante o ciclo da escravidão fizeram florescer alguns institutos de velhos narradores e contadores de estórias. Floresceu, cresceu e alterou-se mais tarde a corrente europeia com os racontos maravilhosos dos *akpalôs* e *dialis* ou, ainda, *alôs* negros, instituições que teriam subsistido no Brasil na pessoa de velhos negros e negras, predominantemente as negras velhas, que só sabiam contar estórias. "Negras que andavam de engenho em engenho contando histórias às outras pretas, amas dos meninos brancos", conforme escreve Gilberto Freyre.[2] O autor analisa o fenômeno da aculturação africana no Brasil em páginas excelentes do ponto de vista deste nosso trabalho destacando as consideráveis modificações que as estórias portuguesas, por exemplo, sofreram na boca das negras velhas ou amas de leite, que enchem tantas páginas de nossos memorialistas. Desse "rio negro, de África ao Brasil", como se expressou Afrânio Peixoto,[3] atuariam suas águas

2 Freyre, *Casa grande e senzala*, p.560. A propósito da instituição do *akpalô*, veja-se o prefácio de Nestor R. Ortiz Oderigo ao estudo de Blaise Cendrars, *Antologia negra*. Os narradores de contos na África, conforme a região, chamavam-se também *dialis*, personagens semelhantes aos trovadores medievais. Outros nomes da mesma instituição: *arokins*, *ologbo*, *griotes* etc. Sobre o assunto, veja-se *Travels in the Interior of Africa* [Viagens no interior da África], de Mungo Park, *El camerón negro* [O camerão preto], de Leo Frobenius e, ainda, os estudos de Alfred Burdon Ellis, Delafosse e Melville J. Herskovits, todos eles citados na referida introdução de Nestor R. Ortiz Oderigo.

3 Peixoto, *História do Brasil*, p.125.

em um especial contingente para a família brasileira, "pela mestiçagem com brancos e índios, pelas negras domésticas, as mucamas e as amas de leite".[4] É assim que

> por intermédio dessas negras velhas e das amas de menino, histórias africanas, principalmente de bichos – bichos confraternizando com as pessoas, falando com gente, casando-se, banqueteando-se – acrescentaram-se às portuguesas, de Trancoso, contadas aos netinhos pelas avós coloniais – quase todas histórias de madrastas, de príncipes, gigantes, princesas, pequenos polegares, mouras encantadas, mouras-tortas.[5]

O menino colonial, de ponto de vista da literatura oral, contava com muitas estórias, mercê dessa interação oral que encontrava no Brasil, pela confluência das três correntes culturais assinaladas, condições de pleno desenvolvimento. Mas não se trata apenas do menino da região do Nordeste – a área mais definida culturalmente no período colonial –, mas também do menino do interior de Minas Gerais, dos estados do Sul.

Esse lastro cultural não se extinguiu com a Independência. Continuou atuando fortemente, diluindo-se durante o Império em novas contribuições culturais, com as quais realizava um fenômeno de aculturação, de interação que, talvez, seja atualmente difícil distinguir nitidamente em seus múltiplos e complexos aspectos. O grande acervo de livros de memórias com que contamos, fixando aspectos curiosos do Brasil e sua formação em vários espaços e tempos, deixa-nos preciosos depoimentos que mostram a vigência e realidade da confluência cultural europeia, indígena e africana em nosso desenvolvimento cultural. Em artigo publicado no *Jornal do Comércio*, do Recife, entre 1922 e 1925, depois integrante do volume *Artigos de jornal*, Gilberto Freyre já assinalava, como constante na literatura oral, a presença de velhas negras contadoras de estórias. Velhas

4 Ibid., p.126.
5 Freyre, op. cit., p.560.

negras que supriam outrora a insuficiência de livros para crianças com suas narrativas, "contadas pela dindinha ou pela negra velha da casa",[6] que tinham suas vantagens. Contavam estórias orais que "faltam à criança de atualmente; e que eram para a imaginação dos nossos avós meninos uma excitação boa e festiva", acrescenta o escritor.

É fenômeno que se constata facilmente a síntese cultural do folclore brasileiro, "resultante dos folclores das raças colonizadoras com modificações e adições do povo que delas adveio",[7] já observava em seu tempo Nina Rodrigues. Ele mesmo procurara distinguir as procedências de nossa cultura popular no difícil estudo de filiação de fontes. O problema, contudo, é muito complexo. Já Sílvio Romero o tentara, no que foi seguido por uma plêiade enorme de estudiosos, como o próprio Nina Rodrigues, João Ribeiro, Lindolfo Gomes, Oskar Nobiling, Pereira da Costa (citamos os nomes sem qualquer preocupação cronológica), Gustavo Barroso, Leonardo Mota, Artur Ramos, Edison Carneiro, Basílio de Magalhães, Silva Campos e *the last but not the least*, Luís da Câmara Cascudo. A dificuldade reside justamente no caráter proteico das estórias populares, cujos temas, pela antiguidade, "sujeição às leis da convergência e gravitação dos centros de interesse sucessivos no tempo, pela conservação de determinados elementos e substituição de outros",[8] para usar terminologia de Luís da Câmara Cascudo, confundem completamente suas origens.[9]

---

6 Freyre, *Artigos de jornal*, p.94.

7 Rodrigues, *Os africanos no Brasil*, p.295. Também, como parece evidente, os africanos assimilaram muitos valores autóctones, como assinala Basílio de Magalhães: "e nada mais explicável do que assimilarem os africanos e os seus imediatos descendentes muitas das lendas que ouviam no novo *habitat*, repetindo-as e deturpando-as depois com a troca das figuras originais pelas das historietas que lhes acalentaram a infância no berço longínquo ou mesmo já no torrão brasileiro, ou intercalando episódios de umas nas outras, se não as superfetando com o entressachamento de termos e estribilhos dos seus rudes idiomas e das suas embrionárias cantigas". Em *O folk-lore brésilien* [Folclore brasileiro], p.101.

8 Cascudo, *Literatura oral*, p.15.

9 As fontes da literatura oral são pesquisadas desde há longos anos, surgindo uma série de teorias. Para o leitor interessado, recomendam-se, entre nós, os livros de

Essa "unidade radicular" do conhecimento oral, como a chama Luís da Câmara Cascudo, "la santa continuidad",[10] de Eugenio D'Ors, criam complexos problemas de identificação das fontes. Complexos e impraticáveis na sua definição, pois "o que era africano aparece sabido pelos gregos e citado em uma epígrafe funerária".[11] Lembra Luís da Câmara Cascudo que os próprios "mapas etnográficos só podem evidenciar o diagrama de percurso e não o ponto indiscutido da velocidade inicial",[12] de modo que essa ligeira digressão sobre o patrimônio comum da cultura ágrafa, a ser examinada com mais vagar em outro ponto deste ensaio, mostra que a universalidade de uma estória, dando-lhe o caráter nítido de popular, não gera conflito com a literatura infantil que o mais das vezes, ou como constante em seus livros clássicos, para usar uma expressão de Garcilaso de la Vega, citado por Luís da Câmara Cascudo, "bebeu no leite da antiguidade".[13]

Surgiram estas observações para mostrar justamente não só as dificuldades de filiação de muitas estórias, cujas fontes maiores estariam em livros do Oriente, em velhíssimas civilizações do Oriente, tais como o *Pantcha-Tantra*, *Calila e Dimna*, o *Mahabharata*, o

---

Luis da Câmara Cascudo: *Literatura oral*, *Cinco livros do povo* e *Geografia dos mitos brasileiros*; João Ribeiro, *O folclore*; Renato Almeida, *Inteligência do folclore*; Sílvio Romero, *História da literatura brasileira* e *Contos populares*; Teófilo Braga, *Contos tradicionais do povo português*. Para ampliação do tema: Geoffrey Gorer, *Africa Dances* [África dança] e *A Book about West African Negroes* [Um livro sobre os negros da África Ocidental]; A. B. Ellis, *The Yoruba – Speaking Peoples of Slave Coast of West Africa* [O ioruba – falantes da África Ocidental escrava]. Vejam-se principalmente os capítulos IV e V de *Literatura oral*, de Luís da Câmara Cascudo.

10 "a santa continuidade".

11 Cascudo, op. cit., p.126.

12 Ibid., p.150.

13 Ibid., p.22. O ensaio de Câmara Cascudo citado examina longamente os problemas das origens, transmissão e persistência da vida cultural oral à luz dos mais autorizados exegetas. Nessas páginas o leitor encontrará, juntamente às de duas outras obras, *Cinco livros do povo* e *Vaqueiros e contadores*, todo um imenso material da interpretação da novelística popular.

Directorium Vitae e o *Hitopadexa*,[14] mas, sobretudo, para exemplificar o complexo do nosso folclore ou literatura oral, com "un caractère général résultant de ce triple métissage direct[15]".[16] Daí também as numerosas reminiscências dessas fontes influindo poderosamente no próprio desenvolvimento cultural brasileiro, segundo se depreende de depoimentos e memórias de nossos escritores, conforme veremos durante o desenvolvimento deste capítulo.

Vemos, desde logo, a sobrevivência, entre nós, de alguns elementos tradicionais da cultura africana, que possuía contistas profissionais, contadores de estórias. Eram eles o *arokin*, narrador de tradições nacionais entre os nagôs;[17] o *akpalô*, cuja função era a de criar a estória ou conto; o *alô* etc., conforme o notável estudo de A. Ellis sobre os povos africanos. Estes narradores profissionais, que seriam uma transformação, no tempo e no espaço, dos velhos *isopetes*, que transmitiram estórias do Oriente para o Ocidente, sobre-

---

14 Desses livros-fontes há traduções francesas e espanholas. Já no século XV uma versão de *Calila e Dimna*, sob o título de *Ejemplario contra los enganos y peligros del mundo*, feita por Juan de Capua, por determinação de Alfonso X, aparecia na Espanha. Foi impressa em Zaragoza, na tipografia de Pablo Hurus em 1493, segundo Carmen Bravo-Villasante. Conferir *Historia de la literatura infantil española*. Em Portugal, há notícia de uma tradução do *Hitopadexa*, no século XIX, que apareceu com o subtítulo de *Instrução útil*, com introdução de G. Vasconcelos Abreu e versão portuguesa feita diretamente do original sânscrito por Monsenhor Sebastião Rodolfo Delgado. A edição é de 1897. O original mais antigo do volume data de 1373. Em 1948, o *Calila e Dimna* apresentava-se na Argentina em tradução direta do árabe, feita por Abdullah Muqaffaa, com 81 ilustrações da época.

15 "um caráter geral que resulta dessa tripla mestiçagem direta".

16 Nery, *Folk-lore brésilien* [Folclore brasileiro], p.5.

17 Rodrigues, op. cit., p.296-7. Constituem estes *arokin*, informa Nina Rodrigues baseado em A. B. Ellis, "uma verdadeira casta cujo chefe toma o título de *ologbo*". O *akpalô* era "personagem muito estimada e da grande procura para as reuniões da sociedade". Alguns indivíduos, escreve A. B. Ellis, citado por Nina Rodrigues, "fazem profissão de contar histórias e andam de lugar em lugar recitando contos. Chamam a tais indivíduos *akpalô kpatita*, aquele que faz vida ou negócio de contar fábulas". O narrador iorubano muitas vezes se servia de um tambor com o ritmo do qual preenchia as pausas da sua narrativa.

viveram em diversas regiões brasileiras ao tempo do Brasil Colônia, regiões em que as condições culturais e econômicas eram mais favoráveis. Mas que se espraiaram por todas as zonas culturais do país, em cidades e campos, sobrevivendo na memorialística de nossos escritores, de nossos romancistas.

Nina Rodrigues, que pesquisou durante muito tempo entre os últimos sobreviventes do tráfico negreiro na Bahia, acrescenta que o *akpalô* era "personagem muito estimado e de grande procura para as reuniões da sociedade", em sua terra de origem, e cita a pesquisa de A. Ellis, segundo a qual alguns indivíduos "fazem profissão de contar histórias e andam de lugar em lugar recitando contos". Tais pessoas eram os *akpalô kpatita*, ou seja, "aquele que faz vida ou negócio de contar fábulas". E acrescenta Nina Rodrigues:

> mas basta conhecer a tendência incoercível do negro a falar, a contar histórias, no que são capazes de gastar dias e noites; basta acrescentar a isto que à convivência íntima dos escravos dos senhores acresceu sempre, durante a escravidão, o encargo de amas de menino, confiado a negras, para prever-se que a contribuição africana ao nosso folclore devia ter sido de inesgotável opulência.

Não será sempre fácil distinguir entre o que é popular, com sua gênese eminentemente popular, e o que é erudito e que, se transforma, com o trabalho do tempo, alterações no espaço e no tempo culturais, se transforma. Van Gennep discutiu longamente o problema. No Brasil, o fenômeno pode ser perfeitamente observado. Lindolfo Gomes aponta vários exemplos em suas pesquisas,[18] o mesmo ocorrendo com João Ribeiro e Luís da Câmara Cascudo. Poderíamos citar a estória *Apólogo do feixe de varas*, recolhida por Lindolfo Gomes no interior de Minas Gerais por volta de 1925. Ele já estava registrado em antigo códice do século XVIII. Foi aproveitado por La Fontaine e pelo Cônego Schmid em uma das suas peças do volume *Contos*. De origem erudita, corre ele, porém, como popular, havendo nessa

18 Gomes, *Nihil novi*, 1927.

transferência o que Lindolfo Gomes chama[19] de veiculação de tradição por meio de obras didáticas. Com efeito, os livrinhos escolares do século XIX aproveitavam muito as fontes eruditas, principalmente as europeias, quando começaram a aparecer no Brasil as primeiras traduções dos fabulistas e contadores de estórias para crianças de vários países europeus.

Em favor dessa tese temos a estória dos dois rapazes e a conversa do casal que os hospedara. Há nesse diálogo o acerto de pormenores para a matança de dois leitões no dia seguinte, mas os rapazes interpretaram a discussão do casal de modo equívoco, julgando que "os dois" do diálogo fossem eles próprios. A estória corre pelo povo. Sua divulgação, contudo, veio por meio erudito, o da *Seleta francesa*, de I. Roquete,[20] "adotada em nossas principais casas de instrução" no século passado. É certo, porém, adverte Lindolfo Gomes, que há uma publicação anterior divulgando o conto cuja redação pertence a Louis Courier. Foi a tradução publicada em 1845, em Minas Gerais, pelo *Recreador Mineiro*, da cidade de Ouro Preto. O conto só apareceu a partir da sexta edição da *Seleta francesa*, mas nem por isso, pela sua leitura nas escolas, deve ter deixado de influir poderosamente no sentido de sua divulgação popular.

Nesse caso estão também as chamadas estórias de Trancoso. É o próprio Luís da Câmara Cascudo que salienta ser de origem portuguesa – e recolhida em fontes da Ásia e da África – a grande maioria dos nossos contos populares, já, ao longo do primeiro século de colonização, influenciados pelo processo de interação do indígena e negros escravos. O século XVI, escreveu aquele autor, é o século de Gil Vicente e de Gonçalo Fernandes Trancoso, cujos contos são lembrados no *Diálogo das grandezas do Brasil*, de Ambrósio Fernandes, por volta do ano de 1618. O culto de Trancoso no Brasil

---

19 Ibid., p.10.

20 Ibid., p.19. Vejam-se também vários exemplos caracterizadores do fenômeno da transferência do erudito para o popular, citados pelo autor nas páginas 33, 44 e, sobretudo, 214.

foi prodigioso. Seu livro *Histórias de proveito e exemplo* deve ter vindo para nosso país nos primeiros anos de colonização, ou seja, na data de sua primeira edição, de 1575, feita pelo mesmo impressor de *Os Lusíadas*, Antônio Gonçalves. Seguiram-se edições em 1585, 1589, 1594, 1596, 1624, 1633, 1646, 1660, 1671, 1681, 1710, 1722, 1734 e 1764,[21] para irmos apenas até o século XVIII. Trancoso, aliás, é nome bastante popular em todas as velhas regiões brasileiras. Seus contos alimentaram a fantasia de adultos e crianças, espraiando-se pela área da tradição popular na literatura oral.

2.2 Depoimentos e variações

Francisco de Paula Ferreira Rezende recorda, comovido, a figura da negra Margarida que "sabia tanta coisa e tanta coisa me ensinou, que ela não pode deixar de entrar na classe dos meus melhores professores".[22] Vivia o memorialista, ainda criança, aí por volta de 1850, em Campanha, no Sul de Minas, e a sabedoria da negra marcou-lhe a alma de criança. Ao escrever suas páginas de memórias chega a comparar a negra Margarida a Sócrates, pelas suas "noções de filosofia e alta história".[23] Pois a negra Margarida lhe contava estórias maravilhosas do saci, do lobisomem, contava-lhe lendas. Não apenas estórias no sentido linear do termo, mas que desciam a profundidades verdadeiramente filosóficas, como, por exemplo, em torno do Saci, com a sua forma física e sua finalidade no mundo e entre os homens. Também as bruxas figuravam no repertório da negra Margarida, que encantava o menino Francisco de Paula Ferreira Rezende com suas narrativas. Não foi gratuitamente que Chesterton pôde escrever ser um fato certo que, no mundo antigo, os escravos

---

21 Campos, *Trancoso: histórias de proveito e exemplo.*

22 Rezende, *Minhas recordações*, p.108.

23 Rezende, op. cit. Realmente, as recordações e as especulações da velha negra sobre o Saci, inclusive como entidade religiosa e filosófica, são admiráveis, conforme se lê no memorialista, à página 190.

podiam ser venerados, como Esopo.[24] É que eles traziam o segredo do maravilhoso ao manter acesa a chama da fábula e da lenda, que o grande escritor inglês chama de "alfabeto da humanidade".

Gilberto Freyre, citando o Padre Gama, diz que o menino de certo engenho não ia dormir sem que "primeiramente se deite no regaço de sua iaiá gorda", que lhe contava uma "embirrante enfiada de xácaras e cantilenas monótonas do tempo do Capitão Frigideira".[25] Será lícito inferir-se que o processo foi generalizado. Reminiscências dessa fase de as crianças dormirem ao som da cantilena de velhas estórias é, ainda atualmente, embora sem a força e a poesia antiga, o costume de alguns meninos ainda pedirem para contar estórias. Costume que novos veículos de informação, acessíveis inclusive às crianças, vão eliminando furiosamente, deixando-nos na alma um vazio melancólico de tempo perdido e difícil de ser recuperado.

Os nossos memorialistas não são poucos, e deles podemos colher um enorme material ilustrativo sobre a preeminência das velhas negras e, em alguns casos, de velhos negros, que contavam estórias para crianças. Estórias nem sempre de ternura e suavidade. Algumas mesmo violentas, cheias de bichos querendo comer o pinguelo do menino mais rebelde e que gostasse de urinar na cama. O contato das duas culturas, a africana e a europeia em terras tropicais, como não podia deixar de ser, proporcionou a ocorrência de interessantes fenômenos de interação, também destacados por Gilberto Freyre. É típica e ilustrativa a estória da menina que tinha os brincos de ouro. Nessa estória, vinda de ultramar, a tradicional narradora de cor realizou um fenômeno de interação, nele metendo "negro do surrão", que é uma criação africana.[26]

José Maria Belo recorda a interessante figura do "velho negro alto e trangola a quem eu dava fumo em corda, dobrões de cobre e aguardente para, à boca da noite, contar-me no terreiro da cozinha

---

24 Chesterton, *Chesterton, maestro de cerimônias*, p.95.

25 Freyre, op. cit., p.626.

26 Ibid.

lindas histórias".[27] Veja-se bem como o tempo enternece e quebra as arestas de tristes e horríveis narrativas. O menino assustava-se com as estórias, mas o homem as recorda agora, projetando sobre elas um halo de beleza perdida. O velho negro do memorialista contava a estória da menina que a madrasta, na ausência do pai, matara e enterrara no capinzal, "porque deixara o passarinho picar os frutos da figueira".[28] E aí havia os tristes versos

Capineiro de meu pai
Não me corte o meu cabelo
Minha mãe me penteou
Minha madrasta me enterrou
Pelo figo da figueira
Que o passarinho picou.

Velhos negros e negras – os *akpalôs*, os *arokin* e os *dialis* – não se atinham apenas ao processo narrativo em prosa. Recorriam também à poesia para dar, naturalmente, um tom mais dramático às suas estórias. E também as canções de berço, as cantigas de ninar portuguesas, foram modificadas pela influência negra, que nelas alterou palavras, "adaptando-as às condições regionais, ligando-as às crenças dos índios e às suas".[29] Pormenores dessa interação nos dá ainda Gilberto Freyre ao afirmar que

assim a velha canção "Escuta, escuta, menino" aqui amoleceu-se em "Durma, durma, meu filhinho", passando Belém, de "fonte" portuguesa, a "riacho" brasileiro. Riacho de engenho. Riacho com mãe-d'água dentro, em vez de moura encantada. O riacho onde se lava o timãozinho de nenê. E o mato ficou povoado por um "bicho chamado carrapatu". E, em vez do papão e da coca, começaram a rondar o telhado ou o copiar das casas-grandes, atrás dos meninos malcriados que gritavam de noite nas redes ou dos trelosos que iam se lambuzar de geleia

---

27 Belo, *Memórias de um senhor de engenho*, p.90.

28 Ibid.

29 Freyre, op. cit., p.555. Veja-se também Luís da Câmara Cascudo em *Literatura oral*, particularmente o capítulo V.

de araçá guardada na despensa – cabras, cabriolas, o boitatá, negros de surrão, negros velhos, papa-figo.[30]

Não seria nada de estranhar os gritos dos meninos à noite, depois de ouvirem as terríveis estórias que as negras contavam, principalmente quando nelas figurava a impressionante figura do negro do surrão. Destaque-se que não foi privilégio das casas-grandes esse mundo fantasmagórico que a literatura oral insistia em fazer viver junto aos meninos. Ela cobria a grande massa analfabeta, as bibocas dos sertões do Centro, Sul e Oeste do País, na permanência da memória coletiva, "guardadas, como escreve Luís da Câmara Cascudo, nos ouvidos coletivos como em conchas dizem guardar do mar a sonoridade das vagas".[31]

Esta contribuição do negro, pela velha ama das crianças, está fixada emotivamente por Luís da Câmara Cascudo nestas palavras, aqui transcritas pela exatidão das imagens e pela fixação dos pormenores do fenômeno aculturativo:

> No Brasil depressa a velha indígena foi substituída pela velha negra, talvez mais resignada a ver entregue ao seu cuidado a ninhada branca do colonizador. Fazia deitar as crianças aproximando-as do sono com as estórias simples, transformadas pelo seu pavor, aumentadas na admiração dos heróis míticos da terra negra que não mais havia de ver. Dos elementos narrados pelas moças e mães brancas, as negras multiplicavam o material sonoro para a audição infantil. Humilde Sheerazade, conquistava, com a moeda maravilhosa, um canto na reminiscência de todos os brasileiros que ela criava. Raramente vozes europeias evocariam as estórias que os tios e tias narravam nas aldeias portuguesas. Os ouvidos brasileiros habituaram-se às entonações doces das mães pretas e sabiam que o mundo resplandecente só abriria suas portas de bronze ao imperativo daquela voz mansa, dizendo o *abre-te, Sésamo* irresistível: *era uma vez*...[32]

Com efeito, assim foi. Os livros dos memorialistas aí estão com suas reminiscências. Isto no plano da memória sentimental. Ainda

30 Freyre, op. cit., p.555-6.
31 Cascudo, op. cit., p.85.
32 Ibid., p.156.

sobre a interação provocada pelos contatos culturais das três raças no plano da literatura oral, de que atualmente encontramos ainda tão variados reflexos na literatura escrita para crianças, escreve Gilberto Freyre que

> novos medos trazidos da África, ou assimilados dos índios pelos colonos brasileiros e pelos negros, juntaram-se aos portugueses da coca, do papão, do lobisomem; ao do olharapos, da cocaloba, da farranca, de Maria da Manta, do trango-mango, do homem das sete dentaduras, das almas penadas. E o menino brasileiro dos tempos coloniais viu-se rodeado de maiores e mais terríveis mal-assombrados que todos os outros meninos do mundo. Nas praias o homem marinho – terrível devorador de dedos, nariz e piroca de gente. No mato, o saci-pererê, o caipora, o homem de pés às avessas, o boitatá. Por toda parte, a cabra-cabriola, a mula sem cabeça, o tutu-marambá, o negro do surrão, o tatu gambeta, o xibamba, o mão de cabelo. Nos riachos e lagoas, a mãe-d'água. À beira dos rios, o sapo cururu. De noite, as almas penadas,[33]

um mundo fantástico, enfim, sobrevivendo na paisagem tropical.

Sempre o negro do surrão, o negro velho assustando meninos! O que se cantava em Portugal, com voz doce, baixinha, para adormecer a criança

> Vai-te, Coca, vai-te, Coca,
> Para cima do telhado;
> Deixa dormir o menino
> Um soninho descansado

---

33 Freyre, op. cit., p.555. Para uma ideia pormenorizada da extraordinária riqueza da literatura oral no Brasil, em termos de pura narrativa, recomenda-se ao leitor o livro de Teobaldo Miranda Santos, *Tesouro das histórias maravilhosas*. Encontra-se nessas páginas uma antologia de histórias de príncipes, feiticeiros, bruxas, anões, gigantes, animais e plantas mágicas que, com muitas alterações, são oralmente conhecidas do povo. No plano particularmente nacional, do mesmo autor, *Contos maravilhosos*. Outras obras fundamentais com o mesmo tema: *Contos populares do Brasil*, de Sílvio Romero; *Contos tradicionais do Brasil*, de Luís da Câmara Cascudo; *Contos populares brasileiros*, de Lindolfo Gomes; *O folk-lore*, de João Ribeiro.

transformava-se à luz e sob as noites dos trópicos em cantiga antropofágica, com o negro velho de apetite descomunal, com preferência por assado, em

> Olha o negro velho
> Em cima do telhado.
> Ele está dizendo
> Quer o menino assado

ainda no registro de Gilberto Freyre.[34] Restaria indagar em que medida e densidade tal tradição oral poderia ter influenciado a alma das crianças brasileiras do período colonial, do Império e da República.

Neste clima de tradição oral, povoado de estranhas figuras, cresceram grandes personalidades de nossa história, principalmente da literária, que nos deixaram curiosos depoimentos a respeito. Dizemos história literária, porque dos escritores temos vários livros de memórias procurando reviver esse tempo perdido da infância. O grande romancista José Lins do Rego deixou-nos reminiscências poderosas dessa profunda interpenetração de valores culturais dos três componentes principais da nossa formação – o português, o negro e o índio. Evoca-nos ele as "casas assombradas", onde negras falavam de aparições, inclusive uma delas que é de arrepiar pelo fantasmagórico dos seus constituintes, ou seja, a estória do "homem branco, de lamparina na cabeça, que ficava sentado na calçada à espera de gente grande".[35]

De José Lins do Rego é a figura inesquecível da velha Totônia, velha cujas estórias figuraram no único livro que o romancista escreveu para crianças: *Estórias da Velha Totônia*. Mas a velha Totônia existiu realmente e contava "histórias de princesas encantadas",[36] ao tempo em que o menino Zé Lins vivia aos namoricos com as

---

34 Freyre, op. cit.
35 Rego, *Meus verdes anos*, p.23.
36 Ibid., p.113.

primas no engenho do avô. "A voz macia da velhinha", recorda José Lins do Rego em página comovedora, "fazia andar um mundo de coisas extraordinárias", inclusive os versos de Donana dos cabelos de ouro, cujo marido fora, nas Cruzadas, "arrebatar dos infiéis a terra de Deus".[37] As doenças do menino, então de cama, não resistiam às estórias da velhinha: iam-se embora como por encanto.

Outra negra ressuscitada da ingratidão do tempo, nessa ainda perspectiva cultural intimista, foi Iaiá, do menino Gilberto Amado, que se admirava dos seus inesgotáveis conhecimentos a respeito de tanta estória do Trancoso e da Carochinha. "Saíam-lhe da boca", diz o memorialista, "um atrás do outro, príncipes vestidos de ouro, cavaleiros montados em dragão que botava fogo pelo nariz, bicho falando, velha que come menino"[38] sem esquecer as mouras-tortas, as fadas, velhinhas feiticeiras, pajens encantados, palácios e castelos. Confessa Gilberto Amado que viu "muito molequinho chorar com as histórias, sobretudo nas em que ela cantava como a do 'Jardineiro de meu pai'; cantava de cortar o coração",[39] canção essa, aliás, já referida também por José Maria Belo. Se as crianças choravam, comovia-se também a negra Iaiá, que procurava convencer o seu auditório infantil de que se tratava apenas de estória. "A verdade é que", acrescenta Gilberto Amado,

> se esquecia de que estava inventando; ficava com medo dos próprios fantasmas, figuras e monstros que criava. Como todo verdadeiro artista, acaba acreditando nas próprias criações. Se tivesse vivido em outro meio teria sido uma atriz.[40]

Nem em Francisco de Paula Ferreira Rezende, nem em José Maria Belo, tampouco em Gilberto Amado, esses negros e negras, como em tantos outros memorialistas, eram conhecidos pelos nomes africanos de *akpalô kpatita, ologbo, griotes, dialis,* os "velhos escritores verbais,

---

37 Ibid., p.197.

38 Amado, *História da minha infância,* p.44.

39 Ibid., p.45.

40 Ibid.

oradores de crônicas antigas, cantores das glórias guerreiras e sociais, antigas e modernas, proclamadores das genealogias ilustres",[41] mas simplesmente contadores de estórias. Pobres negros e negras a reviver, talvez nessas estórias, a memória de uma cultura milenar em terras da África. O negro do menino José Maria Belo chamava-se tio Marcelo e recorda que certa vez foi apelidado de "Cincinato Quebra-Louça", porque "quebrei na casa da Rua Larga do Rosário tanto copo de cristal e tanta compoteira" em um desastre doméstico. Esse Cincinato, lembra o memorialista, era o herói de uma estória para crianças, de umas que se "vendiam na Livraria do Braga, à Rua Nova, e que era como eu estava sendo, o vândalo da porcelana da família".[42]

Paulino de Andrade, nascido em 1886, de menino lembra a figura do negro Zé Antônio, que ele considera um verdadeiro "rapsodo negro", poeta e contador de estórias, "histórias de negro e caboclo, cuja fala imitava com graça incomparável". Dele diz o memorialista que "a linguagem pitoresca e o colorido da expressão não se explicam em homem completamente analfabeto, como ele o era".[43] Na vida de Castro Alves entrou também uma negra contadora de estórias: a Leopoldina, que cuidou tanto material como espiritualmente do poeta, contando-lhe estórias, lendas, "povoando a infância de Cecéu com as lendas da África longínqua, enquanto escondia com sua bondade a realidade sangrenta dos escravos na América".[44]

Outra figura, que demonstra à larga a permanência de narradores africanos no Brasil – os *akpalô kpatista*, os *ologbo*, os *griotes*, os *dialis* – é a que nos vem descrita por Maria Madalena Antunes Pereira, a Patica, do Engenho de Oiteiro, no Rio Grande do Norte. Estamos aí por volta de 1890. Patica que "cheirava a murta e a manjericão",[45] nas noites calmas do Oiteiro, "sentava-se no chão

41 Cascudo, *Literatura oral*, p.155.
42 Belo, op. cit., p.153.
43 Andrade, *Filho de gato...*, p.30.
44 Barros, *Poesia e vida de Castro Alves*, p.26.
45 Pereira, *Oiteiro*, p.50.

do alpendre da nossa casa de campo, punha ao colo o menor de seus irmãozinhos, os maiores em roda, e passava a contar estórias do Trancoso".[46] E desfilava para a menina Maria Madalena Antunes Pereira as estórias do Príncipe Encantado, da Moura Torta, da Maria Borralheira, a estória dos príncipes Dinis e Rosina. Eram estórias dramáticas, conforme o espírito "didático" de então: assustar as crianças para obter delas mais disciplina. E a sinhá-moça acentua que "nos lances às vezes aterradores, de passagens de jiboias engolindo incautas crianças, fantasmas de um olho só no meio da testa, correndo pelos desertos a fazer penitência, as crianças ficavam de olhos esbugalhados e cabelos em pé".[47] Patica era uma grande narradora e suas estórias "ora trágicas, ora alegres, como que estruturaram o repertório das minhas lucubrações literárias. Só atualmente de alguma maneira aquilato o precioso talento daquela anônima criatura, analfabeta e jungida ao cativeiro pelos nefandos laços de bárbara e inconcebível lei".[48] Da mesma memorialista é outro tipo de negra contadora de estórias: Mãe Rita, "a velhinha que morava nas Capoeiras, sabia muitas estórias de fadas e aplicava-as quando lhe convinha".[49]

Este depoimento de Maria Madalena Antunes Pereira é particularmente importante do ponto de vista do fenômeno da interação cultural. Constata-se nessas reminiscências a confluência das três correntes básicas de nossa formação cultural: o português, com as estórias do Trancoso, a Moura Torta; o índio, com a jiboia (o caboclo figura no depoimento de Paulino de Andrade); e o africano, com todos os demais elementos temáticos.

Uma negra contadora de estórias vem à tela de ilustração novamente nesta série de depoimentos nas lembranças de Sílvio Romero – a Antônia, "mucama de estimação, a quem foram, em casa de meus

46 Ibid., p.51.
47 Ibid., p.53.
48 Ibid., p.59.
49 Ibid., p.218.

avós, encarregados os desvelos da minha meninice",[50] de quem o nosso crítico literário recolheu as indeléveis impressões de seriedade com que sempre acatou a religião. Neste capítulo das influências da literatura oral, deve-se recordar aqui o depoimento de Coelho Neto para João do Rio. O romancista brasileiro não teve dúvidas em afirmar que "para a minha formação literária não contribuíram autores, contribuíram pessoas".[51] Estórias narradas por negras e negros nas noites do sertão:

> até hoje sofro a influência do primeiro período da minha vida no sertão. Foram as histórias, as lendas, os contos ouvidos em criança, histórias de negros cheias de pavores, lendas de caboclos, palpitando encantamentos, contos de homens brancos, a fantasia do sol, o perfume das florestas, o sonho dos civilizados...[52]

Nessa tirada meio helênica de grego desajustado nos trópicos há muita verdade e realismo.

Também em páginas de alguns romancistas vamos encontrar o testemunho do instituto do *akpalô*, do *dialis*, do *ologbo*, dos *griotes*, de origem africana, que floresceu particularmente, por suas condições histórico-sociais, nas áreas do Nordeste e Norte do País, onde mais atuante foi, durante alguns séculos, a cultura negra oriunda da África. Interessante é que alguns críticos identificam, na técnica narrativa de alguns desses romancistas, a influência dessas negras ou mestiças contadoras de estórias, que transmitiram aos meninos, nas constantes de suas narrativas – meninos que mais tarde seriam romancistas – toda a técnica de narração marcada pelos processos de narrativa oral dos contadores e contadores populares do folclore nordestino.

Veja-se, por exemplo, a introdução de M. Cavalcanti Proença a *O moleque Ricardo*, de José Lins do Rego, e o estudo de José Aderaldo Castelo, *Memória e regionalismo*. M. Cavalcanti Proença, no exame do estilo de José Lins do Rego, afirma que

---

50 Rio, *O momento literário*, p.39.

51 Ibid., p.53.

52 Ibid.

> essa arte de persuadir e convencer, o escritor a imitou da linguagem ritmada dos contadores de estórias do Nordeste, transnarrados pela velha Totônia, com aquele traço de aclimatação de personagens e cenários, qualquer que fosse a fonte das narrativas. O próprio José Lins do Rego conta que, ao saber a origem da lenda do Barba-Azul, possivelmente nascida na França, se lembrou de que, na boca de Totônia, ele era nordestino e senhor de engenho.[53]

Os exemplos dessa matriz no estilo de José Lins do Rego, Cavalcanti Proença os aponta à saciedade. São ilustrativos, convincentes, a demonstrar a existência de uma linha diretriz no estilo do romancista paraibano.

> E essa diretriz, acrescenta, é o ritmo fraseológico, que deita raiz na mais antiga tradição dos contadores de estórias, que, durante muito tempo, foram – para muitos continuam a ser – os únicos artistas a levar ao povo o testemunho de que a palavra não é tão só instrumento de comunicação na vida de cada dia, mas é, ainda, matéria-prima de emoções artísticas.[54]

M. Cavalcanti Proença mostra assim, pela utilização de métodos analíticos adequados, os profundos traços de brasilidade nos romances de José Lins do Rego. Mas não é só. Essa influência se constata, ainda, nos romances de José Américo de Almeida, de Jorge Amado, de Franklin Távora, de Mário de Andrade, de Eugênia Sereno, de Simões Lopes Neto, de João Guimarães Rosa, de José Cândido de Carvalho, do próprio Monteiro Lobato, para ficarmos em poucos nomes.

Essas negras e mestiças foram as responsáveis pela beleza da vida mental de muito menino do século passado. Meninos de engenho, predominantemente, meninos de velhas fazendas de café, que ainda não possuíam livros para encantar suas horas de ócio. Ou para amedrontá-los, o que era muito comum. Entre aquela, a mãe Filipa do romance de José Lins do Rego, *Água-mãe*. É principalmente a velha Totônia de *Menino de engenho*, também de José Lins do Rego,

---

53 Proença, "Introdução" a *O moleque Ricardo*, 7.ed., p.XXIX.

54 Ibid.

velha contadora de estórias, aliás, que o romancista mais tarde consagraria em um seu único livro para crianças com o título de *Estórias da Velha Totônia*, a que já nos referimos.

A velha Totônia de José Lins do Rego era uma figura impressionante.

> Pequenina e toda engelhada [descreve-a o escritor nesse seu livro de sério corte autobiográfico que é *Menino de engenho*], tão leve que uma ventania poderia carregá-la, andava léguas e léguas a pé, de engenho a engenho, como uma edição viva das *Mil e uma noites*. Que talento ela possuía para contar as suas estórias, com um jeito admirável de falar em nome de todos os personagens! Sem nem um dente na boca, e com uma voz que dava todos os tons às palavras.[55]

Dessas notáveis páginas de infância que nos legou o escritor ficaram mais do que nota histórica do instituto de narradores negros e sua sobrevivência no Brasil. Delas se extraem os traços característicos – pelo menos através da velha Totônia – dessas contadoras e contadores de estórias[56] que se transformavam em "acontecimento para a meninada", segundo ainda o escritor. Exigiam as negras (e estamos generalizando, à base do depoimento do romancista) certo auditório, meninos que prestassem a devida atenção, não interrompessem e não ficassem a fazer comentários paralelos à narrativa. A velha Totônia era uma artista, com "nota pessoal nas modulações de sua voz". Reis, rainha, o Pequeno Polegar, Joãozinho e Maria, o Barba-Azul, a menina cuja madrasta a enterrara no jardim, o próprio Jesus Cristo sofriam influências do meio social em que eram revividos. Pela boca da negra narradora assumiam uma personalidade familiar aos meninos, pois a velha Totônia se servia com grande talento de um recurso que poderíamos classificar de ecológico: "a cor local que ela punha nos seus descritivos".[57] Quatro notas, segundo recorda

55 Rego, *Menino de engenho*, p.37.

56 Remetemos o leitor interessado em maiores minúcias ao capítulo 21 de *Menino de engenho*.

57 Ibid., p.38.

José Lins do Rego no caso da velha Totônia, frisavam suas estórias e tornavam-se inalienáveis de suas narrativas, isto é, o rei, a rainha, a forca e as adivinhações. Esses quatro elementos estavam sempre presentes "e muito da vida, com as suas maldades e as suas grandezas, a gente encontrava naqueles heróis e naqueles intrigantes, que eram sempre castigados com mortes horríveis".[58]

Some-se a este quadro a cor local – "quando ela queria pintar um reino era como se estivesse falando dum engenho local" – e compreender-se-á quanto menino andava assustado à noite com assombrações e má gente, com o negro do surrão ou os tradicionais zumbis dos engenhos e dos campos. Zumbi era a alma dos animais, que persistia em estranho totemismo. Todo aquele imenso acervo de estórias adquiria uma nova personalidade com a cor local, com o mundo real dos meninos, assustando-os terrivelmente. O próprio José Lins do Rego nos dá seu depoimento nesse particular ao afirmar que "a verdade é que para mim tudo isto criava uma vida real. O lobisomem existia, era de carne e osso, bebia sangue de gente. Eu acreditava nele com mais convicção do que acreditava em Deus".[59]

Os meninos do século XIX, não só os dos campos, mas os das cidades também, viviam com estórias dramáticas na cabeça. Dormiam embalados com a estória do bicho-carrapatu, com a cabra-cabriola, com o caipora, com a burra do padre...

> Um mundo inteiro de duendes em carne e osso vivia para mim [diz-nos José Lins do Rego]. E o que de Deus nos contavam era tudo muito no ar, muito do céu, muito do começo do mundo. É verdade que os sofrimentos de Jesus Cristo na Semana Santa nos tocavam profundamente. Mas Jesus Cristo era, para nós, diferente de Deus. Deus era um homem de barbas grandes, e Jesus era um rapaz. Deus nunca nascera, e Jesus tivera uma mãe, aprendera a ler, levava carão, fora menino como os outros. E nós sabíamos compreender os mistérios da Santíssima Trindade. Só depois o catecismo viria destruir a minha crença

58 Ibid.
59 Ibid., p.36.

absoluta nos bichos perigosos do engenho. Muita coisa deles, porém, ficou por dentro da minha formação de homem.[60]

2.3 Tradições e sobrevivências

Muitas eram as estórias terríveis contadas nas zonas rurais e mesmo nas cidades já entradas em fase de urbanização mais acentuada. Estórias contadas por qualquer preta, como a negra Joaquina, recordada por Maria Paes de Barros na fazenda de sua infância em São Paulo, de cuja voz, escreve,

> era um prazer ouvir as lendas africanas sobre meninas roubadas que, metidas em sacos, cantavam pelas ruas. Ou então sobre cavaleiros perseguidos, que fugiam a todo o galope do inimigo e atiravam para trás um alfinete que se transformava em bosque de espinhos.[61]

Um tipo de negra contadora de estórias impressionou os verdes anos de Maria Paes de Barros: a preta Ana, cujo retrato físico nos ficou nestas breves palavras: "com os dentes à mostra, o rosto salpicado de verrugas (que se supunha designarem sua alta estirpe africana) desde

60 Ibid., p.37. Luís da Câmara Cascudo, citando Maurice Delafosse, recorda a admiração do pesquisador francês ante a "sabedoria" dos negros, "ciosos na conservação de sua história, pela fórmula palpitante e viva do processo oral". E textualmente: "est curieux de constater que des peuples réputés ignorants et barbares ont trouvé un moyen pour suppléer à l'absence de bibliothèques, en entretenant parmi eux des générations sucessives de livres vivants, dont chacune ajoute à l'heritage qu'elle a reçu de la précédent. Ces prétendus sauvages ont à leur portée des répertoires historiques et des codes comme nous en avons nous-mêmes, mais c'est dans les circonvolutions cérébrales de leurs griots traditionnistes, et non sur du papier, que sont imprimées leurs annales e leurs lois" [é curioso notar que povos considerados ignorantes e bárbaros encontraram um modo de suprir a ausência de bibliotecas, ao manter entre eles gerações sucessivas de livros vivos, os quais cada geração acrescenta à herança recebida da precedente. Esses pretensos selvagens têm a seu alcance repertórios históricos e códigos como nós mesmos temos, mas é nas circunvoluções cerebrais de seus griôs tradicionalistas, e não no papel, que estão impressos seus registros e suas leis] (Op. cit., p.155).

61 Barros, *No tempo de dantes*, p.82.

a testa até o nariz"[62] e com essa aparência enchia os momentos de folga da menina com as terríveis estórias de seu mágico repertório.

Vê-se logo por aí, por esses dois depoimentos dramáticos, o quanto o meio social e histórico condicionava a literatura oral, trazida por europeus e africanos de outras plagas distantes e aqui acomodada, ou acomodando-se inclusive com os valores culturais indígenas. Mas a essas velhas escravas negras nem sempre se reservava exclusivamente o papel de verdadeiras guardiãs de tradições e da velha literatura oral. Eram também autênticos repositórios da crônica de velhas famílias, como a que Gilberto Freyre evoca, de nome de Felicidade, ou mais familiarmente Dadada[63] em uma de suas páginas. Era ela muito "estimada pelos seus ioiozinhos mais novos, precisamente pelas suas evocações, uma ou outra vez, amargas – quase sempre saudosas – do passado familiar".[64] O memorialista Nélson Palma Travassos traz-nos para o centro do País, ao evocar a figura de Isaltina, que na fazenda de seu pai, em São João da Boa Vista, na divisa de São Paulo com Minas Gerais, "me enchia os ouvidos com os contos de fadas, de príncipes, de bichos que falavam, de moças lindas de cabelos verdes que habitavam as águas claras dos ribeirões dentro das matas".[65] É o autor que confessa o condicionamento ecológico da imaginação da negra Isaltina que, "daquele chão arrancava estórias". E mais: "e o ribeirão, o açude com o seu tabocal, encerravam mistérios, transcendências, a que só o poder imaginativo podia dar formas".[66] Monteiro Lobato também nos deixou reminiscências dessas negras contadoras de estórias. Criança ainda, na fazenda do pai, tomara conhecimento do Saci. "Minha ideia de menino", confessa o escritor,[67]

62 Ibid., p.91.
63 Freyre, *Vida social nos meados do século XIX*, p.70.
64 Ibid.
65 Travassos, *Minhas memórias dos Monteiro Lobatos*, p.111.
66 Ibid.
67 Lobato, *A barca de Gleyre*, p.344.

> segundo ouvi das negras da fazenda de meu pai, é que o Saci tem olhos vermelhos como os dos beberrões; e que faz mais molecagens do que maldade; monta e dispara os cavalos à noite; chupa-lhes o sangue e embaraça-lhes a crina.

A propósito do Saci, tão bem lembrado pela sua significação na crendice popular nacional, chegou mesmo Monteiro Lobato a organizar curioso volume: *O Saci-pererê*, obra resultante de um inquérito realizado pelo autor em 1918 entre pessoas de São Paulo e Minas Gerais. Surgem, aqui e ali, nesse livro, testemunhos confirmadores da existência desses negros e negras anônimos contadores de estórias. Aparecem assim o Zé Camilo,[68] que contava estórias da mula sem cabeça botando fogo pelos olhos e "que foi em vida moça de padre";[69] o pai Adão, a tia Liberata;[70] a figura da tia Rita;[71] a velha Lelê;[72] a preta Generosa;[73] o negro velho Adão[74] e tantos outros. Mais do que significativa é a dedicatória nesse notável inquérito que Monteiro Lobato faz do livro. É ele dedicado

> à memória da saudosa tia Esméria, e de quanta preta velha nos pôs, em criança, de cabelos arrepiados com estórias de cucas, sacis e lobisomens, tão mais interessantes que as larachas contadas hoje aos nossos pobres filhos por umas lambisgoias de touca branca, em uma algaravia teuto-ítalo-nipônica que o diabo entenda.

Descontado o exagero da crítica implícita à contribuição das correntes imigratórias em nossa formação cultural, bem se nota a enorme influência dessas tradicionais contadoras de estórias do século XIX e ainda princípios do século XX.

A tia Joana, uma ex-escrava centenária, de carapinha a rivalizar com os capulhos de algodão, é a figura lembrada pelo memorialis-

68 Lobato, *O Saci-pererê*, p.29.
69 Ibid.
70 Ibid., p.96.
71 Ibid., p.100.
72 Ibid., p.119.
73 Ibid., p.124.
74 Ibid., p.155.

ta Antônio de Oliveira. Ao seu tempo, já lendo a *Lira sertaneja*, de Hermínio de Castelo Branco, e a *História do imperador Carlos Magno*, publicadas ambas como literatura de cordel, o menino se encantava mesmo era com tia Joana, em cujas estórias via verdade e poesia.[75] Tia Joana era tão velha, confessa o memoralista, que "afirmava, jurando, ter-se escondido pelos matos, já moça, com medo dos cabras da *Balaiada*; vindo a conhecer, em uma dessas fugas, o líder negro Dom Cosme Bento das Chagas".

O poeta Manuel Bandeira confessa que o seu primeiro contato com a poesia sob forma de versos "terá sido provavelmente em contos de fadas, em histórias da Carochinha",[76] pois disso guardava memória desde os seis anos, em Recife. Lembra-se ele com nitidez da cantiga da menina enterrada viva no conto "A madrasta", que também havia impressionado, como vimos, a José Maria Belo:

> Capineiro de meu pai,
> Não me cortes meus cabelos.
> Minha mãe me penteou,
> Minha madrasta me enterrou
> Pelo figo da figueira
> Que o passarinho bicou.
> Xô, passarinho!

Aliás, nesse capítulo da interpenetração cultural das três correntes confluentes na formação brasileira – a europeia, a africana e a indígena – de que os memorialistas nos deixaram traços acentuados e impressionantes, há um fenômeno de aculturação bem típico, observado por Basílio de Magalhães. Refere-se ele aos contos de "A raposa e as aves" e "O raposo, o galo e a galinha", recolhidos por J. da Silva Campos, na Bahia,[77] nos quais nota "vestígios de superfetação africana em temas da fabulística europeia. E o último enxerta-se no

---

75 Oliveira, *O livro do povo, uma raridade bibliográfica*, em Jornal do Comércio, Rio de Janeiro, 20 jan. 1963.

76 Bandeira, *Itinerário de Pasárgada*, p.9.

77 Magalhães, *O folk-lore no Brasil*, p.189 et seq.

esgalho ético do novelário universal."[78] Nesses dois contos aparece a baratinha em lugar do grilo e em substituição ao vocábulo "carochinha". Basílio de Magalhães explica a participação da baratinha na estória "por haver-se ela tornado um denominador genérico das fábulas e patranhas populares dos nossos colonizadores reinóis",[79] citando na área impressa os livros de Figueiredo Pimentel *Contos da carochinha*, em que salienta a intitulação lusa, "diminutivo que outra coisa não é senão o vulgar de barata", e o outro, com a denominação mais vulgar nossa de *Histórias da baratinha*.[80]

Toda essa enorme paisagem cultural descrita por nossos memorialistas, contudo, trazia ao seu lado, ao longo do período colonial, o esforço pedagógico de jesuítas, lazaristas, franciscanos e dominicanos, entre outros. A este esforço acrescentou-se, já no século XIX, o ensino leigo. Identificando-os, porém, a mesma ausência lírica de uma literatura infantil impressa que só vigeria em fins do século XIX. Era o que Fernando de Azevedo consideraria uma "cultura modelada" por determinado "tipo de ensino"[81] de tão grande profundidade em nossa mentalidade "que nem as missões holandesas, científicas e técnicas, no período da ocupação de Pernambuco, nem mais tarde as reações isoladas do Seminário de Olinda, no século XVIII, e dos colégios franceses e ingleses, aqui estabelecidos, no século XIX, conseguiram uma brecha mais profunda na tradição intelectualista, puramente literária, do velho ensino colonial dos jesuítas".[82]

Em que consistia esse ensino? Dele nos dá descrição Gilberto Freyre, em rápida síntese:

> A retórica se estudava nos autores latinos – lendo Quintiliano, recitando Horácio, decorando as orações de Cícero. Lógica e filosofia, também: eram ainda os discursos de Cícero que constituíam os elementos principais de estudo. A

78 Ibid., p.117.
79 Ibid.
80 Ibid.
81 Azevedo, *A cultura brasileira*, p.281.
82 Ibid., p.281-2.

> filosofia era a dos oradores e a dos padres. Muita palavra e o tom sempre o dos apologetas que corrompe a dignidade da análise e compromete a honestidade da crítica. Daí a tendência para a oratória que ficou no brasileiro, perturbando-o tanto no esforço de pensar como no de analisar as coisas, os fatos, as pessoas.[83]

Era o predomínio da gramática do Padre Pereira, *Novo método*, que começava com a leitura das fábulas de Fedro e ia até Ovídio e Horácio, lembra Gilberto Freyre, acrescentando que

> o aluno atravessava a fase mais dura das declinações e dos verbos sob a vara de marmelo e a palmatória do padre-mestre. Mas acabava não sabendo escrever um bilhete, senão com palavras solenes e mortas; e evitando as palavras vivas até na conversa.[84]

O predomínio do ensino público pelos jesuítas datou desde 1555. No momento de sua expulsão, por ato de além-mar, a Companhia de Jesus mantinha no Brasil 24 colégios e 17 casas de residência. Liberada novamente sua atuação no Brasil, reorganizou o ensino, "de acordo com os princípios e padrões fixados nos seus estatutos pedagógicos"[85] nos seus colégios e seminários, já então em número de 17. Bem observa Fernando de Azevedo, que, em 1759, expulsos os jesuítas do Brasil, por ato do Marquês de Pombal, "o que sofreu o Brasil não foi uma reforma de ensino, mas a destruição pura e simples de todo o sistema colonial do ensino jesuítico. Não foi o sistema ou tipo pedagógico que se transformou ou se substituiu por outro, mas uma organização escolar que se extinguiu sem que essa destruição fosse acompanhada de medidas imediatas, bastante eficazes para lhe atenuar os efeitos ou reduzir a sua extensão".[86] O que Capistrano de Abreu descreve sobre a educação das crianças

83 Freyre, *Sobrados e mocambos*, 2.ed., v.II, p.582.

84 Ibid. Veja-se também, para ampliação do tema da educação escolar, sob o predomínio de ordens religiosas no Brasil Colonial, Serafim Leite, *Páginas de história do Brasil*, e José Ferreira Carrato, *As Minas Gerais e os primórdios do Caraça*.

85 Azevedo, op. cit., p.529-30.

86 Ibid., p.539.

no Brasil colonial – "poucos aprendiam a ler. Com a raridade dos livros, exercitava-se a leitura em manuscritos" – pode ser perfeitamente generalizado por todo o País. Era o reflexo, essa precariedade escolar, "do estado flutuante e molecular da sociedade",[87] que fazia ressaltar, no plano geral, dois tipos de cultura que ainda atualmente parecem prevalecer na realidade nacional: o popular e o de uma elite. Dois tipos de cultura, a bem da verdade, que não vigem de modo estanque no processo histórico. Pelo contrário, e apesar dos pesares, interpenetram-se, influenciam-se para uma síntese maior.

Dois tipos de cultura, acrescentemos, consequência de dois tipos de educação: uma, aristocrática – a "antes destinada à preparação de uma elite do que à educação do povo", acentua Fernando de Azevedo;[88] outra, a popular, agráfica, baseada na tradição popular, com os ensinamentos do folclore nas várias áreas vivenciais do interesse humano. E todas as duas, com seus respectivos substratos ou infraestruturas econômicas e políticas,[89] atuando fortemente em distinções de classes sociais.

---

87 Abreu, *Capítulos de história colonial*, p.330.

88 Azevedo, op. cit., p.572.

89 Ibid. Ajunta Fernando de Azevedo que "essa educação de tipo aristocrático, destinada antes à preparação de uma elite do que à educação do povo, desenvolveu-se no Império, seguindo, sem desvio sensível, as linhas de sua evolução, fortemente marcadas pelas tradições intelectuais do país, pelo regime de economia patriarcal e pelo ideal correspondente de homem e de cidadão. O tipo de cultura a que se propunha servir, não se explica apenas pela tradição colonial, de fundo europeu, que de certo modo o preparou, mas se liga estreitamente às formas e aos quadros da estrutura social que persistiram por todo o Império. De fato, com a mudança do estado político, de colônia para nação, e com a fundação, em 1822, da monarquia constitucional, não se operou modificação na estrutura da sociedade, que se manteve, como na colônia, organizada sobre a economia agrícola e patriarcal, de base escravocrata, desde os engenhos de açúcar no Norte, até as fazendas de café no Sul, já pelos meados do século XIX, em pleno desenvolvimento. Nesse regime de educação doméstica e escolar, próprio para fabricar uma cultura antidemocrática, de privilegiados, a distância social entre os adultos e as crianças, o rigor da autoridade, a ausência de colaboração da mulher, a grande diferença na educação dos dois sexos e o predomínio quase absoluto das atividades puramente

A essa cultura popular, ágrafa, deveu-se, já observara José Veríssimo na primeira década do século XX, a sobrevivência do verdadeiro sentimento da terra. Embora condenando asperamente o que chamava de "péssimo hábito" o nosso de meter medo às crianças com o tutu, com pretos velhos, com almas do outro mundo, "tornando-as supersticiosas e cobardes",[90] o autor de *A educação nacional* reconhecia em comovida página a importância das negras velhas e mucamas que serviam, "em um país sem povo, como o nosso, de traço de união, de mediador plástico, se posso dizer assim, entre a terra, de que o escravo estava mais perto, e os seus senhores, dela e do que lhe estava próximo separados justamente pelo trabalho escravo".[91] E era verdade.

Foi, pois, esse culto, essa sobrevivência do que é popular, que veio permitir mais tarde, aos nossos escritores e pensadores, a redescoberta da terra que ainda atualmente é uma aventura por terminar. Pôde o Brasil, graças à cultura de escravos e analfabetos, reencontrar o espírito fecundo de uma imensa meta de integração que ainda atualmente nos preocupa. Aquela página de José Veríssimo, lúcida e justa, consubstancia-se nas palavras que se seguem transcritas e que justificam em si mesmas o fato de aqui figurar. Escrevia José Veríssimo então:

> As tradições pátrias, a poesia popular, todo o nosso folclore, que é a representação emotiva mais genuína da nossa gente e nacionalidade, as velhas pretas, as mucamas, os negros velhos, contadores de histórias e dizedores de crendices e lendas, o transmitiam às suas senhoras-moças e nhanhãs e sinhozinhos, e com elas alguma coisa da própria alma da pátria. Conservando-se às vezes nas famílias

---

intelectuais sobre as de base manual e mecânica, mostram em que medida influiu na evolução de nosso tipo educacional a civilização baseada na escravidão". Op. cit., p.572-3. São observações estas de Fernando de Azevedo de alta importância, oportunidade e acerto, dentro da problemática da educação,
de uma sociedade como a nossa. Apontam vinculações com *status* econômicos que dificilmente podem ser negadas.

90 Veríssimo, *A educação nacional*, 2.ed., p.58.

91 Ibid., p.157.

> por gerações, passando de avós a netos, guardavam os escravos as tradições das casas, as histórias das famílias, e as transmitiam de geração em geração, de um ramo a outro. Estes elos, estes fonogramas vivos das tradições familiares, que a sua poesia nativa, bruta, mas comovida, alterava, adulterava, mas frequentemente também embelecia idealizando-a, e que serviam para manter em cada família brasileira a continuidade das tradições domésticas e de estabelecer entre elas e a terra e a gente, das quais a sua fortuna e posição acaso os afastava, a corrente de contato e simpatia necessária à persistência e desenvolvimento do sentimento nacional, estes agentes de comunicação desapareceram com a escravidão. Nas famílias abastadas, ou de posição social relevante, e até em somenos, o fâmulo escravo, familiar, em todo o rigor do termo, doméstico, foi substituído pelo serviçal mercenário, nômade e efêmero e frequentemente estrangeiro.[92]

Houve assim a substituição do processo natural de transmissão cultural por outro teórico em relação à situação do problema. A cultura brasileira sofreu uma influência de numerosas e complexas consequências de que somente o tempo se encarregaria de quebrar as arestas, acomodar, com a terra, os valores que nos vinham do estrangeiro.

Como os folguedos populares, também a literatura oral iria, com as bases econômicas novas no Brasil, com o advento do ciclo do café e do cacau, principalmente, sofrer profunda alteração em sua vigência. Os novos suportes econômicos permitiriam o desenvolvimento de novos recursos culturais, como salienta em lúcido ensaio[93] Manuel Diegues Júnior, de modo a alterar profundamente a paisagem cultural brasileira.

Lembra Luís da Câmara Cascudo que o português emigrava para o Brasil "com seu mundo na memória". O mesmo ocorria com o negro escravo. Estas duas correntes culturais, juntamente com a indígena local, criariam um processo de interação que marcou a paisagem. À literatura impressa este fenômeno não foi estranho,

---

92 Ibid., p.157-8.

93 Diegues, *Regiões culturais do Brasil*. Para estudo da alteração da paisagem cultural oral veja-se principalmente o capítulo intitulado "A unidade pela diversidade – as transformações sociais e a inter-relação regional".

resultando daí o aproveitamento, na temática infantil, dos valores recolhidos da tradição oral.

Couto de Magalhães, com *O selvagem*, conseguiu o levantamento de um elenco admirável de estórias dos nossos índios; Sílvio Romero, com suas pesquisas, ordenou sistematicamente toda a contribuição das correntes africanas e europeias. Depois desses dois autores, as áreas residuais da confluência das três correntes culturais características da formação brasileira foram amplamente estudadas e analisadas, de modo a se erguer um prodigioso mundo de encantamento, extremamente original. Por isso, Teófilo Braga pôde escrever que o

> Brasil, cuja poesia tanto desvairou peja imitação do subjetivismo byroniano, e cuja literatura nascente se amesquinhou seguindo longo tempo o nosso atrasado romantismo europeu, só poderá achar o seu caráter original conhecendo e compreendendo o elemento étnico das suas tradições populares.[94]

Com efeito, todo esse imenso repositório de tradições passou a ser valorizado devidamente, não só na literatura em geral, nas artes plásticas, no teatro, mas também, e principalmente, na área da literatura infantil de expressão mais moderna.

O tema popular, o tema da terra em sua complexa e rica diversificação, reflete-se amplamente na criação literária para a infância entre a maioria de nossos atuais escritores. É o processo acabado da valorização da base cultural brasileira, dessa "eflorescência que espanta", como diz Teófilo Braga,[95] que se vivifica cada vez mais entre

---

94 Braga, "Introdução" a *Cantos populares do Brasil*, de Sílvio Romero, p.X.

95 Ibid., p.XVII. Na literatura para adultos esse fenômeno criou, mais tarde, uma escola de valorização do nacional a partir do Movimento Regionalista do Recife e da Semana de Arte Moderna de São Paulo, em 1922. Seria longa a enumeração de prosadores e poetas que tomaram a temática brasileira na criação do romance e da poesia, como José Américo de Almeida, Carlos Drummond de Andrade, José Lins do Rego, Graciliano Ramos, Oswald de Andrade, Mário de Andrade, Jorge de Lima e, mais modernamente, João Guimarães Rosa e José Cândido de Carvalho, respectivamente com *Grande sertão: veredas* e *O coronel e o lobisomem*.

nós. Esta é a soma ou a síntese de uma cultura que pertence, de modo geral, assinala Luís da Câmara Cascudo, ao patrimônio de todos os povos da terra "e são formas convergentes de soluções encontradas nas culturas mais distantes".[96]

96 Cascudo, *Folclore do Brasil*, p.59.

3 A paisagem cultural

3.1 D. João VI: a mudança cultural

É bem de ver a íntima relação entre o ensino e a literatura infantil no panorama do desenvolvimento cultural brasileiro. O estudo de desenvolvimento da educação entre nós mostra que somente com a fundação de escolas, formação de professores e advento de livros de texto se possibilitou o aparecimento de uma literatura, a escolar, intimamente ligada à literatura infantil propriamente dita. Ou melhor, aquela é a gênese desta na perspectiva do nosso processo de formação. Mesmo durante o Brasil colônia, em que prevaleceu a literatura ágrafa, está claro que existiam livros de texto, como também é verdade que, mesmo depois do aparecimento da literatura escolar, continuou a vigência da literatura oral, de forma ágrafa, ou já fixada nos pequenos folhetos populares,[1] a chamada literatura de cordel. Ao mesmo tempo que uma realidade independia de outra (literatura oral e literatura escrita), paradoxàlmente se vinculavam no espaço

1 Para maior conhecimento desta transposição da literatura oral ágrafa para a imprensa, veja-se estudo de M. Cavalcanti Proença, *Literatura popular em verso*, Antologia, t.1.

e no tempo cultural. O desenvolvimento do ensino, bem como a abertura de escolas, criaram condições no País para o aparecimento do livro especialmente dedicado à infância. Este nasceu nos bancos escolares, vinculados ao sistema de educação, mas logo se tornou independente, como veremos ao longo deste ensaio. Um fato ilustrativo: o primeiro livro de Monteiro Lobato, que daria verdadeira independência ao gênero, teve de fazer concessões ao predomínio da literatura escolar,[2] conforme se vê da edição príncipe, devidamente aprovada pelas autoridades do ensino.

Para tanto, porém, foi necessária a alteração da moldura política do País e esta se fez com a vinda de D. João VI para o Brasil, em 1806. Assim, é possível indicar-se a vinda de D. João VI para o Brasil, com cerca de 15 mil pessoas, como um marco modificador da paisagem brasileira em todos os sentidos, pois na época o Brasil transmitia, "então como hoje ainda", dizia Oliveira Lima, "a impressão de uma sociedade em formação, sem característicos acentuados e fixados".[3] Uma grande aldeia, o Rio de Janeiro, que dormia no marasmo tropical, segundo Fernando de Azevedo, "desperta para uma vida nova, sacudida do inesperado acontecimento e erguida de súbito à categoria de capital do Império Português".[4]

Inaugurou D. João VI o que o mesmo autor denomina de "profissionalização do ensino superior",[5] com repercussões no sistema educacional brasileiro, pelo Ato Adicional. "A trasladação da corte rasgou logo novos horizontes ao ensino", acentua Oliveira Lima.[6] Com efeito, desde logo surgem vários colégios ainda sob a orientação de ordens religiosas, que de certo modo haviam herdado a tradição

2 O frontispício da primeira edição de *Narizinho arrebitado*, publicado em 1921, traz bem nítidos os dizeres "Literatura Escolar", com o que foi possível a adoção do livro de Monteiro Lobato nas escolas, principalmente do estado de São Paulo. Da mesma forma apareceu o livro clássico de Tales de Andrade, *Saudade*.

3 Lima, *Dom João VI no Brasil*, 2.ed., v.I, p.182.

4 Azevedo, *A cultura brasileira*, 4.ed. p.560.

5 Ibid., p.567.

6 Lima, op. cit., p.262.

cultural dos jesuítas. Em 1820, funda-se em Minas Gerais o Colégio Caraça.[7] Em 1845, os jesuítas instalam o primeiro colégio depois de sua volta ao Brasil, 83 anos após sua expulsão. Fundam-se colégios em várias províncias: o Colégio de Pernambuco (1867), e o Colégio São Luís (1867) em Itu, estado de São Paulo, por exemplo. Lembra Fernando de Azevedo, a quem seguimos nesta inventariação de escolas abertas em consequência direita ou indireta das medidas tomadas por D. João VI, que por toda parte "surgem aulas e liceus, alguns importantes", como o Liceu Paraibano (1842), o Colégio Brandão (1866) em Cajazeiras, na Paraíba; o Ginásio Baiano, de Abílio César Borges, "fundador, mais tarde, de ginásios no Rio de Janeiro e Barbacena",[8] o Colégio Meneses Vieira, no Rio de Janeiro.

O Conselho Diretor de Instrução Pública, criado em 1845 pelo decreto n. 3.331-A, por Pedro II, deu continuidade às iniciativas criadas depois da chegada de D. João VI ao Brasil. Nesse decreto, estabeleceram-se "medidas mais eficientes com o fim de desenvolver, elevar e fiscalizar o ensino primário e somente depois de 1870 se construíram os primeiros edifícios escolares".[9] Lembra Lino Coutinho que em 1832[10] as escolas primárias femininas não ultrapassavam de 20; em 1852 subiam a 49; em 1873 atingiam a 174 só na província de São Paulo. Alguns emigrantes franceses, nota Oliveira Lima, desde 1820[11] já atuavam em centros urbanos brasileiros, ensinando o francês para meninas de colégios, bem como Geografia.

É do período de D. João VI no Brasil uma formulação inteiramente nova sobre a necessidade de ensino no País. É ela lembrada

---

7 A história pormenorizada do Colégio Caraça foi escrita por José Carrato no volume *As Minas Gerais e os primórdios do Caraça*, a que se seguirá novo tomo sobre o mesmo tema.

8 Azevedo, op. cit., p.569. Os jesuítas fundaram, em sua volta, o colégio do Desterro, em Santa Catarina, um seminário e um colégio em Pernambuco, além do colégio São Luís, em Itu, São Paulo.

9 Ibid., p.587.

10 Apud Azevedo, op. cit., p.587.

11 Lima, op. cit., p.262.

por Helio Vianna quando recorda que D. João VI "por si ou por seus ministros, cuidou atentamente da instrução pública em seus primeiros graus. Para tanto, permitiu a qualquer pessoa a abertura de escolas de primeiras letras, independente de exame de licença, isto depois de ter ele mesmo ordenado a criação de muitas escolas dessas por todo o Brasil".[12] A Constituição de 1824 declarava gratuita a todos a instrução primária. A lei de 1827, citada por Helio Vianna, criava escolas de primeiras letras em "todas as cidades, vilas e lugares mais importantes", do mesmo modo que sancionava o "método chamado de 'ensino mútuo', então muito considerado".[13] A atenção do governo, porém, voltava-se mais para o ensino de grau superior.

Outros colégios instalados foram os de Campo Belo e de Congonhas do Campo; o Colégio Kopke (1855), de João Kopke, em São Paulo, que contratou professores na Europa; o Colégio São Pedro de Alcântara, em Petrópolis; o Colégio de São João, de João Estanislau da Silva Lisboa; o Ateneu Sergipano, o Colégio Stall, o Externato Aquino; o Colégio Progresso; o Colégio de Campinas, da Sociedade Culto à Ciência, que José Feliciano de Oliveira considerava "uma grande fundação republicana";[14] o Colégio Pestana (1870) em São Paulo; a primeira Escola Normal (1846). "Nunca, na história da educação nacional, o ensino particular teve tanto relevo e granjeou tamanha autoridade como nesses tempos (1867-1885), e outros institutos que foram os pontos de apoio iniciais em que assentou, para tomar impulso, o ensino secundário no país",[15] escreve Fernando de Azevedo. Nos fins do Império, a paisagem da educação sofreria o acréscimo da contribuição de escolas protestantes, com a fundação

---

12 Vianna, *Formação brasileira*, p.231. Para maiores informações sobre o ensino brasileiro, principalmente no Segundo Império, veja-se a monografia de Josephina Chaia, *Financiamento escolar no Segundo Império*, Coleção de Boletins, Faculdade de Filosofia de Marília, São Paulo, 1965.

13 Ibid., p.232.

14 Oliveira, *O ensino em São Paulo (algumas reminiscências)*, p.9.

15 Azevedo, op. cit., p.590 et seq.

da Escola Americana (1870) em São Paulo, o Colégio Piracicabano (1881) e o Colégio Americano (1885) em Porto Alegre.[16]

Testemunhando a seu modo o panorama do ensino em São Paulo, José Feliciano de Oliveira diz que "nos últimos anos da monarquia o ensino em São Paulo estava progredindo, com feição moderna, por esforço da falange republicana".[17] Atirava o ensino fora algumas marcas fortes do regime monárquico, principalmente com as novas ideias de professores estrangeiros, com novos conceitos de pedagogia. É bem de ver que, mesmo assim, ainda estávamos longe de qualquer situação ideal. Nos 67 anos do Império, lembra-nos Lourenço Filho,[18] somente se publicaram 193 trabalhos pedagógicos e

> até 1882, decorridos mais de 70 anos depois da primeira publicação (1812), a bibliografia pedagógica se resumia quase que em relatórios oficiais, de escasso valor doutrinário, e às vezes mesmo informativo, ou discursos de propaganda.

Assinala Fernando de Azevedo que a primeira publicação periódica, devida à iniciativa de Alambari Luz, considerado o fundador da imprensa didática no País, é a revista *A Instrução Pública*. Entre outros colaboradores da revista[19] figuravam o Barão de Macaúbas, Felisberto de Carvalho e o conselheiro J. Liberato Barroso.

---

16 Ibid., p.620 et seq. Aí, enumera o autor a relação dos colégios então aparecidos por todo o Brasil. Sabe-se que, nos colégios norte-americanos no Brasil, no curso primário, era comum interromper-se a aula para marchas, jogos e ginásticas, acompanhadas ou ritmadas com palmas, conforme as lições de um livrinho muito em voga na época, de J. T. Prince, *Course and Methods*, segundo informa Alexina de Magalhães Pinto. Advertia esta educadora também sobre a excelência do sistema então utilizado no Colégio Americano-Fluminense, que seguia o método de J. T. Prince.

17 Oliveira, op. cit., p.8. As reminiscências do autor são muito interessantes. Apesar do otimismo do desenvolvimento do ensino durante o Império, em relação ao Período Colonial, a verdade é que muito tinha a desejar ainda a sistemática escolar brasileira. Veja-se, a propósito, o opúsculo *Centenário do Ensino Normal em São Paulo (1846-1946)*, Departamento Estadual de Informações, São Paulo, 1946.

18 Apud Azevedo, op. cit., p.601.

19 Ibid. Torna-se indispensável, neste passo, a leitura do estudo de José Veríssimo, *A educação nacional*, onde se colhem elementos fundamentais para compreensão do problema.

Esta falta de arejamento nas perspectivas da problemática educacional, embora já se fizessem sentir as primeiras influências de mestres estrangeiros, colaborava de certo modo para a permanência do *status* religioso na educação. Mestres estrangeiros, aqueles, já contratados para novos colégios, já contratados para preceptores, mestres e mestras. "Ao Brasil", escreve Gilberto Freyre,

> não faltou a presença de europeus do Norte franceses, ingleses, alemães e até escandinavos – que, em número muito menor do que no Sul do Brasil, vieram re-europeizar a vida e a paisagem da região através de novas técnicas de ensino de meninos.[20]

Portanto, a pedagogia do Brasil Colonial, ou mais especificamente do Brasil Patriarcal, prevalecia largamente na paisagem cultural do País. Gilberto Freyre considera essa pedagogia "sádica" ao estudar as relações entre o menino e o homem dentro daquela realidade histórico-social. Teve ela, essa pedagogia, "com a decadência do patriarcado rural, seu prolongamento mais terrível nos colégios de padres e nas aulas dos mestres-régios".[21] É que nestes colégios, com todas as conquistas nascidas da vinda de Dom João VI, acrescenta o autor, "os pais autorizavam mestres e padres a exercerem sobre os meninos o poder patriarcal de castigá-los a vara de marmelo e a palmatória". Cita como exemplo o Colégio Caraça, o "mando-te para o Caraça!", a expressão mágica para dominar os temperamentos mais rebeldes entre os meninos.[22]

---

20 Freyre, *Sobrados e mocambos*, 2.ed. v.I, p.79.

21 Ibid., p.217.

22 Ibid., p.222. Escreve Gilberto Freyre que "Caraça tornou-se alguma coisa de sinistro na paisagem social brasileira dos primeiros tempos do Império, arrebatando os meninos aos engenhos (onde eles, tratados de resto nas casas-grandes, pelos mais velhos, eram uns reis na bagaceira e na casa de purgar, dominando aí moleques, galinhas, carneiros, cavalos, bois); às fazendas sertanejas de criar; às casas de sítio; aos sobrados da cidade. E reduzindo-os a internos, em um casarão triste, no meio das montanhas, dentro de salas úmidas, com estampas de São Luís Gonzaga pelas

Outro problema com que se defrontava a educação era a falta de livros de texto, livros para o estudo diário, para as aulas de Latim, de Gramática, de Doutrina, de Boas Maneiras. Anchieta é o exemplo dessas dificuldades. Tinha ele, o próprio padre, diz Gilberto Freyre, "de escrever, um a um, os livros para os alunos estudarem, em vez de recebê-los impressos da Europa, em caixotes, nas terracenas dos sobrados".[23]

Mas nem tudo era sadismo e violência no sistema escolar, que melhoraria com as escolas laicas, com mestres estrangeiros, com mestres brasileiros indo especializar-se na Europa ou nos Estados Unidos, conhecendo assim, e para cá trazendo e utilizando, novos métodos pedagógicos. E quanto aos livros, a instalação da Imprensa Régia contribuiria para alterar a paisagem, criando assim condições para o florescimento da literatura escolar.

3.2 Urbanização e escolas

A alteração da paisagem brasileira no setor do ensino não se faria apenas por intermédio da ação dos decretos de Dom João VI. Era preciso que, concomitantemente, se desenvolvessem condições históricas capazes de se transformar no suporte de toda essa inovação. Um desses suportes foi a urbanização, o desenvolvimento de várias cidades que

---

paredes, uns São Luís Gonzagas de olhos doces de mulher, lírios brancos na mão; com imagens de Santo Antônio, de São José, da Virgem e de São Vicente por todos os salões de aula. Que todos esses salões pareciam sacristias, o ar mole de tanto cheiro de incenso e de flor murcha. E sobretudo com padres terríveis que, em vez de lírios brancos como São Luís na sua mão cor-de-rosa de moça, empunhavam palmatórias de sicupira e varas de marmelo".

23 Ibid. Ainda na primeira década do século, José Veríssimo referia-se às dificuldades de aquisição de livros brasileiros. Escrevia ele ser mais difícil encontrar ou obter um livro (ou qualquer outro produto) brasileiro que qualquer obra estrangeira, mesmo alemã ou italiana. "As principais revistas europeias têm aqui assinantes. A recente *Revista de Portugal* possui talvez mais de trinta. Livro ou periódico brasileiro publicado fora do Rio de Janeiro é para nós como se o fora na China". Em *A educação nacional*, p.LIX.

vinham há séculos dormitando ao doce calor tropical e bafejadas pela força econômica do patriarcalismo rural. Escreve Gilberto Freyre que

> uma série de influências sociais – principalmente econômicas – algumas anteriores à chegada do príncipe, mas que só depois dela se definiram ou tomaram cor, começaram a alterar a estrutura da colônia no sentido do maior prestígio do poder real.[24]

Mas não só do poder real – que se avigorou, mesmo nas mãos moleironas de Dom João; também das cidades e das indústrias ou atividades urbanas. Também estas se avigoraram e ganharam maior prestígio, inclusive, acrescentemos, pela criação de escolas e transferência, para leigos, do direito de ensinar os meninos. Era uma alteração profunda a que se verificava, principalmente no setor da educação, "os meninos educando-se em colégios – alguns estrangeiros – e em academias; e não apenas em casa, com o tio-padre ou o capelão. Nem simplesmente nas escolas de padres",[25] pois as novas escolas encontravam condições apropriadas no entusiasmo do fenômeno da urbanização. Uma profunda reforma se faria com a urbanização, repitamos. Surgem

> profissões antigamente relegadas aos elementos metropolitanos, ou por serem vedadas aos da colônia ou por lhes serem inacessíveis. Aparece, então, pela primeira vez, a importância, ou pelo menos a valia da instrução do saber que está nos livros, da cultura individual – e a curiosidade também,[26]

no dizer de Nélson Werneck Sodré. E acrescenta que "no palco variado da cidade é que desembocaram os sinais mais evidentes da mudança que atravessava a sociedade brasileira".[27]

Esta nova face da paisagem brasileira surpreenderia até os estrangeiros. Nesse sentido, apura-se o depoimento do viajante francês Petit-Thouars, que esteve no Rio de Janeiro em 1837, e segundo o qual

---

24 Ibid., p.114.
25 Ibid., p.145.
26 Sodré, *História da literatura brasileira*, 3.ed., p.128.
27 Ibid., p.156.

> a sociedade do Brasil fez há dez anos imensos progressos, tendendo com sucesso para elevar-se ao nível das sociedades da Europa que marcham à frente da civilização. Atualmente, o estudo e a educação são quase de direito comum, o que era raro ainda há dez anos. Nesse tempo, com efeito, era difícil encontrar um brasileiro (não português de nascimento) que tivesse feito estudos ou que soubesse falar outra língua que não a sua. Encontram-se atualmente no mundo do Rio de Janeiro numerosos rapazes e moças que se exprimem correta e facilmente em inglês ou francês e às vezes nos dois idiomas.[28]

Petit-Thouars deformou a seu modo a realidade histórica e social. Aquele "direito comum", como ainda atualmente, era teórico. Mas algo de verdade subsiste no depoimento impressionista do francês, que se contradiz com o de Charles Expilly que havia notado, com vigor e realismo, um dito muito comum no Brasil Colônia e segundo o qual "uma mulher já é bastante instruída quando lê correntemente as suas orações e sabe escrever a receita da goiabada".[29] Foi por isso que veio ao Brasil, com intenção de educar e ensinar, tencionando abrir no Rio de Janeiro uma Escola Normal, o que não fez, trocando-a por uma indústria de fósforos. É ilustrativo, aliás, o curto diálogo entre Charles Expilly e D. Pedro II, quando aquele teve uma audiência com o imperador. Surpreendia-se o imperador com a mudança de Charles Expilly para o Brasil e disse-lhe que "um literato não tem colocação no Brasil. Contudo, faltam-nos livros de educação. Aprenda o português e fará traduções".[30] Do mesmo teor de Petit-Thouars é a observação de Maria Graham que havia notado e se surpreendido "com o vigor dos contrastes, de uma sociedade excessivamente adornada de coisas francesas em uma humilde moldura colonial".[31]

Esses e outros depoimentos comprovam que o desenvolvimento urbano não se radicalizou de forma a eliminar de todo o ranço

---

28 Ibid.

29 Expilly, *Mulheres e costumes do Brasil*, p.401.

30 Ibid., p.32.

31 Graham, *Viagem ao Brasil*, p.65.

colonial. Em meados do século XIX subsistiam muitos valores, a tradição educacional do século XVIII. De qualquer forma, porém, era um progresso, o que se observava e de que os viajantes nos deixaram depoimentos capazes de dar a mensuração desse processo. Maria Graham já registra livrarias nas cidades do Salvador e do Recife. Em 1792 havia duas livrarias no Rio de Janeiro para, em 1820, se constatar a existência de quatro.[32]

Neste passo, devemos destacar o ilustrativo depoimento de Maria Paes de Barros, velha senhora paulista que morreu em São Paulo em avançada idade. Seu livro, *No tempo de dantes*, é um documento precioso[33] pelo que informa da sociedade e educação do seu tempo, aí por volta de 1856, demonstrando assim que, mesmo com o desenvolvimento urbano, os velhos costumes não se alteraram rapidamente, de modo amplo e total. Um traço curioso do sistema de educação então prevalecente era o da absoluta negação da vontade e autoridade da criança. Maria Paes de Barros assinalava que "o papai costumava declarar bem alto um dos seus dogmas: na gramática das crianças não existe o verbo querer".[34] É o caso de lembrar uma observação de Enzo Petrini, quando escrevia que "la niñez cuya hambre de sueños ha de encontrar alimento en el exterior, se había saciado durante siglos con las migajas del gran banquete de los adultos[35]".[36] Recorda o escritor italiano o testemunho de Santo Agostinho sobre a infância do seu tempo em suas *Confissões*. Aos 72 anos de idade escrevia Santo Agostinho em uma indagação: "Quién no escaparía con horror y escogería la muerte, si se le diese a escoger entre morir o volver a ser niño?[37]".[38]

---

32 Caldcleugh, apud Sodré, op. cit., p.172.

33 Barros, *No tempo de dantes*.

34 Ibid., p.33.

35 "a infância, cuja fome de sonhos tem de encontrar alimento no exterior, tinha se conformado durante séculos com as migalhas do grande banquete dos adultos".

36 Petrini, *Estúdio crítico de la literatura juvenil*, p.20.

37 "Quem não escaparia horrorizado e escolheria a morte, se pudesse escolher entre morrer ou voltar a ser menino?"

38 Apud Petrini, op. cit., p.20.

Voltemos, porém, a Maria Paes de Barros e seu curioso depoimento.

> Sendo a instrução muito elementar [escrevia ela], por não haver colégios para o sexo feminino, nem tampouco livrarias, as ocupações das meninas cingiam-se à vida doméstica. Raramente lhes chegava ao alcance algum livro, exceto o de missa ou uma dessas narrativas de fama universal como o *Paulo e Virgínia*, de Bernardin de St. Pierre, que liam, então, com ávido interesse. Pode-se dizer que este livro, do qual algumas de nossas avós citavam de cor páginas inteiras, foi as suas delícias, o motivo de suas conversações e de lágrimas enternecidas.[39]

Com certeza uma decorrência inevitável dessa precariedade cultural foi a permanente falta de livros no Brasil durante largos e largos anos, consequência da realidade socioeconômica da condição brasileira. Embora já datada de 1808, pois a validade da Imprensa Régia é de 13 de maio desse ano, só muito mais tarde nossos prelos trabalhariam com livros, dando-se a preferência inicial aos jornais da terra. Os viajantes estrangeiros que nos visitaram nas três primeiras décadas do século XIX, como Henry Koster, em 1811, experimentaram o verdadeiro tabu com que era o livro encarado no Brasil. Ele nos descreve, por exemplo, as dificuldades que teve para desembarcar uma caixa de livros que trazia consigo. O mesmo ocorreu com o vice-cônsul francês Mr. Danmevy,[40] "que só retirou da Alfândega duas caixas de livros que trouxera depois que as abriu para o devido exame".

Eram válidas na colônia ainda as determinações restritivas de Pina Manique para a Alfândega de Lisboa. Jerônimo de Viveiros lembra que o proprietário perdia o livro que fosse considerado nocivo, como aconteceu com Antônio Marques da Costa Soares. Este viu confiscado o *Contrato social*, de Jean-Jacques Rousseau, que mandara vir da França.

---

39 Barros, op. cit., p.13-4.

40 Viveiros, *História do comércio do Maranhão*, v.II, p.339. As informações de vários viajantes a respeito da existência de livreiros ou livrarias no Rio de Janeiro, por exemplo, variam a seu modo, mas sempre com a constante de deficiência. Lembra-se que George Staunton, em 1792, registrou apenas dois livreiros. Alguns anos mais tarde, em 1817, Spix e Martius indicam dois modestos livreiros. Alexandre Caldcleugh, em 1820, reconhece ser o negócio "mau e fraco" mas refere-se à existência de quatro lojas de livros.

Henry Koster notou que no Recife de 1810 não havia tipografia nem qualquer livraria. Mas em São Luís do Maranhão, adverte Jerônimo de Viveiros, já havia o comércio de livros. Fraco, mas havia. Os interessados poderiam adquiri-los (e não devia ser muito grande a relação de livros então existentes à venda) na livraria do Correio em 1799.[41] Já em 1821, a situação parece ter melhorado no Maranhão. Nesse ano punha-se à venda um *Telêmaco*, de Fénelon, em francês; os *Contos morais*, de Marmontel; o livrinho de Madame Émile de Girardin, *Contos de uma solteirona a seus sobrinhos*, também encontrado por Charles Expilly no Rio de Janeiro, mais tarde; ou o conto moral *Paciência e trabalho*, para jovens e adultos. Por volta de 1847 surgem duas editoras em São Luís do Maranhão: a de Belarmino Matos e a de Correia Frias, que editam dois livros de caráter infantil. Referimo-nos ao *Livro do povo*, de Antônio Marques Rodrigues, e ao *O livro dos meninos*, não se sabendo ao certo a autoria deste último nem ainda o seu conteúdo.

Em 1858, ainda em São Luís do Maranhão, a Livraria Universal publicava um livrinho especificamente para crianças, conforme o inventário de suas edições, feito por Jerônimo de Viveiros. É o *Joãozinho*, pequeno volume destinado à "leitura para meninos, por Charles Jeannel, traduzido do francês por Antônio Rego, adotado pelas autoridades respectivas, nos colégios das Províncias do Maranhão, Piauí e Pernambuco".[42] Dois traços típicos se notam nessa edição; a tradução francesa, mostrando a inexistência de autores brasileiros, embora já Antônio Marques Rodrigues tivesse publicado o *Livro do povo*; e a vinculação escolar do livrinho, adotado em várias províncias.

O urbanismo, pois, criaria condições de melhor educação no Império, em relação àquelas que haviam vigorado na colônia. Havia um arejamento total nessa relação, para o qual vieram contribuir mestres e mestras estrangeiras, professores e professoras, sobretudo franceses, ingleses e norte-americanos. Esta situação ficaria

41 Ibid., p.340.

42 Ibid., p.350. Observe-se como é antiga a vinculação entre a literatura escolar e a literatura infantil propriamente dita.

bem caracterizada nas duas últimas décadas do século XIX,[43] com a criação de numerosos colégios e a impressão de livros escolares.

É de se notar, contudo, que a proibição de livros foi um fenômeno não apenas vigente no Brasil Colonial. Estendeu-se, aliás, ao Império e sem dúvida à República. Sobre proibição e permissão, algumas medidas existentes em nossa legislação[44] demonstram certo interesse na provisão de livros para o Brasil em suas diversas fases históricas.

Nesse capítulo do livro no Brasil Colonial, encontram-se alguns dispositivos legais bastante curiosos, como a Decisão n. 3, do Reino, de 26 de janeiro de 1819, que mandava isentar dos direitos de importação os livros impressos. Em 1820 uma nova Decisão, a de n. 57, reiterava a de 1819 e "determina que se dê despacho livre de direitos de importação às obras literárias que vieram de países estrangeiros".[45] Desde que "não sendo obscenos", esclarecia outra medida, a Decisão n. 24, de 8 de maio de 1821. Entretanto, havia as contrapartidas, ou

---

43 Sodré, op. cit., p.165. Essa alteração profunda na paisagem brasileira é descrita nos seguintes termos pelo ilustre historiador brasileiro: "A abertura dos portos, a liberdade comercial, a franquia tarifária, proporcionaram, sem dúvida alguma, um desenvolvimento e uma difusão maior na atividade comercial. Isso influiu para acelerar a urbanização. Mas influíram também outros fatores intimamente ligados ao processo da autonomia e estreitamente dependentes de suas características: o crescimento do aparelho do Estado, o aparecimento da atividade política, o advento da imprensa, a expansão das profissões liberais e de uma série de empregos que era necessário prover, ao mesmo tempo que crescia a população das cidades, formando-se um mercado consumidor de apreciável importância, enquanto surgiam ou cresciam atividades outras, como a dos pequenos ofícios, que já encontravam lugar. O que não aconteceu, nem podia acontecer, foi a radical mudança que alguns intérpretes superficiais supõem. Não existiu nenhuma alteração na posição relativa das classes; nem mesmo o instituto servil ficaria abalado, pelo menos na aparência". A inexistência dessa "alteração, observemos, pode ser bem constatada no setor da educação, embora se constatasse como vimos em páginas anteriores, o lento processo evolutivo para maiores perspectivas". Para maiores elementos da importância da urbanização na sistemática da educação brasileira, veja-se, entre outros, Gilberto Freyre, em *Sobrados e mucambos* e Fernando de Azevedo, em *A cultura brasileira*.

44 Chaia, "Educação brasileira".

45 Ibid., p.36.

seja, a proibição de livros, folhetos e jornais, muitos deles claramente especificados, como o que consta da Decisão n. 37, de 14 de novembro de 1816, que mandava proibir a leitura do folheto intitulado *O preto e o bugio do mato*. De 1818 é outra Decisão, a de n. 14, de 25 de junho, que proibia a entrada e leitura, no Brasil, do periódico *O Português*, como também a de n. 44, de 14 de outubro de 1819, que proibia identicamente a entrada do periódico de título de *Campeão* ou *Amigo do rei e do povo*, escrito em português e publicado em Londres.[46]

3.3 A educação de Pedro II

Assinala Gilberto Freyre uma característica bem nítida do Brasil no século XIX: "nas suas condições materiais e, até certo ponto, na sua vida social, a maioria dos brasileiros dos meados do século XIX situava-se na Idade Feudal".[47] Na ordem educacional os reflexos de tal situação histórico-social faziam-se imperativos. No estudo da vida social do Brasil nos meados do século XIX, Gilberto Freyre descreve a perfeição como era feita a educação principalmente das mulheres, colhendo traços inclusive da leitura dessas meninas que, aos 8 ou 9 anos, eram "enviadas para um internato religioso, onde ficavam até aos 13 ou 14 anos"[48] e de onde

> voltavam muito românticas, algumas vezes criaturinhas encantadoras, lendo Sue, Dumas e George Sand, além de saborearem folhetins, por vezes melífluos, quase sempre delicadamente eróticos, publicados então pelos principais jornais do império para o seu público feminino.[49]

Tudo isso, tomando-se como exemplo a educação de D. Pedro II, "favorecia, em um Brasil ortodoxamente patriarcal, como foi o dos meados do século XIX, a prematuridade do menino".[50]

---

46 Ibid., p.33.
47 Freyre, *Vida social no Brasil nos meados do século XIX*, p.76.
48 Ibid., p.116.
49 Ibid., p.126.
50 Ibid., p.120.

A literatura dedicada aos meninos, na época, seguia de perto os critérios de ensino nos colégios. O aluno estudava Gramática Latina, Retórica, Clássicos Franceses, a História Sagrada, Geografia etc. São ainda de Gilberto Freyre os pormenores consequentes dessa situação:

> quando o grande momento dos exames finais chegava, ele, de ordinário, brilhava, respondendo bem a tudo que o padre fulano de tal perguntava sobre Horácio, Noé, Rebeca, regras de pontuação, o verbo *amare*. E tudo que algum outro professor perguntava sobre Racine, o Vesúvio, e muito mais que se podia imaginar.[51]

Esse sistema não passou despercebido de vários viajantes estrangeiros da época, como o Reverendo Fletcher, o médico francês Rendy, este último chegando mesmo a assinalar, conforme citação de Freyre, que "aos sete anos o jovem brasileiro já possui a austeridade de um adulto".[52] O Reverendo James Fletcher foi dos primeiros a perceber um vasto campo por cultivar – o progresso cultural das crianças brasileiras – no Brasil do século XIX, quando manifestava desejo de ver bons livros norte-americanos nas mãos de crianças brasileiras.[53]

Não será exagero tomarem-se como exemplo os métodos de educação utilizados para a formação de Pedro II. Alguns documentos que nos ficaram sobre a educação do imperador mostram pormenores do processo de ensino para os adolescentes do império. Talvez seja lícito generalizar a educação de Pedro II como comum aos meninos das classes nobres do Brasil, sempre se considerando a relatividade e variação dos métodos dentro da imensa área cultural brasileira. Ela nos dá alguns índices curiosos, como, por exemplo, a preeminência dos professores franceses já nessa época. Mestre de equitação do menino imperial era Roberto Damby, francês, nomeado em abril de

---

51 Ibid.

52 Apud Freyre, op. cit., p.122.

53 Freyre, *Ordem e progresso*, v.I, p.146.

1836 para essas funções; francês era Renato Pedro Boiret, mestre de Geografia e de Língua Francesa; francês era Luís Aleixo Boulanger, mestre de Caligrafia, como franceses eram Lourenço Lacombe e Félix Emílio Taunay, respectivamente nomeados em 1836 mestres de Dança e de Desenho. O mestre de Música, como não poderia deixar de ser, talvez, era o italiano Fortunato Mazziotti.[54]

As *Instruções* para "serem observadas pelos mestres do Imperador na Educação Literária e Moral do mesmo Augusto Senhor", feitas pelo Marquês de Itanhaém[55] indicam certos cuidados na formação do menino e desde logo traziam uma definição da educação literária – "he saber por meio das letras".[56] Havia algumas observações nessas *Instruções* válidas para atualmente pelo seu realismo e sua eficiência. O Marquês de Itanhaém deixava transparecer não poucas vezes o seu espírito objetivo, como, por exemplo, quando recomendava aos mestres de Pedro II que

> não mortifiquem a memória do seu discípulo com sentenças abstratas; mas descendo logo às hipóteses, classifiquem as coisas e ideias, de maneira que o imperador, sem abraçar nunca a nuvem por Juno, compreenda bem que o pão é o pão e o queijo é o queijo.[57]

E mais:

> eu não cessarei de repetir aos mestres que não olhem para os livros das escolas, mas tão somente para o livro da natureza, corpo e alma do homem; porque fora disto só pode haver ciência de papagaio ou de menino de escola, mas não verdade nem conhecimento exato das coisas, e dos homens, e de Deus.[58]

---

54 *Infância e adolescência de D. Pedro II*, Documentos Interessantes Para Comemorar o Primeiro Centenário do Nascimento do Grande Brasileiro. A publicação é interessantíssima. Revela, inclusive, alguns aspectos curiosos do emprego da ociosidade entre os membros da Casa Imperial.

55 Ibid., p.61.

56 Ibid., p. 68.

57 Ibid.

58 Ibid., p.70.

São ilustrativas as afirmações: "ciência de papagaio" ou de "menino de escola". O Marquês de Itanhaém faz nessas duas expressões uma crítica radical à sistemática educacional então vigorante no Império: precária, de acumulação memorativa, de ornamentação pura e simples do espírito.

Apesar, contudo, de certa inegável objetividade nas *Instruções* do Marquês de Itanhaém, não passou ela sem a crítica, um tanto severa, do então deputado Rafael de Carvalho, membro da Comissão das Contas do Tutor de S. M. e A. A. Imperiais, aos 14 de agosto de 1837.[59] Desde logo criticava ele as apresentações no teatrinho do paço, em que representavam "as pessoas Imperiais, e ahi se exercitão na declamação comica".[60] Reclamava o deputado contra a falta de respeito pela língua nacional:

> mas quanto he para lastimar que essa declamação seja na língua Francesa! Isto parece incrivel, mas he um facto. Quem despresa a lingua Nacional, he porque não conhece o valor que ella tem, he porque não tem ideias sãs de cousa alguma.[61]

A educação do imperador, que completava 12 anos, constava de Dança, Música, Desenho, Caligrafia, Francês, Inglês, Aritmética Prática e Geografia. Rafael de Carvalho observava vários defeitos na direção da educação do menino, chegando a salientar alguns pormenores bem realistas e ainda atualmente válidos pela sua projeção: "de ordinario o Mestre obriga o menino a encarar as cousas segundo o uso do seu espirito, meio este, que sendo conservado substitue o logar do primeiro".[62] Para o deputado Rafael de Carvalho "o estudo da geografia e história [...] deve constituir a essência da sua educação literária; tudo o mais deve de ser acessório, tudo o mais recreativo".[63] Bebia ele suas ideias em Fénelon e seu *Telêmaco* e daí insistir, quanto

59 Ibid., p.73.
60 Ibid., p.74.
61 Ibid.
62 Ibid., p.75.
63 Ibid., p.76.

O KALEIDOSCOPIO.

PUBLICAÇÃO SEMANAL

DO

INSTITUTO ACADEMICO PAULISTANO.

N.° 1. SABBADO 7 DE ABRIL. 1860.

Quando as abelhas do Hymeto pousavam nos labios do divino Platão, deixavam-lhe talvez algum laivo dourado de mel, mas nunca o feriam; si por um prodigio de mecanica este Kaleidoscopio se podesse transformar em abelha, e pousasse nos labios do amavel publico, talvez esse ente privilegiado e mal acostumado acordasse gritando de dôr com medo do prologo.

Foi de certo um funesto desejo o de ter um prologo para o Kaleidoscopio; foi um funesto desejo o de collocar debaixo dos auspicios da eloquencia judiciaria a innocente lanterna com que vamos procurar o homem de Diogenes.

O Kaleidoscopio não vem funccionar: descontente com o advogado que actualmente tem, apparece apenas para procurar outro melhor no meio da brilhante turma dos neophytos do Direito, que se estão preparando nesta sapiente Faculdade.

E fiado nos seus futuros advogados espera sahir do tribunal, carregado não só de absolvições como até de louros.

O KALEIDOSCOPIO.

Na edade em que os mancebos romanos revestiam a toga viril e deixavam os masculos exercicios do campo de Marte pelas fadigas mais serias e mais fecundas da guerra, os filhos das gerações modernas, deixando os descuidos da infancia, vão esgrimir-se na arena talvez mais fertil, mais civilisadora é certo, da sciencia.

Longe, bem longe se affastam esses tempos em que despendia-se a energia intellectual da juventude nos archeologicos exercicios das linguas mortas, cujo genio, por mais sagazes que forem os seus interpretes, jámais poderá ser restaurado, nem siquer lobrigado atravez do mysterioso véu em que as envolveram os seculos quasi mythicos da edade media.

Como é mais illustrada a educação, é tambem mais liberal a instrucção de hoje. A' aquelle ar pesado, á aquella sisudez acanhada, ao espirito portuguez de outr'ora, succede o espirito brasileiro, graciosa mistura da seriedade britannica com a jovialidade que distingue os francezes e a imaginação ardente e devaneiadora dos filhos da Iberia.

E' notavel a transformação que tem soffrido no Brazil os diversos elementos da civilisação que legou-nos Portugal. Para não fallar sinão no idioma, ja Castilho Antonio notou que os brasileiros não só o pronunciam com mais suavidade, como que o tem enriquecido de muitos termos novos, de muitas locuções que não são ouvidas em Portugal. O que é devido não so as differentes raças que hão intrado na composição

à orientação da educação de Pedro II, em que "a história e a geografia permaneçam sempre sobre a sua mesa, e Fénelon à sua cabeceira."[64]

Cita Gilberto Freyre o "Regulamento do Serviço do Paço", para lembrar que Monsieur Boiret narrava a Pedro II apenas fábulas de La Fontaine, "no seu francês todo ossos de pedagogo oficial".[65] Findo o cumprimento de algumas instruções do Regulamento do Serviço do Paço, D. Pedro II "devia ler livros e coisas compatíveis com a sua idade e o seu desenvolvimento intelectual, tendendo essa leitura, progressivamente, para assuntos cada vez mais profundos".[66]

Ao lado das observações do deputado Rafael de Carvalho surgiam muitas outras nesse período. O predomínio do ensino já começava a pertencer a professores estrangeiros, de que o caso de D. Pedro II nos parece perfeitamente ilustrativo. Fazia-se, com a chegada de mestres franceses, ingleses, norte-americanos, alemães e mesmo portugueses um esforço de alteração no sistema educacional vigente em meados do século XIX, em cujos hábitos, observa Gilberto Freyre, estava "o de sacrificar a meninice dos meninos à tola vaidade de fazê-los prematuramente homens".[67] O jornal *A Ordem*, que se editava no Recife em 1863, foi dos primeiros porta-vozes dessa re-

---

64 Ibid., p.78.

65 Freyre, *Perfil de Euclides e outros perfis*, p.126.

66 Ibid.

67 Freyre, op. cit., p.124. Esse traço melancólico da educação brasileira foi inclusive observado por numerosos viajantes estrangeiros da época, como Rendu, Denis, James Fletcher e Kidder, Walter Colton. "Todos", escreve Gilberto Freyre, "destacam esse traço melancólico da vida brasileira. E é de fato um Brasil, o de 1830, 1840, 1850, 1860, em que as meninas, cedo mães dolorosas, mal experimentam o prazer da meninice. Aos doze anos – idade da saia comprida de brinquedo – já a vestem a sério para ir à missa pelo braço do marido de cartola. Aos quatorze anos – a idade dos bebês de mentira, de pano ou de louça – já os têm de verdade e de carne. E os meninos aos oito anos já são uns indivíduos sombrios; já sabem os nomes dos três inimigos da alma; já sabem somar, multiplicar e dividir; já declinam em latim. Andam a passo de enterro e de preto, chapéu e roupa de homem. Nos dias de domingo, de festa e primeira comunhão apresentam-se de sobrecasaca preta e borzeguins pretos. De luto, talvez, da própria meninice".

clamação contra o predomínio estrangeiro na educação dos meninos brasileiros, conforme lembra Charles Expilly. Com efeito, em seu número de 11 fevereiro de 1863, lia-se naquele jornal que "estamos habituados até, por vergonha nossa, a instruir-nos pelas cabeças dos estrangeiros",[68] o que parecia um exagero em relação ao sistema que predominava no Brasil. Os mestres estrangeiros vinham arejar a área cultural brasileira conservadora, mantenedora do velho sistema com base na sistemática educacional dos jesuítas. Mas também, é inegável, traziam muitos vícios da velha educação europeia. O contato entre esses dois conceitos de educação deve ter criado numerosas áreas de conflitos, cujos problemas o tempo haveria de resolver em benefício de uma escola e de um tipo de ensino feito em bases de compreensão, de respeito e de tolerância.

A contribuição estrangeira era, necessariamente, um imperativo inadiável. A paisagem educacional brasileira continuava precária. A situação do ensino, em 1879, segundo se apura em Lourenço Filho, não entusiasmava. As escolas primárias em todo o País totalizavam 15.561. A matrícula no ano de 1878, porém, havia sido de 175 mil alunos apenas. Diz-nos esse educador que, nessa época,

> no município da Corte, as escolas eram 211, sendo 95 públicas e 116 particulares; os alunos orçavam por 12 mil, dos quais apenas a metade se achava no ensino público. Admitia-se que a população do Município Neutro fosse de cerca de 400 mil habitantes, dos quais 70 mil escravos. O número de alunos, portanto, não chegava a representar 5% da população livre da Corte. Para todo o país, a população livre era de cerca da 9 milhões, o que logo mostra que o total dos alunos matriculados não representava 2% da população. Relembre-se que o recenseamento de 1870 havia dado a taxa de 78% de analfabetos, nos grupos da população nas idades de 15 anos e mais.[69]

A educação de Pedro II servia de padrão para essa trágica minoria da população brasileira.

---

68 Apud Expilly, *Mulheres e costumes do Brasil*, p.63.

69 Lourenço Filho, *A pedagogia de Rui Barbosa*, p.56.

Ilustração de *Chapeuzinho Vermelho* para a edição de 1777

Charles Perrault

Ilustração da 1ª edição de *Robinson Crusoe*

Ilustração da 1ª edição de *Gulliver*

O GUARANY

ORGÃO DOS ALUMNOS DO COLLEGIO PAULISTA

PUBLICA-SE SEMANALMENTE

Anno I | Assignaturas: Trimestre ... [illegible] Mez ... [illegible] | Taubaté, 11 de Abril de 1897 | Redacção: Collegio Paulista, Taubaté | Num. 3

RAMOS

Commemora hoje a igreja catholica um dos dias mais solemnes de nossa santa religião.

Foi nesse dia tão celebre que o divino Mestre Jesus, o Messias promettido, entrou triumphante em Jerusalém, atravessando as ruas acompanhado por innumera multidão, que não cessava de entoar hosannas ao filho de Deus na terra. A' sua passagem curvavam-se [illegible] e Jesus caminhava em triumpho [illegible] sobre as ruas da opulenta Jerusalém, que, com o correr dos annos, decahiu gradualmente, restando hoje de sua [illegible] conhecencia [illegible] tas de [illegible], muros rotos e torres derrocadas, cujos destroços parecem [illegible] tristemente entre as hervas, que ahi brotam com vigor.

A chegada de Jesus, a acclamação do povo e, finalmente, a sua entrada triumphal em Jerusalém estão a mostrar-nos em que grau de elevação era tido o divino Mestre.

Mas Jesus, apezar disso, antevia no futuro a approximação de sua morte, e foi essa a razão que o fez entrar em Jerusalem depois de baptisado por S. João Baptista nas aguas do Jordão que, ha seculos, conservam-se tão [illegible] como a superficie mais serena de algum lago [illegible].

Foi só então que resolveu pregar a sua moral só aos principes desse tempo, que, tranquillos, descansavam, entregues aos mais depravados vicios, no seio dessa cidade famosa.

E foi justamente nesse dia que Jesus, acompanhado por enorme multidão, franqueou as portas de Jerusalem ao som dos canticos triumphaes daquelle povo que, em procissão, o acompanhava empunhando ramos de palmeira, symbolo da victoria, que fluctuavam acima de suas cabeças como floresta verdejante.

E foi alli, no seio dessa cidade tão celebre, que se passou a ultima semana do divino mestre, principiada tão brilhantemente com a acclamação daquelle povo apaixonado, e terminada tão santamente com o sacrificio heroico da salvação da humanidade.

Honremos pois ao regenerador do mundo, ao divino Mestre, a [illegible] e mostremos que nós, a [illegible], ainda possuimos a parte que os antigos *Cruzados* tinham por seu dogma sacrosanto.

Factos da historia patria

— UMA HEROINA —

Era pelo tempo em que a patria estorcia-se em convulsões medonhas.

Era pelo tempo em que o monstro desolador da guerra, qual um caudaloso, arrebatava tudo que encontrava em sua passagem.

Era pelo tempo em que o Imperio Brazileiro, ameaçado em seus alicerces, levantava a seu favor o heroismo de seus filhos.

Era pelo tempo, emfim, que o Brazil, luctando contra o dictador do Paraguay, jurou exterminal-o.

Foi então que, de todas as partes, surgiu-se o brado [illegible] de milhões de combatentes [illegible] em prol da patria, arriscavão a vida para, por meio das armas, vingal-a de uma affronta que marcava sua honra.

Foi por esse tempo que o rico e o pobre, o nobre e o plebeu, todos emfim, abandonando tudo quanto possuião, ião para o campo de batalha desaffrontar a patria e vingar a morte de milhares de irmãos.

Foi por esse tempo de desolações e angustias, de miserias e privações, que, por toda a parte, surgiram heroicos vultos, já guiando as legiões nos campos de batalha, já, depois della, nas miseras tendas do soldado, exercendo a caridade.

Foi então que um desses vultos beneficos ergueu-se altivo e, em companhia de seu [illegible], partiu para os charcos paraguayos, afim de prestar tambem à sua patria o concurso que suas fracas forças lhe permittiam.

E, contudo, esse vulto benemerito não era mais do que uma mulher, uma bahiana exaltada, emfim uma heroina, a D. Anna Nery.

E esse o vulto benemerito que, perdendo na campanha seu filho, [illegible]

Jornal escolar em que Monteiro Lobato começou a escrever

Hans Christian Andersen

Jean de La Fontaine

Fénelon

Ilustrações para o livro de Berquin

Daniel Defoe

4 A literatura escolar

4.1 Continuidade portuguesa

Não será possível, com certeza, examinar-se a gênese e o largo quadro histórico precursor da literatura infantil brasileira, sem que se volte a atenção para os fundamentos da educação primária no Brasil, desde os tempos coloniais até a segunda década do século XX. É que seu tardio, digamos assim, aparecimento como gênero pleno e definido esteve sempre ligado ao *background* da educação primária. Nossa educação primária sofreu ao longo dos anos uma falta de compreensão (a que não se estranha certo condicionamento político), um desinteresse do ponto de vista prático (teoricamente sempre foi debatida, conforme documentação que, vinda do Império passa pela República) que explica o enorme atraso em sua sistemática, impedindo assim a existência de leitores suficientes para exigir uma literatura infantil plenamente desenvolvida. Enquanto nos perdíamos, por exemplo, em bizantinices constitucionais ou legais, ou seja, o direito ou não de a União intervir ou desenvolver o ensino primário nos Estados, este sofria um processo profundo de deterioração, sem perspectivas para o futuro.

A contribuição estrangeira para o setor educacional brasileiro, embora se tenha mantido em alto nível de abertura de perspectivas, é fora de dúvida, parece-nos, que foi um dos fatores que acarretaram o atraso no processo da formação da literatura infantil brasileira. Com efeito, mestres e mestras tanto franceses, como alemães, ingleses ou norte-americanos utilizavam-se o mais das vezes de sua própria língua. Indicavam, assim, leitura em suas línguas de origem, criando um consumo de livros que não aqueles de língua portuguesa. Durante muito tempo o livro em português não constituiu nenhuma necessidade para os meninos brasileiros. Já notava a professora alemã Ina von Binzer, quando esteve entre nós de 1881 a 1883, que "não existem quase brasileiros que não falem francês",[1] idioma, aliás, utilizado tanto em casa como nas escolas, ou como a própria educadora se expressa, "nas aulas, como nas mesas, só se fala francês".[2] E mais ainda, "pois o francês aprendem até dormindo e as francesas obtêm resultados muito melhores do que eu, em suas classes". O desabafo de Ina von Binzer é bem ilustrativo, o que nos leva a crer, por outro lado, que a observação do viajante francês Petit-Thouars, citada páginas atrás, não seria assim tão exagerada, como quer Nélson Werneck Sodré.

Bastaríamos neste particular lembrar outros pormenores do depoimento de Maria Paes de Barros, em idade escolar aí por volta

---

1 Binzer, *Alegrias e tristezas de uma educadora alemã no Brasil*, p.20. A educadora confessa em seu livro que viera para o Brasil, ou melhor, para uma fazenda em São Paulo, munida de cartas pedagógicas, em número de quarenta, inclusive a do educador alemão Bormann, para aplicá-las entre seus alunos brasileiros. Desde logo, porém, convenceu-se da sua inutilidade. "Creio que o próprio Bormann não saberia muitas vezes como agir aqui", desabafa ela em carta de 9 de junho de 1881 para uma sua amiga na Alemanha. Op. cit., p.23. O prussiano T. von Leithold, que visitou o Rio de Janeiro em 1819, tinha a seu serviço um escravo de nome Manuel, que "entendia um pouco de francês", o que facilitava o entendimento entre o viajante e o escravo e nas suas relações com pessoas de que precisava.

2 Ibid., p.30. Via bem Ina von Binzer, munida das cartas pedagógicas, em 1881, o que veriam mais tarde as norte-americanas e as francesas: a necessidade de uma pedagogia baseada nos valores da terra e com seu espírito mais livre e próximo da natureza.

de 1865. Vale a pena transcrever o que então escrevia, pelas informações importantes do seu livro:

> Grandes e pequenos [escrevia], todos no sobrado falavam francês. Também eram nessa língua os livros didáticos, bem como os volumes das duas estantes que se viam na espaçosa sala de estudos. Tinha esta, no centro, uma grande carteira com seis compartimentos e, nas paredes, viam-se dois mapas geográficos. No afã de ilustrar os filhos, o comendador Barros mandava vir da França uma boa coleção de obras para a mocidade: histórias, viagens e biografias de homens célebres. As mais velhas recebiam a *Revista Popular*, tão apreciada das famílias, e *L'Écho des Feuilletons*, publicação de novelas que as deliciavam com as façanhas dos heróis de Alexandre Dumas e as apaixonadas ternuras de Mme. Cottin.[3]

A influência francesa no Brasil chegou, sob muitos aspectos, a tornar-se ridícula. Ciro Arno, que estudou em São Paulo na segunda metade do século XIX, lembrou a figura de um rapaz retinto e luzidio, de vinte e poucos anos, Francisco Próspero de Oliveira, que "se intitulava estudante, era metido a literato e tinha a preocupação das frases difíceis e das palavras empoladas". Esse pobre preto mandara fazer cartões com seu nome afrancesado: François Prosper d'Olivier.

Contemporânea de Ina von Binzer, educando também na mesma fazenda, havia Mademoiselle Serot, lembrada pela professora alemã, com a qual, naturalmente, trocava pontos de vista a respeito da educação dos meninos brasileiros. Por isso, pôde escrever o que mais tarde poderíamos colher em vários depoimentos estrangeiros sobre o Brasil, ou as mestras americanas, as francesas: a necessidade de uma pedagogia baseada nos valores da terra.

> Reconheço [escreve Ina von Binzer em 1881] ser indispensável adotar-se uma pedagogia aqui, mas ela deve ser brasileira e não alemã, calcada sobre moldes brasileiros e adaptada ao caráter do povo e às condições de sua vida doméstica. As crianças brasileiras, em absoluto, não devem ser educadas por

3 Barros, *No tempo de dantes*, p.18.

> alemãs; é trabalho perdido, pois o enxerto da planta estrangeira que se faz à juventude daqui não pegará.[4]

O livro de Ina von Binzer é bastante interessante como contribuição ao conhecimento da situação educacional da época. Por ele se vê o quanto Gonçalves Dias era um poeta popular e leitura obrigatória das crianças sob os cuidados das educadoras. Ela mesma chegou a fazer uma tradução dos versos da "Canção do exílio". E mais, já em 1882, corria nas escolas e entre os meninos brasileiros uma tradução de *Juca e Chico*. Pena é que ela não nos dá o nome do tradutor.

No começo do século XX, José Veríssimo nos dá seu depoimento – importante sob vários aspectos – sobre a educação que recebera em palavras nada entusiásticas.

> Seja-me permitida [escreve ele] uma recordação pessoal. Os meus estudos feitos em 1867 e 1876 foram sempre em livros estrangeiros. Eram portugueses e absolutamente alheios ao Brasil os primeiros livros que li. O *Manual enciclopédico*, de Monteverde, a *Vida de D. João de Castro*, de Jacinto Freire, *Os Lusíadas*, de Camões, e mais tarde, no Colégio Pedro II, o primeiro estabelecimento de instrução secundária do país, as seletas portuguesas de Aulete, os *Ornamentos da memória*, de I. Roquete – foram os livros em que recebi a primeira instrução. E assim foi sem dúvida para toda a minha geração.[5]

Daí já preconizar José Veríssimo, em 1906, que uma das mais necessárias reformas "é a do livro de leitura", acrescentando cumprir que "ele seja brasileiro, não só feito por brasileiro, que não é o mais importante, mas brasileiro pelos assuntos, pelo espírito, pelos autores transladados, pelos poetas reproduzidos e pelo sentimento nacional que o anime".[6]

---

4 Binzer, op. cit., p.67.

5 Veríssimo, *A educação nacional*, 2.ed., p.4-5.

6 Ibid., p.6. Em 1906, em relatório ao Presidente da República, documento citado por José Veríssimo, o então ministro da Justiça e Negócios Interiores, dr. Joaquim José Seabra, afirmava sem rebuços que "o ensino chegou a um estado de anarquia e descrédito que, ou faz-se a sua reforma radical, ou preferível será aboli-lo de vez".

O sentimento nacionalista de José Veríssimo parece-nos completo. O conhecimento do País, pobre e subdesenvolvido, e sobretudo a braços com o esforço da superação dos defeitos de sua formação histórica, sem condições econômicas para uma maior difusão de conhecimentos, digamos assim, por meio de um turismo interno, teria que ser feito pelo livro. Queria o livro não só com o translado de autores brasileiros, mas de viajantes estrangeiros que nos observaram com rara eficiência, citando, entre outros, Spix e Martius, Agassiz e Saint-Hilaire.

Some-se a este complexo aspecto da situação nacional a continuidade da tradição educadora portuguesa. Esta agia singularmente no setor pedagógico. Vamos encontrar desde logo, em 1851, nas escolas brasileiras, a *Cartilha imperial* que se informava ser para uso de D. Pedro II "nas suas primeiras lições de literatura e ciências positivas",[7] e era de autoria de Filipe Alberto Patroni Martins Maciel Parente. Em 1882, mandava-se do Porto para o Brasil o *Guia do professor primário*, de G. Robinson, traduzido e não poucas vezes adaptado pelo mestre português F. A. do Amaral Cirne Júnior. A experiência dos jardins de infância nas escolas primárias e normais da Suíça, França e Espanha aparecia em livro editado no Porto em 1888, de autoria de dois mestres portugueses, Carlota A. de Carvalho Saavedra e João Clemente de Carvalho Saavedra, sob o título *de Jardins d'infância*. Publicava-se em Portugal a Biblioteca de Educação Nacional. Seu segundo volume, o livro *Jogos e rimas infantis*, de autoria de F. Adolfo

---

7 *Catálogo Aillaud e Bertrand e Livraria Francisco Alves*, p.28. Os livros colhidos nas páginas dos catálogos antigos são de difícil consulta. Somente o acaso nos leva a encontrá-los. Embora a obrigatoriedade da entrega de exemplares à Biblioteca Pública Nacional e, nas províncias, à Biblioteca da Capital, date de 1847, a verdade é que tal dispositivo legal não parece ter sido cumprido à risca. Trata-se do decreto de 3 de julho de 1847, de n. 433 que estabelecia a obrigatoriedade daquela remessa aos impressores: um exemplar de todos os impressos que saíssem nas respectivas tipografias. Não foi ele respeitado talvez nunca. Não houve fiscalização a respeito e isto explica a ausência de tantas obras impressas das estantes de nossas bibliotecas oficiais.

Coelho, datado de 1883, era utilizado no Brasil. Do mesmo autor, em 1822, aparecia *Contos nacionais*. Um livro de aceitação nas escolas brasileiras, pelos mestres, *Lições de coisas*, do educador suíço J. Paroz, vinha-nos do Porto em tradução de F. A. do Amaral Cirne Júnior.

Ainda no setor da pedagogia, era de Portugal que nos vinha o livro de A. de Sequeira Ferraz, *A educação das crianças*, editado no Porto em 1883. Um livro para instrução primária era a *Enciclopédia das escolas*, de José Maria Latino Coelho, publicado em Lisboa em 1857, como também a *Enciclopédia popular*, de João José de Sousa Teles, lançada em fascículos em Lisboa nesse mesmo ano. De João Gomes Vicente Rodrigues nos vinha o *Ensino de leitura* ou *Cartilha da infância*, lançado em Lisboa em 1895.

A influência portuguesa no Brasil – que se juntando a outras, do estrangeiro, provocava a reação de Ina von Binzer e José Veríssimo – como é natural, não predominou apenas na época colonial. Transcendeu, por razões múltiplas e facilmente compreensíveis, esse período para se acentuar durante largo tempo, principalmente no setor pedagógico, como estamos vendo, ação essa, antes de mais nada, razoavelmente explicada pela identidade linguística. Concomitantemente, fez-se exercer a influência pedagógica de outras culturas, particularmente a francesa, com não menor peso a inglesa e a norte-americana, sendo certo que em outras áreas a alemã, com a vinda de preceptoras, professoras e educadoras da Europa. Não só diretamente pela ação de educadoras, professoras e preceptoras, mas sobretudo pela tradução de obras mais em dia com o sistema pedagógico europeu, ainda nesta época, a presença portuguesa foi enorme. A grande maioria desses livros era traduzida em Portugal e adotada nas escolas brasileiras. Por esse sistema também veio a literatura infantil, os livros infantis e as revistas infantojuvenis, as traduções dos grandes autores clássicos da literatura infantil.

Em breve recenseamento podemos medir a influência portuguesa durante o período escolar da literatura infantil brasileira. Mas atualmente esses livros são de consulta difícil, se não* impossível, como o são também as primeiras edições feitas no Brasil visando à educação escolar. Somente por velhos catálogos, de livros de memórias, é que se torna possível o levantamento e o inventário bibliográfico do que se teria publicado, no setor, em meados do século passado, ou anteriormente.

O grande escritor português Alberto Pimentel fazia-se presente nas escolas brasileiras com seu *Álbum de ensino universal*, publicado em Lisboa no ano de 1879, muito lido e estudado por mestres e alunos. *O código de bom tom*, de J. I. Roquete, que ensinava aos meninos as regras de civilidade e de bem viver no século XIX, publicada em Paris em 1809, nesse mesmo ano, era lido no Brasil pelos meninos educados. Este pequeno e delicioso volume, com ilustrações em cores[8] constituiu-se em uma espécie de bíblia de boas maneiras para a criançada brasileira. Em princípios do século XIX, ou, mais precisamente, em 1818, distribuíam-se em Lisboa os *Contos filosóficos*, em dois volumes, livro destinado, conforme declara o autor, "para instrução e recreio da mocidade portuguesa" e que logo depois também era lido no Brasil, segundo o registro de velhos catálogos.

A influência da educação e pedagogia francesas em Portugal, no século XIX pode ser medida pela imitação de muitos livros daquele tema. Temos o caso ilustrativo de Maria da Trindade de Portugal Malheiro e Melo Baiana com seus *Conselhos e avisos de uma mãe a seus filhos*, em uma quase servil imitação do livro da Marquesa de Lambert com o mesmo título. Era esse volume lançado em 1819 em Lisboa. Da mesma forma, observamos a influência inglesa, criando imitadores de Daniel Defoe, em Portugal. Com efeito, em 1832,

8 Roquete, *Código de bom tom*. A "nova edição" corrigida e consideravelmente aumentada, com quatro estampas coloridas, é de 1875. A primeira edição, segundo a advertência constante da edição de 1875, foi feita em 1845, tendo sido lançadas três tiragens até 1866. O tema do livro é explicado pelo próprio autor: "Supõe-se nele um gentil homem que saíra de Portugal em 1834 com dois filhos de menor idade, órfãos de sua mãe, os quais mandou educar em França, e a quem leva para a pátria depois de dez anos de ausência". Edição de 1857, p.2.

lançava-se em Lisboa, em dois volumes, uma narrativa intitulada *Os Dous Robinsons*, com o subtítulo de "Aventuras de Carlos e Fanny, dois meninos inglezes, abandonados em uma ilha deserta d'America".[9] Ignora-se seu autor. Outra tradução curiosa foi a do livro do abade La Mennais (sic), traduzido por Antônio Mariano Tibúrcio de Fraga e publicado em Lisboa em 1839 com o título de *O livro do povo*, que teria inspirado, em 1864, ao maranhense Antônio Rodrigues o seu livro com o mesmo título. De D. Francisco de Martínez de La Rosa, o português José de Urcullu traduziria *O livro dos meninos*, cuja terceira edição é de 1855, impressa no Porto. Outro volume com o mesmo título, *Livro dos meninos*, de Milord Kint, seria traduzido por João Rosado de Villalobos e publicado em Lisboa no ano de 1824.

Não são poucos os depoimentos de nossos mais ilustres intelectuais do século passado sobre o que liam na infância e na adolescência, que indicam o forte trânsito da influência europeia no Brasil por meio de Portugal e livros portugueses. Tais leituras eram quase sempre pesadas, de um espírito moralista acentuado na sua falsidade ou precariedade, obrigacionais, sem o menor interesse pelo entretenimento, como o compreendemos hoje. O objetivo de tais leituras era armazenar na cabeça da criança conhecimentos, fatos e conceitos dentro dos padrões sociais e educacionais então vigentes. O nosso polígrafo João Ribeiro, por exemplo, quando criança, lia na biblioteca de seu avô a revista *Panorama*, o *Almanaque de lembranças luso-brasileiras* e, ainda, o *Manual enciclopédico*, de Emílio Aquiles Monteverde (o mesmo Monteverde já lembrado no depoimento de José Veríssimo), leituras essas consideradas por ele "o gênese de todas as minhas letras, ciências e artes daquela quadra".[10] Sílvio Romero lia em menino as obras de Rocha Pita, de J. P. Xavier Pinheiro, com seu *Epítome da história do Brasil*, e *Os Lusíadas*. O poema de Camões foi, aliás, leitura obrigatória de todo menino do século XIX, conforme

9 *Catálogo Aillaud e Bertrand e Livraria Francisco Alves*, p.71.
10 Rio, *O momento literário*, p.15.

o registro oportuno feito ao longo deste ensaio. Coelho Neto leu na infância, por traduções portuguesas, vários poetas gregos, além de Plutarco,[11] cuja leitura, confessa, continuou pela vida afora.

Livros de ciência, de estudo (primário e secundário), inclusive duas edições – a de 1865 e a de 1893 – do *Manual enciclopedico para uso das escolas d'instrução primaria*, de Emílio Aquiles Monteverde, edições impressas em Lisboa, encontrou Edmur de Aguiar Whitaker[12] na fazenda de sua família, em Palmares. "A edição de 1865", escreve ele,

> apresenta um capítulo denominado "Elementos de civilidade", modelo europeu sem dúvida, porém que a boa sociedade procurava seguir e interessante por nos mostrar alguns usos e costumes da época.[13]

Na biblioteca da fazenda encontrou também periódicos, jornais femininos, tais como *La Saison* que ele considera "bonitas publicações de modas possuindo outrossim parte literária e informativa com numerosas ilustrações, algumas coloridas".[14] Essa revista era impressa

---

11 Ibid., p.53.

12 Whitaker, *A família Whitaker*, p.182.

13 Ibid.

14 Ibid. Outro curioso depoimento vem neste livro e consiste em uma carta datada de 25 de junho de 1845, de Santos, de Guilherme Whitaker ao seu "compadre e amigo" Antônio Benedito de Cerqueira Leite, em Campinas. Por ela temos várias indicações do sistema de educação das meninas nas velhas fazendas paulistas, a matéria ensinada, os horários, tudo como descreve Guilherme Whitaker na sua interessante missiva: "Pela vossa carta vejo terdes ajustado uma francesa para educar vossas filhas e, se eu sou o primeiro a apoiar o sistema de educação, contudo quisera que essa fosse boa, mas como me consta que algumas mulheres, com bulas falsas, se inculcam de senhoras e habilitadas para esse mister, creio que cumpre sobretudo que tenhais conseguido o preciso conhecimento, a fim de não vos iludir em lugar de instruir as filhas! As encomendas que exiges são uma prova de que anda por aí alguma impostura, mas como isto em mim não passa de mera conjetura, não me adiantarei mais sobre semelhante assunto, certo de que vós com isto passareis a indagar e esmerilhar como vos cumpre; contudo, eu farei diminuir alguns dos objetos que vós pedistes, como desnecessários por ora, e outros por exigires demais, devendo notar também que não é nunca útil sobrecarregar as pupilas com muitos e variados objetos ao mesmo tempo, como

em Paris. Publicava-se também em mais de dez línguas diferentes, inclusive a portuguesa, em Lisboa, sob o nome de *A estação*. Edmur de Aguiar Whitaker encontrou ainda vários números de *Le Journal des Enfants*, além de publicações francesas mensais de formato menor, contendo histórias, narrações, contos, lendas, jogos, trabalhos, desenhos, gravuras, pranchas coloridas, modas, números de *La Mode Illustrée*, toda uma verdadeira hemeroteca em língua francesa.

O *Catálogo geral* da Biblioteca Pública do Estado de Pernambuco, organizado por Clóvis Beviláqua e Lourenço Cavalcanti, e publicado no Recife em 1896, dá-nos certos informes de grande valia para a identificação da data de publicação de vários livros, muitos dos quais revelando aquela forte participação da pedagogia europeia, por meio de Portugal, no Brasil. Sob muitos aspectos dá também o inventário do que se lia na época entre meninos que frequentavam escolas. É assim que vamos encontrar o *Livro de leitura corrente*, de G. Belese, lançado em 1873 na capital pernambucana, ao lado do pequeno volume de mademoiselle Marie de Saint-Brieuc, *Estudos morais e religiosos ou Educação prática das meninas*, publicado igualmente no Recife, em 1875. Novamente, o inventário da Biblioteca Pública de

---

por exemplo – música, dança, desenho, bordar, gramática, ler, escrever, tudo ao mesmo tempo, e sim adotar um sistema diferente e mais adequado à capacidade das pupilas, fazendo aprender, por exemplo, ler e escrever, todos os dias de manhã e de tarde, aplicando uma hora só para esse fim, a saber, das 8 às 9 da manhã; e de tarde, às 10 para contas, 10 às 11 para música e piano, e todo o mais espaço para bordar e costurar, ficando as noites sempre livres para música e piano, que mais de tudo requer estudo. Ora, ainda que a música deva ser o estudo cotidiano, os mais, como leitura, escrita e contas, devem ser às segundas, quartas e sábados, e terças, quintas e sextas-feiras para desenho, contanto que nenhum dos estudos tenha mais espaço que uma hora cada lição, e que se guarde um espaço prudente para brincar e descansar, aliás o estudo se torna aborrecido. Não sei se compreenderás meu pensamento, mas prometo dar-vos outra maçada sobre esta matéria, depois de consultar alguns autores, e como o objetivo é digno de vossa atenção, não creio que atirarás a carta para um lado, antes de a teres lido". Com toda sua curiosa redação fica aí a carta de Guilherme Whitaker, quase um programa de educação de sua época.

Recife nos dá o livro de Emílio Aquiles Monteverde, edição lisboeta de 1861, o *Tesouro da mocidade portuguesa,* de J. I. Roquete, publicado em Paris em 1857.

Nessa biblioteca figuravam várias obras de interesse pedagógico. Mas uma, particularmente, chama a atenção do estudioso, pois é hoje autêntica raridade. É o livro de Martinho de Mendonça de Pina e Proença, *Apontamentos para a educação de um menino nobre,* impresso em Lisboa no ano de 1734. Já o título implica em uma dramática distinção social. Era ainda a época em que a ilustração se reduzia ao privilégio de classe nobre e em que a literatura da meninada do Brasil ainda atravessava a fase caracteristicamente oral cultivada pelos *akpalôs, dialis, ologbos* e *griotes*. Em compensação, em edição bilíngue, francês e português, de Portugal nos vinha, desde 1787, a cartilha de Joaquim José da Costa e Sá, com o título de *Instrucção christã de hum menino nobre,* quando, alguns anos antes, também com a preocupação dos modos de bem viver e do comportamento social, tínhamos uma tradução do livro de Mr. Dupuy, *Instrução de hum pai a seu filho,* de 1780, "sobre o modo de viver no mundo".[15] É muito rico este capítulo do trânsito no Brasil de livros editados em Portugal.

Mais alguns livros podem ser arrolados nesse setor. De Roque Ferreira Lobo, em dois volumes, editava-se em Lisboa, em 1869 e 1870, o *Lições de um pae a uma filha sua na primeira edade*. De Inês Drago, tínhamos nas escolas o *Livrinho para crianças,* impresso em 1894, em Lisboa. Também o *Livro da primeira leitura,* que integrava uma Coleção Educativa da Livraria Bertrand, apareceu no Brasil, editado em 1903 em Lisboa, com mais de 400 gravuras e em cujas páginas figuravam pequenas descrições e narrações, historietas, máximas, conselhos e pensamentos. Ainda no setor da pedagogia, viriam-nos de Portugal os ensinamentos da arte poética. Dois livros parecem ilustrar essa influência: *Noções de poética (para uso das escolas),* de Delfim Maria d'Oliveira Maya, cuja terceira edição é do Porto, de 1878, e *Noções*

15 *Catálogo Aillaud e Bertrand e Livraria Francisco Alves,* p.114.

elementares de poética, de Arsênio Augusto Torres de Mascarenhas, de Lisboa, em 1879, este, não sabemos por que cargas d'água, com a especificação de "para uso dos alunos do collegio militar".[16] Inclusive o ensino da retórica nos dava compêndios de Portugal. Era o caso de citar o livro de A. Cardoso Borges de Figueiredo, *Rhetorica* (instituições elementares) para uso das escolas e cuja 12ª edição, correta e aumentada, se publicava em Coimbra em 1883. A coroar toda essa massa de literatura e educação para escolas, que nos vinha d'além-mar, chegavam revistas especializadas em pedagogia. A *Revista Pedagógica*, editada em Lisboa, tinha suas repercussões no Brasil ainda no começo do século XX. Era ela dirigida pela especialista D. Maria Evelina de Sousa, que em 1906 publicou um número especial intitulado *Festa das crianças*, com variada matéria sobre o assunto.

Aliás, neste particular cumpre destacar a influência alcançada entre os professores brasileiros do livro de M. Borges Grainha, *A instrução secundária*, em que o autor estudava o sistema de educação tanto para meninos como para meninas, geralmente utilizado em Portugal e que já vinha de outros países europeus. Ana de Castro Osório publicou, sob o título geral de *Para crianças* algumas obras que foram muito lidas no Brasil: *Contos morais*, em 1903; *Contos traduzidos de Grimm*, em 1904 – conforme J. Leite de Vasconcelos, que elogiou os trabalhos da autora portuguesa.[17] *As fábulas*, de Tomás de Iriarte, já nos vinham de Lisboa desde 1796, publicadas e traduzidas por Romão Francisco Creyo.

4.2 Camões e os meninos

Nessa imensa e diversificada literatura escolar, que foi, por assim dizer, fundamento, a gênese da verdadeira literatura infantil, merece alguns reparos a utilização à larga de *Os Lusíadas*, de Luís de Camões, em nossas escolas, quer as do tempo do Império, quer

16 Ibid., p.65.

17 Vasconcelos, *Ensaios etnográficos*, v.III, p.344.

as já da República. Examina-se um aspecto da influência do livro no estudo da língua portuguesa na área cultural brasileira, como o foi também em sua área original, a lusitana. É um fato hoje, de dimensão proustiana na perspectiva do tempo, pois está ligado à adolescência de todos nós, quando não até de nossos avós e bisavós por esse exemplo que nos deixou o Barão de Paranapiacaba[18] com o seu trabalho de pôr em prosa, acompanhado de versos loantes e retóricos, o grande poema dos feitos portugueses.

Vejamos preliminarmente o acervo das edições escolares que nos dá desde logo uma surpresa. A primeira edição escolar de *Os Lusíadas* que conseguimos identificar data de 1856 e foi feita no Rio de Janeiro. Até onde foram nossas investigações não conseguimos apurar edição anterior a essa. As pesquisas preliminares resultaram em um elenco importante de tais edições, tanto dirigidas às escolas brasileiras como às portuguesas, sendo certo que as tiragens portuguesas também serviram nos bancos escolares do Brasil. Assim, podemos relacionar as edições escolares seguintes, anotadas principalmente no acervo da Biblioteca Nacional do Rio de Janeiro.[19] São elas:

1. *Os Lusíadas* – nova edição para uso das escolas e seguido de anotações críticas, históricas e mitológicas. Rio de Janeiro, Eduardo & Henrique Laemmert, 1856.[20]
2. *Os Lusíadas* – com dicionário de todos os nomes próprios contidos no poema e uma crítica literária, por Paulino de Sousa. Paris, Guillard, Aillaud & Cia. Edição das Escolas, 1865.
3. *Os Lusíadas* – nova edição para uso das escolas feita debaixo das vistas da mais acurada crítica em presença das duas edições primordiais e das posteriores de maior crédito e reputação. Rio de Janeiro, Eduardo & Henrique Laemmert, 1868.

---

18 Paranapiacaba, *Camoniana brasileira*, 1886.

19 Ministério da Educação e Cultura, *Exposição camoniana*, 1957.

20 O registro desta edição indica, desde logo, a existência de uma apresentação anterior, cujo ano não nos foi possível identificar.

4. *Os Lusíadas* – edição popular, conforme a segunda de 1572, com um prospecto cronológico da vida do poeta e um retrato. Porto, Imprensa Portuguesa, 1869.
5. *Os Lusíadas* – nova edição popular, conforme a de 1572, aumentada, com a vida do poeta e um glossário de nomes próprios. Lisboa, Editora Rolland & Semiond, 1871.
6. *Os Lusíadas* – nova edição popular, conforme a segunda de 1572, aumentada, com a vida do poeta e com um glossário de nomes próprios. Lisboa, Editores Rolland & Semiond, 1875.
7. *Os Lusíadas* – edição publicada pelo dr. Abílio César Borges, para uso das escolas brasileiras, na qual se acham supressas todas as estâncias que não devem ser lidas pelos meninos. Bruxelas, Tipografia e Litografia E. Guiot, 1879.[21]
8. *Os Lusíadas* – por Luís de Camões. Brinde dos estudantes de Coimbra à infância das escolas da mesma cidade. Conforme a segunda edição de 1572, e segundo a reprodução crítica do sr. Adolfo Coelho no brinde do *Diário de Notícias*. Coimbra, Imprensa Acadêmica, 1881.
9. *Os Lusíadas* – poema épico de Luís de Camões. Nova edição popular, conforme a segunda de 1572, aumentada, com a vida do poeta e com um glossário dos nomes próprios. Lisboa, Editores Rolland & Semiond, 1884.
10. *Os Lusíadas* – poema épico de Luís de Camões. Edição anotada para a leitura da infância e do povo, por F. Salles Lencastre e precedida de uma exposição sobre a pronúncia da língua portuguesa por A. R. Gonçalves Viana. Canto I. Lisboa, Imprensa Nacional, 1892.
11. *Os Lusíadas* – edição para escolas. Revista, prefaciada e anotada por Mendes dos Remédios, segunda edição. Coimbra, França Amado, 1903.

---

21 O texto de *Os Lusíadas* desta edição parece ter sido o primeiro apresentado nas escolas brasileiras com a devida censura pelo famoso professor, diretor do Ginásio Baiano e do Colégio Abílio.

12. *Os Lusíadas* – poema épico de Luís de Camões. Edição para as escolas, com uma notícia sobre a vida e obras do autor pelo Cônego Dr. J. C. Fernandes Pinheiro. Com um estudo sobre Camões e *Os Lusíadas*, de José Veríssimo. Rio de Janeiro, H. Garnier, Livreiro-Editor, 1904.
13. *Os Lusíadas* – subsídio para a leitura d'*Os Lusíadas*, de J. Barbosa de Bettencourt. Notas explicativas, geográficas, históricas e literárias, seguidas de duas cartas geográficas. Paris-Lisboa, Livraria Aillaud & Cia., 1902.[22]
14. *Os Lusíadas* – de Luís de Camões. Edição anotada para uso das escolas por Alberto F. Marques Pereira. Nova Goa, Artur & Viegas, 1909.
15. *Os Lusíadas* – edição para as escolas. Revista e prefaciada por Mendes dos Remédios, terceira edição. Coimbra, França Amado, 1913. (Volume III da Coleção Subsídios para o Estudo da História da Literatura Portuguesa.)
16. *Os Lusíadas* – poema épico de Luís de Camões. Edição anotada para leitura popular (por Francisco Sales de Lencastre). Lisboa, Livraria Clássica Editora, 1915.
17. *Os Lusíadas* – de Luís de Camões. Edição anotada para uso das escolas por Alberto F. Marques Pereira. Lisboa, Tipografia Castro & Irmãos, 1915-1918.
18. *Os Lusíadas* – de Luís de Camões. Edição anotada pelo prof. Otoniel Mota, para uso das escolas. Edições Melhoramentos, 1918.
19. *Os Lusíadas* – de Luís de Camões, anotados para uso das escolas (por Artur Viegas). Porto, 1926.
20. *Os Lusíadas* – poema épico de Luís de Camões, edição anotada para a leitura popular, por Francisco Sales de Lencastre. Lisboa, Livraria Clássica Editora, 1927.
21. *Os Lusíadas* – Luís de Camões. Nova edição escolar brasileira

22 Embora a edição de J. Barbosa de Bettencourt não traga a especificação de texto escolar, sua organização e espírito são fundamentalmente didáticos, sendo possível sua utilização nas escolas.

FTD para uso dos estudantes do curso ginasial. Rio de Janeiro, Livraria Francisco Alves/Paulo Azevedo & Cia., 1927.

22. *Os Lusíadas* – de Luís de Camões, contados às crianças e lembrados ao povo. Adaptação em prosa de João de Barros. Lisboa, Livraria Sá da Costa, 1930.

É possível que o inventário esteja incompleto, de vez que muitas edições de *Os Lusíadas*, populares ou escolares, não se encontram registradas em bibliotecas. Adverte-se que é difícil distinguir a edição escolar da popular. Ambas trazem o necessário aparato didático, como acontece, por exemplo, com a edição de Francisco Sales de Lencastre, destinada para a "leitura da infância e do povo". Por outro lado, a primeira edição do livro anotado por Mendes dos Remédios não foi possível consultar para fixação da data de publicação.

A mais singular das edições, se assim a poderemos chamar, foi a do Barão de Paranapiacaba, que efetuou a "modernização" de *Os Lusíadas* sob o título de *Camoniana brasileira*. Do poema fez o barão uma salada de frutas, acompanhando-a de extenso número de notas a respeito de mitologia, em uma pueril demonstração de erudição tão grande e vaidosa que Sílvio Romero o glosou em sua *História da literatura brasileira*[23] e de modo até certo ponto impiedoso. Confessa o barão que "resumi apenas os trechos mais belos do poema, dando-lhe feição moderna e variada metrificação",[24] a que juntou o argumento em prosa resumido da peça de Camões. Considerava que "para os tenros cérebros da infância é quase sempre um ecúleo o

23 Romero, *História da literatura brasileira*, 3.ed., p.212. Diz o nosso historiador literário que "o livro é acompanhado de notas em que o autor, repetindo desajeitadamente elementares notícias mitológicas lidas por toda a gente em Decharme, Max Müller, Bréal, Eugênio e Emílio Bournof, Des Essarts, Renan, Gubernatis e vinte outros elementaríssimos mitólogos, supõe santamente que ele está a lançar no Brasil as bases da mitologia comparada". E mais, à p.203, Sílvio Romero afirma que o Barão de Paranapiacaba "tem-se manifestado como poeta e publicista. Nesta última qualidade só tem produzido trabalhos de encomenda do governo".

24 Paranapiacaba, op. cit., p.XIV.

processo sintático de algumas estâncias de *Os Lusíadas*".[25] De modo que o Barão de Paranapiacaba procurava atender, com seu trabalho, em 1886, a uma imposição pedagógica do seu tempo. Veremos na *Camoniana brasileira* que cada canto do poema de Camões era precedido de argumento que o resumia e em seguida ilustrado com texto de composição do barão (João Cardoso de Meneses), acompanhado de várias notas. No Canto II, observa-se a seguinte estrofe, que dá bem a medida da literatura para as crianças das escolas do Império:

Eis presto as Nereidas, surgindo das furnas,
Rodeiam a frota, que oscila nas águas;
Tritão que, soberbo, levava Dione,
Da ardente petrina se abrasa nas fráguas.

Ou, então, no Canto III:

De mui remotos séculos
De Lísias vem a origem;
Some-lhe o berço mítico
Do tempo atra caligem.

Os membros do Conselho de Instrução Pública do Império estranharam a "sabedoria das notas" do texto destinado aos meninos do Império. O Barão de Paranapiacaba censurou os Cantos IX e X do poema. E aqui entra um pormenor profundamente ligado a conceitos de educação moral, quando se recorda que pelo menos dois outros textos escolares de *Os Lusíadas* sofriam o crivo de uma censura severa: a edição escolar da famosa série FTD e a do prof. Otoniel Mota, ambas mais modernas.[26] E no que consistia a censura? No corte puro e simples da maioria das estrofes do Canto IX, ou seja,

25 Ibid., p.213.

26 A edição registrada na série FTD é de 1927, mas parecem ter existido outras anteriores, segundo se infere do frontispício dessa edição. A led. do prof. Otoniel Mota é de 1918.

o episódio da Ilha dos Amores, em que o poeta, com toda a certeza, pareceu simbolizar essa vocação racial admirável do português da descoberta – alongada pelos tempos afora e em todos os badanais do mundo – que ainda hoje se apura em índices antropológicos, sociológicos e cristãos de um mundo futuro que ensaia sua realização em áreas brasileiras. Vocação que, para repetir o poeta

Não somente dá vida aos mal feridos
Mas põem em vida os inda não nascidos[27]

Eram em número de 55 as estrofes proibidas, e não poucas vezes o mestre se via em dificuldades para explicar a razão pela qual a estrofe 21 se passava para a estrofe 51 e da 63 para a 89, e quase sempre sem convencer. A malícia substituía as possibilidades de conhecimento. Camões, sob muitos aspectos, foi o terror das aulas de português e as preliminares de uma consciência literária. A inteligência do texto tornava-se a prova dos nove dos alunos mais aplicados. É que seu trato exigia, realmente, rompimento da rotina gramatical, esta mais fácil pelo processo de decorar as regras e exemplos. Nas páginas de *Os Lusíadas*, porém, exigia-se do espírito ágil do aluno a quebra da técnica fácil do armazenamento mental, obrigando-o a um raciocínio permanente diante das estrofes, cuja beleza o adolescente mal podia adivinhar ou lhe faltava experiência para tanto. A beleza também é uma longa experiência.

Mas, oh!, tempo de ingênuas e divertidas vinganças, em que o estudante, alertado não se sabe como, podia descobrir a omissão das estrofes mais líricas e impudicas do poema! Vingava-se ele então das dificuldades da análise do texto, lendo e decorando e, mais do que isso, copiando de alguma edição integral justamente as estrofes omissas do Canto IX. E não seria difícil ouvir-se a voz juvenil, adolescente, mais adivinhando que entendendo, estrofes como esta:

---

27 Camões, *Os Lusíadas*, Canto IX, Est. 32.

Oh! Que famintos beijos na floresta,
E que mimoso choro que soava!
Que afagos tam suaves, que ira honesta,
Que em risinhos alegres se tornava!
O que mais passam na manhã e na sesta,
Que Vênus com prazeres inflamava,
Melhor é experimentá-lo que julgá-lo;
Mas julgue-o quem não pode experimentá-lo.[28]

Voz, repita-se, mais marcada pela tônica da malícia do que do entendimento. Porque os censores não exerciam seu arbítrio apenas naquelas estrofes em que a aura dionisíaca fosse mais acentuada. Desciam ao resguardo dos privilégios dos nobres e reis. Assim, vetavam também estrofes do mesmo Canto IX, como esta outra:

Vê que aqueles que devem à pobreza
Amor divino, e ao povo caridade,
Amam somente mandos e riqueza,
Simulando justiça e integridade.
Da feia tirania e de aspereza
Fazem direito e vã severidade.
Leis em favor do rei se estabelecem;
As em favor do povo só perecem.[29]

E como se adivinhavam tais estrofes censuradas, a "ira honesta" de que fala o poeta! Sob o crivo mágico da malícia não havia construções de ordem indireta, sutilezas, conotações que a adolescência em seu terrível complexo criador não pudesse entender e saborear ao seu alvedrio. Esse rosto proibido, ou falsamente proibido em face do sistema de educação vigente, pode explicar, paradoxalmente, a reabilitação do poema junto aos jovens escolares. Se o gramático José de Sá Nunes podia ver na edição da série FTD qualidades superiores às das edições de Epifânio Dias, de Afrânio Peixoto, de Pedro Pinto,

28 Camões, op. cit., Canto IX, Est. 83.
29 Ibid, Est. 28.

de Otoniel Mota, do Visconde de Juromenha e do "extraordinário e sapientíssimo"[30] Padre José Maria Rodrigues, os jovens leitores experimentavam no poema a soma de uma curiosidade dionisíaca, capaz de neutralizar as dificuldades das anotações, de fonética, de construção gramatical, de ortografia, de história e mitologia e, não poucas vezes, de métrica.

Justamente nas estrofes proibidas se sentia o que o próprio poeta cantaria em canto anterior

Que estranhezas, que grandes qualidades!
E tudo, sem mentir, puras verdades[31]

as quais se tornavam o veículo de conciliação entre o aluno e o poema, muitas vezes. Este aspecto quase confessional ou mesmo proustiano de *Os Lusíadas* como texto escolar no Brasil talvez se pudesse medir estatisticamente, por meio de depoimentos e de memórias de homens brasileiros do Império e dos primeiros tempos da República. Apurem-se, para tanto, alguns índices expressivos no inquérito de Gilberto Freyre em *Ordem e progresso*, como no caso da menina Ângela Correia de Melo, nascida em 1875.[32] O menino Manuel Bandeira tinha como leitura quase diária *Os Lusíadas*.

Nos casos do inquérito referido, o texto do poema era integral e só, ao que parece, quando entrou na área escolar como livro de texto é que sofreu as restrições apontadas. Não se pode generalizar, porém, essa observação. Com efeito, das mais antigas é a edição organizada pelo dr. Abílio César Borges, de 1879, e nela "se acham suppressas todas as estâncias que não devem ser lidas pelos meninos", conforme se lê no frontispício do volume, adotado como livro de texto no então Gymnasio Bahiano e no então Collegio Abilio, ou melhor, "como compendio de analyse nas aulas de

30 Nunes, *Os Lusíadas*.
31 Camões, op. cit., Canto V, Est. 23.
32 Freyre, *Ordem e progresso*, v.I., p.272.

Grammatica Philosophica e de Rhetorica, e livro para exercícios de declamação".[33]

O dr. Abílio César Borges exerceu com rigor a sua função de censor. Vale a pena ouvir, ou melhor, ler as suas razões:

> Entretanto, qual não era o meu constrangimento, sempre que, nas classes ou nos exames, era preciso dar a ler aos meninos o Camões aberto ao acaso, receando caísse justamente a leitura em alguma das estâncias indignas de serem lidas pela infância – que destas muitas há disseminadas por todo o poema, nas quais foi o poeta livre demais no dizer, e até escandaloso, fantasiando atos, e descrevendo cenas de requintado erotismo, e de lascívia brutal e monstruosa.[34]

Algumas edições da mesma época, contudo, não trazem supressões de estrofes.

A tradição de leitura de *Os Lusíadas* é muito antiga no Brasil, e um fato curioso o demonstra: no inventário do bandeirante Pero de Araújo, integrante da bandeira do Capitão Antônio Pedroso de Alvarenga, feito em dezembro de 1616, em pleno sertão, Camões estava presente. No verso de uma página do documento, encontravam-se quatro estâncias[35] de *Os Lusíadas* escritas pelo escrivão da bandeira. De modo que a iniciativa do Barão de Paranapiacaba ao transformar o poema em texto escolar apenas formalizava e oficializava uma tradição de séculos.

Além do trabalho do Barão de Paranapiacaba, João Cardoso de Meneses, publicado em 1886 pela Imprensa Nacional, volume inaugural da Biblioteca Escolar do Conselho de Instrução Pública do Império, muitas outras edições, em várias épocas, exerceram a função de texto nas escolas brasileiras, tanto as organizadas em Portugal como no Brasil, a começar pela edição – somente o Canto I – anotada

33 Borges, Prefácio a *Os Lusíadas*, p.IV.

34 Borges, op. cit.

35 Belmonte, *No tempo dos bandeirantes*, p.150 e 152. As estâncias referidas pertencem ao Canto V e são em número de 4. Vide também Machado, *Vida e morte do bandeirante*.

para leitura da infância e do povo por Francisco Sales de Lencastre, em 1892, em Portugal, a que se somavam lições de pronúncia da língua portuguesa por Aniceto R. G. Viana. Este trabalho do mestre português somente foi completado em 1915 com o aparecimento de *Os Lusíadas*, com aquele objetivo, em dois volumes. Muitas outras edições feitas para as escolas, tanto portuguesas como brasileiras, ou principalmente brasileiras, podem ser relembradas no elenco do inventário provisório apresentado linhas atrás.

Foi esse tempo, o do Império, o tempo do domínio de Camões nas escolas brasileiras, que Luís Edmundo registrou nas páginas de seu livro sobre o Rio de Janeiro antigo,[36] ele mesmo um dos meninos brasileiros que aprenderam o português e suas sutilezas com *Os Lusíadas*. A nota curiosa dessa reminiscência do admirável cronista carioca é que já ali ele apontava uma reação ao domínio camoniano manifestada por esse desgraçado poeta negro que foi Cruz e Sousa, "dos primeiros a se rebelar, aqui, contra o ensino do idioma que se fazia por meio de *Os Lusíadas* de Luís de Camões".[37] Mais uma demonstração da antiga tradição do poeta português no Brasil está assinalada em Gilberto Freyre,[38] quando lembra o costume dos pais, após os exames dos meninos, quando bem-sucedidos, de lhes darem de presente o livro de Camões.

A notável influência de Camões entre os meninos do começo do século reflete-se muito bem no episódio das *Memórias inacabadas*, de Humberto de Campos. Camões retificava a língua, Camões disciplinava a memória, Camões era o protótipo. Tanto assim que o menino Humberto de Campos, certa vez, teve de mostrar alguns contos de sua autoria para parentes seus. Tinha, porém, de atravessar o rio em uma canoa, para chegar ao seu destino. Lá foi carregando

---

36 Edmundo, *O Rio de Janeiro do meu tempo*, v.II, p.726.

37 Edmundo, op. cit. "Livro que ele [acrescenta Luis Edmundo], irreverentemente, chamou um dia de 'compêndio de geografia em verso, anacrônico e parvo, cheirando a Olimpo e a negócio'."

38 Freyre, *Vida social no Brasil nos meados do século XIX*, p.121.

sob as axilas as numerosas folhas de sua obra. Às tantas, contudo, um pé de vento virou a canoa, e o menino só pôde cuidar-se de si mesmo, perdendo as folhas em que se achavam escritos seus contos. "À semelhança de Camões, a minha glória havia começado com um naufrágio",[39] escreve ele muito filosoficamente.

Era total o predomínio de Camões, oficializado nas escolas depois que o Barão de Paranapiacaba lera as preliminares do seu trabalho em uma palestra literária nas salas do então Externato Pedro II, com a presença do Imperador do Brasil. Medita-se hoje no destino do poema de Camões e salta à tela de discussão a possibilidade de ter ele exercido a função de fiel da língua portuguesa nas áreas absorventes do trópico geográfico e cultural brasileiro. Poder-se-ia admitir, com todas as possibilidades da limitação da tese, que *Os Lusíadas* representaram a dinâmica aglutinadora, a sistemática da síntese, de proteção, que explicasse a durabilidade do idioma português no Brasil – o elemento retificador e saneador das perturbadoras conspirações sintáticas e semânticas provenientes da influência linguística do elemento africano e do elemento indígena até o século XIX e primórdios do século XX.

Tal seria a contribuição dos meninos brasileiros, então nossos avós e nossos pais, que duramente (e verdade que não poucas vezes, alegremente, pela fruição das estrofes proibidas do Canto IX, ao arrepio da própria censura didática) se debruçaram sobre o velho poeta da Raça e da Língua, patrimônio comum de dois povos. Em *Os Lusíadas*, como texto escolar, como razão do estudo da língua, do apuramento do gosto e do conhecimento literário, há todo um passado brasileiro de fortes reminiscências. Lá nasceram as raízes de um culto a um poeta que transcende o tempo e as possíveis diferenciações linguísticas entre os dois países. Raízes nascidas e crescidas em bancos escolares, sob a batuta do velho mestre e que, desenvolvidas, nos permitem repetir as confissões de Joaquim Nabuco,

39 Campos, *Memórias inacabadas*, 3.ed., p.119.

que renovava a Camões, em sua velhice, a promessa de admiração e culto nascidos em sua mocidade.

Muitos estudiosos brasileiros de hoje, muitos especialistas em Camões e no *Os Lusíadas*, ou mesmo simples e admirados leitores, nasceram a contragosto no tempo de meninos, nos bancos escolares. E não passaram sem ser marcados pela beleza do poema permanente da língua portuguesa. Eis uma descoberta que o tempo e a idade tornam cada vez mais clara e admirável, no renovado milagre da obra de um gênio que honra e engrandece o gênero humano. E, como a boa semente dos Evangelhos, vinga sempre para dar seus frutos.

Talvez ninguém como Luís Edmundo, entre nós, tenha fixado, com tanta justeza de observação e realidade, o aprendizado da língua nos livros dos clássicos portugueses e, particularmente, na obra de Luís de Camões. Lembra o memorialista que o "método era o de estudar a língua que falamos pelos livros dos velhos clássicos lusos, modo indireto de indispor as crianças contra grandes artífices do idioma",[40] ao mesmo tempo que evoca, no Colégio Abílio César Borges, o professor Lino de Andrade, que,

> como os pedagogos de seu tempo, não queria acreditar que as línguas vão aos poucos se transformando à revelia da vontade humana e que as nossas formas de expressão são mais filhas da natureza que da história.[41]

Excluía-se assim, no ensino, o que Luís Edmundo, em fins do século XIX, já chamava de "espírito da época" e "sentimento nacional".

---

40 Edmundo, *De um livro de memórias*, v.I, p.273.

41 Ibid., p.273-4. Por esse processo, escreve Luís Edmundo, "aprendíamos para que pudéssemos, depois, escrever e falar como homens que viveram há duzentos, trezentos e quatrocentos anos". À p.275 da citada obra Luís Edmundo faz esta crítica muito esclarecedora: "De tal maneira esse processo de ensinar (que já vinha de longe) pôde influir na mentalidade brasileira, que vamos descobrir o nosso grande Rui Barbosa, de sobrecasaca e cartola, já conhecedor da luz elétrica, do automóvel, do rádio e do cinematógrafo, em pleno século XX, procurando escrever como, em 1650, escrevia o Padre Antônio Vieira".

Luís Edmundo refere-se ao livro de texto da aula de português, que era *Os Lusíadas*, edição preparada por Abílio César Borges, escoimada das estrofes que os meninos não deviam ler. As omissões da edição eram substituídas por pontos seguidos, ou, para usar expressão de nosso memorialista, "substituídas por uns tantos pontinhos". E acrescentava que

> tais pontos, verdadeiros convites à nossa curiosidade, serviam-nos de fácil indicação para as descobertas das passagens que, no poema, eram consideradas indiscretas, abrejeiradas ou maliciosas. Em muitas delas, embora lidas e relidas com cuidado, não achávamos logo as razões do censor em suprimi-las.[42]

O pior, porém, para os meninos, era a linguagem. Luís Edmundo revia-se no Colégio de Abílio César Borges, na aula do velho professor Lino de Andrade, "pela hora de analisar uma linguagem que nunca fora a minha, em uma trama de exótica sintaxe, eriçada de arcaísmo, de árdua e complicada praticagem". De seu colega relembra o memorialista a cena final de um exame português. O menino, a muito custo, fora aprovado com um *simplesmente*. Pois bem, chegou ele à casa – o nome do menino era Luís de Sousa e Costa, "um dos mais revoltados contra o ensino do Português que se fazia então" – e no fundo do quintal abriu um buraco onde enterrou o poema de Camões e seus cadernos de gramática!

4.3 Os livros de leitura

Nem sempre será possível estabelecer-se uma separação nítida entre os livros de entretenimento puro e os de leitura para aquisição de conhecimentos e estudo nas escolas, durante o século XIX. Percebe-se que a literatura infantil propriamente dita partiu do livro

---

42 Ibid., p.277. Em 1871, o professor Belarmino Barreto, para uso das escolas, fazia publicar um volume intitulado *Máximas dos Lusíadas*, adotado para as crianças das escolas baianas.

escolar, do livro útil e funcional, de objetivo eminentemente didático. Daí também ser difícil estabelecer-se aquela distinção. Desse modo, é possível, por meio de nosso inventário, confundir-se um livro com outro, da mesma maneira que não se pode distinguir, a rigor, o autor português do autor brasileiro em muitas obras, mesmo porque muitos dos nossos livros eram impressos, quando não escritos, em Portugal e na França, conforme lembrou José Veríssimo.[43] E nossas pesquisas baseiam-se em grande parte nos *Catálogos* antigos.

Mesmo assim, porém, pode-se realizar o levantamento da cultura destinada à nossa infância e adolescência: livros de utilização imediata na área escolar, quer na intenção de divertimento, quer na intenção do aprendizado, quer na intenção das obrigações escolares. Francisco de Pauliceia Marques de Carvalho publicava em 1870 o *Curso prático de pedagogia*, por ele traduzido, e de autoria de Daligault, diretor da Escola Normal de Alençon. João Barbalho Uchoa Cavalcanti dava-nos três livros sob o título de *Leituras seletas* (livro, aliás, referido por muitos memorialistas, mas sem o nome do autor), publicado em Recife em 1880. Dele também foi um livrinho com o título de *Lições de coisas* (1880). Francisco Freitas Gamboa figurava no mesmo *Catálogo* com *Brinquedos da puerícia*, editado naquela cidade em 1851 e reeditado em 1855. Outra obra de leitura escolar era a de P. M. L. Gama, *Seleta clássica*, que viu a luz em Recife em 1866. Muitos outros livros da fase escolar encontravam-se inventariados na Biblioteca Pública do Recife.[44] Lembraríamos alguns de grande importância para a época, com tiragens inclusive ilustradas: *O cenário infantil* e *Cartilha nacional*, ambos de Hilário Ribeiro. Recorde-se a existência, na época, de uma *Cartilha imperial*, de Filipe Alberto Patroni Martins Maciel Parente, e todos publicados no Rio de Janeiro em 1885. De Emílio Zaluar teríamos dois livrinhos: *Livro da infância* (1885) e *Primeiros conhecimentos para uso dos meninos que começam a ler*, este

43 Veríssimo, *A educação nacional*, p.4-5.

44 Biblioteca Pública de Pernambuco, *Catálogo geral da Biblioteca Pública de Pernambuco*.

último com sua terceira edição publicada no Recife, em 1836. Do mesmo autor tínhamos, ainda, *Lições de cousas*, publicado em 1876. Em 1874 circulava no Rio de Janeiro uma revista de pedagogia, com o título de *Instrução Nacional*, dirigida por Antônio Estêvão da Costa e Cunha, de que nos dá notícia Sacramento Blake.

Como facilmente se compreende, os livros de temas religiosos existiam em grande número. Não só originais portugueses, ou mesmo brasileiros, como, e principalmente, traduções. Entre os portugueses, com várias edições em 1877, teríamos o livrinho de Emílio Aquilles Monteverde, *Mimo à infância*, um manual de história sagrada para as crianças, ornado de cem estampas que representavam os principais sucessos do *Velho* e *Novo testamentos*. Esse foi um livro muito lido e citado pelos memorialistas. Por outro lado, no Rio de Janeiro, em 1890, Luís Leopoldo Fernandes Pinheiro lançava a *Musa das escolas*, coletânea de poesias de autores brasileiros e portugueses do século XIX, acompanhada de notas explicativas do texto. O livro que deveria, realmente, despertar o interesse dos mestres e dos meninos que começavam a ler ao findar o século XIX, apaceria em 1894, atingindo em 1899 a sua quinta edição aumentada. Referimo-nos ao *O livro das crianças*, de Alfredo de Morais Pinto. Tratava-se de uma coleção de 37 estórias originais, em verso, ilustradas com 53 gravuras. Afiançavam a importância do livro de Alfredo de Morais Pinto os juízos críticos e apreciações de um João de Deus, de um Tomás Ribeiro e de um Bulhão Pato. Este autor português, atuando nas escolas brasileiras, procurava manter por meio de seu livro, uma continuidade cultural que somente muito mais tarde seria neutralizada.

Um autor português de muita voga no Brasil foi J. I. Roquete. Em 1865, ele publicava em Lisboa o *Tesouro da mocidade portuguesa*, obra toda ornada de estampas e de muita difusão no Brasil, embora com temática eminentemente lusitana. Outro livro seu adotado em nossas escolas foi o *Alfabeto português*,[45] que se diferenciava pela adição, em

45 *Catálogo Aillaud e Bertrand e Livraria Francisco Alves.*

CATALOGO

DAS

OBRAS DE FUNDO

E OUTROS LIVROS QUE SE ACHAM À VENDA

NA

Livraria Universal de LAEMMERT & C.

NO

RIO DE JANEIRO

E SUAS CASAS FILIAES EM S. PAULO E RECIFE

RIO DE JANEIRO
LAEMMERT & C.—Rua do Ouvidor, 66
Casas filiaes em S. PAULO e RECIFE

1899

suas páginas, de estórias de animais de autoria de Esopo e La Fontaine, de máximas morais, de adágios e provérbios úteis à mocidade, de uma tábua comparativa de algarismos arábicos, da conta romana e da tabuada. Este livro singular era todo ornado de estampas. Ainda do mesmo autor, impresso em Paris, em 1875, teríamos o *Livro d'ouro dos meninos*. Dois outros autores portugueses que merecem destaque foram: Antônio Correia d'Oliveira e João de Deus, o primeiro com *A alma da árvore*, e o segundo com *Para o povo e para as crianças*. O livro do grande poeta português João de Deus trazia várias ilustrações de Antônio Carneiro.

Teríamos também durante a última metade do século XIX uma forte contribuição no setor das traduções. Já vimos uma série de livros didáticos traduzidos, principalmente do francês. Na área do livro de leitura, verifica-se a mesma constante. As obras da Marquesa de Lambert eram muito difundidas entre nós, tais como os *Avisos de uma mãe a seu filho*, o *Tratado de amizade* e o *Diálogo sobre a realidade dos bens*, livro, este último, do começo do século XIX, pois foi impresso em Lisboa no ano de 1818. O famoso historiador Cantù também aparecia com o seu *O bom menino*, coletânea de contos morais de um professor aos seus discípulos, editado em Lisboa. O espanhol D. Tomás de Iriarte[46] figurava com suas *Fábulas literárias* desde o começo do século, as quais foram traduzidas e impressas em Lisboa no ano de 1818. Nesse mesmo ano, em Portugal, traduzia-se uma importante autora francesa: Jeanne-Marie Leprince de Beaumont. Dela Joaquim Ignacio de Frias nos dava a tradução, imediatamente distribuída no Brasil, do *Tesouro de adultas*, com o subtítulo de *Dia-*

46 Veja-se o estudo da importância de D. Tomás de Iriarte, devidamente ressaltada, no livro de Carmen Bravo-Villasante, *História de la literatura infantil española*, p.61 e 65. O livro nasceu da recomendação de ministros e nobres da época (século XVIII) que queriam uma obra especialmente dedicada à infância. "Las fábulas son breves y sencillas como conviene a la poesía didáctica" [As fábulas são breves e singelas como convém à poesia didática], escreve Carmen Bravo-Villasame, "y fáciles de aprender" [e fáceis de aprender]. D. Tomás de Iriarte nasceu em 1750 e faleceu em 1791.

logos entre huma sabia mestra e suas discipulas, em vários volumes. Em 1833 o mesmo tradutor nos dava da escritora francesa o *Tesouro das meninas*,[47] também em vários pequenos tomos ilustrados. Em contraposição ao título do livro de Beaumont, Mateus José da Costa traduzia a obra de Pierre Blanchard, *Tesouro dos meninos*, que alcançou dez edições em português, em poucos anos. No setor das fábulas, outra tradução do francês, muito lida e sem autor, foi o *Fabulista da mocidade*, vertido por Tristão da Cunha Portugal e originariamente lançado no ano de 1854 em Paris. Continha este livrinho peças de La Fontaine, Florian, Stassart, Lemonnier, Iriarte, Samaniego e outros.

Ainda de autor estrangeiro, um livrinho que marcou época na literatura escolar foi *Chiquinho, enciclopédia da infância*, de G. Bruno, traduzido para o português por Vitória Colona, também autora de um livro de leitura para a infância com o título de *Manhãs da avó*. A obra de G. Bruno, autor italiano que não conseguimos identificar, figura com recomendação especial, considerado

> o melhor livro de leitura que se pode oferecer aos meninos e meninas, tanto pela grande abundância de conhecimentos úteis, que sob a forma mais singela aí se encontram, como pela simplicidade da forma, acessível a todas as inteligências.[48]

O livro de G. Bruno, contudo, não estava só disputando o interesse das crianças brasileiras da transição entre o século XIX e XX. Dois outros figuravam ao seu lado, como o de Joaquim Maria de Lacerda, *Tesouro da infância* (ou *Novo manual das escolas primárias*), que continha páginas sobre moral – uma seleta clássica em prosa e verso e páginas de Gramática Portuguesa, Aritmética, Geografia Geral, Geografia do Brasil e História Pátria, devidamente ilustradas. O outro era o livro de Luís Leopoldo Fernandes Pinheiro, *Musa das*

---

47 Marie-Thérèse Latzarus considera Marie Leprince Beaumont "une véritable éducatrice" [uma educadora de verdade] e analisa sua importância, conjuntamente com suas obras, às p.8 e 41 do seu estudo *La littérature enfantine en France dans la deuxième moitié du XIX siècle*.

48 Livraria H. Garnier, *Catálogo geral de 1907*, p.5.

escolas, que mereceu a aprovação e o beneplácito do Conselho Superior de Instrução Pública.

No capítulo da literatura escolar poderíamos ainda apontar outros livros largamente utilizados como leitura nas escolas de então. De Paulo Tavares, membro do Conselho Superior de Instrução Pública e secretário do externato do então Ginásio Nacional, do Rio de Janeiro, figura, com grande relevo nos catálogos, uma obra de título simples, *Mário*, mas de subtítulo ambicioso, *Livro de leitura enciclopédica para meninos*. Enfeixavam suas páginas leituras sobre astronomia, física, química, zoologia, botânica, mineralogia, geologia, geografia, história, folclore e literatura, tudo dentro dos padrões exigidos pelo sistema de educação de então. A nota que acompanha o registro do livro no catálogo é minuciosa. Vale a pena transcrevê-la, pois, além de seu rosto crítico, revela ainda a orientação que se dava a tais obras, que vimos classificando como sendo as da fase da literatura escolar.

Diz a nota que

> este livro é a história da vida escolar. Nele, sem prejuízo da unidade de ação, vêm expostos princípios científicos e cenas de caráter moral. Para seguir com ordem a exposição científica, começa o livro pela ideia do universo e termina pelo homem. Compreende o livro noções de geografia astronômica e física, ciência físico-químicas, naturais, história, folclore e literatura. Está o livro profusamente ilustrado: as gravuras distraem a imaginação das crianças e dão melhor ideia das coisas do que todas as definições. É um livro que as crianças podem ler fora das escolas, cheio de bonitas histórias referentes a assuntos que ilustram e levantam o espírito, ornado com belas figuras próprias, a incutir nas crianças o hábito de se afeiçoarem à arte, editado de forma que elas tenham o sentido de gosto e saibam distinguir o que é bem acabado do que é obra de fancaria.[49]

Vê-se, inclusive, na nota transcrita, que havia já certos abusos no processo da literatura escolar. Um pormenor importante aí ressalta: o de que o livro poderia ser lido "fora das escolas", o que confirma a tese de que tal literatura não se inspirava ou não tinha apenas objetivos

---

49 Ibid., p.6.

didáticos. Ela participava, realmente, do conteúdo transformista que, em última análise, havia de representar a reação à literatura estrangeira que vivíamos a importar. Tinha também seu caráter lúdico.

Parece-nos que nunca é demais insistir na inventariação dos títulos de livros usados nas escolas no começo deste século. Tais livros constituíam o que então se chamava a "leitura escolar", ou seja, o livro por excelência lido sistematicamente pela infância e juventude do Brasil, ambos à espera de uma autêntica literatura infantil, mesmo que nos viesse de fora. E assim sucedia, mas essa mesma, a que nos vinha de fora, ressentia-se de uma tradução adequada para a linguagem brasileira infantil, embora nesse mesmo setor se possam apresentar muitas exceções, conforme se constata a cada passo neste ensaio. Pelos numerosos livros aparecidos e utilizados durante a fase que representou no desenvolvimento da literatura infantil brasileira, pode-se afirmar que a literatura escolar, como temos visto, exerceu papel relevante. Não só quanto ao espírito pedagógico propriamente dito em função do seu objetivo didático, mas também revelando e preparando, despertando e cultivando o hábito da leitura entre as crianças da época. Tais livros não traduziam apenas o processo do aprendizado da história, das ciências naturais, da gramática, da retórica. Traziam também aquele necessário condimento que é o sal da curiosidade, muitos deles tecnicamente enriquecidos por ilustrações e desenhos, a que não eram estranhas as preocupações estéticas.

No começo do século a literatura escolar somou grande número de obras, não só de autores estrangeiros, devidamente traduzidos e adaptados muitas vezes a certas condições peculiares ao meio social, geográfico e histórico do País, como, sobretudo, de autores nacionais. O espírito desses livros variava muito. Do educador A. Mascarenhas, em 1907, tínhamos o *Livro de leitura corrente*, para uso das escolas primárias. Consistia o volume em um repertório de leitura sobre educação e moral, lições de coisas, instrução cívica, história e geografia, e, também, "pequenas histórias ao alcance da primeira idade".[50] Muitas

50 Ibid., p.5.

gravuras ilustravam o texto do livro de A. Mascarenhas, dando assim "um cunho atraente, que será um regalo para a meninada".[51] De Hilário Ribeiro teríamos várias séries de livros de leitura, o mesmo de João Kopke. Apareciam, por outro lado, autores estrangeiros, tais como Jost e Humbert, com o volume intitulado *Leituras práticas* ou *Lições de coisas usuais* para alunos do curso elementar, volume esse ilustrado com 55 gravuras. Outro autor estrangeiro que figurava nos *Catálogos* antigos, ou melhor, de 1907, era Pierre Blanchard, com sua obra, então considerada clássica, *Tesouro dos meninos*, a que nos referiremos várias vezes durante o transcorrer deste ensaio. Era o livro ilustrado com 16 estampas e com leituras sobre moral, virtude e civilização. O velho Antero de Quental, nos momentos em que se livrava da neurose, podia escrever o *Tesouro poético da infância* (1883), muito lido no começo do século pelos meninos brasileiros, Guerra Junqueiro com *Contos para a infância* (1877) e Gomes Leal com *História de Jesus* (1883) foram também muito lidos no Brasil até o começo do século XX.

Referimo-nos já a Joaquim Maria de Lacerda. Este autor tinha também nas livrarias da época, e muito lida nas escolas e nos lares, a *Enciclopédia primária*, com o subtítulo de *Manual completo e metódico da instrução primária*, grosso volume de 700 páginas com 114 estampas e mapas coloridos, então considerado "uma das obras escolares mais importantes que têm até hoje aparecido".[52] Ainda de autores

---

51 Ibid.

52 Ibid., p.7. Essa obra dividia-se em duas grandes partes, a religiosa e a literária. A primeira parte compreendia catecismo completo da doutrina cristã, aumentado de uma parte litúrgica e de um tratado de provas das religiões, além de história sagrada e geografia sagrada. A parte literária compreendia Gramática Portuguesa, inclusive versificação, Geografia da Infância, Tratado de Aritmética, primeiras noções de Geometria, primeiras noções de Cosmografia, História do Brasil, História Geral dos principais povos antigos e modernos, pequeno tratado de Mitologia, breves noções de Literatura, primeiras noções de História Natural, primeiras noções de Física, estudo sobre o homem e noções sobre belas-artes e outros assuntos interessantes, além de algumas regras de civilidade e notícia de alguns brasileiros ilustres.

estrangeiros, teríamos obras tais como a de M. Garrigues, ou de Jean Macé, cujo livro *História de um bocadinho de pão*, por volta de 1900, já havia alcançado na França 32 edições. Obra aprovada pelo Conselho Superior de Instrução Pública, proporcionava leituras acerca da vida do homem e dos animais. Também teríamos as *Lições de coisas*, de Saffray, com 298 gravuras, livro traduzido por Bernardo Alves Carneiro.

4.4 Tradução e ficção – I

Eis um tema de largas proporções para um ensaio de preliminares da história da literatura infantil brasileira: o volume das traduções de livros para crianças durante o século XIX, e com mais intensidade durante a segunda metade dessa centúria. Os grandes clássicos da literatura infantil universal foram lançados no Brasil em várias traduções ao mesmo tempo, as feitas em Portugal e as feitas no Brasil. Nesse mesmo período podem ser assinaladas algumas obras originais, isto é, demonstrativas de uma compreensão da necessidade de autores nacionais tratarem dos temas para as crianças do ponto de vista do Brasil, como recomendava José Veríssimo,[53] que só veria suas ideias defendidas na prática a partir da segunda década do século XX. O capítulo da tradução de obras de ficção para a infância e adolescência brasileiras comportaria, por si só, um longo ensaio, tal o imenso material que se pode colher em livros de memórias e principalmente nos velhos catálogos de velhos livreiros nacionais.

É possível, neste particular, que se possa apontar como das mais antigas traduções aparecidas em português, como obra endereçada à infância e adolescência, o *Robinson Crusoe*, de Daniel Defoe. Isto se dava em 1786 em Lisboa, na tradução de Henrique Leitão de Sousa Mascarenhas. Apareceram naquele ano os dois primeiros volumes; em 1816, a obra, que parece ter sido traduzida integralmente em quatro volumes, figurava nos catálogos em nova edição. De 1822

53 Veríssimo, op. cit., p.4-5.

é também uma tradução das *Viagens de Gulliver*, de Swift, em vários volumes. Foi impressa em Lisboa e traduzida por autor que apenas se identifica com a sigla JBG. Em 1841, ainda em Lisboa, surgia nova edição do importante e universal livro de Swift. Das mais antigas foram as traduções dos livros de Fenimore Cooper. A primeira tradução de Mayne Reid parece datar de 1855, quando seu livro *Os caçadores de cabeleiras*, em cinco volumes, era impresso em Lisboa. Muitos desses livros não informavam quais eram seus tradutores, vezo, aliás, de alguns editores que conservaram essa tradição ainda no século XX. Uma edição de Genoveva de Brabante, sem maiores informações, surgia em Lisboa com data de 1847.

Um capítulo curioso, que surge na sequência das traduções das obras clássicas da literatura infantil, historicamente quase sempre indistinta da literatura popular, acentue-se, é o que diz respeito à imitação desses livros. Assim, por exemplo, em 1832, já se fazia sentir profundamente a influência de Daniel Defoe na literatura para crianças, particularmente em Portugal, com suas repercussões no Brasil. E nesse ano, em dois volumes, era lançado em Lisboa, sem maiores detalhes, um livro intitulado *Os dous Robinsons*, com o subtítulo de *Aventuras de Carlos e Fanny, dous meninos inglezes, abandonados em uma ilha deserta d'America*.[54] Na mesma linha um autor anônimo nos dava também, em dois volumes, em 1839, *O Robinson de 12 anos*, com o indicativo de ser a "história de hum joven grumete, abandonado n'uma ilha deserta".[55] Tínhamos também o traço fundo da impressão do livro clássico de Swift. Mesmo antes do aparecimento da talvez sua primeira tradução em português, em 1822, já os catálogos anunciavam a imitação que hoje consideraríamos servil de sua obra máxima: era um livro em quatro tomos, com o título de *O novo Gulliver* ou *A viagem de João Gulliver*, cuja edição data de 1819. O livro de Walter Scott, *Os puritanos da Escócia*, que muito

54 *Catálogo Aillaud e Bertrand e Livraria Francisco Alves*, p.71.
55 Ibid., p.220.

menino brasileiro leu no século XIX, vinha-nos também de Lisboa, em quatro volumes, com data de publicação em Paris, 1837.

Nesse capítulo ainda encontraríamos a melhor expressão no pequeno volume de José da Fonseca, *O Gil Brás da infância* ou *Aventuras de Gil Brás*, cuja primeira edição data de 1855. Trata-se de um livrinho curioso,[56] inclusive pela sua única gravura em cores. Considerado uma "escola do mundo", como escrevia La Harpe, citado por José da Fonseca, traz ele uma pequena introdução que ilustra perfeitamente os objetivos da literatura que se encaminhava à infância no século passado.[57]

Verifica-se nestas linhas que todo um processo de aprendizado estavam sofrendo tanto a literatura infantil portuguesa como a brasileira, com a agravante de a nossa ficar perturbada, do ponto de vista de hoje, por exemplo, com a utilização de uma linguagem a seu tanto já diferenciada. Era a escola o elemento retificador da língua portuguesa no Brasil – a escola e os livros de texto, principalmente *Os Lusíadas*, como vimos, adotado como livro de texto para o estudo da língua. Mas foi um processo inevitável na área cultural brasileira. Cada autor traduzido, contudo, provocava entusiasmo, tanto da parte do editor, como do tradutor e dos leitores pequenos. Assim surgiram muitas imitações, que mais tarde seriam postas de lado para a tentativa das primeiras manifestações de uma literatura infantil

---

56 A edição é de Paris por J. P. Aillaud, Monlon & Cia., com 242 páginas de texto e três de introdução.

57 Os termos da introdução assinada por José da Fonseca são os seguintes: "*Gil Braz* (disse assisadamente La Harpe) é a *escola do mundo*. Com effeito, Lesage reuniu n'esta obra-prima tudo quanto agradar pode aos Leitores. Estylo purissimo e ordenado com todas as graças que tanto admiramos no inimitavel Horacio, La Fontaine e Molière; e, entre nós, em Francisco Manuel Garção, Dinis e outros estimaveis escriptores. Mas, esta bella composição não podia, por extensa (consta de quatro volumes), dar-se aos meninos. De mais, ella contem alguns capitulos que, sobre não os interessarem, ser-lhes-hião nocivos. Assentei, pois, que um extracto d'essa obra recreial-os-hia, e instruiria; por quanto se o lerem atentos acharão n'elle (segundo o preceito de Horacio) o *util misturado com o agradavel*".

eminentemente brasileira. Já notava Enzo Petrini que a imaginação não é apenas um prazer possível de consumado refinamento, senão também "un señal de libertad, un testimonio de empuje vital y el instrumento de este gran juego que parece la vida, antes de que nos alcancen las preocupaciones, el peso y la mordedura férrea de la técnica y de los compromisos sociales que a todos nos esclavizan[58]",[59] A imaginação se alimenta de sugestões e possibilita um mecanismo de novas criações.

As traduções vindas de Portugal, se a curto prazo podem ser condenadas, o mesmo não ocorre em uma perspectiva histórica mais larga. Toda essa enorme massa de traduções, lida durante o século XIX no Brasil, criou condições, sem dúvida, para o próprio aparecimento da literatura infantil brasileira em suas mais fortes e definidas características. Nas traduções da famosa obra de M. Laurent de Jussieu, *Simão de Nântua*, que não foram poucas no século passado, percebe-se nitidamente o entusiasmo de editores e leitores. Foram elas umas ilustradas em cores, outras não ilustradas, mais baratas, quase sempre feitas sem trazer no frontispício o nome do tradutor.

Foi enorme e significativo o volume das traduções aparecidas no século passado. O famoso Cônego Schmid aparece, talvez pela primeira vez em português, no ano de 1868 com um livrinho publicado em Lisboa sob o título de *Escolha de histórias morais*, uma série de contos de fundo educativo traduzidos por Pedro Carolino Duarte. É verdade que um livro seu, de ordem escolar, o *Resumo da história do Novo Testamento*, para a educação da mocidade, havia sido traduzido e publicado em Lisboa no ano de 1859 e, logo depois, já se encontrava distribuído nas livrarias brasileiras, ou melhor, nos colégios brasileiros. Mas vale, nesta ordem de ideias, seu trabalho

---

58 "um sinal de liberdade, um depoimento de força vital e o instrumento deste grande jogo que se parece com a vida, antes de sermos atingidos pelas preocupações, o peso e a mordedura de ferro da técnica e dos compromissos sociais que escravizam a todos".

59 Petrini, *Estudio critico de la literatura juvenil*, p.19.

de ficção. Na mesma época teria aparecido em português o velho Andersen, que figura nos catálogos como publicado em 1869, com um livro sob o título clássico de *Contos de Andersen*. Foram eles traduzidos por Gabriel Pereira. Pouco mais tarde, em 1883, Edmundo de Amicis parece estrear em português com seus *Contos militares*, traduzido não se sabe por quem. Mais recuado no tempo, em língua portuguesa, aparece Fedro com suas fábulas. Com o título de *Fábulas de Fedro*, aparecia em Lisboa, no ano de 1805, uma série de trabalhos, traduzidos e anotados por Manuel de Morais Soares.

A edição registrada no ano de 1853[60] em Lisboa, por exemplo, não traz indicação nenhuma de tradutor, embora fosse uma tiragem premiada pela então Sociedade de Instrução Elementar de Portugal. As tiragens de 1865 e 1869 caracterizam-se pela mesma omissão. O livro de M. Laurent de Jussieu, contudo, apareceria com nome de tradutor na edição de 1867, impressa em Paris. Era ele Filipe Pereira d'Araújo e Castro. Alguns anos antes, contudo, já havia uma edição brasileira do *Simão de Nântua*. Data ela de 1859 e está registrada no *Catálogo* da Biblioteca Pública de Recife, com a indicação de ter sido impressa na própria capital pernambucana.

Pormenores valorizavam esta edição,[61] pois o tradutor informava ser Fedro "escravo forro de Augusto César". Era ele traduzido em verso dramático e o livro era aumentado "com cinco fábulas que não vêm em outras muitas edições e ilustradas com várias notas",[62] o que, bem observado, implicava na existência de tiragens anteriores. Aliás, quanto a Fedro, foram numerosas as traduções de suas fábulas. Uma das últimas talvez feita no século XIX deve-se a Antônio Epifânio da Silva Dias, com o título de *Phaedrus*, cuja quarta edição trazia o ano de 1894. A coleção das *Mil e uma noites*, talvez em sete ou mais volumes era lançada, sem nome do tradutor, em Lisboa nos anos de 1872 a 1881.

---

60 Trata-se de uma "nova edição" e traz a chancela da Typographia de José Baptista Morando, Lisboa, 1853, com 268 páginas de pequeno formato.

61 *Catálogo Aillaud e Bertrand e Livraria Francisco Alves*, p.90.

62 Ibid.

É possível um parágrafo especial para uma referência a Júlio Verne, com quase toda sua obra traduzida no século XIX, mais dirigida aos adultos pela apresentação primorosa das edições, do que à juventude propriamente dita. O que não implicava na exclusão da adolescência do seu convívio, conforme o depoimento de muitos leitores de então. Parece-nos que das mais antigas traduções portuguesas foi a do seu livro *À roda da lua*, de autoria de Henrique de Macedo, cuja terceira edição data de 1879. Em 1887 aparecia, em volume todo ilustrado, *Róbur, o conquistador*, em tradução de Cristóvão Aires. A título de curiosidade, podem-se relacionar os seguintes nomes como tradutores das obras de Júlio Verne no século XIX e que, ainda no século XX, se achavam nas livrarias brasileiras:[63] Henrique de Macedo, A. M. da Cunha e Sá, Francisco Augusto Correia Barata, Mariano Cirilo de Carvalho, Gaspar Borges d'Avelar, Pedro Vidoeira, Pedro Guilherme dos Santos Dinis, Xavier da Cunha, Manuel Maria de Mendonça Balsemão, Pompeu Garrido, Manuel Pinheiro Chagas, Assis de Carvalho, Urbano de Castro, Almeida d'Eça, João Maria Jales, Agostinho Sotomayor, Cristóvão Aires, Fernandes Costa, Lino d'Assunção, Augusto Fuschini, Salomão Saraga, Silva Pinto, Manuel de Macedo, Henrique Lopes de Mendonça, Higino de Mendonça, Napoleão Toscano e Aníbal de Azevedo.

É àquele livro de Júlio Verne, *À roda da lua*, que se deve a bela crônica que Olavo Bilac escrevia em 1907, citando o título do volume talvez já em outra tradução, que não a de Cristóvão Aires. Olavo Bilac confessa[64] que lia Júlio Verne desde os 13 anos de idade. Era a leitura do tempo, de todo menino alfabetizado. "Nós todos, homens feitos ou já velhos", confessa o poeta, "lendo a notícia da morte de Júlio Verne, sentimos que morreu o maior amigo e o maior benfei-

63 A relação foi colhida em vários *Catálogos*, de Garnier, Aillaud e Bertrand etc., nas edições de anos diferentes.

64 Bilac, *Ironia e piedade*, p.30.

tor[65] da nossa adolescência". Dava-nos ele um índice da influência das traduções dos livros de Júlio Verne ao afirmar que "o que mais desenvolveu a minha imaginação e o que consolou as vagas e indefiníveis tristezas da minha adolescência foi a leitura de Júlio Verne. Todos os homens da minha idade dirão o mesmo".[66] O depoimento de Olavo Bilac não vem isolado.

De Júlio Verne também nos dá notícia a menina Adélia Pinto, que nasceu em 1882 e tão logo aprendera a ler travara conhecimento com os livros do autor francês, aos quais fazia certa restrição,[67] sem explicar bem a razão. Todo o Júlio Verne foi também lido por Paulino de Andrade, nascido em 1886,[68] como por Ciro Arno por volta de 1893.[69] Tais livros de Júlio Verne foram geralmente introduzidos no Brasil pela Casa Editora Davi Corazzi, que inundou o mercado brasileiro de enorme quantidade de traduções.

Os primeiros livros de Davi Corazzi, surgidos no Brasil, enquanto leitura dirigida principalmente para meninos e adolescentes (porque eram leituras de adultos também) teriam sido os romances de Júlio Verne. *Uma cidade flutuante*, por exemplo, foi traduzido por Pedro Guilherme dos Santos Dinis, 1º Tenente da Armada Portuguesa, livro que traz a data de impressão de 1877. Do mesmo ano é *A descoberta da Terra*, em tradução de Manuel Pinheiro Chagas, ambos, como todos os demais volumes de Júlio Verne, geralmente apresentados com oitenta ilustrações a preto e branco e com mapas. Seguem-se ainda outras edições, como a de 1881, com o título de *A casa a vapor*, em tradução de A. M. da Cunha e Sá; em 1877, o mesmo editor apresentava *O caminho da França*, em tradução de Cristóvão Aires.

Saliente-se, contudo, que a mais antiga tradução brasileira, feita mesmo no Brasil, parece ter sido feita no Rio de Janeiro. Não apu-

65 Ibid., p.33.

66 Ibid., p.34.

67 Pinto, *Um livro sem título*, p.61.

68 Andrade, *Filho de gato...*, p.30.

69 Arno, *Memórias de um estudante (1855-1906)*, p.64.

ramos a editora ou empresa gráfica que a lançou, nem o nome do tradutor. Foi o volume *Aventura de três russos e três ingleses na África Austral*, conforme o registro da Biblioteca Pública de Pernambuco.[70] Outras obras do mesmo autor, em francês ou editadas em Lisboa, figuram no Catálogo da Biblioteca, organizado pelo jurista Clóvis Beviláqua e Lourenço Cavalcanti. Ainda do acervo da biblioteca encontraríamos, em edições originais à disposição do público leitor, vários clássicos como La Fontaine, com as *Fábulas*, e Fénelon com *Aventuras da Télémaque*, edição de Paris, de 1825. Os primeiros livros de Júlio Verne, *Cinq semaines en ballon* [Cinco semanas num balão] e *Aventures du Capitaine Hatteras* [Viagens e aventuras do capitão Hatteras] são, respectivamente, segundo Bernard Noel, de 1863 e 1864,[71] o que demonstra que os leitores brasileiros, e os editores também, acompanhavam bem de perto os novos livros do grande escritor publicados em Paris, para logo depois os traduzir, conforme se exemplifica nas obras acima referidas.

E também de Portugal nos chegou um grande personagem que haveria de encantar tanto a meninada como os adultos brasileiros, tornando-se, por isso mesmo, como o fora na Europa, um tipo largamente popular: Bertoldo. Desde as últimas décadas do século XVIII, segundo Luís da Câmara Cascudo[72] popularizara-se em Portugal o livrinho *Astúcias de Bertoldo*, criado pela pena do italiano Giulio Cesare Croce (1550-1620). Não se sabe exatamente quem foi o seu introdutor, pela tradução, em Portugal, mas é certo que desde os últimos anos do século XVIII Bertoldo já era conhecido também no Brasil. Com efeito, a primeira edição de Bertoldo parece datar, em

70 Beviláqua; Cavalcanti, *Catálogo geral da Biblioteca Pública do Estado de Pernambuco*.

71 Para maior conhecimento da obra e vida de Júlio Verne, veja-se a bibliografia relacionada por Bernard Noel no *Dictionnaire des auteurs* [Dicionário dos autores], que são: C. Lemir, *Jules Verne*, Paris, 1908; M. Allotte de La Fuye, *Jules Verne, sa vie, son oeuvre* [Júlio Verne, sua vida, sua obra], Paris, 1928 e 1955; J. O. Evans, *Jules Verne, Master of Science Fiction* [Júlio Verne, mestre da ficção científica], Londres, 1956; e E. Marcucci, *Giulio Verne e la sua opera* [Júlio Verne e sua obra], Milão, 1930.

72 Cascudo, *Dicionário do folclore brasileiro*, p.101.

português, de 1767, um pequeno volume de 95 páginas, ilustrado já com uma gravura em madeira, publicado em Lisboa com um título enorme, como se costumava fazer naqueles tempos. Intitulava-se *Astucias subtilissimas de Bertoldo, villão de agudo engenho e sagacidade, que depois de varios accidentes, e extravagancias, foi admitido a cortezão e conselheiro do Estado*. A informação não traz o nome do autor nem do tradutor.[73] O *Astutte sottilissime di Bertoldo* [Astúcias discretíssimas de Bertoldo] e o *Le piacevoli e ridiculose simplicità di Bertoldino* [As prazerosas e ridículas simplicidades de Bertoldinho], publicados originalmente por volta de 1617, tiveram "ampla popularidade na Europa, traduzidos para o francês, alemão, espanhol, grego, português etc.".[74] Bertoldo completou-se com a contribuição do poeta italiano, Camilo Scagliero Della Fratta, contemporâneo de Cesare Croce, com o livro *Cacasseno*, no que os catálogos antigos chamam de Bertoldiana. Aí se achavam, em um único volume, todas as aventuras da engraçada família, volume ornado com três retratos, de muitas páginas e considerado então "obra de grande recreio e divertimento".[75] A edição apenas de *Astúcias de Bertoldo* caracterizava-se por uma curiosidade: trazia uma ilustração, "o fiel retrato de Bertoldo",[76] exemplar, aliás, que nunca conseguimos ver.

As edições das aventuras de Bertoldo, Bertoldinho e Cacasseno foram numerosas no Brasil do começo do século XX. Vários catálogos registram tiragens diferentes. O catálogo de 1901, de Laemmert & Cia., registrava *Simplicidades de Bertoldinho* com uma nota crítica, esclarecendo tratar-se do filho do "sublime e astuto Bertoldo", livro esse a que se juntaram as "agudas respostas de Marcolfa, sua mãe".[77] Como foi uma figura extraordinária entre

---

73 *Catálogo Laemmert*, 1906, p.276; *Catálogo Aillaud e Bertrand e Livraria Francisco Alves*, p.15.

74 Cascudo, op. cit., p.102.

75 *Catálogo Laemmert*, ibid.

76 Laemmert & Cia., *Livro diário para 1901*, p.217.

77 *Catálogo Laemmert*, op. cit., p.120.

os leitores brasileiros do século XIX e começo do século XX, vale mais uma curiosa informação contida em um catálogo francês, distribuído entre nós, entre 1912 e 1913. Aí se atribuía a criação de Bertoldo ao francês Bartolomé.[78]

Alguns tradutores, dos muitos que não se puderam identificar, de obras francesas para a infância são colhidos em pesquisas através de catálogos. Assim, Raimundo Câmara Bittencourt traduzia a série de contos subordinados ao título de *O alforje do contador*, considerada uma biblioteca moral para a infância, rica de estampas coloridas. José da Fonseca traduzia as *Aventuras de Telêmaco*, no qual o filho de Ulisses contava com a companhia de Aristono e seu pai. José Severiano Nunes de Rezende traduziu vários contos do Cônego Schmid, bem como Bráulio Jaime Muniz Cordeiro; o primeiro, *O canário*, e o segundo, *A cestinha de flores*, ambos com essa identificação, aparecidos por volta de 1900 ornados com "finíssimas gravuras".[79] Eram livros de muita aceitação, conforme se comprova pelas tiragens sucessivas. Francisco de Almeida traduziu *Economia política*, posta ao alcance de crianças por Otto Hubner, para uso nas escolas e bibliotecas populares. Francisco Maranhão também traduziu Schmid em *Ema de Tanneburgo*, e o desembargador Henrique Veloso de Oliveira traduziu *A Família Briançon*, de Laurent de Jussieu, o autor de *Simão de Nântua*, este último traduzido para o português por F. F. de Araújo e Castro. Esta obra fora premiada em Paris pela então Sociedade de Instrução Elementar, como "obra de educação moral para meninos e meninas".[80] Ph. Anstett traduziu os 75 contos morais e divertidos de Hoffman, sob o título de *Livro variegado*. Do mesmo tradutor aparecia, por volta de 1900, os *Novos contos*, também de Hoffmann, acres-

---

78 Librairie Garnier Frères, *Catalogue général 1912-1913*.

79 Laemmert & Cia., *Livro diário para 1901*, p.103. Adverte-se, porém, que a primeira tradução brasileira de *A cestinha de flores* foi feita por Bráulio Jaime Moniz Cordeiro. Dela nos dá notícia Sacramento Blake. Foi publicada no Rio em 1858. A segunda edição é de 1877, já ornada com gravuras.

80 Ibid., p.108.

-cidos de dez estampas coloridas. J. I. de Frias traduzia o *Tesouro das meninas*, de Madame Beaumont, e Mateus José da Costa, o *Tesouro dos meninos*, de P. Blanchard, ambos profusamente ilustrados com estampas coloridas. Carlos Ferreira Lisbonense traduzia a *História da Donzela Teodora.*

Outro autor fecundo, talvez com a obra inteiramente traduzida e muito lida no Brasil foi Emilio Salgari. A profusa, enorme e variada obra de Emilio Salgari, considerado então o rival de Júlio Verne, teve durante largo período grande prestígio entre os leitores brasileiros, não só crianças e jovens, mas também adultos. É verdade que dificilmente podemos encontrar em algum memorialista referências aos seus livros. Mas a informação fidedigna que temos de Emilio Salgari é que, somente de sua autoria, foram traduzidos 95 títulos,[81] todos distribuídos pelo Brasil. Reedições mais recentes foram feitas há pouco tempo entre nós.

4.5 Tradução e ficção – II

É praticamente impossível ao estudioso do problema estabelecer uma linha nítida entre o que foi traduzido no século XIX e o que o foi no século XX no Brasil. Da mesma forma que geralmente se confunde a identificação entre um autor ou tradutor português ou brasileiro. Os catálogos que proporcionam elementos nos dois primeiros decênios do século XX trazem, não raro, o registro de obras traduzidas no século XIX. Como este ensaio não traz a preocupação de uma ordem rigorosamente cronológica, dada sua própria natureza de ensaio preliminar, vale o exame da questão em sua totalidade, em face particularmente da carência das obras referidas em seus respectivos depósitos, como seriam as bibliotecas públicas. Desse modo continuamos no plano das traduções de ficção com a perspectiva da faixa de transição entre os dois séculos referidos.

81 Livraria H. Antunes, *Boletim n.2*, p.2, Rio de Janeiro.

Desde logo um catálogo francês retoma o tema da familiaridade da língua francesa entre nós. No começo do século XX, a Librairie Garnier Frères[82] enviava-nos, o que já vinha fazendo há muito tempo, imensa quantidade de livros franceses para as crianças brasileiras, inclusive livros clássicos, como os de Andersen, traduzidos naquele país. Deste autor, enfeixando seus numerosos contos, tínhamos *Le camarade de voyage* [O companheiro de viagem], *Le coffre volant* [O cofre voador], *L'Homme de neige* [O homem de neve], *Histoire de Waldemar Daae* [História de Waldemar Daae] e *La vierge des glaciers* [A virgem das geleiras], todos vertidos para o francês por Grégoire e L. Moland e, geralmente, trazendo ilustrações de Yan d'Argent. Ou então os contos de Grimm, traduzidos por E. Grégoire e L. Moland e ilustrados por Yan d'Argent; as *Aventuras de Robinson Crusoe*, de Daniel Defoe, traduzidas por Grandville ou, ainda, os contos de Schmid, *Contes choisis* [Contos escolhidos], vertidos para o francês pelo Abade Macker em quatro volumes ilustrados por G. Staal. Também *Voyages de Gulliver* [Viagens de Gulliver], de Swift, figuravam no catálogo,[83] em tradução de Grandville, igualmente autor das ilustrações. O célebre e lendário Bertoldo, como não podia deixar de ser, tinha sua presença marcada em francês. É possível que seu primeiro aparecimento no Brasil, na língua de Villon, date de 1912[84] com suas aventuras intituladas *Histoire du paysan Bertoldo* [História do camponês Bertoldo], no qual Bartolomé (sic), a que era atribuída a autoria do livro, narrava sua vida, suas aventuras e feitos e "ses étonnantes malices[85]",[86] seguidos das histórias de seu filho Bertoldinho e de seu neto Cacasseno. Era um volume de belo aspecto gráfico, com ilustrações de Albert Guillaume e Mme. Lami.

De Portugal, mantinha-se ativa a corrente fornecedora de tradu-

82 Librairie Garnier Frères, op. cit., p.27.

83 Ibid.

84 Ibid.

85 "seus espantosos ardis".

86 Librairie Garnier Frères, op. cit., p.27.

ções, mesmo enquanto no Brasil apareciam os primeiros trabalhos de tradutores brasileiros. As *Fábulas*, de Tomás de Iriarte, seriam publicadas no Brasil em 1849, na tradução de Antônio Maria Barker e sob o título de *Recreio escolástico*. Eram evidentes as raízes de nossa subordinação intelectual à Europa, fenômeno, aliás, até certo ponto explicável dentro dos quadros do complexo cultural universal, embora se registrassem abusos e essa influência extravasasse do simplesmente cultural. Um caso ilustrativo dessa frequente dualidade de traduções encontraremos no famoso livro de Edmundo de Amicis, *Coração*. Com este livro ocorreu um fenômeno de dupla tradução: a brasileira e a portuguesa, a segunda amplamente aceita nos colégios ao lado da primeira. Tudo dependia do arbítrio do mestre-escola.

Examinando-se bem esse curioso problema, vamos notar que, a rigor, as traduções eram três, além de uma adaptação do livro para as escolas do Brasil. Há uma tradução cujo nome do tradutor não pudemos apurar. É ela referida no livro de Adélia Pinto,[87] que nasceu em 1882. O livro de Edmundo de Amicis foi lido pela menina por volta dos seis anos de idade, ou seja, cerca de 1888. A tradução de João Ribeiro foi lançada em 1891,[88] e os catálogos de 1901 registravam a segunda edição de *Coração*, traduzido em Portugal por Alexandre Sarsfield, que também foi autor de uma adaptação a que anteriormente nos referimos. A tradução da obra de Edmundo de Amicis, lida como primeiro livro por Maria Madalena Antunes Pereira,[89] em 1896, foi, sem dúvida, já, a de João Ribeiro, que alcançara grande receptividade nas escolas brasileiras. Mas a tradução de Alexandre Sarsfield, bem como sua adaptação, sob o título de *Leituras para meus filhos*, marcaram época. Este último acusava particularidades de ambiente português. O próprio autor justificava sua adaptação "tendo em vista os novos moldes que se impunham pela transferência da ação".[90]

87 Pinto, *Um livro sem título*, p.81.

88 A edição saiu com a chancela da Livraria Francisco Alves.

89 Pereira, *Oiteiro (memórias de uma sinhá-moça)*, p.165.

90 Laemmert & Cia., *Livro diário para 1901*, op. cit., p.51.

As observações de Luís Edmundo[91] sobre a procedência da literatura infantil para crianças do começo do século XX – em sua maioria vinda de Portugal – são confirmadas, como verificamos a cada passo, por pesquisas em catálogos antigos, como, por exemplo, no *Catálogo geral da Livraria Chardron*, que parece uma das fontes mais seguras[92] para confirmação do inventário. Com efeito, desde logo aparecem as *Aventuras de Telêmaco*, de Fénelon, compendiadas para uso dos meninos por José da Fonseca, ilustradas com quatro estampas e por ele traduzidas. Ramalho Ortigão traduzia do inglês, em dois volumes, a estória de *Gluxs Baby, o enjeitado*, que narrava seu nascimento e "mais desgraças", conforme se lê do catálogo. Uma coleção de contos árabes, extraída do grande livro das *Mil e uma noites*, com esse título, aparecia em grande estilo em um único volume de 131 gravuras em branco e preto, traduzidas para o português diretamente da edição Mardrus[93] e ocupava uma página de publicidade do catálogo, infelizmente sem o nome do tradutor.

Nessa mesma linha de apresentação de traduções portuguesas no Brasil, dentro daquele conflito já claro de linguagem e estilo que mais e mais se vem agravando ao longo do tempo, encontraríamos uma série de novelas do Cônego Schmid sob o título geral de Biblioteca da Juventude Cristã,[94] série essa então aprovada pelo cardeal-bispo do Porto. Tais livrinhos, com os títulos das peças que continham do famoso escritor, foram muito difundidos no Brasil do começo do século XX. Teríamos assim, em um volume, estórias de *Genoveva*, de *Eustaqui* e de *Inês*; em outro, *Luís, o pequeno emigrado, Teófilo*, o *Pequeno ermitão* e *A véspera de Natal*; em outro, *A cruz de madeira, Maria ou o Açafate de flores, A ovelhinha* e *O pirilampo*, todos eles apresentados em pequenos volumes cartonados, em uma antecipação do que seria, muitos anos depois, a série de volumes organizados por Arnaldo de Oliveira Barreto.

---

91 Edmundo, *O Rio de Janeiro do meu tempo*, v.II, p.702.

92 Lello & Irmãos, *Catálogo geral da Livraria Chardron*.

93 Laemmert & Cia., *Catálogo geral das obras de fundo*, p.120.

94 Ibid.

A chamada literatura de cordel foi, durante muito tempo, a literatura mais acessível aos meninos brasileiros, juntamente com a chamada literatura jocosa. Ficou assim conhecida, literatura de cordel pela simplicidade de sua apresentação gráfica e modo de exposição ao público,[95] e que nos faz evocar os *pliegos* utilizados na Espanha, ou mesmo os *horn-books*, utilizados na Inglaterra. A literatura de cordel no Brasil incluía não somente obras de tradição popular, mas também contos de clássicos, geralmente ilustrados com uma gravura em cores.

O exame dos catálogos evidencia alguns nomes, como os de Cristóvão Schmid, Paul Féval, Grimaldi e outros. Poder-se-ia relacionar um número incontável de títulos naquela série. A insistência de tais títulos, contudo, recaía sobre as obras clássicas da literatura popular, se assim podemos dizer, tais como *Galateia, História da donzela Teodora, História da imperatriz Porcina, História da princesa Magalona, História de João de Calais, História de Roberto, o diabo, História do imperador Carlos Magno e dos doze pares da França, História dos filhos de Carlos Magno* e outros mais. Isso não impedia, porém, que outros autores figurassem, ou outras obras, nessas edições particularíssimas, como as *Fábulas*, de La Fontaine, *O piloto*, de Fenimore Cooper, em tradução portuguesa de Caetano Lopes de Moura, bastante reduzida, aliás, e mesmo uma *História de um palhaço*, de Raul Brandão.

Outro livrinho de grande prestígio era a *Vida e aventura*, contando a estória de Pedrilho e Picarito, com suas "facécias, pachuchadas e travessuras, malícias e gatunices"[96]; o *Tartarin de Tarascon*, de Alphonse Daudet, também reduzido, figurava nos catálogos com a chancela de diversas editoras. Por outro lado, as chamadas "estórias jocosas" se apresentavam com a mesma técnica editorial das dramáticas, em folhetos geralmente acompanhados de uma ilustração em cores. Das mais

95 Outra característica que parece dar esse nome à literatura é que mais livrinhos eram expostos ao público dependurados, ao meio, por um cordel, estendido o mais das vezes em parede de edifícios.

96 Laemmert & Cia., *Catálogo geral das obras de fundo*, p.339.

antigas é a *História jocosa dos três corcovados de Setúbal*, cujos personagens Lucrécio, Flávio e Juliano tinham suas vidas e aventuras narradas, ou como diz o catálogo, "a equivocação graciosa das suas vidas".[97]

Ainda no começo do século XX, o livro, em sua "espessa maioria", para usar expressão do cronista Luís Edmundo, vinha de fora, particularmente da França, quando em língua estrangeira. Ou de Portugal, quando em língua portuguesa, pois nos colégios de então, em sua maioria, o idioma era ensinado à base de textos de um João de Barros, ou de um Gil Vicente, e, com maior predomínio, de Luís de Camões. Apesar do inventário que vimos fazendo, mostrando já um volume considerável de obras traduzidas e originais, o livro francês mantinha um prestígio indisfarçável, particularmente no caso da literatura infantil. "Persistimos franceses pelo espírito e, mais do que nunca, a diminuir por esnobismo tudo que seja nosso" escrevia Luís Edmundo recordando leituras do começo do século XIX[98] ao escrever sobre livros e livrarias da época. Os editores Garnier, Laemmert e Quaresma constituíam então a trindade dos fornecedores de livros no Rio de Janeiro. Quaresma era o "editor de baixas letras" e, por isso mesmo, "populariíssimo"[99] e desta popularidade nasceu, em face do contato com as necessidades de leitura do povo, seu "sonho de abrasileirar o comércio de livros, entre nós",[100] a que já nos referimos. Luís Edmundo salienta que a literatura infantil vinha toda de Portugal, redigida em uma linguagem já caracteristicamente diferenciada em relação ao Brasil, "tanto que as nossas crianças não entendiam a maioria dos textos desses mesmos livros"[101] – e já no começo do século XX. Esta observação revela que o português, já então influenciado no

97 Catálogo Aillaud e Bertrand e Livraria Francisco Alves, p.112. Esta estória divertiu muito o grande e pequeno público do Brasil e Portugal setecentista e, como escreve Luís da Câmara Cascudo, "vendia-se como pão".

98 Edmundo, op. cit., p.702.

99 Ibid.

100 Ibid., p.734.

101 Ibid.

HISTORIA JOCOSA

DOS

TRES CORCOVADOS

DE SETUBAL

LUCRECIO, FLAVIO, E JULIANO

ONDE SE DESCREVE

A EQUIVOCAÇÃO GRACIOSA DAS SUAS VIDAS

RIO DE JANEIRO

PUBLICADA E Á VENDA EM CASA DOS EDITORES

EDUARDO & HENRIQUE LAEMMERT

Rua da Quitanda n. 77

1865

Brasil pelos negros e índios, imbuía-se do espírito tropical da terra, que o amolecia, tornava mais doce e mais plástico.

O velho Quaresma teve uma atuação destacada nesse período – talvez mais cronologicamente localizado como no primeiro decênio – ao encaminhar sua atividade de livreiro e editor para a solução do conflito, tácito, entre o leitor infantil brasileiro e a literatura infantil que nos vinha de Portugal. Foi assim que, como veremos, sendo ele amigo de Figueiredo Pimentel, encomendou-lhe toda uma biblioteca de livros especialmente endereçados aos meninos brasileiros. Parece ter havido uma razão lógica para a escolha por Figueiredo Pimentel. É que ele já havia escrito e publicado, em 1896, os *Contos da carochinha*. Embora a iniciativa do velho Quaresma tenha representado notável esforço de nacionalização da problemática da literatura infantil brasileira – quanto ao tema e quanto à expressão – é possível que não tenha bastado para alterar o panorama das influências dos livros vindos principalmente de Portugal, da França e da Inglaterra. Parece-nos ser essa uma observação lícita e procedente, pois ainda em 1922 Gilberto Freyre assinalava, em um pequeno artigo, que "o brasileiro passa pela meninice quase sem ser menino. Faltam-lhe brinquedos. Faltam-lhe livros",[102] frisando a insuficiência da literatura infantil brasileira e mesmo a do idioma português. O ilustre sociólogo, diante do quadro que considerava pessimista e que depois reconhecia como alterado pela presença de Monteiro Lobato, sugeria como solução razoável, para a época, o fato de os pais mandarem os meninos aprender alemão, inglês ou francês "para que a imaginação não sofra com a insuficiência".[103]

O editor e livreiro Davi Corazzi era dos grandes mercadores de livros portugueses a dominar o mercado brasileiro. Não só Davi Corazzi editava e distribuía livros no Brasil para as crianças do século XIX e começo do século XX, também a Empresa Literária Fluminense, fundada em 1877, de Santos & Vieira, o fazia à larga. Pelo seu

102 Freyre, *Artigos de jornal*, p.93.
103 Ibid.

catálogo (é o de 1909 que conseguimos consultar) podemos aferir sua grande penetração no País, com dados valiosos sobre os autores de traduções de clássicos da literatura infantil universal e mesmo de autores portugueses que já cuidavam desse gênero literário.

É assim que vamos anotar a tradução dos *Contos*, de Andersen, por Gabriel Pereira, com um esboço biográfico do grande escritor. O volume continha catorze estórias. Aliás, esse tradutor também figura como autor de um livro para crianças, *Contos singelos*. Anota-se no catálogo uma tradução do *Coração*, de Edmundo de Amicis, sem o nome do tradutor, mas com um prefácio assinado por Valentim Magalhães.[104] *A História do imperador Carlos Magno e dos doze pares da França*, dividida em cinco livros, ilustrados com gravuras coloridas, tinha a tradução assinada por Jerônimo Moreira de Carvalho. *A vida e aventuras de Robinson Crusoe*, de Daniel Defoe, com muitas gravuras, fora traduzida por Agostinho de Sotomayor. A nota do livro que conta as aventuras de Carlos Magno traz a data de 1903, o que recua, certamente, para muitos anos a interferência dos editores portugueses, seu tradutores e autores junto à meninada brasileira.

Não era só, contudo, através de traduções que nos vinha literatura infantil de Portugal – e também em obras originais de escritores lusitanos. Vamos observar o fato no teatro infantil, onde os diálogos

104 *Catálogo da Empresa Literária Fluminense*, p.42. A nota do *Catálogo* sobre o livro de Edmundo de Amicis traz uma apreciação crítica um tanto extensa. Vale a pena transcrevê-la. Ela reflete, na verdade, um estado de espírito sobre o livro que foi muito lido, na época, em vários países. Ei-la: "Livro de ouro, bíblia da educação que todas as mães e todos os professores devem saber de cor para facilmente poderem formar o espírito das crianças, enriquecendo-as com os mais puros exemplos. O *Coração* é mais do que um livro de literatura; é um livro científico, um adorável tratado de psicologia infantil, pensado por um cérebro de sábio e escrito por um coração de pai. O *Coração* é um dos notáveis, extraordinários e raríssimos livros que dão saúde à alma, e a enchem de força e de alegria – da alegria e da força que só a bondade possui". Como essa nota figura entre aspas, é possível que se trate de trecho do prefácio de Valentim Magalhães, como também é possível que a tradução também seja de sua própria autoria. Não nos foi possível, até agora, consultar a edição aqui registrada, tão rara ela já se tornou.

deveriam agravar o conflito entre as duas maneiras de falar. Do começo do século XX são os primeiros livros com pequenas peças do teatro infantil. Não foi, sem dúvida, um gênero muito aplaudido. Muito pouco no setor conseguirá o pesquisador inventariar, mas, mesmo assim, algumas editoras publicavam tais livros, conforme se lê de alguns catálogos. O *Catálogo da Empresa Literária Fluminense* registra uma coleção de Teatro Infantil com cinco títulos, alguns com o nome dos autores. São eles: *Abaixo a palmatória*, comédia em um ato, de Matos Moreira; *O anjo do lar*, comédia em um ato, de Maria Rita Chiappe Cadet; *Uns donos de casa respeitáveis*, comédia em um ato, seguida dos diálogos *O galo canta* e *A boneca*, de autoria de Inês d'Azevedo e Silva Drago. Mais duas peças, sem o nome dos autores: *Quem paga a conta* e *O dia de S. Lamecha*, ambas comédias em um ato.

A difusão enorme que essas traduções tinham, tanto em Portugal como no Brasil, levou vários escritores (idêntico fenômeno que é natural no desenvolvimento de uma literatura, principalmente a infantil, repetiu-se no Brasil) a explorar o gênero, de modo geralmente lamentável para nós hoje, mas que, na época, era modo perfeitamente aceitável e aplaudido. Raríssimos foram os autores que conseguiram transcender o tempo, tão falsa e puramente didática pretendeu ser essa chamada literatura infantil. Os catálogos dão-nos notícias cheias de elogios desses autores e seus livros, que não só se constituíam em leitura para crianças em Portugal, como também – e principalmente, no Brasil, na fase que estamos examinando, quando os leitores, em face do crescimento do País, já eram bem mais numerosos que na terra de Camões. Com efeito, em 1907, o *Catálogo da Livraria Chardron* registrava o volume de *Contos para nossos filhos*, de Maria Amália Vaz de Carvalho, já então na quinta edição e todo ilustrado. Manuel de Macedo ilustrava o pequeno volume *O órfão*, contos para crianças, de A. Matos Moreira, e Antônio Maria Barker dava-nos o *Parnaso juvenil*, poesias morais colecionadas, adaptadas e oferecidas à mocidade, como diz o catálogo. O *D. Jaime*, de Tomás Ribeiro, era muito difundido entre nós, já então sofrendo adaptação especial do seu autor para leitura escolar.

Em 1909, editado pela Livraria Ferreira Editora, de Lisboa, foi distribuído no Brasil o volume *O livro das crianças (portuguesas e brasileiras)*, coordenado por d. João da Câmara, José Antônio de Freitas, Maximiliano de Azevedo e Raul Brandão. Verdadeira seleta ilustrada, com vinhetas, trazia trechos de clássicos em prosa e verso, adágios, pensamentos e, muitas vezes, uma literatura de turismo sobre cidades brasileiras e portuguesas. Embora perfeitamente impresso, com certo requinte gráfico até, na verdade se constituía em leitura pesada e que dificilmente, hoje, seria aceita pelas crianças. Mas já ali se encontravam páginas de Edmundo de Amicis, poesias de Olavo Bilac, estórias do folclore, de Júlio César Machado, João de Deus (poesias), trechos de José de Alencar e o conto "O sino de ouro", de Júlia Lopes de Almeida, que tinham, necessariamente, de ser lidas pelas crianças do começo do século XX.

Nessa época, meninos e meninas liam muito uma célebre coleção intitulada *O alforje do contador*, constituída de mais de cem volumes ornados de estampas, de parábolas e estoriazinhas curtas, vertidas do francês em Portugal por Raimundo Câmara Bittencourt. Da Condessa de Ségur foi traduzido, por Abranches Lobo, o livro *Os desastres de Sofia*, então com 48 gravuras de H. Castelli, que, em 1906, já se encontrava na terceira edição. Da mesma autora teríamos *As férias*, obra ilustrada com gravuras de Bertall, traduzida do francês por Luís Teixeira Machado, também em terceira edição naquele ano. Um dos grandes tradutores dos contos de Schmid foi Pedro Carolino Duarte. Os livros da Condessa de Ségur alcançavam grande público. Dela figurava nas livrarias, para a meninada brasileira, também, o volume de *As meninas exemplares*, ilustrado por Bertall e ainda na tradução de Antônio Luís Teixeira Machado. De Edmundo de Amicis teríamos outro livrinho de grande sucesso, que não se manteve como o *Coração*. Era *A mestra dos operários*, em uma edição sem o nome do tradutor, mas que com toda a certeza era algum mestre português com a sua língua já ensaiando nítidos conflitos mais acentuados com a fala no Brasil. O livro *O tesouro dos meninos*, de autoria de P. Blanchard, obra considerada então clássica, em 1902 aparecia com nova edição, em uma tradução portuguesa feita por Mateus José da Costa. O livrinho, mais dando para o escolar, trazia de tudo, inclusive o tradutor ali havia introduzido algumas máximas do Marquês de Maricá, além de suas poesias. O volume era ornado com 16 estampas coloridas.

Vale acrescentar, a propósito da Condessa de Ségur, que seus livros também eram lidos na língua original. Temos o depoimento, neste passo mais uma vez lembrado, de Maria Madalena Antunes Pereira,[105] que, no colégio, em 1896, lera "toda a obra da Condessa de Ségur, principalmente *Os desastres de Sofia, As meninas exemplares* e *As férias*". Ainda na sua língua original, uma série encantava os meninos do tempo: os álbuns de Benjamim Rabier, logo de imediato imitados na sua funcionalidade cultural, que explorava o equilíbrio e a harmonia entre o texto e as gravuras ilustradas em cores. Os álbuns de Benjamim Rabier, famosos na França, fascinam a nossa meninada pelos seus desenhos admiráveis ainda hoje.

Seis deles, principalmente, poderiam ser encontrados nas melhores livrarias do País, que não seriam muitas entre o Império e a República, inicialmente em francês e depois traduzidos: *Les animaux en liberté, Les animaux s'amusent, Ménagerie, Petits mystères de la vie des animaux* e *Scénes de la vie privée des animaux*. Em português apareceriam *Os animais se divertem, Os animais em liberdade, escutem!, O fundo do saco, A jaula,* e *Misérias que passam os animais*. Dessa série se dizia que

> são tão benfeitos os trabalhos desta coleção, e tão interessantes as suas gravuras coloridas, retratando as expressões fisionômicas dos animais, que não há casa de educação que não os tenha para júbilo de seus discípulos.[106]

Outra curiosa biblioteca surgida no começo do século XX foi a *Biblioteca da infância*, com volumes de cerca de duzentas páginas, "ilustrados com primorosas gravuras no texto", trazendo pequenas

---

105 Pereira, op. cit., p.165.

106 Edições F. Briguiet & Cia., *Catálogo*, p.59.

narrativas de Víctor Hugo e Alphonse Daudet, ao lado de narrativas históricas, principalmente portuguesas, contando episódios pátrios com as aventuras lusitanas do século da descoberta. De Victor Hugo aparecia *O bom bispo*, e de Alphonse Daudet, *A criança abandonada*, sem nome de tradutores. A famosa Biblioteca Rosa Ilustrada, que talvez ainda hoje possa ser encontrada, dava-nos a série de obras da Condessa de Ségur, em tradução de A. L. Teixeira Machado e de Madame Chiape Cadet. Na mesma série, colocava-se a tradução portuguesa do *Robinson Crusoé*, de Daniel Defoe, feita por Pinheiro Chagas, edição ornada de numerosas gravuras originais. Do mesmo tradutor se poderiam ler *Infâncias célebres*, de Louise Collet, e *Casa de saltimbanco*, de Madame Stolz. Ao lado desses livros, já marcados por espírito eminentemente literário destinado às crianças, registrava-se um volume, *Tesouro das meninas*, lições de uma mãe à sua filha acerca dos bons costumes e da religião.

Por outro lado, teríamos a Biblioteca da Juventude, como as outras, de apresentação gráfica uniforme, em que ao lado de clássicos se juntavam autores portugueses, traduções e outros livros que, francamente, hoje mal poderíamos juntar em uma biblioteca para a juventude. É este, por exemplo, o caso de *Os noivos*, de Alexandre Manzoni, em dois volumes de tradução brasileira, mas sem o nome do tradutor.

Nesta série, com bons livros, afinal de contas, poderíamos ler *Contos*, dos irmãos Grimm, com ilustrações de Yan d'Argent; *O amigo das crianças*, de Berquin;[107] *Robinson Crusoé* e *Contos e cenas da vida de família*, de mme. Desbordes-Valmore; *A novena da candelária*, de Charles Nodier, em tradução de B. F. Ramiz Galvão e desenhos de Yan d'Argent; *As fábulas*, de La Fontaine, traduzidas por Pinheiro Chagas e Teófilo Braga; *Contos do dr. Sam*, de H. Berthold com ilustração de G.

107 Para Legouvé, *Dictionaire pedagogique*, Berquin foi o verdadeiro criador da literatura infantil. Berquin nasceu em 1749 e morreu em 1791. Diz Legouvé que Berquin "montra l'enfance à l'enfance" ["mostrou a infância à infância"], abandonando o fabuloso e o maravilhoso para se dedicar à poesia do cotidiano, do humilde, etc. Apud Trigon, *Histoire de la littérature enfantine*, p.36.

Staal e Pizzetta; *O coração de amiga*, do Padre Clementino Contente, *Contos familiares*, de Maria Edgeworth; *Robinson suíço*, de Rodolfo Wyss; e mesmo uma versão de *D. Quixote*, de Cervantes. O livro de Melo Morais Filho, talvez abrindo exceção entre os autores brasileiros, *Pátria selvagem*, com muitas gravuras originais, segundo a expressão da época, figurava na Biblioteca Rosa Ilustrada antes referida. Um grande clássico era relacionado na série: Andersen, com *A virgem dos geleiros* e com *O homem da neve*, ambos ilustrados por Yan d'Argent, tendo ao seu lado, ainda, obras de Perrault e de mme. d'Aulnoy, traduzidas por J. J. A. Burgain, com desenhos de G. Staal.[108]

A série de álbuns ilustrados para crianças, que foram distribuídos nas duas primeiras décadas do século, é bastante numerosa e curiosa. O mais das vezes, sequer são citados os autores. Percebe-se terem sido trabalhos encomendados pelos próprios editores, atendendo à demanda do mercado de livros para crianças. A nota particular dessas publicações é que eram todas enriquecidas de gravuras coloridas. Outros álbuns surgiam com nomes de autores e outros, ainda, com o nome dos autores e dos ilustradores. Na primeira referência, poderíamos enumerar: *O anjo da guarda*, *As aventuras de Hilário*, *O bom irmão*, *O chapéu preto*, *Estêvão Murilo*, *Jogos da infância*, *O polo norte*, *Segundo livro das crianças*, *Terceiro livro das crianças* (dois títulos, aliás, que implicavam em um primeiro), *Tiago*, *O pequeno saboiano*, *O último conto de Perrault* e *Viagem do alto mandarim Ka-Li-Kó e de seu fiel secretário Pa-Tchu-Li*.[109] Os álbuns de autoria de Jordic apareciam em número de oito, com os títulos de *Semana de Catarina*, *Bre Ké Ké*, *Últimos empregos*, *Tintin Gorin*, *Maria dos tamancos*, *Curso seleto*, *Perereca e leiteirinha* e *Colégio dos passados*. Outro álbum que fez sucesso na época foi o que apresentou, de modo muito resumido, evidentemente, as aventuras de Robinson Crusoé, com ilustrações de J. J. Grandville e cromolitografias de L. Nehlig.

---

108 Livraria Teixeira, *Catálogo de livros úteis en Novidades literárias*, p.25.

109 Livraria Garnier, *Catálogo geral 1928*, p.27.

Em 1907, o livreiro Garnier distribuía sua chamada Biblioteca Popular, a maioria das vezes integrada por estórias da tradição oral, agora impressas, sem o nome do coletor. Assim, teríamos *Astúcias de Bertoldo, Confissão geral do marujo Vicente, Conversação de pai Manuel com pai José, Despedida de João Brandão, Disputa divertida, Os escravos, Galateia, História da donzela Teodora, História do grande Roberto o diabo, História da imperatriz Porcina, História de João de Calais, História da princesa Magalona, Simplicidades de Bertoldinho, Vida de Cacaseno* e, inclusive, *Noite na taverna* de Álvares de Azevedo.

Desse mesmo período, em que tudo parecia lícito e em que a confusão entre literatura popular e infantil era geral, como queria Machado de Assis, é também *a Biblioteca dos meus filhos*, extremamente curiosa, lançada com elenco numeroso de títulos,[110] muitos dos quais, ou quase sempre, sem autor taxativo. Eram volumes pequenos, benfeitos, bem ilustrados no geral por Teixeira Lopes e João Alves de Sá, como no caso de *A lagoa de Donim*, de João da Mota Prego. Livro português, língua portuguesa, tema português, por muito tempo constituiu este leitura que os meninos tinham à mão. Entremeado de observações, com enredo bem articulado, através de suas páginas ensinava piscicultura à criançada. Nessa coleção figuravam obras premiadas pelo governo português, ou como então se dizia, "aprovadas pelo governo para prêmio das escolas primárias". E assim teríamos *A horta do Tomé, A quinta do diabo* (ensino da avicultura) – obra esta premiada com medalha de ouro na exposição de avicultura e apicultura realizada em Lisboa em maio de 1911.

A série de livros traduzidos foi enorme, conforme se nota no desenvolvimento destas páginas. Mas embora a reação à literatura estrangeira se fizesse nítida nas duas primeiras décadas do século XX, ainda assim os autores estrangeiros predominavam como leitura das nossas crianças e dos nossos jovens. Os *Catálogos*, nesse particular,

---

110 O rol é enorme, diversificado e curioso. Vide a relação impressa na edição de *A lagoa de Donim*, de João da Motta Prego, 1918.

CONFISSÃO GERAL

DE

UM MARUJO

CHAMADO

por via das rogativas que lhe fez
sua mulher JOANNA,
e sua apparição com o Confessor.

POR

J. D. R. da C.

NOVA EDIÇÃO

Augmentada e accrescentada de varios dialogos
e ornada com uma estampa colorida.

RIO DE JANEIRO

NA LIVRARIA DE

ANTONIO GONÇALVES GUIMARÃES & C.ª

RUA DO SABÃO N.º 26

1865

são muito convincentes. Ainda em 1928 poderíamos anotar vários autores estrangeiros, muitos dos quais, com exceção dos clássicos como Schmid, Perrault, Andersen, Berquin, mme. D'Aulnoy, desapareceram completamente.

Seria interessante assinalar aqueles autores de tão pouca duração. Desse modo é que encontraríamos uma série enorme de pequenos volumes ilustrados, entre os quais *Anunziata* [Anunciada], de Maryan, com ilustrações sem autor, como também sem o nome do tradutor; *Aventuras de João Paulo Choppart*, de L. Desnoyers, com ilustrações de H. Giacomelli e gravuras de Cham; *Bazar das crianças*, de Baumont; *Cem pequenas histórias*, de Loiseau du Bizot; *Contos familiares*, de Maria Edgeworth; *Contos e cenas da vida da família*, de mme. Desbordes-Valmore; *A fonte das pérolas e outros contos de fadas*, de Bridget e J. Kavanagh; *História de um bocadinho de pão*, de Jean Macé, com ilustrações de H. Giacomelli. Ainda nesta relação encontraríamos as *Mil e uma noites*, que o *Catálogo* assinala serem "contos árabes cuidadosamente escolhidos", e ilustrados no volume por François H. Baroz e Ed. Watier. Em dois volumes, ilustrados e encadernados, aparecia em 1928 uma tradução de *O Robinson suíço*, de Rodolfo Wyss.[111]

Eram essas as "traduções galegais", a que se referia Monteiro Lobato, em uma carta de janeiro de 1925 a seu amigo Godofredo Rangel. "Estou a examinar os contos de Grimm dados pelo Garnier", escrevia ele. "Pobres crianças brasileiras! Que traduções galegais! Temos de refazer tudo isso – abrasileirar a linguagem."[112] Com efeito, abrasileirar a linguagem ainda é hoje um problema de alta importância em nossa literatura infantil. Temos progredido relativamente pouco nesse sentido.

Possivelmente, desse período, passou despercebida alguma obra infantil de valor permanente. É o caso de F. Adolfo Coelho que, em

111 Livraria Garnier, *Catálogo geral 1928*. Uma nota a respeito do famoso livro de Wyss transcreve uma opinião de Charles Nodier, considerando estas páginas "um curso completo de educação" e, mais ainda, que merecia "ser premiado todos os anos".

112 Lobato, *A barca de Gleyre*, p.453.

1918, era lançada no Brasil com o título de *Contos da avozinha* ou *Contos nacionais para crianças,*[113] livro cujo mérito, conforme assinala o autor no prefácio, é o de ser "verdadeiramente nacional e popular". Mas, acrescentemos, em Portugal, porque o autor era português, o que, a bem da verdade, não circunscreveu o seu conteúdo. Os temas dos seus pequenos contos, baseados na tradição popular, eram verdadeiramente universais. Com efeito, essa é a característica mestra das páginas do livrinho de F. Adolfo Coelho, que se aproveita inclusive de um tema de Gil Vicente – o de Mofina Mendes – para construir a estória de *O pote de azeite.*[114] As demais estórias, hauridas principalmente no tema das narrativas populares, constituem a coleta de velhos contos do folclore. Destaque-se, porém, que F. Adolfo Coelho soube realmente fazer um livro capaz de interessar as crianças. Nele não se nota, em relevo, o cuidado pedagógico ou a preocupação moralizante, traços que perderam muitos livros para crianças da época, ou que eram, na verdade, o objetivo de tais livros.

Os *Contos da avozinha* ainda hoje poderiam figurar em edições modernas pela naturalidade e objetividade com que foram escritos, sobretudo pela graça da narrativa, feita com fidelidade às suas fontes. Eis que

> as narrativas que o compõem [diz o autor no prefácio], foram colhidas da boca do povo, com as próprias palavras que ele emprega, ou por nós ou por outros amigos das tradições populares, e reproduzidas por nós com insignificantes modificações.

Outro objetivo que traz o livrinho de F. Adolfo Coelho é sua preocupação nacionalista. Também ele, em Portugal, reagia à enxurrada de literatura traduzida para a infância portuguesa, à qual, na sua opinião, se ressentia do que chama "falta de caráter nacional".[115]

---

113 Coelho, *Contos da avozinha* ou *Contos nacionais para crianças*, 1918.

114 É verdade que o tema é popular, segundo os melhores exegetas da obra de Gil Vicente, como Antônio José Saraiva. Mas é em Gil Vicente, na língua portuguesa, que ele encontra sua melhor e mais impressionante formulação.

115 Coelho, op. cit., p.6.

Tinha ele, o autor, uma posição inteligente em relação à leitura para crianças. Podemos dele nos ocupar com mais detalhes porque o livro merece e, como dissemos, muitas de suas estórias ainda hoje resistem à leitura mais severa.

F. Adolfo Coelho talvez tenha sido, dos autores da língua portuguesa, dos primeiros a considerar a opinião crítica da criança.

> Admitimos para este livro [escreve ele] apenas duas classes de críticos: uma, a principal, é constituída pelas crianças a quem ele é destinado, críticos em regra (infelizmente nem sempre) ainda não corrompidos pelo riste convencionalismo social; se as crianças ouvirem ler ou lerem esses contos com o interesse, com a alegria e o riso do jogo infantil, teremos alcançado pequena glória a que, com esta publicação, aspiramos. A outra classe de críticos é constituída pelos raros espíritos que sabem o que é a alma infantil, que conhecem as leis do seu desenvolvimento harmônico, leis que a observação isolada de algumas crianças não descobre, mas que o estudo da infância em todos os tempos e em todos os lugares permite assentar.[116]

As observações de F. Adolfo Coelho traziam o endereço certo. Representavam uma tentativa de modificação da paisagem literária para crianças, quase sempre, por essa época, bitolada por padrões importados, por uma pedagogia estreita a impor apenas os pontos de vista dos adultos. Tanto em Portugal como no Brasil. É o que se deduz do que o autor escreve mais adiante nesse seu curioso prefácio:

> Os outros críticos, pedagogistas de sobrolho catoniano, de férula e cana na mão ou pelo menos com vontade de as empregar, psicólogos casuísticos que estudaram algumas crianças, mas que deixaram a infantilidade fora do campo da sua observação, metodologistas feitos com regras decoradas, positivistas de curta vista, cheios de terror da superstição e da metafísica, todos esses hão de condenar o livro.[117]

Com efeito, parece que surgiram vozes estranhando o aproveitamento de temas tão populares e tão velhos por F. Adolfo Coelho.

---

116 Ibid., p.7.

117 Ibid., p.7-8.

Poderia ele repetir com G. K. Chesterton que "no importa que sean antiguas o nuevas; son el alfabeto de la humanidad; como en muchas formas de la primitiva escritura simbólica, la humanidad se vale de todo símbolo viviente con preferencia al hombre[118]".[119] E quanto àqueles "psicólogos casuísticos" poderia também repetir com Chesterton que "hay más de un modo de cometer infanticidios, y uno de ellos es asesinar a la infancia sin asesinar al infante[120]".[121]

Representava, pois, o livro, também, uma reação às normas antiquadas da pedagogia.

> Uma sã psicologia [diz ainda F. Adolfo Coelho] demonstra que o gosto que as crianças têm pelos contos tradicionais, maravilhosos ou não maravilhosos, é uma indicação da natureza de que eles são tão necessários ao seu desenvolvimento físico. A pedagogia é forçada, pois, a escutar a indicação da natureza, a empregar os contos tradicionais com moderação, sem dúvida, mas livre do terror dos vermes da superstição.[122]

Este livro de F. Adolfo Coelho foi muito lido no Brasil desde os fins do século XIX. Sua primeira edição, conforme J. Leite de Vasconcelos,[123] data de 1882, impressa no Porto com o título de *Contos nacionais* e subtítulo *Para crianças*, e foi o volume inaugural da então Biblioteca de Educação Nacional. Aliás, o segundo volume da série também foi do mesmo autor, *Jogos e rimas infantis* (Porto, 1883), que igualmente se aproveitou no Brasil como livro de leitura infantil. Os *Contos nacionais* reeditaram-se no Brasil sem nenhuma indicação crítica ou bibliográfica. Trazia então o título de *Contos da avozinha* e apareceu em 1918 com

---

118 "não importa se são antigas ou novas; elas são o alfabeto da humanidade; assim como em muitas formas da primitiva escrita simbólica, a humanidade usa qualquer símbolo vivo que dê preferência ao homem".

119 Chersterton, *Chesterton, maestro de cerimonias*, p.98.

120 "há mais de uma maneira de cometer infanticídios, e uma delas é assassinar a infância sem assassinar a criança".

121 Chesterton, op. cit., p.225.

122 Coelho, op. cit., p.9.

123 Vasconcelos, *Ensaios etnográficos*, 2.ed., v.I, p.307.

a chancela da Livraria e Oficinas Magalhães. As ideias de F. Adolfo Coelho, com toda a certeza, repercutiram no Brasil na fase em que a literatura infantil já procurava uma verdadeira motivação nacional.

4.6 Capítulo de transição

No período de transição entre o Império e a República, que se torna importante para este estudo em virtude de nova orientação na pedagogia nacional, já se verifica o profundo interesse da criança por leituras, sem que, entretanto, de modo geral, houvesse elemento literário correspondente a essa curiosidade infantil em todos os seus termos, de modo amplo, abrindo exceções sempre para os clássicos da literatura infantil. Nova orientação partida do surto de urbanização, principalmente da modificação da paisagem econômica, a que se aliava a participação de professores estrangeiros. Estes atuavam não só em grandes fazendas de café, como também nas velhas casas-grandes, nos engenhos do Nordeste e mesmo nas grandes cidades como o Rio de Janeiro, São Paulo, Recife e Salvador.

Por ação destas professoras – principalmente professoras – quase sempre estrangeiras, anglo-americanas, francesas e alemãs no século XIX, difundia-se a experiência pedagógica europeia, e norte-americana, tendo muitas delas deixado nomes ligados a estabelecimentos de ensino dos dias atuais. Citaríamos, entre outras, Madame Meunier, Miss Brown, Miss Elise Reed, Mademoiselle Ida, Miss Stott (que dirigiu em São Paulo o Colégio Stafford), portanto, muitas norte-americanas que alterariam inclusive o estilo caligráfico dos meninos brasileiros, como notou Alexina Magalhães Pinto, um tipo de inclinação, na caligrafia, médio, "entre o vertical e o usual entre nós, no Brasil, denominado tipo inglês".[124] O conhecimento da língua francesa, nesse período de transição – já o notaram Ina von Binzer, a educadora alemã que esteve entre nós, e Gilberto Freyre –,

124 Pinto, *Os nossos brinquedos*, p.221.

era extremamente difundido. Meninos e meninas liam e falavam corretamente o francês. Destaque-se na série desses nomes a marcar roteiros na educação do Brasil da época, juntamente com a grande massa da literatura importada de Portugal, que alguns deles contaram com o prestígio, em sua orientação, de homens do Governo, como no caso de Miss Brown em São Paulo. Com a mão forte do então secretário do Governo, Cesário Mota, Miss Brown, com seus métodos revolucionários de ensino, "formou uma verdadeira escola de pedagogos, conseguindo, principalmente, criar uma mentalidade nova no Departamento de Instrução".[125] Antônio Carlos Pacheco e Silva, de São Paulo, recorda que os livros de leitura nas escolas de seu tempo eram de autoria de professores, "quase todos impressos nos Estados Unidos e contendo lindas gravuras".[126] Já no seu tempo, Miss Brown dirigia uma Escola Modelo, que funcionava ao lado da Escola Normal da Praça dos Curros, hoje Praça da República. Não foi só Miss Márcia Brown, com sua experiência em Massachusetts, que trouxe elementos novos, por volta de 1890, para o ensino no Brasil. A brasileira Maria Guilhermina Loureiro de Andrade – que deve ter sido exemplo seguido em sua época – fora aos Estados Unidos, onde fizera um curso especial, e trouxe novas fórmulas de ensino para a Escola Normal de São Paulo.

As observações em torno dos primórdios do aparecimento da literatura infantil no Brasil indicam que o gênero, de ponto de vista histórico, se baseou na literatura de leitura escolar. Isto é, naqueles livros, numerosos, simplesmente destinados a fornecer leituras aos meninos nas escolas. Não se refere, nesse particular, às obras destinadas à infância de outros países para cá vindas por meio de traduções, pois estas tanto serviam para adultos como para crianças. Considerava-se a criança o adulto menor, sem distinções psicológicas, morfológicas talvez, como também sociais, mas menos filosóficas que entendemos

125 Freyre, *Ordem e progresso*, v.I, p.193.
126 Ibid., p.194.

hoje. O menino era o homem em ponto pequeno que deveria progredir dentro dos padrões de moral, sociais e psicológicos válidos para os adultos. As páginas de Enzo Petrini a respeito da infância em tempos modernos e recuados ilustram perfeitamente a condição da criança que "se había saciado durante siglos con las migajas del gran banquete de los adultos[127]".[128] Os papiros gregos e egípcios descobertos, por exemplo, mostram quanto são antigas as antologias escolares, mas ainda assim "la vida del niño está también allí ausente[129]".[130] Na Antiguidade, a criança era apenas o resumo e o elemento depositário da cultura do adulto. Foi preciso se atingir um esforço enorme, secular, para a devida compreensão da infância e de seu mundo. O ponto crítico desta compreensão, para Enzo Petrini, foi o advento do barroco, "cuando los adultos comenzaron a reírse de si mismos y de un mundo que se dirigía ya a la descomposición[131]".[132] Eis aí o riso surgindo como elemento de libertação. O homem aprendera a rir para Bergson afirmar mais tarde que "le rire est le propre de l'homme".[133]

Daí tanto menino e tanta menina sofrer, desde tenra idade, mal saídos da perfeita articulação de vogais e consoantes, ao ter que ler,

127 "tinha se conformado durante séculos com as migalhas do grande banquete dos adultos".

128 Petrini, *Estudio critico de la literatura juvenil*, p.20.

129 "a vida do menino também está ali ausente".

130 Petrini, op. cit., p.21.

131 "quando os adultos começaram a rir de si mesmos e de um mundo que já se dirigia à decomposição".

132 Petrini, op. cit., p.22. Eis o que escreve Enzo Petrini exatamente: "El punto crítico coincide con el tiempo del barroco, cuando los adultos comenzaron a reírse de si mismos y de un mundo que se dirigía ya a la descomposición. El empelucado seiscientos, tan severo y hasta ceñudo bajo algunos aspectos, fue presa de las sacudidas de una gran carcajada cuyos ecos no podían dejar de llegar a la niñez" [O ponto crítico coincide com o tempo do Barroco, quando os adultos começaram a rir de si mesmos e de um mundo que já se dirigia à decomposição. O emperucado seiscentos, tão rígido e até mesmo carrancudo sob alguns aspectos, foi vítima dos chacoalhões de uma grande gargalhada cujos ecos não podiam deixar de chegar à infância].

133 "O riso é próprio do homem".

por exemplo, cantos inteiros de *Os Lusíadas*, ou decorá-los mesmo, como foi o caso da menina Ângela Correia de Melo, nascida no Rio Grande do Sul em 1875. Mal se ajeitando no centro da sala, de olhos baixos, a voz terna, suave, podia declamar coisas como estas:

> *Vereis a inexpugnábil Dio forte,*
> *Que dous cercos terá, dos vossos sendo,*
> *Ali se mostrará seu preço, e sorte,*
> *Feitos de armas grandíssimos fazendo:*
> *Invejoso vereis o grão Mavorte*
> *Do peito lusitano fero, e horrendo:*
> *Do mouro ali verão, que a voz extrema*
> *Do falso Mafamede ao Céu blasfema.*[134]

Não foi este um fenômeno isolado. O menino Manuel Bandeira tinha como leitura quase diária *Os Lusíadas*. Quando não, havia casos como o de Eduardo Jacobina, nascido em 1879 no Rio de Janeiro, que, aos 13 anos, já havia lido todo o *Velho* e o *Novo Testamentos*.[135] Depoimentos de brasileiros, crianças no período de transição do Império para a República, apontam outros livros clássicos que eram entregues às crianças para leitura, como os do poeta Gonçalves Dias; como a *Divina comédia*, de Dante; o *Paraíso perdido*, de Milton; e o *D. Quixote*, de Cervantes, conforme relembra João d'Albuquerque Maranhão, nascido no Rio Grande do Norte em 1883, ou Jansen de Faria, nascido em 1882 no Rio de Janeiro. No Rio Grande do Sul, Armando Silveira, nascido em 1887, lia Cervantes também. O prof. Waldemar Ferreira, nascido no estado de São Paulo, lembra que no Colégio Bragantino, em Bragança, o prof. Adelino Campos fazia os alunos lerem, diariamente, a Constituição do estado de São Paulo,[136] sem explicar direito a razão dessa preferência. O escritor pernambucano Mário Sete, aos 11 anos, andava lendo o *Dom Quixote*,

---

134 Camões, *Os Lusíadas*, Canto II, L.
135 Freyre, op. cit., p.275.
136 Ibid., p.183.

ou como ele diz no depoimento a Gilberto Freyre, "isto aos 11 anos quando fiquei órfão".[137]

Os professores do fim do século XIX e começos do século XX perceberam, o mais das vezes, que a leitura dos clássicos de várias línguas era consideravelmente pesada para as crianças. Se não foi essa a razão, pode-se apontar o próprio desenvolvimento pedagógico como causa do aparecimento dos livros de leituras para as escolas, substituindo propriamente uma literatura infantil de que raras sensibilidades no Brasil então cogitavam. Esta nova orientação pedagógica seria logo bem entendida por professores e professoras nacionais. Nem todos, evidentemente, adotariam os critérios começados a vigorar com a República, critérios e princípios, ou antes, já no Império. Muita luta houve. Mas acentue-se o caso da senhora do dr. Meneses Vieira, "um dos educadores mais famosos do Brasil no tempo de D. Pedro II", como diz Gilberto Freyre,[138] que por volta de 1880, segundo depoimento de Amílcar Armando Botelho de Magalhães, mantinha no Rio de Janeiro um Jardim da Infância, influenciado desde logo pelos métodos de educadoras europeias. Dos primeiros a advertir sobre a orientação nacional das escolas brasileiras, aliás, talvez tenham sido o dr. A. H. de Sousa Bandeira Filho que, em 1883, no Rio de Janeiro, publicava um folheto intitulado *O jardim infantil*, estudando-lhe a natureza, os fins e os meios de ação. Era o seu relatório era apresentado ao Governo no setor da educação. E também Antônio Marciano da Silva Pontes com o seu *Compêndio de Pedagogia*, cuja segunda edição é de 1873. Sacramento Blake acredita que a obra apareceu em 1860.

Os depoimentos colhidos por Gilberto Freyre, de que tanto nos utilizamos nestas páginas, revelam o aparecimento daqueles primeiros livros de leitura nas escolas, uma espécie de oásis entre o aprendizado das letras e o trato pesado para os meninos com aqueles gigantes

137 Ibid., p.194.

138 Ibid., p.178.

da literatura, como um Luís de Camões, como um Cervantes, como um Dante, como um Milton. Sabe-se por esses depoimentos que entre os livros mais utilizados nas escolas estavam a *Gramática*, de João Ribeiro; a *Aritmética*, de Castro Nunes; a *Geografia*, de Eleutério Ribeiro; como também a *Geometria*, de Abílio César Borges. *Aritmética* muito estudada foi a de Antônio Trajano. Das primeiras letras figuram a *Cartilha*, de Hilário Ribeiro que, mais tarde, disputaria com João Kopke a preferência do professorado. A *Geografia*, de Lacerda,[139] constituiu o encanto de muito menino do século XIX, como no caso do filólogo Antenor Nascentes, que adorou Paris desde os oito anos de idade, quando pôs "as primeiras vistas na *Geografia* de Lacerda".[140] Uma obra muito lida era a *Seleta*, de Carlos Aulete, ou a *Antologia nacional*, de Carlos de Laet e Mário Barreto, que satisfaziam, ainda com a ajuda de escritores para adultos, a fome literária de muito menino. Deve-se evocar aqui o depoimento de Amílcar Armando Botelho de Magalhães. Nas escolas, diz, os professores insistiam na leitura de livros de Samuel Smiles, principalmente *O caráter*, *O poder da vontade* e também *A educação moral do soldado*, do Coronel Carlo Corsi. Amílcar Armando Botelho de Magalhães afirma que

> aqueles livros foram dos mais lidos pelos meninos e adolescentes da época [ele nasceu em 1880 no Rio de Janeiro], sob a recomendação de adultos preocupados com o excessivo pendor da mocidade pelas leituras por alguns deles consideradas frívolas.[141]

Muitas leituras de meninos se constituíram nos chamados paleógrafos, isto é, livros impressos em tipos manuscritos, conforme o depoimento de Waldemar Ferreira. As primeiras letras foram-lhe ensinadas, e a outras crianças, na cartilha de João de Deus, seguindo-se o exercício de leitura no *Primeiro livro de leitura*, de Abílio César

139 O nome todo de Lacerda é José Maria de Lacerda.

140 Freyre, op. cit., p.153.

141 Ibid., p.179.

Borges, o Barão de Macaúbas. Eis aqui um educador já preocupado com o equilíbrio entre o menino e suas necessidades literárias.

O escritor Mário Sete evoca seus tempos de menino e liga-os à leitura dos livros de Felisberto de Carvalho e de outro autor nacional de cujo nome não se recordava, mas que contava a história de uma menina, Carolina, não só uma menina, mas uma boa menina. Por ter lido corretamente essa história de Carolina, Mário Sete recebera um prêmio. E registra um livro raro, a estória de *João Felpudo*.[142] Outra pessoa que lembra suas leituras nos livros de Felisberto de Carvalho é Maria Teodora dos Santos, nascida em Pernambuco em 1878; refere-se às suas "primeiras leituras escolares", para depois evocar outra surpresa na época: os *Contos da carochinha*, com certeza alguma edição portuguesa.[143] Os depoimentos reunidos por Gilberto Freyre, contudo, dão-nos ainda mais preciosas indicações: o do panorama quase sistemático da leitura dos meninos dos fins do século XIX e primeira década do século XX. Da Paraíba é o depoimento de Coriolano de Medeiros, nascido em 1875, recordando a leitura, na infância, dos *Doze pares da França*. No Ceará, a menina Henriqueta Galeno, algum tempo depois, aprendia a "recitar poemas de Gonçalves Dias". Teve ela também como primeiras leituras o *Robinson Crusoé*; *Iracema*, de José de Alencar, e, depois, *A cabana do pai Thomás*, de Harriet Beecher Stowe.

José de Alencar foi autor muito lido pelas crianças da época. Amílcar Armando Botelho de Magalhães lembra a alegria proporcionada pela leitura dos romances de Júlio Verne. E já no começo do século XX as novelas de Conan Doyle sobre as aventuras de *Sherlock Holmes* faziam a felicidade de muito menino sequioso de leitura e de aventuras. O poeta Manuel Bandeira, menino, ao lado de *Os Lusíadas*, lera o *Robinson Crusoé*, de Daniel Defoe. Tais reminiscências de leitura

142 Ibid., p.194.

143 Ibid., p.276. Tratava-se, na realidade, de contos do Trancoso. Gonçalo Fernandes, como observa Luís da Câmara Cascudo no seu verbete *Conto popular*, em Coelho, *Dicionário das literaturas portuguesa, brasileira e galega*, p.178 et seq.

sobrevivem ao longo das páginas mais íntimas de muitos escritores brasileiros. Dir-se-ia estar na recuperada emoção da infância o tributo a momentos felizes passados. Assim cantou o poeta Carlos Drummond de Andrade ao reviver episódios de sua meninice em um belo poema:

> *Meu pai montava a cavalo, ia para o campo.*
> *Minha mãe ficava sentada cosendo.*
> *Meu irmão pequeno dormia.*
> *Eu sozinho entre mangueiras*
> *Lia a história de Robinson Crusoé,*
> *Comprida história que não acaba mais.*[144]

Muito lidos por essa meninada curiosa eram os poetas populares brasileiros. Ou mesmo aqueles de melhor água, cujas poesias falassem mais diretamente ao coração dos simples. Em mais de um memorialista se registra essa lembrança. Humberto de Campos recorda as poesias de Juvenal Galeno sobre jangadeiros e vaqueiros famosos. É do mesmo autor a observação de que sua

> imaginação infantil, que a *História do imperador Carlos Magno e dos doze pares da França* havia povoado de espadachins lendários e animado de um sopro de epopeia, era visitada frequentemente por entidades contemporâneas, entre as quais avultavam João Brandão, José do Telhado e Antônio Silvino, cuja vida aventurosa e enfeitada de crimes começava a cercar-se de um halo de legenda.[145]

Na Paraíba, Alfredo Rosas, que nasceu em 1887, alguns anos depois estaria lendo Mark Twain, sem especificar o título da obra. João d'Albuquerque Maranhão, nascido em 1883 no Rio Grande do Norte, confessa que na infância lia Gonçalves Dias, Casimiro de Abreu e Castro Alves. Figueiredo Pimentel já era lido em Sergipe pelo então menino Rogério Gordilho de Faria, nascido em 1889, que juntava o

144 Andrade, *Poesias*, p.13.
145 Campos, *Memórias*, p.268-9.

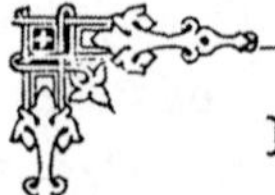
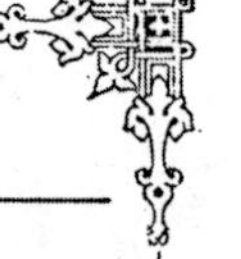

BIBLIOTHECA POPULAR

HISTORIA

DA

IMPERATRIZ PORCINA

MULHER DO IMPERADOR LODONIO DE ROMA

Na qual se trata como o dito imperador mandou matar a sua mulher por um falso testemunho que lhe levantou o irmão do dito imperador, e como escapou da morte e dos muitos trabalhos e fortunas que passou, e como por sua bondade e muita honestidade tornou a cobrar seu estado com mais honra que de primeiro.

RIO DE JANEIRO

B. ·L. GARNIER, LIVREIRO-EDITOR

71, RUA DO OUVIDOR, 71

brasileiro carioca a Mark Twain e aos poetas Olavo Bilac e Alberto de Oliveira. Heitor Modesto d'Almeida nasceu em Minas Gerais em 1881 e na infância lia, além de Júlio Verne, *o Coração* de Edmundo de Amicis, livro que, traduzido para o português (e essa não seria ainda a tradução de João Ribeiro), "seria tão lido pelos meninos do mil e novecentos brasileiro",[146] conforme Gilberto Freyre.

Observe-se nos depoimentos a relativa variedade de leitura com que contavam os meninos da época focalizada. Variedade, em última análise, que pode ser tomada como real desorientação quanto a uma literatura adequada à infância. Essa desorientação que os primeiros livros de leitura escolar procuraram neutralizar, e de certo modo, condicionaram o aparecimento de uma literatura especialmente feita para a infância. Alberto de Paula Rodrigues, nascido em 1882 no Ceará, leu a Condessa de Ségur, em suas várias obras, leu *Robinson Crusoé* e Júlio Verne. Antônio Pires da Fonseca, nascido em 1870 no Maranhão, revela que suas primeiras leituras foram os livros escolares e, fora deles, *Carlos Magno e os doze pares da França*. José da Silva Pereira, nascido no Ceará em 1880, teve como primeiras leituras também o *Carlos Magno e os doze pares da França*, mas já tomando conhecimento, na meninice, com a *Maria Borralheira*, primeira referência à grande figura literária infantil em tantos depoimentos, senão a única.[147] Virgínia Cavalcante, de Pernambuco, lia livros franceses quando menina e moça, como também os romances de Júlio Verne. João Rodrigues Coriolano de Medeiros, nascido em 1875 na Paraíba, leu todos os livros de Júlio Verne aparecidos no mercado brasileiro. Um autor popular na época foi Francisco das Chagas – muito lidos seus versos e sua prosa, conforme o depoimento de Artur Roberto Coelho de Sousa, nascido na Paraíba em 1889. Não conseguimos identificar esse autor.

Clóvis Beviláqua depõe que lia tudo que podia. Dos 12 aos 14 anos, deliciava-se com versos e novelas, romances de Alexandre

---

146 Freyre, op. cit., p.265.

147 Ibid., p.271.

EDMUNDO DE AMICI[S]

Carlos de Laet

CORAÇÃO

TRADUCÇÃO BRASILEIRA

(*Da 101ª edição Italiana*)

Os Editores

RIO DE JANEIRO

Livraria Classica de ALVES & C.

editores—proprietarios

48 — Rua Gonçalves Dias — 48

1891

Dumas, e com *Varões ilustres do Brasil*, de Pereira da Silva.[148] O escritor Nestor Vítor relembra, como leitura, o *Terceiro livro de leitura*, de Abílio César Borges e, já dominando a leitura, menino embora, divertia-se ou enlevava-se com Casimiro de Abreu, Gonçalves Dias, com o primeiro José Bonifácio, Castro Alves, Fagundes Varela, José de Alencar, Bernardo Guimarães e *Os Lusíadas*.[149] Outro escritor que recorda a influência do *Almanaque de lembranças luso-brasileiras* é Garcia Redondo – como ele diz, foi no *Almanaque* que sua formação literária teve o seu alfa.[150] Esta publicação, muito benfeita, foi fundada em 1850 por Alexandre Magno de Castilho, e largamente lida no Brasil do século XIX. Dela faz referências J. Leite de Vasconcelos, considerando-a "copioso repositório de superstições e costumes populares".[151] Laudelino Freire foi outro intelectual que, em criança, somente leu os poetas. Do seu depoimento figuram Castro Alves, Gonçalves Dias, Álvares de Azevedo, Fagundes Varela, Tobias Barreto, Casimiro de Abreu, Guerra Junqueiro e Tomás Ribeiro.[152]

As leituras do menino Gilberto Amado poderiam ser generalizadas para grande parte do Brasil de seu tempo de infância. Tão logo aprendeu a ler, começou a frequentar *Os três mosqueteiros, O Visconde de Bragelone, Rocambole, Os mistérios de Paris, O judeu errante*, os romances de Bois-Guilbert, de Gaboriau, de Heitor Malot, de Capendeu, "tudo traduzido então para leitura popular", escreve,[153] e que constituíam também a leitura favorita do País. O menino fala que não lhe saía das mãos o *Almanaque de lembranças luso-brasileiro*, o *Almanaque Laemmert* e o *Almanaque de Sergipe*, em cujas páginas se divertia com versos, charadas, enigmas e logogrifos.[154] Gilberto Amado recorda-se

148 Rio, *O momento literário*, p.104.

149 Ibid., p.114.

150 Ibid., p.181.

151 Vasconcelos, op. cit., v.I, 2.ed., p.423.

152 Rio, op. cit., p.238.

153 Amado, *História da minha infância*, p.116.

154 Ibid., p.117.

de *O tesouro de leitura* e da *Gramática*, ambos de Abílio César Borges. O livro de leitura dos meninos adiantados, ao seu tempo de escola, era o *D. Jaime*, de Tomás Ribeiro, realmente bonito nos seus versos, e no seu sentimento, recorda o memorialista,[155] com um travo de saudade. Aliás, muitos dos romances lembrados por Gilberto Amado apareciam preliminarmente como folhetins nos jornais da época. É o que nos diz Maria Régis, nascida em 1886 no estado de Santa Catarina, que leu os primeiros romances de sua vida somente em rodapés de jornais, citando como exemplo *A rosa do adro*, de Manuel Maria Rodrigues. Adélia Pinto, nascida em 1882, tão logo aprendeu a ler travou conhecimento com o *Cuore*, de Edmundo de Amicis e com os livros de Júlio Verne, que ela detestava.[156] Mais ou menos de mesma época, ou seja, de 1886, é Paulino de Andrade, que leu muito a *Seleta clássica*, de Regueira Costa.

> As flores d'alma
> Que se alteiam belas,
> Puras, singelas,
> Orvalhadas, vivas,
> Têm mais aroma,
> São mais formosas
> Que as pobres rosas,
> Num jardim cativas...

Numerosos autores, aliás, publicaram seletas. Dessa seleta[157] muito brasileira, na transição do Império para a República, guardaria versos realmente benfeitos e bem bonitos, versos ricos de ternura, muito recitados em festas familiares, como estes de Junqueira Freire:

> Minha mãe era bonita,
> Era toda a minha dita,
> Era todo o meu amor;

155 Ibid., p.69.

156 Pinto, *Um livro sem título*, p.81.

157 Andrade, *Filho de gato...*, p.42.

Seu cabelo era tão louro,
Que nem uma fita de ouro
Tinha tamanho esplendor.

O Barão de Macaúbas escrevera vários livros de leitura, muito utilizados nas escolas. Paulino de Andrade lera bastante neles. Lera também, e muito, nos primeiros anos de leitura, *Carlos Magno*, *A Princesa Magalona*, *João de Calais*, *Astúcias de Berioldo*, *A pele de asno*, *A donzela Teodora*, além de José de Alencar e Castro Alves entre os autores nacionais.[158] As estórias de Trancoso igualmente lhe foram familiares na infância. A propósito de Trancoso, referido por vários memorialistas brasileiros, vinha-nos ele integralmente de Portugal. Não poucos meninos leram as obras de Antônio Maria Barker, autor de vários livrinhos: *Compêndio de civilidade cristã* (1855); *Biblioteca juvenil* (1859), nos quais se reuniam fragmentos de literatura para a mocidade brasileira; de 1860 é a quinta edição do seu *Parnaso juvenil*, poesias para a juventude.

Um depoimento de Ciro Arno revela, a confirmar outras pesquisas feitas em várias fontes, como temos visto, a imensa clientela que havia entre os meninos para os romances de Júlio Verne. Ele lera na infância, inclusive, *Os miseráveis*, de Victor Hugo. Aliás, sob a inspiração de Júlio Verne, muito menino tentou fazer romances de aventuras, ou simplesmente repetir as façanhas de seus personagens nos ambientes de fazendas, cidades e casas-grandes. Romances que se publicavam, como no caso de Ciro Arno, em jornais de sua terra. No *Cidade de Diamantina* o rapazinho chegou a publicar 19 longos capítulos de seu romance *O tesouro dos piratas do pacífico*, romance, como ele escreve em seu livro de memórias, "à imitação dos livros de Júlio Verne".[159] O menino Ciro Arno nos dá um pormenor ilustrativo quando diz que "o meu estilo se ressentia, nesse trabalho, da sintaxe e dos arcaísmos quinhentistas, porque nessa ocasião eu

158 Ibid., p.94.
159 Arno, *Memórias de um estudante*, p.191.

nutria verdadeiro fanatismo pelo escritor Fernão Mendes Pinto, cuja maravilhosa viagem eu lia e relia constantemente".[160]

Em uma de suas cartas a Godofredo Rangel, datada de 1904 e relembrando "tempos de criança", Monteiro Lobato evoca a biblioteca do seu avô, que considerava ótima. Havia nela uma coleção do *Journal des voyages* [Jornal de viagens] "que foi meu encanto de menino".[161] "Cada vez que naquele tempo me pilhava na biblioteca do meu avô, abria um daqueles volumes e me deslumbrava." O que deslumbrava o menino era a imagem, "coisas horríveis, mas muito bem desenhadas, do tempo da gravura em madeira", recordava o escritor. Logo mais, em 1911, dava sua impressão sobre o *Robinson Crusoé*, com muita injustiça, o que retificaria anos mais tarde. Dizia ele a Godofredo Rangel que "tens uma impressão do Robinson que é também a minha, com a diferença que nunca o reli – nem relerei".[162] E lembra que o havia ganho de presente em um memorável Natal. "Li e reli aquilo", conta, "com um deleite inenarrável. Conservo essa impressão infantil com o carinho que um poeta deve conservar para a sua primeira produção".[163]

Dessa fase de transição entre o Império e a República, um dos depoimentos mais lúcidos e significativos é o de Antônio de Oliveira, que o fez por meio de um ensaio curioso sobre o *Livro do povo*, de Antônio Marques Rodrigues,[164] que foi impresso em São Luís do Maranhão em 1862. Recorda Antônio de Oliveira que os livros adorados na escola do seu mestre Elói eram, entre outros, os de Felisberto de Carvalho, os de Hilário Ribeiro e "esse adorável *Coração*, que o saudoso João Ribeiro passou do idioma de Dante para o de Gonçalves Dias". Além da *Bíblia*, adotava-se para leitura nas escolas um texto da *História sagrada*, de autoria do Bispo Macedo. Dos livros

---

160 Ibid.

161 Lobato, *A barca de Gleyre*, p.27.

162 Ibid., p.205.

163 Ibid.

164 Oliveira, "O livro do povo, uma raridade bibliográfica", em *Jornal do Comércio*, Rio de Janeiro, 20 jan.1963.

HISTORIA

INTERESSANTE

DA

PELLES D'ASNO

OU

VIDA DO PRINCIPE CIRILLO.

RIO DE JANEIRO
NA LIVRARIA DE
ANTONIO GONÇALVES GUIMARÃES & C.ª
RUA DO SABÃO N.º 26.

1864

de Felisberto de Carvalho, ou particularmente de um deles, guardou Antônio de Oliveira verdadeiro pesadelo pela história do rapaz e do diabo que resulta em uma tragédia grega com o assassinato do pai pelo filho. Ao contrário, do livro de Hilário Ribeiro, guardou o memorialista imperecível lembrança. "Em vez de me criar pesadelos, foi o encanto de minha meninice", escreve ele, lembrando que "quando pegou fogo em nossa casa, andei perto de morrer queimado, ao tentar salvá-lo das chamas".[165]

Nisso consistia a leitura de Antônio de Oliveira. "Não me lembro de livros infantis, mesmo traduzidos", escreve o memorialista com melancolia, para acrescentar que "o primeiro *Robinson Crusoé* que me caiu às mãos foi mesmo a *História bíblica.* A passagem do Mar Vermelho, o dilúvio e o episódio do profeta Jonas alvoroçaram muito cedo a minha imaginação, produzindo-me grandes arrepios de contentamento".[166] Na adolescência, Antônio de Oliveira iniciou-se na literatura de cordel, lendo a *Lira sertaneja*, de Hermínio de Castelo Branco, e a *História do imperador Carlos Magno*.

Diferentes foram as leituras de Manuel Bandeira, o poeta. Confessa ele a influência que tiveram em sua formação as histórias da Carochinha e os contos de fadas. Mas lembra[167] que entre as leituras de sua infância se encontravam um *João Felpudo*, o *Simplício olha pro ar* e a *Viagem à roda do mundo numa casquinha de noz*. E, como não podia deixar de ser nem de faltar, o *Cuore*, de Edmundo de Amicis, em tradução de João Ribeiro.

165 Ibid.
166 Ibid.
167 Bandeira, *Itinerário de Pasárgada*, p.9.

5 A imprensa escolar e infantil

5.1 Imprensa e literatura

É fácil compreender-se a importância da imprensa em todo o processo da formação e desenvolvimento da literatura infantil brasileira. Em uma época em que praticamente a literatura oral ainda exercia notável influência e era mesmo o instrumento lúcido e instrutivo por excelência da meninada do Brasil, os primeiros jornais dedicados às crianças não só despertavam o interesse do pequeno leitor, por meio do instrumento de cultura que representavam, como também se constituíam em veículos galvanizadores de vocação e de discussão de problemas e questões relativas ao aprendizado escolar. Os jornais infantis marcaram bem determinado período da literatura infantil brasileira. Para a formação das coordenadas da literatura infantil brasileira, a criação de um campo propício à sua evolução – sem nunca esquecer aqui a importância fundamental do desenvolvimento da educação e do ensino – para sua base, se assim podemos exprimir, foi a imprensa para crianças e jovens, imprensa não só na forma de jornal, como na forma de revistas.

Dela já podemos encontrar os primeiros exemplos na primeira metade do século XIX na Bahia, onde a tipografia foi instalada em

1811, por meio do jornal denominado *O Adolescente*, cujo primeiro número circulou em 1831, órgão literário de pequeno formato, bissemanal, que publicou 46 números. É possível que esse jornal, de que nos faltam mais pormenores em vista de sua raridade, não tenha sido tipicamente para crianças e ele fica aqui arrolado por inferência de seu título. Mas aos 5 de julho de 1837, em Salvador, circulava um jornal que não deixa dúvida sobre sua condição: referimo-nos ao *O Recompilador* ou *Livraria dos Meninos*, o mesmo ocorrendo com *O Mentor da Infância*, cujo primeiro número data de 4 de novembro de 1846, também de Salvador. No Rio de Janeiro, em 1835, registra-se o aparecimento de *O Juvenil*. Ainda da primeira metade do século XIX, teríamos no Maranhão, em 1845, o *Jornal de Instrução e de Recreio*, órgão da Associação Literária de Estudantes do Liceu Maranhense; e em Pernambuco, *A Saudade*, publicado em 1850, periódico de instrução e recreio. Em São Paulo, o primeiro jornal escolar ou estudantil registrado parece ter sido o *Kaleidoscopio*, de 1860, publicação semanal do Instituto Acadêmico Paulistano,[1] de objetivos pedagógicos, mas que nem por isso deixava de interessar aos jovens alunos. Circulou ele com 22 números, fato notável para a época.

É verdade que da Europa já nos vinham os ensinamentos sobre a imprensa infantil. O *Le Magazin d'Education et Récréation* [A revista de educação e recreação], de Paris, onde, aliás, colaboravam Júlio Verne, Madame de Staël, entre outros escritores para a infância, servia quase sempre de modelo para nossos jornais. Em um breve recenseio histórico veremos que John Newberry se adiantava na Inglaterra publicando o primeiro periódico infantil em língua inglesa, *The Lilliputian Magazine* [Revista liliputiana] (1751-1752), e que talvez, na citação de Carmen Bravo-Villasante,[2] seja a primeira manifestação de imprensa infantil em

1 Toledo, *Imprensa Paulista (memória histórica)*, p.303-521. O conselheiro Amaral Gurgel era presidente do Instituto Acadêmico Paulista.

2 Bravo-Villasante, *Historia de la literatura infantil española*, p.77 et seq. Sobre a imprensa para crianças – a infantil ou a escolar – veja-se, ainda, o livro de Toral, *Literatura infantil española*, 1957; Almendros, *La prensa en la escuela* [A imprensa

toda a Europa e, portanto, em todo o mundo. Logo após, na França, Madame Jeanne-Marie Leprince de Beaumont lançava, exatamente em 1757, o seu *Magazin des Enfants* [Revista das crianças]. Em seguida àquele jornal de John Newberry, surgiu em Londres também o *The Museum for Young Gentlemen and Ladies* [Museu para jovens cavalheiros e damas] (1758). Na Alemanha teríamos vários jornais para crianças, tais como o *Leipziger Wochenblatt für Kinder* [Revista semanal para crianças] (1772-1774), ou seja, *Semanário Infantil de Leipzig*, também o *Kinderfreund* (1775-1784) – *O Amigo das Crianças*, talvez o de maior duração na Alemanha – e, finalmente, o *Hamburgische Wochenblatt für Kinder* [Jornal semanal para crianças de Hamburgo], além da *Kinderzeitung* [Jornal infantil], em Nurembergue. Na Itália, sob a direção de Pietro Thouar, publicou-se, de 1832 a 1848, *Il Nipote* [O sobrinho *ou* O neto], como também em 1832 se manteve, por algum tempo, *Il Giornale dei Fanciulli* [O jornal das crianças]. Ainda na Itália, Ferdinando Martini fundou, em 1881, o *Giornale per i Bambini* [Jornal para as crianças], no qual Collodi publicou alguns capítulos de *Storia di un burattino* [História de uma marionete].

Não seria estranha a profunda influência da imprensa infantil espanhola, por exemplo, entre nós, disputando com a francesa essa preferência. A Espanha tem a glória de ter sido dos primeiros países do mundo a cuidar da imprensa infantil. Com efeito, já em 1798, publicava-se em Madri o primeiro periódico infantil espanhol, *Gazeta de los Niños* [Jornal dos meninos], sob a direção de Don Joseph Bernabé Canga Arguelles, com 32 páginas em tamanho oitavo e de que se rodaram[3] pelo menos 24 números desde 1798. Uma observação de Carmen Bravo-Villasante em relação à imprensa infantil e escolar na Espanha, que vicejava até os primeiros anos do século XX em um sem-número de pequenos jornais, é válida, sem dúvida alguma,

na escola], 1947; Trigon, *Histoire de la littérature enfantine*, 1950; Tuer, *Pages and Pictures from Forgotten Children Books* [Páginas e ilustrações dos livros das crianças perdidas], 1899; e Latzarus, *La littérature enfantine dans la deuxième moitié du XIX° siècle*, 1924.

3 Bravo-Villasante, op. cit., p.77 et seq.

também para o Brasil, certo é que essa imprensa apenas refletia um lado interessado do problema: o do adulto – "La enorme pedantería de la literatura del periódico infantil era semejante a la del preceptor y ayo, a la del dómine y el maestro. La literatura infantil sigue siendo una rama monstruosa de la pedagogía. En el periódico hay escasa belleza literaria y mucha erudición y ciencia"[4].[5]

É fora de dúvida que devemos procurar nos jornais antigos, na vasta messe de periódicos de que nos ficaram exemplares o mais das vezes raros, elementos capazes de nos levar a uma orientação para o levantamento da pré-história da literatura infantil brasileira. Elementos que possam fundamentar a sistematização de fatos, ajudando a estruturar todo o longo caminho percorrido pelos precursores do gênero. Neste particular, a velha imprensa tem-nos prestado colaboração inestimável aos nossos historiadores, aos nossos cronistas, aos nossos sociólogos e memorialistas. A lição, que é também um curso completo de pesquisa, nos vem de Gilberto Freyre, em *Casa grande & senzala* e *Sobrados e mocambos*.

E esta importância da imprensa decorre justamente da coincidência de sua criação com a fase de desenvolvimento do país, desenvolvimento que chegava mesmo a neutralizar os excessos da metrópole no sentido de proibir a existência de tipografias e publicações de periódicos na Colônia. No século XVIII as determinações reais chegavam à preciosidade de confiscar o material gráfico existente na Colônia, recolhendo-o para o Reino, como o faria também com os primeiros e tímidos ensaios da indústria.

Sabe-se que em 1706, em Pernambuco, foi fundada uma pequena tipografia que funcionava clandestinamente. Mesmo imprimindo apenas hagiológios ou orações religiosas e inocentemente alguns

---

4 "O enorme pedantismo da literatura do jornal infantil era semelhante à do preceptor e o aio, à do dômine e o professor. A literatura infantil continua sendo um setor monstruoso da pedagogia. No jornal há pouquíssima beleza literária e muita erudição e ciência".

5 Villasante, op. cit., p.86.

avulsos comerciais, teve que desaparecer, em face da pressão metropolitana. No Rio de Janeiro, em 1747, o cidadão Antônio Isidoro da Fonseca, que talvez contasse com a proteção do governador geral Gomes Freire de Andrade[6] fez nova tentativa de instalação de uma tipografia. Mas a vigilante censura metropolitana não perdeu tempo e confiscou tudo, mandando apreender o prelo, tipos e mais pertences, e remeteu-os para Lisboa, por ordem régia de 10 de maio de 1747. Isidoro da Fonseca publicou apenas quatro trabalhos em sua tipografia.[7] Os historiadores destacam, na luta pela implantação da tipografia no Brasil, a notável iniciativa do Padre José Joaquim Viegas de Meneses, que teria criado um processo especial de impressão. Com esse processo – o calcográfico –, o padre imprimiu o *panegírico* do governador de Minas Gerais, Pedro Mário Xavier de Ataíde, escrito por Diogo P. R. de Vasconcelos.

Contudo, o governo português chegava à preciosidade de justificar suas proibições. Não eram atos de violência, nem de arbitrariedade. Na ordem régia de 10 de maio de 1747, dizia o rei não ser

> conveniente [que] se imprimam papéis no tempo presente, nem pode ser de utilidade aos impressores trabalharem no seu ofício, aonde as despesas são maiores que no Reino, do qual podem ir impressos os livros e papéis no mesmo tempo em que dele devem ir as licenças da Inquisição e do Conselho Ultramarino, sem as quais se não podem imprimir nem correrem as obras.[8]

Pobre Antônio Isidoro da Fonseca! Três anos depois, inutilmente, requeria ele licença para trabalhar no Rio de Janeiro ainda com a imprensa. Seu pedido foi negado.

A criação da Imprensa no Brasil data de 13 de maio de 1808, quando D. João VI decretou a validade da Imprensa Régia.[9] Mas somente em

---

6 Rizzini, *O livro, o jornal e a tipografia no Brasil*, p.312. Veja-se também, para ampliação de informações sobre o tema, Martins em *A palavra escrita*.

7 Rizzini, op. cit., p.310.

8 Ibid., p.315.

9 Ibid.

1823 a Junta Diretora da Tipografia Nacional providenciou, a instâncias do governo da Província, a remessa de "antigos prelos, com todas suas pertenças e uma porção de letras suficientes"[10] para São Paulo. Ao mesmo tempo, enviava dois especialistas, um de composição e outro de impressão. Guardou-se o nome do tipógrafo, Gaspar José Monteiro. Entretanto, o governo geral não tinha nenhuma vontade de atender aos paulistas, e a Imprensa jamais chegou a São Paulo. Gaspar Monteiro não era homem que afinasse com o descaso e a burocracia do rei. Por meio de uma publicação manuscrita, *O Paulista*, reclamava o cumprimento da promessa por parte do governo geral. Era o primeiro jornal de São Paulo. Apareceu *O Paulista* em julho ou agosto de 1823, segundo Afonso de Freitas. Era bissemanal, dirigido e redigido pelo professor de gramática latina e retórica Antônio Mariano de Azevedo Marques, conhecido pelo cognome de "O mestrinho".

5.2 Imprensa escolar em São Paulo

Somente em 1827 apareceu a tipografia em São Paulo, cuja iniciativa se deveu a José da Costa Carvalho, Marquês de Monte Alegre. Foi então editado *O Farol Paulistano* sendo sua primeira edição de 7 de fevereiro de 1827. Continuou a circular até 1833. Nesse mesmo ano a tipografia passou a ser propriedade do governo provincial. Da mesma época são o *Observador Constitucional* (1829), o primeiro *Correio Paulistano*, a *Voz Paulistana* (1831) e *O Federalista*, de 1832. O estabelecimento da imprensa em São Paulo abria para a província novas perspectivas, não só do ponto de vista econômico, político e social, como também intelectual. Começaram a surgir os jornais, geralmente políticos e literários, as publicações dirigidas em um sentido de crítica aberta não só às instituições oficiais, mas também a particulares.[11]

10 Ibid.

11 Freitas, "A imprensa paulistana", *Revista do Instituto Histórico e Geográfico de São Paulo*, p.665. De um desses jornais de crítica mordaz, *A mosca*, publicado em São Paulo em 1899, extraímos uma seção sob o título de *Musa cacete* na qual se traçava

De 1840 em diante, instalaram-se novas tipografias em São Paulo. Afonso de Freitas registra que nesse ano já existiam em São Paulo, na capital, seis jornais, quando até essa data já haviam aparecido e desaparecido cerca de 22 periódicos. O progresso não se limitou, porém, à cidade de São Paulo e, em 1842, já Sorocaba apresentava sua imprensa, seguindo-se Santos (1848), Itu (1849), Guaratinguetá (1859), Campinas (1860), Taubaté (1861), Pindamonhangaba (1863), Bananal (1867), Areias (1869) e Caçapava (1870). Observe-se que a imprensa surgia justamente em centros econômicos de grande importância, como o foi principalmente no século XIX, o Vale do Paraíba. Dois anos depois da instalação da tipografia em Guaratinguetá, por exemplo, editava-se nessa cidade o romance *Os mistérios da roça*, em quatro volumes, de Vicente Félix de Castro, em 1861,[12] o mesmo ocorrendo em Bananal, também dois anos depois, onde esse escritor paulista publicava novo romance com o título de *História de um voluntário paulista*.

---

a caricatura dos tipos mais em evidência no momento. Do seu número 5, de 10 jul. 1889, são estes versos com o título de "Quem é?":

Porventura, senhores,
Não sabem quem é
Um tipo bilontra,
Audacioso, ralé?

É burro
Pedante
Bastante
Quem é?

Traz pince-nez
Calcinha apertada
Luva de pelica
E casaca ensebada.

Assim na estica,
Filando café?
Anda ele constante.
E não sabem quem é?

12 Broca, *Pontos de referência*, p.19-20.

Dos três jornais literários que interessam particularmente às observações em torno da imprensa infantil – *Kaleidoscopio* (1860), *Ensaio Juvenil* (1864) e *Imprensa Juvenil* (1870) – somente o primeiro deixou vestígios que possibilitassem entender o seu verdadeiro espírito. Pode-se, contudo, inferir dos nomes que envolviam interesses da juventude, já talvez ensaiando as primeiras preocupações em torno de uma literatura acessível aos jovens. Nada de concreto se poderia afirmar. Entretanto, cerca de 14 anos depois, surge um novo jornal capaz de despertar nossa atenção. Referimo-nos agora à publicação *O Pestalozzi*, então dedicada ao ensino primário, cujo primeiro número é de 18 de abril de 1884. As ideias revolucionárias do grande mestre suíço repercutiam no Brasil, levando alguns beneméritos, professores, sem dúvida, a se preocuparem com novos rumos para a educação. Sabe-se que Pestallozzi (1746-1827) é considerado a "personalidade mais destacada e mais nobre da história da educação e da pedagogia"[13] e, com sua antecipação na Granja Neuhof da escola ativa e produtiva, foi o criador da escola popular e, ao mesmo tempo, o precursor da pedagogia social. Tais preocupações dos mestres em São Paulo deveriam permanecer no campo da educação e agitar inclusive a mocidade.

Em 1887, a 3 de abril, surgia um novo jornal com o título de *O Adolescente*, órgão literário redigido por Virgílio R. Batista e A. C. Rivera, de que existe um exemplar na hemeroteca do Instituto Histórico e Geográfico de São Paulo. Neste caso, não obstante a advertência de Afonso de Freitas de que nele se encontram "primores de literatura", verificamos o aparecimento de um autor extremamente popular, que é Paulo de Koch, com sua publicação em forma de folhetim. *O adolescente* era jornal de divertimento e de recreação (duas características, lembremo-nos, da literatura infantil), pois além da colaboração dos dois jovens diretores, bem como do folhetim de Paulo de Koch, já inseria charadas e adivinhas para seus leitores. Em 1892 encontraremos

13 Luzuriaga, *Dicionarío de pedagogía*, p.294.

a *Aurora Juvenil*, uma das revistas mais antigas do Brasil, tratando de literatura. Publicava-se mensalmente em São Paulo e era dirigida pelos acadêmicos Pedro Ismael Forster, Antônio Hermógenes e Diogo R. de Morais. Nela colaboraram, durante sua vida efêmera de três meses, Couto de Magalhães Sobrinho, João Fleury, Diogo de Morais, Cândido de Sousa Campos e outros.[14] De 1894 é também outro jornal de São Paulo – um pequeno jornal dos alunos e ex-alunos do Liceu Sagrado Coração de Jesus, sob o título de *O Recreio*, que publicava artigos de assuntos religiosos, poesias, noticiário e folhetim.[15]

Ao mesmo tempo, cumpre não esquecer os numerosos jornais infantis e escolares que circulavam pelo interior do estado de São Paulo no século XIX. Lafayette de Toledo nos dá uma porção de informações a esse respeito; por exemplo, em Piracicaba, em 1880, se publicava *O Colegial*, que chegou a circular com treze números consecutivos e devia, com toda a certeza, ser órgão escolar e infantil de grande aceitação. O pesquisador informa que o jornal era órgão do Colégio Albuquerque e que seus redatores, então meninos de dez a onze anos,[16] foram Antônio José de Morais Barros, José Pisa e Joaquim Pisa. De Santos, temos a notícia de dois jornais para crianças, o *Escolar* (1884) e o *Escola* (1893), sem mais pormenores. Em Bragança, em 1877, circulava o *Mirim*, órgão do Clube dos Estudantes do colégio de José Guilherme Cristiano, editado por José Maria, então diretor-proprietário da *Gazeta de Bragança*. Segundo Lafayette de Toledo, tratava-se de "um jornal mignon, cuidadosamente revisto e puramente literário",[17] no qual colaboravam, entre outros, os jovens Valdomiro Guilherme, Olegário Ribeiro e Francisco Napoleão Maia. O jornal durou dois anos. Em 1889, circulava na mesma cidade o *Íris Juvenil*, órgão dos alunos do Colégio Bragantino, de que saíram seis números, e em 1894, sem mais pormenores, a

14 Freitas, op. cit., p.699.
15 Ibid., p.645.
16 Toledo, op. cit., p.363.
17 Ibid., p.320.

Revista do Colégio Azurara. Na cidade de Campinas, houve pelo menos três publicações, de que nos ficaram raras informações: a *Revista do Colégio Internacional* (1875), o *Petiz Jornal* (1879) e *O Petiz* (1885). Na velha Capivari, um grupo de rapazes em 1885 publicou um jornal de pouca duração, com o título de *Mocidade*. De Pindamonhangaba, restou-nos o registro de três publicações. Em 1873, circulava o *Eco do Professorado*, com intenções pedagógicas e recreativas, publicado semanalmente pelo prof. F. Xavier de Assis. De 1890 é o *Amigo da Infância*, sem maiores dados, e de 1896, o *Doze de Outubro*, órgão do Grupo Escolar Alfredo Pujol.

Os jornais escolares tiveram grande moda e função nas escolas brasileiras. Muitas escritores ensaiaram suas primeiras tentativas literárias nessas pequenas folhas, o mais das vezes de apenas quatro páginas, formato pequeno. É o que relembra Monteiro Lobato, quando, no Colégio Paulista, em Taubaté, por volta de 1896,[18] redigia seu *O Guarani*, publicado semanalmente. Da mesma forma apareceram, nas escolas, muitos jornais manuscritos. É o que lembra o crítico Nestor Vítor em seu depoimento a João do Rio, quando invoca o jornalzinho de sua escola, *A Violeta*, bem recebido, inclusive pelos rapazes de sua cidade. Por meio do polígrafo tirava Nestor Vítor umas 20 ou 30 cópias. É o que nos diz em seu depoimento.[19] Pena é que exemplares de tais publicações sejam hoje praticamente inexistentes, pois poderiam fornecer muitos dados interessantes a respeito do vasto tema ora focalizado.

Mas voltemos à cidade de São Paulo, onde, em 1895, circulavam dois jornais com preocupações literárias eminentemente dirigidas à infância. Em ambos aparece a palavra "infantil". São eles *A Seta* e *O Infantil*. De acordo com os elementos fornecidos por Afonso de Freitas, *A Seta* era um semanário manuscrito, "órgão infantil republicano, consagrado à memória do Marechal Floriano Peixoto",[20] sob a

18 Rizzini, *História de Monteiro Lobato*, p.56.

19 Rio, *O momento literário*, p.114.

20 Freitas, op. cit., p.732.

direção redatorial de A. M. Vasconcelos. Por outro lado, *O Infantil* era órgão dos alunos do Colégio Camargo, publicação semanal redigida por Miguel de Camargo e Ranulfo Dias, com quatro páginas de 16 por 23 cm cheias de variada literatura e, inclusive, com anúncios do Colégio Camargo. Um ano mais tarde, novo jornal apareceria, *O Jovem Escolar*, órgão dos alunos do Grupo Escolar do Sul da Sé, com quatro páginas de três colunas. Neste número colaboravam o menino Euclides Figueiredo, ao lado de Mauro Muniz, Emílio Pinho, Getúlio de Sá, Carlos S. Ferreira, Benedito de Castro, Alcino Coti, Antônio Pinho, Carlos Lotito e José N. de Camargo, todos do quarto ou do quinto ano daquela escola.[21]

Destaque especial deve ser dado à *Revista do Jardim da Infância*, cujo primeiro número saiu em 1896 e que Lafayette de Toledo considerou "o maior acontecimento pedagógico deste fim de ano".[22] Patrocinava-a a Escola Normal, então dirigida por Gabriel Prestes e do corpo da redação participavam Maria E. Varela, Zalina Rolim, Isabel Prado, Joana Grassi e Ana de Barros. Não era apenas uma publicação de interesse para o professorado. Marcava-a, nas suas páginas, uma alta preocupação pela infância, pois aí encontraríamos não só os programas, horários e relatório do jardim da infância, anexo à Escola Normal – mas também lições de linguagem, poesias, pequenos contos, lições de desenhos, brinquedos, jogos, cantos etc. Havia também um suplemento com uma coleção de músicas destinadas aos jogos e ocupações. A publicação mereceu, entretanto, reparos de João Kopke que, em artigo publicado no *Jornal do Comércio* (13 de dezembro de 1896), acentuava "o mau plano da revista".

Em 1897, os alunos do terceiro ano da Escola Complementar lançavam seu jornal *A Mocidade*, redigido por J. Silva, A. Coelho e Cardoso de Melo Neto, que seria mais tarde deputado federal, interventor federal em São Paulo e diretor da Faculdade de Direito de

21 Ibid., p.785.
22 Toledo, op. cit., p.511.

São Paulo. Em 1902, o jornal voltaria a circular, considerado então órgão do Clube Complementar "cujos intuitos seriam comemorar as datas gloriosas nacionais e desenvolver entre seus associados o gosto pela literatura".[23] O primeiro número dessa segunda fase de *A Mocidade* apareceu a 21 de abril, exaltando a figura de Tiradentes. Aí colaboravam os estudantes A. Sílvio, Adriano Pinto, Artur Bhon e João Picosse, entre outros.

Os pequenos jornais que estamos arrolando, com base nos exaustivos trabalhos de Afonso de Freitas e de Lafayette de Toledo e, também, nos que se encontram no arquivo do Instituto Histórico e Geográfico de São Paulo, tinham, geralmente, o formato de 16 por 23 cm a 24 por 33 cm, com três ou quatro colunas.

Usavam clichês, o mais das vezes desenhos, ilustrando a variada matéria literária que apresentavam. Havia muita moral, muita religião e muita poesia também. Os meninos manifestavam tendência inequívoca pelas musas, sendo verdade também que raros conseguiram realizar-se nesse setor. Nessas páginas, observa-se, igualmente, forte preocupação cívica – uma preocupação cívica que não se reduzia apenas a termos estaduais. Ia além, por figuras de destaque na história do País. É ilustrativo dessa educação cívica o jornal *A Seta*, já referido, que pretendia apenas cultuar a memória do Marechal Floriano Peixoto. Ou quase apenas, porque ainda em suas páginas se encontrava sempre alguma literatura. Não se entenda aí o termo "literatura", como é compreendido hoje: uma livre manifestação da imaginação. A expressão literária dos meninos dos fins do século XIX era bitolada, condicionada, por acentuada educação cívica e moral, em cujo lastro, por exemplo, o temário folclórico raramente se encontrava. Tinha um sentido eminentemente de ensino formal, pois os estudos pedagógicos não estavam desenvolvidos. É interessante observar-se, neste particular, que a palavra "pedagógico", ou "pedagogo" começou a ser organizada nos fins do século passado,

23 Freitas, op. cit., p.893.

conjuntamente com as ideias de Froebel sobre a crianças[24] e que haviam de mudar as concepções dos próprios mestres.

As meninas também iam abrindo seu caminho no panorama cultural de São Paulo dos fins do século XIX. Pela primeira vez, em 1898, era lançada uma publicação exclusivamente dedicada às jovens brasileiras: *O Álbum das Meninas*, revista literária e educativa, dirigida por Anália Emília Franco.[25] O interessante desta publicação mensal é que era uma distribuição inteiramente gratuita entre "todas as

---

24 Pinto, *Os nossos brinquedos*, p.275. Nesse livro, a autora faz uma chamada de pé de página, o que não deixa de ser bastante curioso para a nossa afirmação, advertindo que por "pedagogo" se compreendia "pessoa que dirige a criança, que a educa e instrui". Para Lourenço Filho, Rui Barbosa foi o precursor da moderna pedagogia entre nós. "Foi, sem dúvida no Brasil", afirma, "o primeiro a tratar da pedagogia como problema integral de cultura, isto é, problema filosófico, social, político e técnico, a um só tempo", em *A pedagogia de Rui Barbosa*, p.12.

25 Freitas, op. cit., p.810. O primeiro número do *Álbum das meninas* traz sua apresentação no artigo de fundo. Vale a pena a sua transcrição, pelo que significa já de certa preocupação por literatura adequada à infância. Eis o que diz o artigo de fundo: "Seria supérfluo pôr em relevo as vantagens duma publicação eficaz contra o estiolamento moral que nos vai produzindo a literatura de nossos dias, cuja feição mais característica é a ironia mordente, a análise fria, a dissecação anatômica mais positiva e mais crua. Essa literatura que influi mais do que se pensa na decadência dos costumes, vai lentamente derrocando os alicerces da família. Foi por isso que resolvi fazer uso da imprensa para dar à publicidade esta modesta revista intitulada *Álbum das Meninas*, expendendo as minhas ideias sobre educação, e procurando traduzir e mesmo transcrever tudo quanto os espíritos mais esclarecidos têm escrito sobre este assunto. Ao tomar sobre os ombros esta tarefa de tão magno alcance, não consultei as minhas forças, nem a incompetência que em mim reconheço para todas as coisas; mas tão somente a convicção que tenho na Providência Divina, ao amor que consagro às crianças, e ao desejo ardente que tenho de vê-las bem dirigidas e fortalecidas para as provas da liberdade e para os combates da vida. Para esse fim peço e espero o poderoso auxílio de todos que amam o bem, e a contribuição do talento e da palavra de outras penas mais competentes e abalizadas do que a minha, que possam com as suas luzes e virtudes concorrer para que a educação da mocidade entre definitivamente no caminho para que a está impelindo a influência católica, e os exemplos dos mais eminentes pensadores". Estas linhas, redigidas com certeza por Anália Emília Franco, mostram que a má vontade para com os contemporâneos é mal de todas as épocas.

escolas públicas do sexo feminino do estado de São Paulo".[26] Este jornal foi o único, registrado no século XIX, que era dirigido por mulheres e endereçado às jovens. Veremos adiante que somente na segunda década do século XX surgiria outra publicação dirigida, redigida ou sob a orientação de meninas.

No Novecentos, o primeiro jornal infantil que aparece é deveras curioso: *Progresso do Bexiga*, que era o "órgão defensor dos alunos da Escola Modelo Maria José", hoje o velho grupo escolar do mesmo nome, situado na Rua Manuel Dutra, em São Paulo. Foi uma publicação de certo fôlego, pois Afonso de Freitas registra o seu 40º número, de 23 de dezembro de 1900. Deveras curioso é o jornalzinho quanto ao título. Demonstra que o bairro, hoje chamado Bela Vista, era normalmente aceito com a denominação de Bexiga. Esse nome atualmente é intolerável para seus moradores.[27] Em 1901, com data de 15 de agosto, publicou-se um único número do jornal *A Infância*, redigido por alunos do Grupo Escolar do Brás, para assinalar o terceiro aniversário da fundação dessa casa de ensino.

Alguns colégios estrangeiros mantinham sua imprensa. Era o caso do Colégio Hydecroft que, sob a direção de Sérgio Pais de Barros e Roland Davi e colaboração de Carlos Meira, publicava *O Maragato*, com quatro páginas de três colunas. Foi também jornal de vida efêmera. Neste ponto cumpre ressaltar que toda essa imprensa escolar representava, sob muitos aspectos, um esforço nacionalizante e, ao mesmo tempo, popular da cultura. Os meninos e meninas das melhores famílias, que aprendiam francês e inglês com muita facilidade, eram distinguidos com publicações vindas do estrangeiro. Maria Isabel Silveira depõe que, aí pelo começo do século XX, nesses anos em que mais atuante se tornava a influência francesa entre nós, seus

26 Ibid., p.809.

27 Tanto pode a mudança de conceitos. Ao amanhecer do século XX o nome de Bexiga não constituía termo pejorativo. Alguns anos mais tarde, segundo a tradição, o povo revoltou-se quando os bondes que se dirigiam ao bairro tomaram o letreiro de Bexiga. Foi preciso mudá-lo para Bela Vista.

filhos liam uma série de revistas infantis assinadas na França. Eram elas *Fillette, Cri-Cri, Diabolo Journal* e, excepcionalmente, uma revista italiana para criança, o *Corriere dei Piccoli* [Jornal dos pequenos].[28]

Já nessa época, 1902, mais precisamente, ideias renovadoras na pedagogia começavam a reunir interessados. O veículo de propagação de tais ideias foi a revista mensal *Educação*, publicada sob os auspícios da Associação Beneficente da Educação. Seu primeiro número apareceu em maio desse ano. O produto da renda da revista reverteria em favor das iniciativas da educação.[29] Os alunos externos do Instituto de Ciências e Letras, liderados por M. Bittencourt Júnior, J. Ferreira da Rosa Sobrinho, J. Abner de Oliveira, G. P. de Andrade e Leo de Oliveira, publicaram *O Porvir*, cujo primeiro número apareceu em 3 de junho de 1902. Era uma publicação puramente literária. Outro jornal desta escola foi o *Libertas*, que lançou seu primeiro número (também jornal literário) aos 15 de novembro desse ano. De escola era também *O Condor*, dos alunos do Ginásio Diocesano da capital e à frente de cuja direção se encontrava, entre outros, o depois poeta e acadêmico Roberto Moreira. Esta publicação teve seu primeiro número lançado aos 7 de setembro de 1903. Do então Instituto Sílvio de Almeida era *A Aurora*, também de vida efêmera.

Durante todos esses anos a imprensa escolar – infantil e juvenil – foi muito ativa. Por qualquer comemoração, publicava-se um

28 Silveira, *Isabel quis Valdomiro*, p.87.

29 Freitas, op. cit. p.897-8. Esta revista contava, como redatores e colaboradores, com Francisco Rangel Pestana, José Maria Lisboa, Paulo Egídio de Oliveira Carvalho, Pedro Lessa, Teodoro Sampaio, Vítor da Silva Freire, Batista Cepelos, Coelho Neto, Clemente Ferreira, Brasílio Machado, Alfredo Pujol, Venceslau de Queirós, Reinaldo Porchat, Sérgio Meira, Adolfo Pinto, José Vicente Sobrinho, Basílio de Magalhães, Mário Cardim, Frontino Guimarães, Pedro Dória, José Higino de Campos, Erasmo Braga e as senhoras Maria Renotte, Presciliana Duarte de Almeida, Francisca Júlia da Silva, Zalina Rolim e Anália Franco. Secretariava-a Joaquim Augusto de Santana e a gerência estava a cargo de Ciridião Buarque. Aí se encontram arrolados nomes que, de uma forma ou de outra, já se preocupavam com a literatura infantil, muitos deles tendo mesmo chegado a escrever livros para crianças.

jornal, com ilustrações, muitas poesias, artigos de fundo, anedotas. Nota-se uma constante: jornais, todos eles de escolas, quer primárias, quer secundárias. Eram veículos que recebiam e faziam circular as primeiras manifestações literárias de intelectuais, escritores e poetas, que mais tarde, em muitos dos casos, se salientariam no país das letras. Era, de certo modo, a meninada pedindo leitura, literatura que, praticamente, não existia e que ela mesma começava a fazer, criando uma atmosfera, um clima propício, que logo foi percebido por alguns autores aparecidos na época, como Olavo Bilac, Coelho Neto, Alexina Magalhães Pinto, Manuel Bonfim e tantos outros.

Da Escola Normal, de 1904, é ainda outro jornal, com o título de *O Excelsior*, no qual publicavam poesias, entre outros, Teodoro de Morais, Juvenal Penteado, Ataliba de Oliveira, Zilda Mendes de Almeida, F. Bayerlein, G. J. Kuhlmann, Bartira de Aquino, Armando de Araújo e Aprígio Gonzaga. Desse ano também seria outro jornal da Escola Modelo Complementar Caetano de Campos, com o nome de *A Juriti*, este já agora dirigido exclusivamente por meninas: Lavínia Meireles, Romualda C. Dina, Jeni Leme, Gertrudes da Silva, I. Aguirre, Maria B. Pinto, Jovina de Camargo. O jornal era impresso na Tipografia do Imaculado Coração de Maria.[30] Ainda desse ano seriam *O Crisol*, da Associação dos Calouros Normalistas, dirigido por Jaime Candelária, João Camilo Siqueira e Elpídio Goulart; *O Colibri*, este também de meninas, com redação na Avenida Paulista, e dirigido por Zoraide M. Siqueira e Olímpia D. Ribeiro e outras.

De 1904, a mais importante publicação teria sido *O Pequeno Polegar*, uma "revista bimensal ilustrada para meninos"[31] que se publicava sob os auspícios e a expensas da então Livraria Magalhães, com sede à Rua do Comércio, 27. Não nos foi possível colher maiores elementos sobre esta revista, que era redigida por Amadeu Amaral, mais tarde conhecido não só como poeta, mas também pelos seus estudos de

30 Ibid., p.967.

31 Ibid.

folclore. As informações que dela nos dá Afonso de Freitas é que era ilustrada com caricaturas de A. Norfini. Seu primeiro número saiu na segunda quinzena de dezembro de 1904, para, evidentemente, alcançar as festas de Natal. Eis aqui, possivelmente, um vestígio de influência inglesa, o da "Literatura de Natal", época em que as livrarias de Londres se iluminavam de livros para crianças. Dessa tradição inglesa nos ficou uma página admirável de Eça de Queirós[32] a descrever a importância da literatura infantil na vida dos meninos e das meninas da Inglaterra.

Semanário infantil também foi o que apareceu no ano seguinte, em 1905, em São Paulo, com o título de *A Mocidade*, redigido pelos meninos Jeremias Sandoval e Alfredo Pujol Filho, impresso na Tipografia Comercial, de Heitor Rossi & Cia. Era um jornal de quatro páginas, quatro colunas e formato de 26 x 39 cm, cuja redação funcionava à Rua Conselheiro Ramalho, 129. Para a infância, exclusivamente, foi, nesse mesmo ano, o *Nenê*, outra publicação ilustrada e quinzenal, dirigida por João Augusto Ferreira Júnior. A primeira edição deste jornal circulou a 15 de junho de 1905. Ainda do ano é outro jornal dirigido por Alfredo Pujol Filho, *O Maria José*, órgão mensal dos alunos do Grupo Escolar Maria José, cujos alunos, cinco anos antes, já haviam publicado o *Progresso do Bexiga* em seu 40º número, ou seja, o derradeiro. No ano seguinte, 1906, registrava-se o aparecimento de um "jornal das crianças", com o nome de *O Novo Amor*, dirigido por Emílio Lasso, José Fernandes e José Bueno.

O Grilo e o *Cri-Cri* – este último com título idêntico, imitado de publicação francesa já referida – apareceram em 1907 e circularam até 1909. "Leitura inocente para crianças de 6 a 60 anos", era o lema de *O Grilo*, jornal inteiramente dedicado aos pimpolhos e ilustrado e dirigido por João Monteiro Júnior.[33] Da mesma época, com o pri-

32 Queirós, *Cartas da Inglaterra*, p.49 et seq.

33 Aparecendo em dezembro de 1907, o artigo de fundo desse pequeno jornal dedicado à infância dizia o seguinte: "*O Grilo*, leitura inocente para crianças de seis a sessenta anos, porque há sempre em cada um de nós, em qualquer idade,

meiro número aparecido na segunda quinzena de março de 1908, foi *O Pica-pau*, um quinzenário editado pela Livraria Magalhães. Dir-se-ia que *O Pica-pau* vinha, de certo modo, substituir *O Pequeno Polegar*, de 1904, mantido por aquela livraria, responsável também pela distribuição e publicação de muito livrinho para crianças. Entrementes, registrava-se, em 1905, no Rio de Janeiro, o aparecimento de *O Tico-Tico*, que logo encontrou grande aceitação entre os jovens brasileiros de todos os recantos.

Observa-se uma coincidência curiosa: desde o aparecimento de *O Tico-Tico* se notará a diminuição do lançamento de jornais infantis, particularmente em São Paulo. Durante cinco anos seguidos não se registra outra publicação especialmente dedicada à infância. Continuaram a circular, porém, os jornais de escolas, nos quais os alunos escreviam e faziam publicar colaborações de alguns escritores contemporâneos. Em 1913, contudo, registra-se o aparecimento do *Jornal das Crianças*, "folha didática dedicada às crianças",[34] e no qual colaboravam professores normalistas, entre outros, Arnaldo Barreto, José Escobar, Virgílio de Oliveira e Araci Gomes. Arnaldo Barreto já começava então a se preocupar com a literatura para a infância. Esta publicação, de 21 x 33 cm de tamanho, contava com 16 páginas em duas colunas.

Dos diversos outros jornais e revistas aparecidos nos primeiros anos do século XX podemos enumerar uns tantos de certa importância. *A Pátria*, por exemplo, era revista mensal do órgão do Grêmio de Letras Rui Barbosa, do Colégio Diocesano, redigido por João Papaterra e Aureliano Guimarães, com a colaboração de Barros Filho, Manuel Guimarães e outros. Teríamos mais: *O Literato*, revista mensal e órgão dos alunos do Ginásio Anglo-Brasileiro, redigido por Domingos Martins, João P. Azevedo, Juarez Nogueira, Manuel Car-

---

um fundo de meninice. *O Grilo* será, pois, principalmente, destinado ao encanto dos petizes e, também, ao enlevo dos velhos, quando não for passatempo dos moços. Eis em que consiste toda a nossa cantiga".

34 Freitas, op. cit., p.1095.

neiro, Modesto Lopes e Pedro Lopes, em 1905; *Íris*, revista mensal dirigida por Álvaro Guerra (1905), outro nome importante em meio àqueles que se alinham entre os precursores da literatura infantil brasileira; *A Ideia*, órgão científico e literário dos alunos do Ginásio do Estado (1906); *O Estímulo*, revista literária da Escola Normal de São Paulo (1906); *Dois de Dezembro*, revista literária, científica e pedagógica dos alunos da Escola Normal (1907); *A Juventude*, órgão literário e noticioso, tendo como redator-chefe João Aguiar (1908); *A Alvorada*, órgão do Grêmio Literário Sílvio de Almeida, dos alunos do Ginásio Sílvio de Almeida (1909); *A Escola Moderna*, publicação mensal dirigida pelos professores do Grupo Escolar Prudente de Morais (1909).[35]

5.3 Amazonas e Pará

Uma pesquisa nos Anais da Imprensa Periódica Brasileira, publicados em 1908 como volume especial da *Revista do Instituto Histórico e Geográfico Brasileiro*, proporciona-nos uma visão nítida do grande movimento, por todo o País, dessa imprensa escolar e infantil. E sempre com a mesma característica: a da brevidade das rosas de Malherbe, mas sempre, na sua heroica insistência, a revelar um público sequioso de leitura e aprendizado. Levem-se em conta também as naturais dificuldades que haveria para esses mesmos jornais e revistas ultrapassarem a fase do primeiro ou até do quarto número, em um meio social pobre, tanto em termos econômicos, técnicos, quanto pedagógicos.

No Amazonas, a imprensa foi instalada em 1851. Segundo o catálogo organizado por João Batista de Faria e Sousa, já em 1885, em Manaus, se registrava o aparecimento de um jornal infantil, dos alunos da Escola Normal e Ginásio Amazonense. É verdade que se

35 Ibid., p.1040. No jornal *A Juventude* apareciam como colaboradores, entre outros, Augusto Correia, Isabel Vieira de Serpa, Rafael Lamartine, P. Lourenço, Rosalina Sould, Ana Alfaia e H. de Oliveira.

tratava de um número único e impresso em homenagem ao professor e diretor Goetz Galvão de Carvalho, com o nome de *A Escola*. Somente em 1900 surgiu outro jornal infantil, também com o nome de *A Escola*, e, em 1907, *O Ginásio* e *O Estudante*, de que o catálogo não dá maiores informações. Infere-se, contudo, dos nomes, que se tratava de jornais escolares.[36]

No Pará, os jornais escolares e infantis foram numerosos. A imprensa se instalou nesse estado, conforme o catálogo organizado por Manuel de Melo Cardoso Barata, em 1822. O primeiro jornal que aparece, "órgão da rapaziada", segundo a epígrafe, é *A Seta*, em 1882, e duraria até 1883. Três anos depois, registra-se o aparecimento de outra publicação com o nome de *O Eco Juvenil* e, no mesmo ano, *A Voz da Mocidade* (1886). Como se observou em quase todos os Estados, também no Pará, atendendo a recomendações das autoridades de ensino federal, circulou em Belém, com número inicial em 1890, a *Revista de Educação e Ensino*, publicação mensal que tinha como diretor, inicialmente, Barroso Rebelo e, depois, Otávio Pires. Nesse mesmo ano de 1890, surgia *A Mocidade*, trimensal, "órgão estudantino literário". Dois anos depois, *A Escola* circulava como órgão dos alunos da Escola Normal, publicação quinzenal, cujo primeiro número foi de junho desse ano. Outro "órgão da rapaziada" foi *O Embrulho*, cujo primeiro número saiu a 29 de maio de 1898. A revista oficial do ensino do Estado, *A Escola*, circulou com 48 números (1900-1904), com colaborações que examinavam o problema escolar em seus vários aspectos. Aí colaboravam os expoentes do magistério paraense. Em 1901, registrava-se novo jornal infantil e escolar, *O Normalista*, órgão dos alunos do primeiro ano da Escola Normal e do Clube Literário Firmino Cardoso, que circulou durante um ano. Em Belém, de 1904 a 1907, os alunos do Ginásio Pais de Carvalho mantiveram um jornal que talvez possa ser apontado como o de

36 Sousa, "Catálogo da Imprensa no Amazonas (1851-1908)", *Anais da Imprensa Periódica Brasileira*, p.5-89.

mais vida em todo o País e que foi *O Norte*, o qual saía quinzenalmente do prelo para os jovens estudantes. Outro traço distingue a imprensa infantil e escolar do Pará, onde se repetiu fenômeno idêntico ao verificado em São Paulo. Referimo-nos ao fato de uma livraria manter o seu jornal para jovens leitores, aproveitando suas páginas para a natural publicação de estoques de livros. Em 1907, a Livraria Escolar, cujo proprietário não foi registrado no catálogo de Manuel de Melo Cardoso Barata, publicava o *Correio Infantil*, que durou um ano, com edições quinzenais.[37]

5.4 Maranhão, Piauí e Ceará

O Catálogo da Imprensa no Maranhão, cujo primeiro jornal circulou em 1821, foi organizado por Augusto Olímpia Viveiros de Castro. É possível registrar-se nesse estado, como o primeiro jornal infantil, o chamado *Jornal de Instrução e de Recreio*, cujo número inicial é de 15 de janeiro de 1845, órgão de uma associação literária de estudantes do Liceu Maranhense e do qual não ficaram informes de grande valia. Também sem maiores detalhes tivemos o *Juvenília*, que apareceu em 1869 sob a direção do estudante José Eduardo Teixeira de Sousa. Em São Luís do Maranhão, por volta de 1862, existia uma histórica tipografia, a Tipografia Frias, que imprimiu, entre outros, o famoso *O Livro do Povo*,[38] de Antônio Marques Rodrigues. De 1890 é o "órgão estudantil" denominado *O Ensaio*, quinzenal, que tinha como redatores J. C. Raposo Júnior, Aquiles Lisboa e Alcides Jansen Serra Lima Pereira. Outro "órgão estudantil" foi *A Escola*, de 1891, dirigido por Herculano Nina Parga, e outro, ainda, em 1898, *O Ideal*, de publicação mensal. Os diretores do Clube Estudantil Nina Rodrigues – Zadock Pastor, Eneias Costa, Estêvão de Castro e Graco

37 Barata, "Catálogo da Imprensa no Pará (1822-1908)", ibid., p.91-160.

38 Oliveira, "O livro do povo, uma raridade bibliográfica", em *Jornal do Comércio*, 20 jan. 1963. O curioso estudo do autor mostra a grande influência que o livro exerceu em todo o Nordeste brasileiro.

da Costa Rodrigues – em 1906 começaram a publicar *A Mocidade*, como muitos outros, de pouca duração. Em 1907 o catálogo registra *O Progresso*, de que não há maiores informes. Ao contrário do que se podia esperar, o acervo de jornais infantis e escolares na Atena Brasileira não foi grande. É possível que numerosas dificuldades de pesquisas tenham impedido a Augusto Olímpio Viveiros de Castro de registrar maior número de publicações, tanto os anos passam e destroem as obras do homem.[39]

No Piauí, de acordo com o Catálogo organizado por Abdias Neves, o movimento da imprensa escolar e infantil foi muito reduzido. Instalou-se a imprensa no estado no ano de 1835. A mais antiga publicação da imprensa escolar e infantil no Piauí foi *A Mocidade Piauiense*, de 1883, pequeno jornal literário e noticioso redigido por uma associação de estudantes do Colégio Nossa Senhora das Dores, de que não há maiores informes. No catálogo, encontram-se vários outros títulos, tais como *A Juventude*, de 1882, e o *Cri-Cri*, de 1883, que poderiam ter sido órgãos infantis ou juvenis, tal a ausência de dados sobre eles.[40]

Imprensa escolar ativa teve também o Ceará, onde o primeiro jornal apareceu em 1824, de acordo com o catálogo organizado pelo Barão de Studart. Essa data, naturalmente, refere-se à instalação da imprensa nesse estado. O Barão de Studart registra como órgão interessado entre estudantes *O Mocidade Cearense*, publicado pelo poeta popular Juvenal Galeno e Joaquim Catunda, então alunos de filosofia do Liceu de Fortaleza, em 1853. Em 1858, sem maiores dados, registra o *Ensino Juvenil*, publicado em Fortaleza. Na cidade do Crato, em 1869, aparecia um pequeno jornal com o nome de *Infância*, também sem maiores dados. Como órgão do Congresso Estudantil de Fortaleza, em 1896, surgia o jornal *As Letras*, cujo primeiro número foi redigido por Gervásio Nogueira, Otávio Mendes e Carlos

39 Castro, "Catálogo da Imprensa no Maranhão (1821-1908)", *Anais da Imprensa Periódica Brasileira*, p.161-200.

40 Neves, "Catálogo de Imprensa no Piauí (1835-1908)", ibid., p.201-17.

Leão de Vasconcelos, em Fortaleza. Nesse mesmo ano aparece uma das primeiras revistas do Nordeste, de interesse escolar, *A Jandaia*, publicação mensal que contava entre os colaboradores com Joaquim C. Fontenele (diretor), Joaquim Carneiro, Boemundo Afonso, Otávio Mendes e Gervásio Nogueira. No ano de 1901, registra-se na cidade do Crato um fato considerado então surpreendente: aparecia o jornal *O Estímulo*, que tinha como redator o menino João Albino Moreira Pequeno, de 12 anos de idade. Segundo o Barão de Studart, esse foi o jornal de menores dimensões publicado no Ceará. Na cidade de Baturité, em 1902, surgia *A Infância*, tendo como redatores os irmãos Licurgo e Alexandre F. Lima. Ainda no Crato, nesse mesmo ano, teríamos *O Porvir*, publicado por alunos do prof. Antenor Madeira e, em Fortaleza, *O Atleta*, jornal dos alunos do Colégio São Luís. No Ceará, o primeiro jornal a aparecer sob a direção de meninas foi *A Estrela*, na cidade de Baturité, em 1906. Dirigiam a publicação Antonieta Clotilde e Cármen Taumaturgo. Outro jornal desse ano foi *O Porvir*, publicação infantil dirigida em Fortaleza por Egídio Barbosa, Ocelo Sobreira e Clóvis Araújo.[41]

5.5 Rio Grande do Norte e Paraíba

O Catálogo de Imprensa no Rio Grande do Norte foi organizado por Luís Fernandes, que situa a instalação da imprensa nesse estado no ano de 1832. De certo modo, pode-se dizer que os jornais escolares e infantis em Natal foram muito ativos, registrando-se, entre outros, *O Estudante* (1860-1861), que depois tomaria o nome de *O Beija-Flor* (1861), como dos primeiros do estado. Seguem-se *O Eco Juvenil* (1883-1884); *O Peralta* (1896); *O Futuro* (1896), todos jornais de rapazes com muito pouca duração. Em 1899, na cidade de Natal, Luís Fernandes registra o aparecimento de um pequeno jornal infantil denominado *O Rato*, de que não nos dá maiores detalhes, bem como do chamado

41 Studart, "Catálogo de Imprensa no Ceará (1824-1908)", ibid., p.219-322.

A Espora, do mesmo ano. Duração de um ano teve também *O Bloco* (1906-1907); *Luz da Infância*, caracteristicamente religioso, circulou em 1908 sob a orientação da Sociedade Infantil Filhos do Concerto. Na cidade de Açu, no mesmo estado, em 1901, apareciam dois jornais infantis: *O Pintassilgo*, tendo como redatores Alfredo Dias e Otávio Amorim, e *O Cisne*, redigido por Alfonso D. e João Alfredo.[42]

Na Paraíba, de acordo com o catálogo organizado por Diógenes Caldas, a imprensa foi instalada em 1826. Poucos títulos de jornais escolares e infantis se registraram. Temos, de 1883, um pequeno órgão com o título de *Eco Juvenil*, sem maiores detalhes, bem como *O Estudante*, de 1885. De 1904 a 1905, circulou *A Voz da Mocidade*, hebdomadário redigido por Teodoro de Sousa. Era órgão da Sociedade Literária Mocidade Católica e caracterizava-se por ter oficinas próprias – as do Convento do Carmo, em João Pessoa. Como órgão de classe estudantil e do Grêmio Literário Francisco Barroso, e tendo como redator Aládio do Amaral, surgia em 1906 *A Gazetinha*, também de pouca duração.[43]

5.6 Pernambuco

Outro estado em que a imprensa escolar e infantil foi bastante ativa é o de Pernambuco que, já em 1821, conforme o catálogo organizado por Alfredo de Carvalho, instalara sua imprensa. Mas é em 1850 que vamos encontrar o primeiro jornal escolar, *A Saudade*, periódico de instrução e recreio. Sobre ele carecemos de maiores informações. Esse mesmo ano é também *O Belo Sexo*, publicado por uma associação de acadêmicos e especialmente dedicado às meninas, às mocinhas, sob a direção de Antônio Vitrúvio Pinto Bandeira e Acióli de Vasconcelos. Órgão da mocidade recifense era, em 1874, *O Futuro*, redigido por Daniel de Almeida, Rufino de Almeida, João Carlos da

42 Fernandes, "Catálogo de Imprensa no Rio Grande do Norte (1832-1908)", ibid., p.321-68.

43 Caldas, "Catálogo de Imprensa na Paraíba (1826-1908)", ibid., p.369-87.

Silva Guimarães e Ciridião Buarque, todos alunos do Colégio Santa Genoveva. Em 1876 surgia o *Jardim Infantil,* revista do Colégio Dois de Dezembro, com oficinas próprias no colégio. Era redigida pelos alunos da escola. De 1882 era *O Normalista,* propriedade do Clube Literário dos Normalistas, que circulou com seis números e tinha como redatores Ernesto Miranda, Alberto Pradines, Mamede dos Reis, Aprígio Brás e João Damasceno. Órgão da Sociedade Recreio Literário Infantil era, em 1884, o jornal *A Luz,* que circulou com cinco números e tinha como redatores Antenógenes Luna, José de Castro e Pedro Júnior. Os alunos do Curso Preparatório do Recife, em 1886, lançavam uma "pequena enciclopédia quinzenal, especialmente crítica, noticiosa e literária", afirma o catálogo, chamada *Revistinha.* Fora fundada por Leovigildo Samuel e mantinha como redatores Aniano Costa, Malaquias da Rocha, Tito Franco, João Dinis e outros. Esta revista, ao contrário dos jornais e revistas da fase ora em inventário, durou alguns anos mais. Alfredo de Carvalho assinala seu número final em 1893. Neste mesmo ano os alunos do Instituto 19 de Abril mantinham *O Estudo,* que publicou oito números. Eram seus redatores Tiago da Fonseca, Carlos Porto Carreiro e Bernardo José da Gama Lins. Somente em 1903 encontraríamos, no Recife, outro jornal. Era *A Palavra,* órgão do Grêmio Literário Virgínio Marques, dos alunos do Instituto Pernambucano, sob a direção de Cândido Duarte. O último número deste periódico circulou em 1901. Em 1903 também teríamos, com a duração de apenas três meses, *O Colibri,* órgão literário do Grêmio Infantil Limoeiro, que tinha como redator-chefe Veríssimo Rangel, diretor do Liceu Literário Limoeirense.[44] Dos alunos do Colégio Salesiano publicava-se, em 1917, segundo Mário Melo, *O Colegial,* de "bela capa artística, muito bem impressa nas oficinas gráficas do mesmo colégio", com 30 páginas.[45] O Ginásio do Recife também tinha seu órgão, *O Lírio,*

44 Carvalho, "Catálogo de Imprensa em Pernambuco (1821-1908)", ibid., p.389-682.

45 Melo, *A imprensa pernambucana em 1918*, p.23-4.

que circulava em 1918 como órgão da Academia São Luís Gonzaga, do mesmo estabelecimento de ensino.

5.7 Alagoas e Sergipe

No pequeno estado de Alagoas não foi pequena a atividade da imprensa escolar e infantil. Em 1831 a imprensa foi, segundo o catálogo organizado por Joaquim Tomas Pereira Diegues, instalada em Maceió, em 1887, circulava o pequeno *O Dever*, cujo primeiro número saiu a 5 de junho daquele ano. Era o órgão "literário, científico e noticioso" dos alunos do Colégio Bom Jesus, publicado quinzenalmente. Entre seus redatores figuravam Leopoldo Gitaí, Antônio Teixeira, J. F. Pais Barreto e João Cândido de Oliveira Mendonça. De iniciativa particular, nesse mesmo ano, circulava o *Recreio Juvenil*, também publicado quinzenalmente e como "órgão literário e de instrução da infância". Era seu redator e proprietário Armindo Rangel. Órgão da "classe estudantesca" eram a *Aliança* (1890) e *Perseverança* (1890), o primeiro redigido por Hugo Jobim, J. Andrade e A. Rangel, e o segundo, por Manuel Duarte Pedregulho e Ângelo Neto. O *Quatro de Outubro*, como era muito comum então, saiu com um único número em 1891, como homenagem dos alunos da Escola Central ao mestre Francisco Domingues da Silva. Aliás, essa escola, em 1892, lançava também o primeiro número de sua revista intitulada *A Escola*. Em 1894 aparecia *O Pirilampo*, como propriedade de colegiais. Outro colégio que tinha o seu jornal era o Externato Pilarense, com o nome de *A Educação*, que circulou em 1891 na cidade de Pilar, naquele estado. Aliás, essa mesma casa de ensino, em 1905, publicava uma revista – *O Estímulo* – administrada por Jaime Barbosa e "dirigida por dois alunos renovados mensalmente". Na cidade de Pão de Açúcar, atual Paulo Afonso, em 1892, duas meninas, Josefina de Melo Filha e Aquilina de Melo, publicavam e redigiam *A Juventude*, um semanário de leituras infantis. Dessa publicação, infelizmente, não nos resta outro dado qualquer. Em

Viçosa, publicava-se, em 1904, o número especial de *Adriano Jorge*, órgão do Internato Alagoano, sob a direção de Jovino Xavier Araújo. Em União, em 1893, já havia um pequeno jornal, *O Madrigal*, órgão literário colegial, sob a direção de Tertuliano de Aquino, Aureliano Meneses e Virgílio Sarmento.[46]

Em Sergipe, a imprensa foi instalada no ano de 1832, assevera o catálogo organizado por Manuel Armindo Cordeiro Guaraná. Em 1872 surge o primeiro jornal infantil, *O Porvir*, órgão literário dos estudantes do Ateneu Sergipano, no qual colaboravam Baltasar Góis, José Ricardo Cardoso, Eutíquio Lins, Silvério Martins Fontes, Manuel Alves Machado, Melquisedec Matusalém Cardoso e Januário de Siqueira Matos. Esse jornal desapareceria logo, para ressurgir depois, em 1874. Em 1877 circulava *A Luz*, pequeno jornal literário de estudantes, de que as notícias escasseiam. De 1895, tendo como proprietários e diretores os jovens Edilberto Campos e Tancredo Campos, circulava *A Verdade*, pequeno jornal infantil de duas páginas. Os mesmos jovens publicariam nesse mesmo ano outro periódico, com o título de *O Verde*. Ambos tiveram pouca duração, como era do sistema dessa difusa e breve imprensa.[47]

5.8 Rio Grande do Sul

Sobre a imprensa escolar e infantil do Rio Grande do Sul quase nada conseguimos apurar. Aurélio Porto em seu estudo[48] reconhece a deficiência da inventariação dos jornais antigos daquele estado, "devida à falta de notícias e coleções dos nossos primeiros jornais". Entre os estudos mais interessantes estaria o de Vítor Silva, feito

---

46 Diegues, "Catálogo de Imprensa em Alagoas (1831-1908)", ibid., p.683-773.

47 Guaraná, "Catálogo de Imprensa em Sergipe (1832-1908)", ibid., p. 775 et seq.

48 Porto, *O colono alemão (notas para a história da imprensa rio-grandense – 1827-1837)*. O estudo de alguns jornais gaúchos está feito por Alfredo F. Rodrigues, em *Notas para a história da imprensa no Rio Grande do Sul*, e por T. Fernandes de Melo, em *Os primeiros jornais do Rio Grande do Sul*.

para o Centenário da Imprensa Nacional. Foi trabalho, contudo, que se perdeu sem deixar rastros. Se para os próprios jornais da situação histórica definida, para adultos, a deficiência é notória e reconhecida, imagine-se o que não ocorre em relação aos jornais infantis. Aliás, não seria de se estranhar a falta de registro de jornais e revistas infantis em qualquer inventário, como ocorre, por exemplo, no de Aurélio Porto. É evidente que o pesquisador não perderia tempo com manifestações de imprensa infantil, quando a dos adultos é mais significativa em suas nuanças sociológicas. Desse modo, os títulos salvos podem ser considerados verdadeiros milagres de boa vontade. E ficam nestas páginas todos eles, naturalmente com as deficiências que tão largo período implica, para se ter a medida do quanto foi relativamente prolífica e atuante a imprensa escolar e infantil no Brasil até o aparecimento de *O Tico-Tico*.

5.9 Bahia

A instalação da imprensa na Bahia data de 1811, oficialmente – aos 14 de maio desse ano – circulava o primeiro número do jornal *A Idade d'Ouro*. Essa data asseguraria àquele estado uma primazia quase indiscutível na instalação da Imprensa no Brasil, embora se saiba que provavelmente em 1706, em Pernambuco, e em 1747, no Rio de Janeiro, gemeram prelos.

> Todavia, o fato da sua instituição definitiva na antiga capital do Brasil, em princípios do século passado, subsistirá ainda quando se venha a descobrir provas capazes de converter em realidade aquela conjetura

dizem João N. Torres e Alfredo de Carvalho, referindo-se à imprensa em Pernambuco e no Rio de Janeiro. Na faixa da imprensa escolar e infantil, já em Salvador, em 1831, circulava um jornal com o nome de *O Adolescente*, órgão literário de pequeno formato, bissemanal, que publicou 46 números. Pena é que João N. Torres e Alfredo de Carvalho não tenham conseguido reunir maiores elementos caracterizadores, para se saber, de modo definitivo, se se tratava, realmente, de imprensa escolar ou infantil, embora o nome do jornal traga compromissos implícitos com uma situação juvenil.

Mas aos 5 de julho de 1837 circulava um jornal que não deixa dúvida alguma sobre seus objetivos. É *O Recopilador* ou *Livraria dos Meninos*, jornal moral e instrutivo, que publicava extratos de livros instrutivos, contos e romances, e que durou até outubro do mesmo ano. Em 1846, teríamos outro jornal de interesse para a infância. Era *O Mentor da Infância*, cujo primeiro número data de 4 de novembro. Era um órgão "instrutivo infantil", de publicação bissemanal, dirigido por Antônio Gentil Ibirapitanga Pimentel. Trazia como epígrafe: "A instrução e a virtude são os bens que o homem deve mais ansiosamente procurar, porque são os únicos que morrem com ele".

Redigidos por estudantes, foram numerosos os jornais publicados na Bahia no século XIX. Tais eram *O Kaleidoscopo*, de 1860; *A Violeta*, de 1862, periódico literário do Colégio Dois de Julho; *A Esperança*, de 1869, periódico científico e literário do Colégio Dois de Dezembro; *A Estrela Infantil*, de 1872; *O Estudante*, de 1874, dos alunos do Colégio Santo Antônio; *A Escola*, de 1880, órgão do Grêmio Normalístico; *O Literato*, de 1895, órgão dos alunos do Colégio Spencer – todos eles do século XIX. É evidente que na inventariação, como a realizada por diversos especialistas, pouco se tenha registrado das características de cada jornal ou revista, como se poderá observar nas páginas deste capítulo. Nem por isso, entretanto, essa deficiência invalida a afirmação de uma numerosa e ativa imprensa escolar e infantil em todo o País, durante o século XIX e até o aparecimento de *O Tico-Tico*, que seria uma espécie de síntese de todas essas aspirações dos meninos brasileiros.

Mas, na Bahia, ainda no século XIX, distinguiram-se vários jornais escolares e infantis. Deve-se citar com destaque *O Gymnasio*, órgão literário de pequeno formato, do Ginásio Baiano, cujo primeiro número é de julho de 1861. Este pequeno jornal se destaca porque a ele se ligava um nome famoso na educação brasileira: era o do dr. Abílio César

Borges, que o dirigia, tendo como redator o aluno Sátiro de Oliveira Dias. Outro órgão importante foi *O Applicador*, cujo primeiro número saiu em fevereiro de 1865 e circulou até 1890. Periódico mensal do Colégio Sete de Setembro, era redigido pelo diretor da escola, prof. Luís da França Pinto de Carvalho, e tinha por objetivo estimular os alunos. Era também o boletim do colégio. Em 1869, com número inicial datado de 25 de junho, vinha à luz *O Porvir*, periódico do Colégio São João, no qual figuravam como redatores João Batista de Castro Rebelo Júnior, João Machado Leite Sampaio, Pedro Leão Veloso Filho e Severino dos Santos Vieira. Publicava-se três vezes por mês.

A revista mais antiga da Bahia, no setor escolar, parece ter sido *Aurora Atheniense*, com número inicial de 21 de agosto de 1879 e que durou apenas um ano. Mensal, era órgão dos alunos do Colégio Ateneu Baiano, redigida por Alfredo Campos, Sales Barbosa, Urcicínio Godinho, Filipe Machado. A revista compreendeu duas fases em um ano apenas. Outro jornal de certo relevo foi o *Moema*, de 17 de agosto de 1899, jornal literário e infantil semanal, de pequeno formato, redigido por Euclides e Adalgiso Dantas. Dele circularam apenas quatro números.

Já no século XX não teríamos na Bahia grande número de jornais escolares e infantis. Poder-se-iam arrolar o *Leituras Recreativas* (1901-1904); *O Incentivo* (1901-1903), órgão do Colégio dos Órfãos de São Joaquim; *O Atheneu* (1910); *A Voz da Mocidade* e outros. Dos primeiros anos, dois jornais infantis alcançariam não poucas repercussões: *O Tatuzinho*, que durou de 1907 a 1908, jornal eminentemente dedicado às crianças, que se publicava aos sábados em Salvador; e *O Colibri* (1911), pequeno jornal literário, redigido por alunos do primeiro ano do Ginásio da Bahia. Não era somente em Salvador que se publicavam tais jornais. É curioso observar-se que, em 1897, em Amargosa, circulava *O Pyrrhonico*, órgão consagrado ao povo e à infância, de propriedade de César Falcão e João de Oliveira. Desse jornal, publicaram-se 12 números. Na cidade de Cachoeira, teríamos *A Voz da Mocidade* (1850); *O Beija-Flor* (1852), semanário redigido por estudantes; *O Jovem Cachoeirano* (1859-1862); e *A Infância* (1906), órgão dos alunos da Escola Americana.[49]

5.10 Rio de Janeiro

Se a imprensa escolar e infantil foi riquíssima em São Paulo, Pernambuco e Bahia, por exemplo, o mesmo, curiosamente, não se registra em relação ao Rio de Janeiro. Muito pouca coisa nos ficou desde sua instalação nesse estado, em 1808, até o aparecimento de *O Tico-Tico*, em 1905, consequência e fruto de toda uma tradição de jornaizinhos espalhados por todo o País. No estudo de Gondim da Fonseca[50] encontramos, sem qualquer informação subsidiária, em 1835, o registro de *O Juvenil*. É muito difícil caracterizar esse jornal, de que se tem apenas o registro como órgão do Instituto Literário do Colégio Abílio. Circulou durante dois anos *O Instituto* (1839-1840), cujos redatores eram J. Abílio, M. Alves e A. Coutinho. *A Voz da Juventude*, em 1849, órgão do Ginásio Brasileiro, era bimensal. Os alunos do Liceu de Artes e Ofícios publicaram, em 1856, 14 números de *O Aspirante*, periódico literário e artístico. Em 1860, os alunos do Ateneu Torvano mantiveram o *Ensaio Escolástico* que circulou com apenas quatro números. A Sociedade Progresso Juvenil publicou, em 1861, três números do *Echo da Juventude*. Os estudantes do Liceu dos Religiosos do Carmo lançaram, em 1862, três números do seu *O Tebyriçá*, periódico literário e recreativo. O Colégio Meneses Vieira, em 1876, sob a direção de Ferreira da Silva, lançava um número da *Revista Colegial*. A Escola Gratuita São Vicente de Paulo manteve, em 1886, tendo como redator-chefe o prof. Azevedo Coimbra, o jornal *O Educador*. Os alunos do Colégio do Mosteiro de São Bento publicaram *A Aplicação*, em 1889, que teve apenas um ano de vida.

Os registros da imprensa da época denunciam, em 1853, dois

---

49 Alfredo de Carvalho; João N. Torres, *Anais da Imprensa na Bahia*.

50 Fonseca, *Biografia do jornalismo carioca (1808-1908)*. Veja-se também Vianna, *Contribuição à história da imprensa brasileira (1812-1869)*.

títulos curiosos de pequenos jornais: *A Folha Juvenil* e *O Mosquito*, este último um periódico "político e literário", dedicado às jovens fluminenses, conforme a informação de Gondim da Fonseca. Há uma informação neste autor que deve ser transferida para estas páginas, pela coincidência de título de publicação. Referimo-nos à que diz respeito ao jornal *O Clarim*, que apareceu em 1874, e era manuscrito pelo poeta Hugo Leal, de que existe, aliás, exemplar na Biblioteca Nacional. O interessante é que Hugo Leal publicou, entre outros anos, vários outros jornais, inclusive um deles com o nome de *O Tico-Tico*, precedendo pelo nome a famosa revista de Luís Bartolomeu de Sousa e Silva. Assinale-se que tais publicações nada tinham de escolares ou infantis e, como tais, se pareceriam apenas pelos títulos.

Em 1877, lançava-se no Rio de Janeiro uma revista com o título de *Jornal das Crianças*, de que nos faltam maiores informações. Em 1881, teríamos *O Farol*, órgão dos alunos da Escola Normal, e *A Ventarola*, jornal redigido pelos alunos do Liceu de Artes e Ofícios. Em 1883 aparecia outra publicação com o nome daquela registrada em 1877, ou seja, *Jornal das Crianças*, de que existe exemplar também na Biblioteca Nacional.

A preocupação pela imprensa escolar e infantil era grande na segunda metade do século XIX e não ficava apenas nas escolas e colégios, em comunidades mais desenvolvidas. O jornal preenchia, sem dúvida, o lugar do livro, então mais difícil e que pouca atenção ainda merecia dos livreiros e editores brasileiros. É possível, também, que os jornais ficassem mais baratos e atendessem melhor ao complexo criador dos meninos, já ensaiando diversificada reação à literatura infantil que nos vinha de Portugal, feita por autores portugueses ou traduzida por portugueses, com um instrumento linguístico já diferente do que se utilizava no Brasil. Assinale-se que no Rio de Janeiro, em 1887, os filhos menores da Princesa Imperial mantinham seu jornalzinho, com o título de *Correio Imperial*. Gondim da Fonseca informa que tal publicação tinha de curioso "o fato de aparecer com ideias visivelmente abolicionistas, durante a vigência do Ministério Cotegipe".[51] No ano seguinte surge um jornal com o nome de *O Petiz Jornal*, sem maiores informações. Os alunos do Mosteiro de São Bento publicaram uma revista sob o título de *O Ensaio*, em 1896, e, em 1898, aparecia o *Jornal da Infância*, sem maiores informações.

5.11 Minas Gerais

Poucos elementos nos restam da imprensa escolar e infantil do estado de Minas Gerais do século XIX, embora se admita que, já em 1823, circulasse o primeiro jornal mineiro, o *Compilador Mineiro*. Contudo, os elementos referentes à imprensa que interessam a estas páginas são extremamente deficientes, conforme se observa no trabalho de Sandoval Campos e Amintas Lobo,[52] que registra apenas três jornais escolares. O primeiro deles circula em 1886, com o nome de *O Aspirante*, como órgão do Colégio Providência. O segundo é *A Aurora* (1886-1887), feito pelas alunas do Colégio Nossa Senhora da Piedade. Os alunos do Internato do Ginásio Mineiro, em Barbacena, publicaram durante algum tempo *A Forja*, tendo como redator Abílio Machado. Falta-nos a data de sua circulação. Em Diamantina, os estudantes publicavam *O Aprendiz*, então dirigido por Nélson Coelho de Senna, José Jorge, João Paulino e José Alves Diamantino, publicação quinzenal, em 1893. Outro jornal da época foi o *Ensaio Infantil*, então dirigido por Cícero Brant. Esse jornal[53] duraria oito meses e, embora de pouca duração, como seria a característica principal da imprensa escolar, ainda assim demonstra que por todos os lados do Brasil eles existiam. Ciro Arno confessa em seu livro de memórias que "quase todos esses artigos eram copiados, com poucas alterações, da *Seleta Francesa*,

---

51 Ibid., p.376.

52 Campos; Lobo, *Imprensa Mineira (memória histórica)*.

53 Arno, pseudônimo de Cícero Brant, *Memórias de um estudante (1885-1996)*, p.58.

de Roquete, ou do Chernoviz".[54] Revela o mesmo autor que, em 1879, também em Diamantina, um grupo de meninos publicava *A Ideia Nova*, em que foram transcritos os versos de Aureliano Lessa sobre Diamantina.

5.12 Aparecimento de *O Tico-Tico*

O Tico-Tico, como que galvanizando toda a necessidade de leitura das crianças brasileiras, impunha-se pioneiramente como publicação tecnicamente concebida. Fora a revista organizada em bases racionais, com motivos e temas de interesse nacional. O grande número de pequenos jornais e revistas que antecederam com dificuldades a importante publicação de Luís Bartolomeu de Sousa e Silva havia criado condições excepcionais para o triunfo de *O Tico-Tico*, que haveria, por mais de meio século, de se tornar leitura obrigatória das crianças brasileiras.

O aparecimento do primeiro número de *O Tico-Tico*, aos 11 de outubro de 1905, no Rio de Janeiro, representou desde logo importante renovação nos métodos e objetivos da imprensa infantil. Faltam-nos elementos concretos para apurar as preliminares da ideia de criação dessa revista pelo jornalista mineiro Luís Bartolomeu de Sousa e Silva. Mas é fora de dúvida que a ideia de publicar uma revista nos moldes com que foi publicado *O Tico-Tico* nasceu do conhecimento de algumas publicações mais ou menos semelhantes, então existentes não só nos Estados Unidos, como na França, na Itália, na Inglaterra e na Espanha. Já nos referimos à tradição da imprensa infantil na Inglaterra, cujo primeiro jornal, *The Lilliputian Magazine*, circulou de 1751 a 1752. Na segunda metade do século XIX, pelo menos três grandes jornais ingleses para crianças circulavam naquele país, ou seja, o *Infant's Magazine* [Revista infante], *The Children's Friend* [O

54 Não obstante, grande veio a ser já nos três últimos decênios o movimento de jornais escolares, em Minas, como apurou Güerino Casassanta em seu livro sobre o assunto, e que vem adiante citado.

amigo da criança] e *Little Folk* [Pequenas lendas], com influências em outros países europeus, principalmente na França, onde, em 1832, Julie Gouraud (Louise d'Aulnay) funda *Le Journal des Jeunes Personnes* [Jornal dos jovens][55] e logo depois dirige *La Femme et la Famille* [Mulheres e a família]. Em 1857, publicava-se o *Journal des Enfants* [Jornal das crianças] e *La Semaine des Enfants* [Semanário da criança], sendo que neste último se publicam os primeiros contos da Condessa de Ségur, estorietas de mme. Carraud, descrições históricas de d'Altemont e contos fantásticos de Nathaniel Hawthorne. Mas não era só: aí surgiam também os desenhos de Gustave Doré para animar as aventuras de Sindbá, o marítimo, extraído das *Mil e uma noites*,[56] prosseguindo-se assim na utilização da imagem para melhor apreensão do texto. Do começo do século XX os catálogos das livrarias brasileiras nos dão minuciosas informações sobre revistas e jornais, principalmente da França, que se liam entre nós, tais como *Album d'Enfants* [Álbum infantil], *Paris Enfants* [Paris infantil] e outros que tratavam sobretudo de moda infantil. Influências que agiam fortemente, inclusive pela imitação dos títulos das publicações francesas, como aquela de que, em 1909, nos dá conta o catálogo da Empresa Literária Fluminense, ao registrar a venda do *Jornal da Infância*, que deveria ter tido pouca duração. Anunciava-o em dois volumes de 420 páginas, impresso em elzevir, com mais de trezentas gravuras.

5.13 Luís Bartolomeu de Sousa e Silva

O fundador de *O Tico-Tico*, Luís Bartolomeu de Sousa e Silva, tinha vasta experiência jornalística ao tempo da fundação da revista. Com Alcindo Guanabara, dirigira o jornal *O Tempo*, famoso periódico destruído durante a revolta contra o governo de Floriano Peixoto.

55 Trigon, *Histoire de la littérature enfantine*, p.44-5.
56 Ibid., p.80-1.

Trabalhara também em outro jornal, *A República*, de efêmera duração. Fundara, depois, *A Tribuna*, *O Malho*, *Ilustração Brasileira* e *Leitura Para Todos*. A simples enumeração dessas revistas revela a vocação irrecusável de Luís Bartolomeu de Sousa e Silva de educador e contribuinte da educação brasileira por meio de um instrumento – a imprensa – que mais facilmente poderia levar mensagens de educação política e social às massas e às elites.

Luís Bartolomeu de Sousa e Silva foi uma figura curiosa por todos os títulos, inclusive extremamente inquieta e renovadora. Nas linhas bibliográficas, que a edição do cinquentenário de *O Tico-Tico* publica, lê-se que nasceu em Rio Preto, Minas Gerais, a 3 de outubro de 1866, tendo feito os primeiros estudos no famoso Colégio Caraça e completado o curso secundário em São Paulo, de onde se transferiu para o Rio de Janeiro, a fim de ingressar na Escola Militar da Praia Vermelha. Era republicano e natural foi sua atitude nesse estabelecimento de ensino na pregação do novo regime, integrando o chamado Batalhão de Jovens Republicanos, constituído pelos alunos da Escola Militar. Após a proclamação da República, transferiu sua residência para o Paraná. O general Serzedelo Correia, primeiro governador daquele estado, convidara-o para o cargo de secretário particular. Para lá foi e participou ativamente dos estudos da questão de limites entre o Paraná e Santa Catarina. Chegou a elaborar, então, um projeto a respeito, depois aceito para solução do problema entre os dois estados. Daí para a deputação federal foi um passo. Luís Bartolomeu de Sousa e Silva elegeu-se deputado federal pelo estado do Paraná e transferiu-se novamente para o Rio de Janeiro. Ainda assim, não abandonou as atividades jornalísticas. Na Câmara, foi um dos defensores da jornada de oito horas de trabalho para o comércio, campanha que desenvolveu não só da tribuna, mas ainda por meio de órgãos da imprensa da capital da República. Nesse período de sua vida, conviveu com Pinheiro Machado e Antônio Azeredo. Foi de sua autoria o primeiro projeto que mandava construir uma ponte de ligação entre Rio de Janeiro e Niterói, o da construção do

Mercado Modelo e o da instalação de armazéns frigoríficos no cais do porto do Rio. Luís Bartolomeu de Sousa e Silva faleceu no Rio de Janeiro aos 25 de julho de 1932, com 66 anos de idade.

5.14 Primeiros passos de *O Tico-Tico*

O depoimento de alguns nomes dos primeiros números de *O Tico-Tico* dá-nos alguns elementos históricos capazes de definir a ideia do lançamento da famosa revista infantil brasileira. Ainda aqui seria difícil saber-se do impulso inicial. Foi ela inicialmente dirigida pelo desenhista Renato de Castro, que, entre outros encargos, segundo o depoimento de Luís Gomes Loureiro,

> se incumbia de decalcar para a criançada brasileira as historietas em quadrinhos que o jornal norte-americano *The New York Herald* vinha publicando, tendo como heróis popularíssimos o garoto Buster Brown e seu cachorro parlapatão Tiger, criados pelo caricaturista Richard Felton Outcault.[57]

Abrasileirados, os personagens passaram a chamar-se Chiquinho e Jagunço, ganhando logo imensa popularidade. O depoimento de Alfredo Storni é taxativo. Afirma ele que "as figurinhas do semanário infantil eram todas copiadas de revistas do mesmo gênero, francesas e americanas".[58] A ideia de Bartolomeu de Sousa e Silva, já então com a revista *O Malho* amplamente triunfante, foi, então, a de proporcionar à infância brasileira uma revista exclusivamente infantil, imitada dos melhores modelos estrangeiros. Ou melhor, imitando os processos estrangeiros de apresentação gráfica e de redação, pois, alguns anos depois do seu aparecimento, *O Tico-Tico* já começava a apresentar-se com tipos fundamentalmente "brasileiros" e com temas também exclusivamente nacionais. Por outro lado, como jornalista experimentado, a ele não deveria passar despercebido o imenso

57 *O Tico-Tico*, Edição do cinquentenário, p.16.
58 Ibid., p.39.

esforço dos jornais escolares e infantis que nasceram e morreram com toda a brevidade por todos os estados do Brasil.

Aliás, o número inicial de *O Tico-Tico*, em sua primeira página, por meio de seis quadrinhos coloridos, conta, sob o título de "Manda quem pode", o nascimento da revista. Aí vemos um grupo de crianças dirigindo-se à revista *O Malho*, encarnada por um tipo adulto. Ante as numerosas crianças, *O Malho* indaga:

> – Mas isso é grave! É revolução? Que é que vocês querem, afinal de contas, ó pequenas esperanças da Pátria?
>
> – Queremos um jornal exclusivamente para nós. Você, seu Malho, é muito benfeito, é muito divertido, mas... não nos basta!
>
> – Eu acho que vocês todos têm razão. Na verdade, chega a ser uma injustiça que no Brasil todas as classes tenham o seu jornal e só vocês não o tenham. Pois bem! Futuros salvadores da Pátria e mães de família futuras! Daqui em diante, às quartas-feiras, exigi de vossos pais *O Tico-Tico*.
>
> Viva Vivôôôô...

Esse é o diálogo em suas primeiras palavras, a que se seguem outros pormenores[59] do êxito da ideia. A razão do título da importante revista brasileira vem no depoimento de uma filha de Luís Bartolomeu de Sousa e Silva, Cármen de Sousa e Silva Westerlund. Vale a pena ser transcrito como documento ilustrativo:

> Pensando meu pai num título apropriado para a revista infantil que ia fundar, notou um tico-tico pousando em um viveiro de pássaros existente no jardim de nossa casa onde nos achávamos reunidos – subitamente exclamou: Está decidido, a revista vai se chamar Tico-Tico.

Realmente, o nome simples e despretensioso simbolizava a finalidade a que se destinava – oferecer a seus pequenos leitores uma alegria simples e sadia. Assim, como se fosse uma das suas próprias histórias, esse tico-tico, livre, seguindo por milhares e milhares de outros tico-ticos voou por todo o Brasil, de um extremo ao outro,

59 Ibid., p.23.

proporcionando às crianças momentos de verdadeira alegria e felicidade. Estes sentimentos da infância de ontem, e que talvez ainda hoje perdurem em muitos de nós, já traduziram inconscientemente o agradecimento e a gratidão das crianças brasileiras a Luís Bartolomeu de Sousa e Silva.[60]

A inspiração para o título foi fundamentalmente brasileira, bem simpática e comovente, atendendo a motivações psicológicas de ordem nacional. A revista teve logo grande acolhida não só entre crianças como entre adultos, como no caso de Rui Barbosa que, certa vez, interpelado por um dos seus pares no Senado sobre onde havia lido algo que acabara de afirmar, respondeu simplesmente: – Li n'*O Tico-Tico*.

Seria interessante uma consulta aos Anais do Senado para verificação do fato. Mas ele deve ser autêntico. Rui Barbosa aliás, sempre manifestou interesse pela literatura infantil. A narração vem no número comemorativo do cinquentenário de *O Tico-Tico*.

5.15 Personagens e colaboradores

A guerra de 1914-1918 alterou a orientação de *O Tico-Tico*, segundo o depoimento de Luís Gomes Loureiro, o criador de Benjamim, uma das figuras mais destacadas da revista e que durante anos encantou a criançada brasileira. Com efeito, os desenhos e as estórias de Richard Felton Outcault pararam de ser recebidos no País por causa das dificuldades de transporte. Renato de Castro, então diretor da revista, determinou a Luís Gomes Loureiro que se encarregasse de redigir novas aventuras dos dois personagens abrasileirados, Chiquinho e Jagunço. Então, imaginou o tipo de um negrinho – traço evidentemente nacional no processo de adaptação – a que chamou Benjamim, o terno e vivo Benjamim de nossa infância. Benjamim ganhou logo foros de tipo nacional, juntamente com Chiquinho e o cachorro Jagunço. A boa acolhida

60 Ibid., p.54.

dispensada ao *O Tico-Tico* levou à criação de outras figuras para educar e divertir os meninos brasileiros. O grande desenhista Alfredo Storni (que em 1902 já fazia desenhos em São Paulo para o jornal *O Pimpolho*, dirigido pelos filhos do historiador Rodolfo Garcia), destacou-se com a criação desses tipos impagáveis que foram Zé Macaco, Faustina, Baratinha e o cão Serrote, bem como o de pouca vida chamado Chocolate, também um negrinho peralta e terno. A gênese desses personagens é contada pelo seu criador em depoimento publicado na edição do cinquentenário de *O Tico-Tico*.[61] O caricaturista Max Yantock criou, igualmente, outros heróis de grande projeção: Kaximbown, Pipoca, Pandareco, Para-choque, Vira-lata e o Barão de Rapapé, exatamente em 1908, três anos depois do aparecimento do primeiro número da revista. Aliás, Max Yantock não se destacou apenas na criação desses tipos. Publicou também 45 livros para crianças, hoje completamente ignorados, mas que na época fizeram grande sucesso pela leveza do texto, o interesse das estórias e a técnica das ilustrações.

Luís Gomes Loureiro, o criador do *Benjamim*

---

61 Ibid., p.39

Alfredo Storni

Max Yantok

Personagens criadas por Max Yantok divertiram as crianças de todo o Brasil

Nesta página tão brilhante da imprensa infantil e escolar brasileira, é justo que se lembre o nome de Carlos Manhães, que até 1939 foi o redator-chefe de *O Tico-Tico*. Carlos Manhães era "um poeta espontâneo", conforme se deduz de sua colaboração na revista. Um interessado na infância, não só por suas páginas de profundo sentido lúcido, como também "de alto valor pedagógico e educativo" que deixou escritas sem que o preocupasse a vaidade de lhes reivindicar a autoria. Sua mais destacada secção na revista tinha o título de

"Lições de vovô",[62] que versavam os mais variados assuntos, desde a educação à diversão pura e simples.

Carlos Manhães

Mas não foi só. Outro nome admirável figurou nas páginas de *O Tico-Tico* como colaborador constante: o desenhista Ângelo Agostini, então com 62 anos de idade. Era dele a secção "A Arte de Formar Brasileiros", que escrevia e ilustrava com seu traço magistral.[63] Foi

62 Ibid., p.45.

63 Ibid., p.24. A nota que acompanha a Edição do cinquentenário de *O Tico-Tico* dá numerosos esclarecimentos sobre o grande desenhista. "Quando nasceu *O Tico-Tico*, uma das mais destacadas figuras das artes e do jornalismo, no Rio, era o desenhista Ângelo Agostini então com sessenta e dois anos de idade. Nascido na Itália, no velho Piemonte, emigrou para o Brasil em 1859 e aqui, graças ao seu talento artístico, assumira posição de destaque ao fundar revistas como *A Semana Ilustrada*, e produzir panfletos como o *Diabo Coxo*, *O Mosquito*, *D. Quixote* etc. Ao surgir a nova revista, Agostini foi, como não podia deixar de ser, um dos seus colaboradores. Iniciou nela uma seção que aqui vai reproduzida, que ele próprio ilustrava com o seu traço magistral e em um de cujos desenhos se

ele também o autor do cabeçalho da revista e um dos pioneiros das estórias em quadrinhos no Brasil. Ao seu lado, aliás, figuravam, entre outros, Lobão, A. Rocha, Gil, Cícero Valadares, Leônidas, J. Carlos, Vasco Lima, Paulo Afonso, Oswaldo Storni e Miguel Hochmann.[64] Poder-se-ia encontrar também nas páginas de *O Tico-Tico*, em uma pesquisa sistemática, a gênese de muita vocação e realização de escritor. O número comemorativo do cinquentenário da revista, que hoje já não existe mais, tampouco pôde resistir às exigências do tempo e à solicitação intelectual das novas gerações, educadas noutro sentido e com outros valores; reunia depoimentos curiosos de nomes atualmente de relevo, em nossa literatura ou de nossas lides intelectuais. Aí veremos depoimentos curiosos de Cândido Mota Filho, de Herbert Moses, de Paulo Bittencourt, de Celso Kelly, de Joanídia Sodré, de Osvaldo Orico, de Eneida, de R. Magalhães Júnior, de Tristão de Ataíde, de A. Carneiro Leão, Luís de Sousa e Silva, Coelho Neto, João Guimarães, Carlos Ribeiro, Alvarus de Oliveira, Lúcia Benedetti, Josué Montelo, Gustavo Barroso e outros.

Síntese ilustrativa pelo que reúne de verdade histórica e reveladora da grande influência da revista infantil de que tratamos nestes linhas é o depoimento de Gustavo Barroso. Por esse depoimento falam numerosos escritores brasileiros que iniciaram sua vida literária nas páginas de *O Tico-Tico*. Confessa ele que foi um dos entusiastas da revista, tão entusiasta que

> alguns anos após seu aparecimento, quando, ao raiar a mocidade, comecei a dar os primeiros passos na profissão de jornalista e escritor, nele colaborei com

---

retratou cercado de leitores de *O Tico-Tico*. A série se alongou por vários números, oferecendo sempre conselhos e ensinamentos que hoje continuam a ter a mais viva oportunidade. Como se vê, a alta posição do grande Agostini no jornalismo e na vida artística nacional não foi impedimento para que aparecesse nas páginas da revistinha que surgia e que ainda hoje se orgulha desse auspicioso fato."

64 Lima, *História da caricatura no Brasil*, 1963. Para maior conhecimento desses ilustradores, veja-se o trabalho de Lima, que é rico de informações sobre tais caricaturistas.

> uma história de fadas e aventuras estupefacientes, cujo herói viajava montado na cauda de um cometa, ia à lua e ao céu, em cuja porta conversava com São Pedro. Intitulava-se "O anel mágico" e era profusamente ilustrada a cores por mim mesmo, que nesse tempo tinha pretensões a desenhista... O único valor de relembrar neste momento a minha colaboração há quase meio século no *O Tico-Tico* é ser a mesma o melhor documento de que disponho para mostrar aos que porventura leiam esta página a influência dessa primeira revista infantil em nosso país no espírito da gurizada de minha geração. Hoje, que as bancas de jornais estão refertas de publicações de todo gênero destinadas a infantes e adolescentes, no meio da abundância, reverenciemos aquela que foi sua pioneira.[65]

Essas palavras realmente definem a importância, nunca demais louvada, da influência de *O Tico-Tico* durante cinquenta anos no Brasil.

É possível atribuir-se à intensificação dos *comics* e das *features* o lento desaparecer de *O Tico-Tico*, afogado sob uma produção em massa de estórias em quadrinhos, tomando a temática inquieta da época e seus problemas. O mundo mudava rapidamente. Júlio Verne via suas arrojadas concepções romanescas em plano de quase plena realidade. Isso tudo refletia, sem dúvida, no espírito de uma revista tradicional que tinha por princípio a valorização dos temas da cultura brasileira.

Yantok foi dos primeiros a perceber o drama. Vendo que seus personagens – Kaximbown, Pipoca, Zé Macaco, Faustina – perdiam vitalidade e razão de ser ante *super-homens* e *gigantes miraculosos*, manifestou desejo de não mais escrever as aventuras de seus tipos, aceitando daí o encargo de representante do King Features Syndicate no Brasil. Alguns anos depois, porém, houve tímida reação aos tipos importados. Max Yantok inscreveu-se na primeira linha da reação e ainda chegou a recriar tipos em novas revistas, tais como Pandareco, Para-choque e Vira-lata, todos descendentes, no humor e na graça, de Kaximbown e Pipoca. Os tempos já eram outros, contudo. Poucos anos duraram os novos tipos, e as estórias em quadrinhos, que nos vêm de fora quase sempre, continuaram a dominar o espírito da criançada,

---

65 *O Tico-Tico*, Edição do cinquentenário, p.55.

algumas vezes, é verdade, com concessões e temas brasileiros. Para Max Yantok – que fez na Itália seus estudos de música, de pintura e de engenharia – as estórias em quadrinhos são muito mais velhas do que se pensa. Não se trata de uma inovação do século XX. Para Max Yantok, tais estórias podem ter sua origem nas colunas dedicadas ao Imperador Trajano, onde se escreveram seus altos feitos.[66]

A imprensa escolar, entrementes, a especificamente realizada nas escolas, continuou a ser difundida entre nós, aceitando lições de pedagogos ilustres, europeus, norte-americanos e brasileiros. Já se viu que a imprensa escolar não foi criação do século XX. Edmundo de Amicis, em seu famoso livro, *Coração*, refere-se a "algumas coleções de jornais escolares", com as quais muito se divertia na infância, ou seja, nos meados do século XIX. Nota-se, porém, que o jornal escolar já não conta, hoje, com o mesmo prestígio de antigamente. O fenômeno é, sob muitos aspectos, perfeitamente compreensível dentro da sociedade profundamente utilitária em que vivemos. Os livros para crianças, por outro lado, produzidos em escala industrial e praticamente econômica, substituiu amplamente, como leitura, o jornal infantil. Como leitura, fica bem claro, e não como processo de educação e desenvolvimento do complexo criador da criança. O desprestígio do jornal escolar não é fato muito antigo. Em 1933, por exemplo, em Minas Gerais, Güerino Casassanta organizou a I Exposição de Imprensa Escolar, com cerca de 500 jornaizinhos de

---

66 Para estudo desse importante tema, recomenda-se o notável ensaio de Lancelot Hogben, *From Cave Painting to Comic Strip*, traduzido em 1952 por Alberto Cavallari para o italiano, sob o título de *Dalla pittura delle caverne ai fumetti*. O livro é interessante não só como apanhado histórico a demonstrar a antiguidade da utilização da imagem como mensagem, desde o homem da caverna às modernas estórias em quadrinhos. Lancelot Hogben considera a imagem mais atuante que a palavra, porque, como diz Alberto Cavallari no belo ensaio que precede o volume, "la cultura, di questi tempi, è faticosa: capire stanca; e le parole, le vecchie parole, non riescono a rappresentare nitidamente il nuovo mondo" [a cultura desses tempos é cansativa: entender cansa; e as palavras, as velhas palavras, não conseguem representar nitidamente o novo mundo], porquanto a imagem é linguagem universal.

todos os recantos daquele estados,[67] entre impressos e manuscritos. Em 1934, segundo o mesmo autor, o especialista Mário Cunha, ainda em Minas Gerais, fez um levantamento estatístico sobre jornais escolares, apurando um total de 441 títulos, dos quais 109 manuscritos, e os restantes, 302, impressos por processos mecânicos, ou seja, tipografia, mimeógrafo e datilografia.

Encerremos o capítulo ainda com uma referência ao *O Tico-Tico*, com uma síntese do escritor mineiro Alberto Deodato, que deverá ser, também, a de todos nós:

> Aprendemos a odiar a prepotência com o *O Tico-Tico*. A abominar as madrastas, com ele. A nos despir de qualquer preconceito de raça ou de cor. Ao culto da mãe-preta. A generosidade para com os humildes. A admirar os heróis. A amar a História da Pátria. As suas páginas nos acrisolaram as virtudes morais e cívicas.[68]

Um pouco exagerado com relação às madrastas, está claro, mas legítimo e bem observado nos demais pontos referidos.

Evidentemente, a produção de revistas para a infância entre nós não ficou na glória de *O Tico-Tico*. Mas nenhuma, depois dela, pode-se afirmar com certeza, cobriu área tão grande de interesse, embora hoje sejam numerosas as publicações dedicadas à infância. Há uma diversificação em prejuízo da qualificação. São revistas, como observa Bárbara Vasconcelos, "cuja quantidade tem sacrificado a qualidade, pela falta de assistência técnica dispensada a tais

---

67 Casassanta, *Jornais escolares*, p.92-3. Nesse estudo bastante acessível o leitor interessado em desenvolver o tema dos jornais escolares encontrará vasto material não só informativo como analítico, inclusive pedagógico. Parece ser este, de modo sistemático, o único estudo realizado entre nós a respeito de tão importante veículo de educação e cultura, que é o jornal escolar. O autor reúne também prestimosa bibliografia estrangeira sobre o assunto, inclusive o estudo de McBrown, *Extra-Curricular Activities* [Atividades extracurriculares], e o de Hermínio Almendros, *La imprensa en la escuela*.

68 Deodato, *Políticos e outros bichos domésticos*, p.186.

publicações".[69] Depois da revista de Luís Bartolomeu de Sousa e Silva tivemos algumas de glória efêmera, como *Bem-Te-Vi* (1923), *Vida Infantil*, *Sesinho*, além de uma série de outras publicações que se enquadram na técnica de uma produção industrial que proporciona leitura em vários países do mundo.

Não se pode afirmar, a rigor, que essa magnífica tradição de imprensa infantil no Brasil, que atingiu seu ponto alto com *O Tico-Tico*, tenha desaparecido de vez. Desde o período de ouro da revista de Luís Bartolomeu Sousa e Silva têm surgido muitas outras, embora de pouca duração; têm surgido muitos jornais escolares, com um ou dois anos de duração, para depois findar, ou serem substituídos por outros. Uma das grandes publicações em São Paulo, por volta de 1941, foi *A Gazeta Infantil*, mais tarde substituída pela *A Gazeta Juvenil*, então dirigida pelo poeta Judas Isgorogota. Durante cerca de dois anos circulou o tabloide *O Guri*, distribuído pelo *Diário de São Paulo*. Capitu, pseudônimo de Cármen de Almeida, durante anos movimentou benfeita página infantil no *O Estado de São Paulo*, e o historiador Pedro Brasil Bandecchi nos recorda que, durante dois anos, com a colaboração de Rosalvo Florentino de Sousa, de 1934 a 1936, dirigiu no Colégio do Carmo, da Ordem Terceira do Carmo, o pequeno jornal ginasiano *O Cometa*, órgão dos alunos daquele estabelecimento de ensino de tantas tradições em São Paulo. As revistas, por outro lado, foram também numerosas e de breve vida, no Rio de Janeiro, em Salvador, no Recife, em Fortaleza, em Curitiba, em Porto Alegre. Torna-se praticamente impossível, hoje, um rigoroso levantamento de todas essas publicações.

69 Carvalho, *Compêndio de literatura infantil*, p.66.

6 A literatura infantil

6.1 A reação nacional

A reação nacional ao enorme predomínio de literatura didática e literatura infantil que nos vinha de Portugal, em obras originais e traduzidas, manifestou-se de forma isolada em algumas regiões mais desenvolvidas culturalmente no País. Mas foi particularmente na área escolar que ela começou, passando depois a dar exemplo de inconformismo pleno na área das traduções. A rigor, foi uma reação teórica, que se compreende facilmente em face dos profundos laços de identidade que nos ligavam a Portugal. A luta não poderia ser declaradamente aberta, a não ser também em casos isolados, já no século XX com o exemplo do poeta Cruz e Sousa, como veremos, e alguns professores que estavam sentindo o problema em toda a sua plenitude. Deixava-se aberta a oportunidade de os livros originais e traduzidos entrarem no Brasil. Concomitantemente, cuidava-se aqui de uma literatura escolar original, ao mesmo tempo que se traduziam os clássicos da literatura infantil de vários países.

A literatura escolar começava a refletir, em fins do século XIX e começo do século XX, a influência marcante da literatura traduzida e adaptada, em sua maior parte por autores portugueses, sem que o processo, evidentemente, excluísse não poucos autores brasileiros. Eram estes, simplesmente, autores que se inspiravam ou imitavam aqueles primeiros escritores lançados pelas editoras portuguesas, ou mesmo conhecidos nas línguas originais. As chamadas leituras escolares começaram, inclusive, a invadir o campo da ficção, de que nos ficaram raríssimos livros de valor, como, por exemplo o *Através do Brasil*, de Manuel Bonfim e Olavo Bilac, *Saudade*, de Tales de Andrade, ambos, contudo, com fundamentos na realidade. Este processo teve manifestações isoladas e não obedeceu a uma lógica cronológica,[1] pois suas ocorrências variavam no tempo e no espaço brasileiros. Típico desse fenômeno de imitação que caracterizou determinado período de nossa literatura escolar encontramos o livro de João Vieira de Almeida, *Pátria*, publicado em São Paulo no ano de 1899, oitavo ano do aparecimento da primeira tradução brasileira do *Coração*, de Edmundo de Amicis, de autoria de João Ribeiro – obra típica e clássica, porque nela se encontra a confissão declarada que abona a nossa tese.

Algumas obras anteriores à do prof. João Vieira de Almeida surgiram para as crianças. Neste particular, cite-se, com destaque, pela sua posição cronológica, o livrinho de Adelina A. Lopes Vieira e Júlia Lopes de Almeida, *Contos infantis*, cuja primeira edição foi impressa em Lisboa no ano de 1886 e que se destinava às escolas primárias brasileiras, consoante o espírito com que fora escrito. Em 1896, segundo uma carta de Raimundo Correia a Filinto de Almeida, datada de Ouro Preto, aos 10 de julho de 1896, já se encontrava o livro em quarta edição, mas nem por isso fora aprovado em todos os estados brasileiros[2] para utilização nas escolas. Pelo menos em

---

1 Como se percebe, este ensaio não se cinge, rigorosamente, ao método cronológico. Isso nem seria possível em face das pesquisas demoradas que todo o levantamento da bibliografia impressa para crianças no Brasil impõe. É possível, assim, a omissão de muitos livros representativos dessa reação brasileira com o objetivo de iniciar uma cultura com raízes na terra.

2 *Revista do Livro*, n.14, jun. 1959, p.115.

Minas Gerais, onde ainda dependia do Conselho Superior de Instrução Pública do Estado, como informava Raimundo Correia, apesar de estar seguro do voto favorável dos seus membros.

Mas voltemos à obra de João Vieira de Almeida. No prefácio do livro, o autor tece algumas considerações sobre o objetivo do seu trabalho. Reconhece o alto valor do *Coração*, de Edmundo de Amicis, "popularíssimo na Itália e, mesmo aqui no Brasil, gozando de fortes simpatias, fala tanto ao coração como à inteligência", escrevia ele em 1891, mas já ousava criticar a obra-prima de tal autor, alegando que tinha "o defeito de se ocupar de cenas e de homens de outro país".[3] Era a reação. O prof. João Vieira de Almeida não se contentava, contudo, com essa restrição e deixava trair no prefácio as altas pretensões do seu trabalho quando expunha que "escrevendo um livro eminentemente brasileiro, o autor tem a pretensão de vir preencher uma lacuna, que existia entre os livros destinados ao ensino, em sua terra".[4] Observe-se nessa frase que o autor não cogitava fazer literatura infantil, embora o tema do livro (assuntos e episódios da nossa história) ainda hoje seja de tanto agrado de alguns autores nossos. O prefácio de João Vieira de Almeida é interessante também por outros aspectos: inclusive o de uma posição especial em relação ao ensino, posição essa de certo modo baseada na rotina e que só as professoras estrangeiras, ou brasileiras que houvessem se especializado no estrangeiro, viriam eliminar, não só em São Paulo como em outros estados do Brasil. João Vieira de Almeida manifestava-se contra "as regras enfadonhas do que por aí chamam enfaticamente a pedagogia moderna".[5] Com ele, tais regras não valiam, e, enfiando-se na pele do seu contador de estória de *Pátria*, o conselheiro Noronha,

---

3 Almeida, *Pátria*, p.III. Da mesma época é o livro de Alfredo Varela, de igual título, *Pátria*, livro de mocidade destinado aos jovens patrícios, especialmente do Rio Grande do Sul. O livro de Almeida foi publicado pela Editora Casa Eclética (São Paulo, 1899).

4 Ibid., p.IV.

5 Ibid., p.V.

confessava estar muito velho "para me meter em pedagogia e outros grecismos, mais ou menos espetaculosos". Alguns anos mais tarde, Alexina Magalhães Pinto também estranharia o vocábulo "pedagogia", que se tornava mais difundido no Brasil.

Saliente-se, não poucas vezes, a fim de evitar confusões possíveis na problemática da formação da literatura infantil brasileira, que a literatura escolar não deve, nem pode, ser confundida com a literatura infantil propriamente dita. Esta possui características próprias, com determinada significação, com valores próprios e em torno dos quais os maiores especialistas nos países europeus[6] pouco divergem. É fácil recolher os conceitos expendidos por esses especialistas nos países europeus em que a literatura infantil não sofreu das contingências formadoras que se observaram no Brasil. País novo, colonizado aos poucos e com muito sacrifício, o mais das vezes sofrendo processos morosos e difíceis de adaptação e assimilação junto às novas correntes culturais trazidas pelos imigrantes e nascidas da própria miscigenação interna, a literatura infantil nele se encaminhou por fases bem definidas e preferencialmente divorciada do condicionamento de suas correspondentes na Europa. É verdade que muitos livros para crianças, como o de Fénelon, tiveram a princípio um espírito eminentemente didático. Mas foram exemplos isolados que não se caracterizaram por processos definidos.

Quanto ao livro de Adelina Lopes Vieira, escrito em colaboração com Júlia Lopes de Almeida, *Contos infantis*, marcou grande êxito entre os pequenos leitores brasileiros. Em 1901 acusava sua quarta edição. Era um volume em prosa e verso, já de estilo leve e de temas mais ou menos apropriados, com o endereço certo do público infantil. Seria possível arrolar esse livrinho entre aqueles representativos da reação à literatura estrangeira em nosso país, não só quanto às traduções e originais, mas também do ponto de vista do tema. Com efeito, "os livros de contos até hoje publicados, entre eles, nenhum

---

6 Veja-se o capítulo "Conceitos e problemas", deste ensaio.

reúne como este os requisitos necessários para ser entregue com proveito nas mãos das crianças brasileiras", assinala a nota do Catálogo da Livraria Laemmert,[7] dando notícia da quarta edição dos *Contos infantis*. E reclamava que até então os livros distribuídos aos meninos traziam assuntos "em geral tirados de livros estrangeiros, cuja ação e circunstâncias nem sempre têm aplicação ao nosso país". No ano de 1907, contudo, Júlia Lopes de Almeida traria um livrinho com tema eminentemente nacional, com o título de *Histórias de nossa terra*. Era um volume todo ilustrado com fotografias, contando estórias curtas, algumas boas e simples, localizadas em várias cidades do País, com evidente sopro de nacionalismo. De permeio, entre as estórias, uma carta cheia de conselhos, de um pai para o aluno, de uma colega para outra etc. Dela ainda tivemos *Era uma vez* (estórias de princesas com evidente propósito moral), publicado em 1917, e *Jardim florido*, da mesma época.

Também na área das traduções começava-se a utilizar o trabalho de tradutores nacionais, que recebiam mal pelo seu trabalho e nem mesmo figuravam nas edições. Veremos, em tempo oportuno, a curiosa queixa de Carlos Jansen, nesse particular. Numerosos foram os nossos escritores que traduziram livros para a Livraria Garnier, por exemplo, sem que figurassem como autores de tradução em tais obras. Ernesto Senna relaciona, em seu livro *O velho comércio do Rio de Janeiro*, alguns deles, tais como Salvador de Mendonça, Fernandes Reis, Jacinto Cardoso, Abranches Galo e outros. Ganhavam 400 réis por milheiro de letras, o que dava cerca de 250 a 280 mil-réis por volume.

Já se destacou suficientemente, por livros que cuidaram da formação brasileira, a importância das Edições Garnier para o nosso desenvolvimento cultural. Inclusive, alguns dos primeiros livros que nossos avós entregaram a seus filhos foram por essa casa lançados. Eram livros graficamente benfeitos, bem ilustrados, a maioria das

---

7 Livraria Laemmert, *Livro diário para 1901*, p.51.

vezes impressos na França. Revelavam eles agora valores novos "para uma literatura já com tendências a tornar-se nacional sob vários aspectos", como escreveu Gilberto Freyre.[8] Sob a égide de Garnier, apareceram numerosos precursores da literatura infantil brasileira. Também dessa editora foi o lançamento da *Revista Popular* e do *Jornal das Famílias*, com leitura e colaboração muitas vezes fazendo a delícia dos meninos da época. No decênio de 1870-1880 trouxe da Europa maiores recursos gráficos, sem que isso importasse em sua desistência de imprimir livros na França, conforme nos conta Ernesto Senna.

Os dirigentes da Livraria Garnier[9] parecem ter sentido logo, em face de fatores vários, inclusive reações do professorado, novos conceitos pedagógicos ou, em consequência do próprio desenvolvimento do País, a necessidade da colaboração de autores nacionais nessa conjuntura de reação à literatura importada. Ao mesmo tempo, porém, os tradutores, mal pagos, recusavam-se não poucas vezes a figurar na autoria da tradução, surgindo assim muitos livros sem os nomes de seus tradutores. É caso típico o aparecimento, em 1868, de uma tradução sob o título de *Aventuras de Robinson Crusoé*, de Daniel Defoe, sem o nome do tradutor, mas com uma recomendação especial do catálogo.[10] Não faltava a essa nota de catálogo a clássica sacramentação do crítico, cujo nome infelizmente não figura aí. Era edição toda ilustrada. Outro volume constante da lista traz o título de *Biblioteca juvenil* ou *Fragmentos morais, históricos, políticos, literários e dogmáticos extraídos*

8 Freyre, *Ordem e progresso*, vol.I., p.251.

9 A história de Batista Luís Garnier, associado a seu irmão em Paris, está contada por Ernesto Senna em *O velho comércio do Rio de Janeiro*. Pelos cálculos de Ernesto Senna, "ascendem a 665 as obras de escritores brasileiros publicados pela antiga livraria, não contando o avultado número de traduções feitas também por escritores nacionais", p.29. Garnier costumava publicar seus catálogos anualmente em brochuras de mais de 64 páginas e, ainda mais, "redigidas com cuidado e organizadas bibliograficamente pelo método Brunet", p.23.

10 Catálogo Garnier, em Alencar, *Sistema representativo*. Os catálogos da Livraria Garnier costumavam também aparecer ao final de obras publicadas pelo editor, como no caso do livro citado de José de Alencar.

de diversos autores e oferecidos à mocidade brasileira,[11] já uma espécie de antologia abrangendo os diversos setores da educação.

Para os "meninos que começão a ler", Garnier lançava, em 1869, uma *Enciclopédia da infância* (vários volumes com esse mesmo título apareceram no século XIX e princípio do século XX), em um único volume in-12 com o que então se considerava serem os primeiros conhecimentos para uso das crianças. Era um misto enciclopédico de Religião, Ciências Naturais, Astronomia, Geografia, História etc., ilustrado "com lindas gravuras".[12] Também desta enciclopédia, que aproveitava temas nacionais, não ficou nome do autor.

Mas já com nome de autor, e com rasgado elogio de J. Norberto de Sousa e Silva, seria o livro *Episódios da história pátria*, do Cônego J. C. Fernandes Pinheiro, com episódios contados à infância; a obra foi adotada pelo Conselho Diretor de Instrução Pública em 1868. A nota do catálogo anunciadora desta obra revela, como já foi dito, haver certa preocupação, nos fins do século XIX, em proporcionar à infância leitura de acordo com sua idade, bem como com sua capacidade de compreensão. É o que deixa bem claro uma citação, no catálogo, de J. Norberto de Sousa e Silva, que, do Cônego J. C. Fernandes Pinheiro, dizia

> ao passo que escreve para os sábios, com eles repartindo suas lucubrações, não se esquece da infância, esboçando-lhe sem aparato de erudição, ou alarde de historiador, esses quadros da história pátria que tão facilmente se prestam à compreensão infantil pelo seu colorido tão natural e tão cheio de novidade.[13]

Era este livro do Cônego Fernandes Pinheiro apresentado em 30 capítulos, "admirável diorama" e destinado "a serem lidos com prazer, e, se possível, decorados pela infância de ambos os sexos", com uma exposição excelente, pois "recreia a imaginação e fortalece

11 Ibid., p.5.
12 Ibid., p.6.
13 Ibid., p.9.

o espírito".[14] Percebe-se aí a exaltação do sistema de as crianças decorarem o que pudessem ler, sendo então considerado, o fato de decorar, um índice de talento e de inteligência.

Também do Cônego Fernandes Pinheiro é uma *História sagrada ilustrada*, para uso da infância, publicada em 1868. Ao incansável cônego se deve ainda um volume de *Poesias seletas*, de A. P. de Sousa Caldas, utilizado no Imperial Colégio D. Pedro II e mais tarde reeditado com o título de *Meandro poético*, com alterações, pois aí foram incluídos outros poetas.[15] Da mesma época é outro volume de versos, *Poesias seletas dos autores mais ilustrados antigos e modernos*, cujo autor não figura no catálogo, mas cuja nota exalta as qualidades da obra destinada à juventude brasileira, chamando a atenção dos pais e professores.

Na série de literatura escolar encontramos uma infinidade de livros. Aí teríamos a *Geografia da infância*, de J. M. de Lacerda, e, do mesmo autor, *Novo atlas universal da infância*, *História universal da infância* e *Pequena história do Brasil*. Este livro acusava nova edição em 1907, ilustrado com retratos dos maiores vultos da história brasileira e "muito melhorada até 1905 por Olavo Bilac, diretor do Pedagogium". Registrava-se também a *História do Brasil contada aos meninos*, de Estácio de Sá e Meneses, que, em 1907, entrava em sua nona edição, "revista e aumentada até 1888 por Luís Leopoldo Fernandes Pinheiro". Este pequeno volume era carregado, na forma de apresentação da matéria, de muita influência do francês Lamé Fleury, como também de outros, por exemplo Edmundo de Amicis. Estácio de Sá e Meneses acomodara "seu estilo à débil compreensão da puerícia, conseguindo prender-lhe a atenção pela acertada escolha que fez dos fatos e com a elegância com que os relatou", reza o *Catálogo Geral* da Livraria Garnier, de 1907.

O período de transição entre o Império e a República foi extremamente rico de iniciativas visando a proporcionar às crianças brasileiras, leituras de livros de autores brasileiros. Observa-se nesse

---

14 Ibid.

15 Ibid., p.23.

momento histórico, rico e diversificado, o aparecimento de livros pelas áreas culturais do País onde houvesse ambiente propício. Veremos o fenômeno de modo geral, lembrando de início que César Augusto Marques, em 1872, publicava no Maranhão um pequeno volume intitulado *A meus filhos*, no qual se enfeixava uma série de contos destinados à leitura infantil. Desse mesmo autor, aliás, parece ter sido a primeira tradução do livro de Prospére Blanchard com o mesmo título, aparecido ainda no Maranhão naquele mesmo ano. Na Bahia, em 1861, Constantino do Amaral Tavares publicava *Lições para meninos*, livro de certo êxito, cuja leitura foi recomendada nas escolas não só de sua terra, como também nas de Alagoas e Maranhão. Para as crianças, no Maranhão, imprimiam-se, em 1868, *Máximas*, de autoria de Cirilo dos Reis Júnior. Hemetério José dos Santos, em 1881, assinava um pequeno volume intitulado *O livro dos meninos*, e Gabriela de Jesus Ferreira França, nesse mesmo ano, dava-nos *Contos brasileiros*, obra destinada, como as demais, às crianças de todo o País e que foi aprovada pelo Conselho de Instrução Pública. Outro livrinho curioso apareceu na Bahia, impresso em 1854, de autoria de Ildefonso Laura César: *Lições a meus filhos*. Era um livro de poesias, ou melhor, duas estórias narradas em forma de versos.

Numerosos foram os livros destinados à leitura dos meninos escolares, alguns mesmo de êxito, como o de José Saturnino da Costa Pereira, publicado em 1818 sob o título de *Leitura para meninos* e aprovado para as escolas. Teve mais três edições registradas, em 1821, 1822 e, 1824. Esse livro, aliás, cobriu o Brasil Colonial e Imperial. É de alguns anos mais tarde a primeira tentativa de se escrever um romance no Brasil, uma tentativa que ficou apenas nas preliminares, no Rio de Janeiro. Deve-se a informação a Sacramento Blake, que aponta o nome de Joaquim Silvério de Azevedo Pimentel como tendo publicado o que chama de "romance-esboço infantil", com o título de *Chico-gato*, com alguns capítulos aparecidos no Rio de Janeiro. João Rodrigues da Fonseca Jordão dava-nos o *Florilégio brasileiro da infância* (1874), em dois volumes, "destinado para exercício de leitura de versos e manuscritos nas escolas primárias". Em 1856, José de Sousa Pereira aparecia com *O livro da mocidade* e, em 1879, impresso em Lisboa, com o volume *Contos a meus filhos*.

Um dado curioso dessa reação nacional à literatura destinada à infância traduzida ou vinda de Portugal encontra-se na iniciativa de Maria Dulce, em 1881. Nesse ano, a autora começou a publicar, em folhetins, no jornal *Gazeta da Tarde*, no Rio de Janeiro, uma série "Histórias Para Crianças", que não foram reunidas em volume. Eram contos de fundo moral e bem de acordo com os conceitos da época em matéria de leituras para crianças. De qualquer modo, porém, é este um dado curioso. Ao lado de Maria Dulce figura Nuno Álvares Pereira de Sousa, interessadíssimo em proporcionar leitura aos meninos brasileiros. É dele a primeira notícia que se conhece sobre uma biblioteca infantil no século XIX, ou, mais precisamente, em 1870. Esta *Biblioteca Infantil*, de que temos tão poucos elementos para uma análise, foi iniciada com o livrinho de sua autoria intitulado *O menino endiabrado*. Não teve, porém, continuidade. Nuno Álvares Pereira de Sousa parece ter voltado sua atenção para traduções, pois são dele as traduções de *História de um bocadinho de pão* (1873), de Jean Macé, de uma série de *Contos*, de Schmid (1873) e de mais uma estória de Jean Macé intitulada *Aritmética de vovô*, em 1874. Aquela tradução de Schmid alcançou oito edições. Outro autor curioso dessa fase foi Joaquim José de Meneses Vieira, com dois livrinhos já ilustrados: *O livro do nenê* (1877), ilustrado com 64 gravuras, e *O amiguinho de Nhonhô* (1877), de que nos faltam mais pormenores.

Não menor foi a contribuição de diversos autores na área da poesia destinada à infância. O poeta cearense Juvenal Galeno, em 1871, dava para as crianças do seu estado um volume intitulado *Canções da escola*, registrado por Sacramento Blake. Em Porto Alegre, saía dos prelos um volume de 150 páginas com poesias infantis: era o livro de José Fialho Dutra, *Flores do campo*. Em 1886, José de Sousa Lima editava, no Rio, *Aos bons filhos*, série de pequenos poemas para as crianças brasileiras.

6.2 *O livro do povo*

Cronologicamente, também, lembra-se um importante livro publicado no Maranhão, talvez com sua primeira edição datada de 1864, que é o ano que figura no prefácio da nona edição, esta marcada pelo ano de 1881. Referimo-nos ao livro de Antônio Marques Rodrigues, *O livro do povo*, impresso na Tipografia Frias, de São Luís do Maranhão.[16] Foi livro amplamente lido em todo o Brasil e constitui-se hoje em autêntica raridade bibliográfica. O prefácio recua o livro de dois anos ao afirmar o autor que ele "teve em menos de dous annos duas edições, representando ambas o numero de 10 mil exemplares, phenomeno raro nos annaes da typographia brazileira".[17] E com muita razão, Jerônimo de Viveiros confirmaria recentemente,[18] a afirmação de Antônio Marques Rodrigues e Antônio de Oliveira[19] nos fornece magnífico material informativo sobre o famoso livro, em um estudo benfeito publicado na imprensa carioca. É verdade que o livro de Antônio Marques Rodrigues não resistiu ao tempo. Faltou-lhe o conteúdo do gênio, sobrando-lhe, porém, uma importância histórica irrecusável nos antecedentes da literatura infantil brasileira, e isto fundamentalmente porque foi um livro lido, durante gerações, em todo o Nordeste, alcançando um acolhimento notável no século XIX.

O livro do povo nasceu com intuitos didáticos. O autor o justifica: satisfazer uma grande necessidade de nosso ensino primário, a uniformidade dos livros de leitura, vulgarizar a história do Salvador do

---

16 Rodrigues, *O livro do povo*, 1881. Sacramento Blake informa que a primeira edição da obra é de 1861, com uma tiragem de 4 mil exemplares. A edição de 1863 alcançava 6 mil exemplares.

17 Ibid., Prefácio.

18 Viveiros, *História do comércio do Maranhão*, p.346. Outro livro de grande tiragem citado pelo autor foi *O livro dos meninos*, com 6 mil exemplares, sem especificação de autoria.

19 Oliveira, "O livro do povo, uma raridade bibliográfica", em *Jornal do Comércio*, Rio de Janeiro, 20 jan. 1963.

Mundo, seus milagres e sua doutrina, além de apresentar os melhores preceitos de economia e ordem.[20] O livro é recomendado com cartas elogiosas de d. Luís, Bispo do Maranhão, e de d. Manuel, Arcebispo da Bahia, e, fronteira à sua página inicial de texto, transcreve o autor a *Invocação a Deus antes de começar o estudo*, pequena peça poética de Antônio Feliciano de Castilho. Inspiravam-se estas páginas em I. J. Roquete, nas obras de Royaumont e do Abade Brispot e estavam divididas em duas grandes partes: "Vida de nosso Senhor Jesus Cristo" e "Assuntos diversos", variando consideravelmente esta última parte. Aí teríamos páginas sobre o vigário, os mamíferos, a estória de *O bom homem Ricardo*,[21] as aves, o professor primário, um *Hino do trabalho*, os répteis, moral prática, *Evangelho dos lavradores*, máximas e sentenças, higiene, astros, Simão de Nântua[22] e algumas páginas sobre história do Brasil. A obra contava, ainda, com numerosas gravuras da vida de Jesus Cristo e de animais em geral. Da enorme edição dos dois primeiros anos, totalizando 10 mil exemplares, Antônio Marques Rodrigues havia distribuído nas escolas até 1865, por conta própria, segundo estatística constante da última página do volume, um total de 5.200 exemplares.

Antônio Marques Rodrigues foi homem extremamente interessante na sua preocupação pela educação infantil. Chegava ele mesmo a custear as edições de seus pequenos livros,[23] os quais distribuía

20 Rodrigues, op. cit., Prefácio.

21 Trata-se de pequena estória de fundo moral, que traz a assinatura de Ricardo Saunders. Está inserida entre as páginas 175 e 187 da 9.ed. da obra. À p.256, Antônio Marques Rodrigues diz que a estória foi extraída das obras de Benjamim Franklin.

22 São excertos que Antônio Marques Rodrigues extraiu da famosa obra de Laurent de Jussieu, *Simão de Nântua ou O Mercador de feiras*, aparecido por volta de 1850 na França. De 1858 é a "nova edição", lançada em Lisboa, cuja tradução é de autoria desconhecida.

23 Oliveira, op. cit., transcreve informações de Antônio Henriques Leal, o autor de *Panteão maranhense*, sobre Antônio Marques Rodrigues, informações que ressaltam historicamente a importância do autor de *O livro do povo*. Ei-las: "Eram suas particulares cogitações e sérios cuidados a instrução popular, a reforma do nosso sistema agrícola e a emancipação da escravatura, constituindo-se o fervoroso

gratuitamente pelas escolas do Norte e Nordeste brasileiro. Talvez esteja nesse autor a primeira abertura de uma frente popular do livro. Compreendeu, como raros educadores do seu tempo, a função importante do livro. Se não nos deixou obras-primas, pelo menos mostrou um esforço digno de encômios em favor da popularização do livro, em um sentido eminentemente nacional, conforme o texto desse seu livro.

6.3 A Biblioteca Escolar

Apesar de ter sido iniciada com a lamentável adaptação de *Os Lusíadas*, é inegável que cabe à Biblioteca Escolar, criada pelo Conselho de Instrução do Império, certa participação na reação às traduções que nos vinham de Portugal. Essa adaptação nasceu de uma palestra literária nas salas do Externato D. Pedro II, com a presença do Imperador. "Entendeu-se então, diz o Barão de Paranapiacaba, que esse trabalho estava no caso de ser adotado nas escolas de instrução primária."[24] Por razões políticas e literárias,[25] a escolha

---

missionário de tão fecundas e elevadas ideias e juntando à propaganda os atos. Vulgarizou obrinhas rudimentares, umas por ele coordenadas, outras editadas e de que fez extrair bastas edições e expor à venda por preços tão diminutos que convidassem os mais pobres a adquiri-las; e, não se contentando só com isso, oferecia-as aos milhares às escolas públicas da província para com elas serem brindados os alunos indigentes. De entre esses excelentes livros de leitura popular é o notável *O livro do povo*, compilação de trechos de escritos religiosos, morais e instrutivos". E diz mais Antônio Henriques Leal: "além da edição da *História de Carlos XII* e do *Gil Brás*, de Santilhana, que correram por sua conta, da tradução da *Vida de Horácio Nélson*, por Forguês, que foram todas postas à venda por preços modicíssimos, a fim de ter fácil acesso à casa do pobre, publicou o seu *O livro do povo*, destinado, como o título o indica, para a instrução de todas as classes sociais, e cuja excelência e barateza o atesta a rápida extração de tantas e tão crescidas edições. É isso de alto uma novidade, quer se atenda ao preço de 400 réis da nossa moeda por um volume de perto de 300 páginas, em tipo compacto e intercalado de muitas gravuras, quer aos assuntos que contém".

24 Paranapiacaba, *Camoniana brasileira*, p.VI.

25 Romero, *História da literatura brasileira*, 3.ed., à p.203, escrevia que o Barão de

para organizador de livros para leitura nas escolas recaiu sobre o Barão de Paranapiacaba, que então gozava de grande prestígio nos círculos intelectuais e oficiais do País. Dele é também a tradução das *Fábulas*, de La Fontaine, cujo primeiro volume foi publicado pela Imprensa Oficial, no Rio, em 1886, e o segundo, em 1887; tinham respectivamente, 432 e 519 páginas.

> Nutro a vaidosa pretensão [escreve o barão no prefácio às *Fábulas*] de que a infância achará nessas fábulas que se vão ler algumas principais feições da fisionomia literária do fabulista e aprenderá de cor, sem susto, muitas dessas peças cujo estilo procurei acomodar aos seus meios de compreensão.[26]

E mais ainda tomava o tradutor a liberdade "de oferecer toda esta edição de mil exemplares ao Governo Imperial, para uso das escolas, se a obra for julgada digna de ser adotada".[27]

A tradução das *Fábulas* permanece viva até hoje, embora em muitas peças o Barão de Paranapiacaba tenha até ultrapassado as medidas e as cautelas de um bom tradutor. Da mesma forma que alguns membros do Conselho de Instrução Pública haviam estranhado as notas que acompanhavam a adaptação de *Os Lusíadas*,[28] alguns

---

Paranapiacaba "tem-se manifestado como poeta e como publicista. Nesta última qualidade só tem produzido trabalhos de encomenda do governo". E, quanto à tradução das *Fábulas*: "esta tradução faz também parte da Biblioteca Escolar, está adotada e tem custado contos de réis ao governo para ter a glória de impingir aos estudantes um La Fontaine 'modernizado' a par de um Camões também 'modernizado'". Cf. p.213.

26 La Fontaine, *Fábulas*, p.XVII.

27 Ibid.

28 O Barão de Paranapiacaba, titular de uma das seções do Tesouro Nacional, assim respondeu à crítica de alguns membros do Conselho: "Constou-me que alguns distintos membros do Conselho de Instrução Pública, ao apreciarem a *Camoniana brasileira*, há pouco adotada (sic) pelo Governo Imperial para uso das escolas, entenderam que as notas explicativas dos assuntos mitológicos contidas naquele opúsculo estavam acima dos meios de compreensão das crianças. Se esses cavalheiros se referem à linguagem das aludidas notas, observarei que essa é a mais singela e corrente possível, acompanhando o movimento evolutivo do

críticos da época, como Sílvio Romero, não perdoaram ao barão os seus excessos. Parece-nos, porém, que a Biblioteca Escolar teve seu mérito com a iniciativa do Conselho de Instrução Pública. Começava a realizar um trabalho, começava a se interessar por métodos novos de leitura, aproveitando o elemento nacional.

Sílvio Romero com suas críticas contribuiu também de certo modo para aclarar os conceitos em torno de livros para crianças. É verdade que seu objetivo era a demolição do trabalho do Barão de Paranapiacaba, mas mesmo com esse intuito prestava bom serviço à causa do arejamento de livros escolares. Da mesma forma agiu o Padre Antunes Sequeira na sua área puramente pedagógica quando reclamava contra a instrução "amarrotada no papelório dos estadistas e encinzeirada no pó dos arquivos públicos".[29] Em seu livro, cheio de críticas, figuram como compêndios escolares as *Cartas silábicas com exercícios e quadros parietais*, o *Simão de Nântua ou o Mercador de feiras*, de Laurent de Jussieu, as *Poesias sacras*, de Lopes Gama, e *Sinônimos*, de Frei de Sousa.[30]

A respeito, conta-nos Sílvio Romero que alcançara o tempo

> em que nas aulas de primeiras letras aprendia-se a ler em velhos autos, velhas sentenças fornecidas pelos cartórios dos escrivães forenses. Histórias detestáveis e enfadonhas em suas impertinentes banalidades eram-nos ministradas nesses poeirentos cartapácios. Eram como clavas a nos esmagar o senso estético, a embrutecer o raciocínio e estragar o caráter,

confessava no prefácio ao *Robinson Crusoé*, traduzido por Carlos Jansen, em 1884.

---

nosso belo idioma e evitando as transposições, os hipérbatos e outras figuras de dicção, que tornam difícil não só a inteligência do texto camoniano como também a elementar análise gramatical e lógica de certos períodos. Para os tenros cérebros da infância é quase sempre um ecúleo o processo sintático de algumas estâncias de *Os Lusíadas*". Apud Romero, *História da literatura brasileira*. 3.ed., p.213.

29 Sequeira, *Esboço histórico dos costumes do povo espírito-santense*, p.76.

30 Ibid., p.95.

6.4 Clássicos traduzidos

No setor das traduções, muito trabalho bom apareceu entre os séculos XIX e XX, já sob orientação de professores e escritores brasileiros. Devemos destacar desde logo a atuação de Carlos Jansen, a quem se deve a apresentação, em tradução brasileira, de muitas obras clássicas da literatura infantil, assim consideradas. Desde logo percebeu o ilustre professor do Colégio Pedro II as deficiências que havia no Brasil no terreno da literatura infantil e juvenil e as já manifestas inconveniências representadas pelas traduções ou originais portugueses. Carlos Jansen inscreve-se, desse modo, entre os pioneiros de nossa literatura infantil não só pelas traduções que realizou, como também pela consciência que tinha do problema. A carta que nesse sentido enviou, em 1887, a Rui Barbosa, pedindo-lhe um prefácio para a adaptação que fizera de *As Viagens de Gulliver* – e que o conselheiro transformaria em magnífico ensaio sobre Swift – é esclarecedora e definitiva. Deve, portanto, figurar como documento dos primórdios de nossa literatura infantil.

A missiva é de 15 de novembro de 1887. Ei-la, na íntegra:

> Meu prezado amigo, Sr. Conselheiro. Procurei-o quando me constou a sua doença, mas já tinha seguido para Petrópolis. Soube depois pelo Balduíno[31] que felizmente já estava restabelecido de sua cruel moléstia, do que lhe dou os parabéns. Eu continuo a achar-me tão mal que apenas consigo arrastar-me da cama para o colégio,[32] do colégio para a cama. Eis o motivo por que lhe escrevo, em lugar de ir vê-lo.
>
> Bem sei que para o favor que vou pedir-lhe apenas possuo o título de trabalhador consciencioso e o carinho amistoso que me tem mostrado, mas creio que bastam para poder contar com o grande serviço que lhe peço. Como sabe, criei entre nós uma biblioteca juvenil, para ensinar a ler a geração presente. Foram publicados já: *Contos seletos de mil e uma noites*, prefaciados por Machado de Assis; *Robinson Crusoé*, com introdução de Sílvio Romero; *D. Quixote*, patrocinado por Ferreira de Araújo. Tenho agora no prelo *As viagens de Gulliver*, obra de que lhe envio

31 Balduíno Coelho.

32 Colégio Pedro II, de que Carlos Jansen foi professor e em cujo cargo morreu.

algumas folhas e os cromos que devem acompanhar o texto – e tenho a ousadia de pedir-lhe uma introdução, como o Sr. Conselheiro, bom amante da instrução, as sabe fazer. Bem sabe que o editor mal paga o trabalho; mas um operário como eu aspira a mais alguma coisa do que ao rendimento material; desejo muito ver amparado o meu óbolo pela magnificência de quem sabe dar como o meu amigo, e assim espero não há de despachar com um "Deus lhe favoreça, irmão!"

Não sou águia nem grande ilustração; mas entendo que mesmo em esfera limitada podem prestar-se bons serviços, e por isto contento-me com as adaptações das boas obras que em original nos faltem. Assim nasceram, além dos volumes citados, a *Geografia física e geologia*, de Seikie; a *Astronomia*, de Lockey, e a *Química*, de Roscoe, altamente patrocinados por Franklin Távora e Dr. Gama Rosa, e pelo reitor do Externato D. Pedro II, aprovados pelo Conselho, adorados pelo Governo, e dos quais contudo até hoje ainda não foi requisitado um único exemplar para as escolas. Bem vê que preciso da palavra amiga para não desanimar no meu afã.

Não considere, finalmente, como impertinência, a lembrança de que quem dá depressa dá duas vezes.

Os meus respeitos à Exma. Esposa; soube por minha filha Ritinha que se tem dignado interessar-se por minha saúde, o que cordialmente agradeço.

Qualquer destas manhãs irei surpreender o amigo *à la sortie du bain*, que me diz o Balduíno ser a mais favorável para não lhe causar incômodo.

Com toda a amizade e respeito, todo seu, Jansen.

A carta também proporciona elementos para o exame das razões das dificuldades de uma literatura infantil capaz de atender ao imenso público, então nascente. Uma delas, a decisiva, seria a econômica. Os editores pagavam muito mal aos autores, como se queixa Carlos Jansen. Os esforços despendidos em um caso como esse da obra de Swift talvez fossem duplos: o da tradução, primeiro; e o da adaptação, depois, de modo que poucos escritores seriam encorajados a realizar tais trabalhos. O próprio Carlos Jansen não tem ilusões a respeito ao afirmar que um "operário como eu aspira a mais alguma coisa do que ao rendimento material".[33] Triste aspiração, sem dúvida.

A carta indica alguns livros já traduzidos e adaptados por Carlos Jansen, que foi de uma atividade incansável no que diz respeito à

33 Barbosa, *Obras completas*, v.XIX, t.1, p.244.

AS VIAGENS

DE

GULLIVER

A

TERRAS DESCONHECIDAS

POR

JONATHAN SWIFT

Redigidas para a mocidade brazileira

POR

CARLOS JANSEN

Do Imperial Collegio D. Pedro II

Prefaciadas com um artigo critico sobre a vida e as obras de J. Swift

PELO

Exm. Sr. Conselheiro Ruy Barbosa

Edição de luxo ornada com nove bellissimos chromos

RIO DE JANEIRO

LAEMMERT & C — Editores-Proprietarios

66 - RUA DO OUVIDOR - 66

1888

difusão de literatura para a infância, quer traduzindo, quer adaptando obras imortais para os leitores brasileiros da transição entre o século XIX e século XX. É referido por Machado de Assis em um artigo de crítica.[34] Em 1901, o catálogo de Laemmert & Cia. registrava o aparecimento de *D. Quixote de la Mancha*, redigido para a mocidade brasileira segundo o plano de Franz Hoffmann, por Carlos Jansen, edição de luxo enriquecida de cromos. Vimos, pela carta acima transcrita, que a edição do livro é anterior a 1887. Segundo plano de Franz Hoffmann, "laureado educacionista alemão",[35] diz o catálogo, Carlos Jansen também nos deu, em 1882, ou seja, ainda anteriormente a 1887, um volume das *Mil e uma Noites*, com estórias extraídas do famoso livro oriental, com numerosas estampas coloridas. Na mesma linha do mestre alemão, Carlos Jansen proporcionou à meninada da transição a leitura do *Robinson Crusoé* (1885), que figurava ainda nos catálogos de 1900 com muitas gravuras. Aliás, o livro de Daniel Defoe, no mesmo ano, aparecia também com redação de Marcos Valente, o que estava a indicar o seu grande êxito junto às crianças brasileiras.

Mas não pararia aí a atividade de Carlos Jansen. Apresentaria na mesma época, para as crianças do Brasil, "ilustrado com oito magníficas cromolitografias e uma capa decorativa",[36] o famoso livro *Aventuras pasmosas do celebérrimo Barão de Münchhausen* (1891). Outro livrinho de sua autoria de que nos faltam mais pormenores

---

34 Machado de Assis, *Obras completas*, v.III, p.927. Eis transcrito o artigo. Esclarece-se que o artigo do velho mestre serviu de prefácio à edição de Laemmert & Cia. de *Contos seletos de mil e uma noites*. Machado de Assis elogia particularmente o fato de Carlos Jansen, alemão de nascimento e naturalizado brasileiro, dominar tão bem a língua portuguesa e sem qualquer referência à literatura para a infância.

35 Laemmert & Cia., *Livro diário para 1901*, p.116.

36 Ibid., p.185. A nota que acompanha o registro do livro acrescenta que as aventuras de Münchhausen são "desses livros que nunca envelhecem. Fez a delícia dos nossos avós e ainda o fará de nossos netos, tal é o interesse que despertam as suas memórias. As suas extraordinárias façanhas e aventuras, por mais inverossímeis que sejam, se impõem ao nosso espírito como verdadeiras e exatas, pela singeleza e naturalidade com que são contadas".

é: *Contos para filhos e netos*. É possível ainda, dados os hábitos da época, que Carlos Jansen tenha traduzido muitos contos de autores alemães para os leitores brasileiros. O editor Garnier usou muito desse sistema, como Laemmert e outros mais, não figurando nos volumes a autoria das traduções.

A tradução de clássicos da literatura infantil, ou indicados para a infância, consoante as experiências dos centros educacionais e de leitura dos velhos países europeus, foi publicada principalmente no Rio de Janeiro. Isso não impedia, entretanto, que em outras regiões brasileiras, de iniciativa ou não de escritores e educadores de outras regiões, aparecessem traduções, frequentemente impressas fora do País. É o caso de Fenimore Cooper. A primeira versão do seu famoso *O último dos moicanos* foi feita em 1838, por Caetano Lopes de Moura, em quatro volumes, e impressa em Paris. Trazia o título de *O derradeiro moicano*, perdendo-se, porém, o registro da editora que teve tal iniciativa. No mesmo ano, Caetano Lopes de Moura traduzia e publicava outro livro de Fenimore Cooper, *O piloto*, o mesmo ocorrendo com o livro desconhecido, hoje, de Kotzebue, *Contos a meus filhos*. Caetano Lopes de Moura foi incansável tradutor; entre trabalhos seus de tradução relacionaram-se algumas obras de Walter Scott.

Lembremo-nos de que alguns testemunhos invocaram, anteriormente, como leitura de infância, obras de Alexandre Dumas e de Júlio Verne. Em 1846 já se lia no Brasil o *Vinte anos depois*, em tradução de Ciro Cardoso de Meneses. Jovita Cardoso da Silva traduziu, de Júlio Verne, *Os filhos do capitão Grant* (1873), *Viagem ao centro da Terra* (1873) e *Viagens e aventuras do Capitão Hatteras* (1874). Do nosso famoso dicionarista, João Fernandes Valdez (português de nascimento, mas criado no Brasil), tivemos as traduções de *A terra das peles* (1873) e *Viagem ao redor do mundo* (segunda edição, de 1878); de Luís Barbosa da Silva, teríamos a tradução de *A cidade flutuante* (1874); em tradução de José Maria Vaz Pinto Coelho da Cunha, *Os navegantes do XVIII século* (1880, em dois tomos), *A jangada* (1881), *A casa a vapor* (1881) e *O raio verde* (1883). Outro tradutor brasileiro de Júlio Verne foi Salvador Furtado de Mendonça Drummond, com os seguintes títulos, sem datas de publicação: *O descobrimento prodigioso*, *Quadragésima ascensão ao Monte Branco* e *Da Terra à Lua*. As obras de Júlio Verne estão aí relacionadas de acordo com os títulos originais das traduções e todas elas foram editadas no Rio de Janeiro. A propósito de Alexandre Dumas, lembra-se, a tempo, que, anteriormente à tradução de *Vinte anos depois*, feita por Ciro Cardoso de Meneses, já os leitores brasileiros, adultos e meninos, eram brindados com a tradução de *O Conde de Monte Cristo* (1845), feita por Justiniano José da Rocha. Tratava-se de uma edição surpreendente para a época – em dez tomos e já em segunda edição no ano de 1847. De Justiniano José da Rocha é também um volume intitulado *Coleção de fábulas* (1852), imitadas de Esopo e de La Fontaine, para as crianças, livro que alcançou, aliás, várias edições, a última das quais impressa em Paris no ano de 1895.

O mais antigo registro de tradução das *Fábulas*, de Esopo, no Brasil, tradução integral e não imitação, refere-se ao ano de 1857, publicada no Rio de Janeiro como trabalho realizado especialmente para a mocidade por Francisco de Paula Brito, em um volume de 375 páginas. Reuniam-se no volume 92 peças do fabulista. Outras 15 restantes figuravam como suplemento à obra. De L. Jussieu, muito lido no Brasil Imperial, Henrique Veloso de Oliveira traduziu em 1853 *A família Briançon*. Um caso curioso de tradução refere-se ao romance de Harriet Beecher Stowe, *A cabana do pai Tomás*. Não conseguimos identificar seu primeiro tradutor no Brasil nem a data da edição. Sabemos, contudo, através de Sacramento Blake, que o famoso romance provocou uma tentativa de refutação no Brasil. João Clímaco Lobato, maranhense, começou a publicar, por volta de 1856, no jornal *Porto Franco*, de São Luís, uma novela com o título de *O rancho de pai Tomás*, pelo qual procurava contrariar as tintas negras com que a escritora norte-americana descrevia as relações entre senhores e escravos em seu país. Sacramento Blake informa que a publicação do romance, a certa altura, foi suspensa, não nos dando, lamentavelmente, as razões desse fato.

A propósito das traduções de Júlio Verne cabe mais uma observação. A relação dos seus tradutores no Brasil não é pequena, sabendo-se que na época, como vimos, de Portugal nos vinham muitas traduções feitas por portugueses, tais as de Henrique de Macedo, de A. M. da Cunha e Sá, de Francisco Augusto Correia Barata, de Mariano Cirilo de Carvalho, de Gaspar Borges d'Avelar, de Pedro Vidoeira, de Pedro Guilherme dos Santos Dinis, de Xavier da Cunha, de Manuel Maria de Mendonça Balsemão, de Pompeu Garrido, de Manuel Pinheiro Chagas, de Assis de Carvalho, de Urbano de Castro, de Almeida d'Eça, de João Maria, de Agostinho Sotomayor, de Cristóvão Aires, de Fernandes Costa, de Lino d'Assunção, de Augusto Fischini, de Salomão Saragga, de Silva Pinto, de Manuel de Macedo, de Henrique Lopes de Mendonça, de Higino de Mendonça, de Napoleão Toscano e Aníbal de Azevedo. Estas traduções eram colocadas no Brasil pela Casa Editora Davi Corazzi, de Lisboa. Nas obras de Júlio Verne e suas traduções tivemos um dos pontos altos da reação brasileira à importação de cultura.

6.5 Figueiredo Pimentel

Pode-se destacar com justiça, a esta altura, na paisagem cultural brasileira enquanto interessada na literatura para a infância, o nome de Figueiredo Pimentel. Nascido em Macaé, no Rio de Janeiro, em 1869, viveu sempre nesse estado, até 5 de fevereiro de 1914, quando faleceu. O fato de ter vivido sempre nesse estado assume particular importância. É que ele, com sua cultura, seu talento e uma vocação assinalada para tudo quanto podia significar de novo, trabalhou de modo intenso para a renovação da paisagem cultural brasileira, por meio de sua atividade de jornalista. Com efeito, iniciou sua vida jornalística aos 17 anos de idade na Província do Rio, com o pseudônimo de Albino Peixoto. Largos anos colaborou em jornais. Aquele periódico era dirigido por José do Patrocínio. Sucessivamente, escreveu no *O País* e na *Gazeta de Notícias*, entre outros. Considerado um pioneiro do jornalismo brasileiro, foi também o fundador do primeiro periódico republicano no estado do Rio de Janeiro, *O Povo*. Alberto Figueiredo Pimentel destacou-se também – e esta é a nota curiosa de sua atividade de escritor – como cronista social, com sua seção "O Binóculo", no qual focalizava fatos da sociedade, na *Gazeta de Notícias*. É de sua autoria a famosa frase "O Rio civiliza-se...", com a qual animava as melhores iniciativas progressistas do seu tempo.

Cronologicamente, Figueiredo Pimentel instaura na literatura infantil brasileira – que até então em sua forte maioria se manifestava por meio de livros presos e interessados ao sistema educacional do País – uma nova orientação: a popular. Isto é, o livro de autores clássicos já não se apresentava apenas por meio de edições que visavam exclusivamente ao público escolar. Nisto o escritor e tradutor brasileiro contou com o auxílio e inspiração de José de Matos, então gerente da famosa Livraria Quaresma. Com efeito, José de Matos começou a publicar livros em apresentação de caráter popular, e foi por sua inspiração que Figueiredo Pimentel nos deu, em 1896, uma tradução de Perrault, de Grimm e outros autores com o título de *Contos de fadas*, que traziam algumas ilustrações. De 1894 são os *Contos da carochinha*. Do ano de 1896 são *Histórias da avozinha* e *Histórias da baratinha*.

Luís da Câmara Cascudo lembra que Figueiredo Pimentel não recolhera esses contos por meio de pesquisas diretas. Foi buscá-los em livros portugueses e franceses, traduzindo-os e adaptando-os em linguagem brasileira. Gondim da Fonseca lembra[37] que à Livraria Quaresma se deve, entre nós, "a tradição da literatura verdadeiramente popular". O velho José de Matos inaugurava o atendimento de um novo público consumidor, lançando pequenos livros de formato popular, muitas vezes até simples folhetos. Foi assim que apareceram

37 Fonseca, "Figueiredo Pimentel e a Livraria Quaresma", em *Gazeta de Notícias*, 21 fev. 1964.

vários volumes, cuja relação nos vem completa pelo artigo de Gilberto F. Pimentel[38] e que são os seguintes: *Histórias da baratinha, Contos da carochinha, Histórias da avozinha, Histórias de fada* (ou *Contos de fadas*), *Contos do Tio Alberto, Álbum de crianças, Os meus brinquedos, Histórias do arco da velha, O livro das crianças, Teatrinho infantil, Castigo de um anjo,* e "mais dois inéditos que ainda não pude mandar imprimir", como escreve Gilberto F. Pimentel.

Foram ao todo dez títulos publicados. De imediato alcançaram as edições da Livraria Quaresma grande êxito de público – êxito, aliás, que continua pela sucessão das tiragens daqueles livros. José de Matos desenvolveu intensa atividade no setor da literatura popular, chegando mesmo Gondim da Fonseca, que o conheceu pessoalmente, a afirmar que o gerente da Livraria Quaresma exerceu, sob muitos aspectos, um trabalho verdadeiramente revolucionário para o meio social em que vivia,[39] pois "graças ao apoio da Livraria Quaresma, revelou-se decisiva [a ação de Figueiredo Pimentel] para o esclarecimento das massas que não possuíam literatura infantil de qualquer espécie". Um dado interessante do depoimento de Gondim da Fonseca: pela falta de boas tipografias no Rio de Janeiro do começo do século XX, os volumes *Histórias do arco da velha* e *Contos da carochinha* foram impressos em Paris.

A atuação do velho Pedro da Silva Quaresma, com a do seu gerente, José de Matos, teve o testemunho de um grande cronista do

38 Pimentel, "Figueiredo Pimentel", em *Diário de Notícias*, Suplemento Literário, 22 mar. 1964.

39 Fonseca, op. cit. Uma opinião que nos parece válida de Gondim da Fonseca sobre a importância de Perrault consubstancia-se nas seguintes palavras constantes desse artigo: "Ninguém hoje pode desprezar a influência dos *Contos de fadas* de Perrault na germinação das ideias que provocaram a Grande Revolução Francesa de 1789. Firmando, através deles, o princípio moral de que o rico não deve explorar o pobre, de que a tirania é imprópria de governantes sábios, de que a virtude merece prêmio e o vício, castigo – Perrault aluiu e desmoronou, na consciência do povo, o princípio nefando da autoridade absoluta exercida pelos nobres e pelo rei em nome de Deus".

Rio de Janeiro: Luís Edmundo, que destaca o sonho de Quaresma de "abrasileirar o comércio de livros, entre nós".[40] O testemunho de Luís Edmundo acerca da Livraria Quaresma e sua atuação é cabal, bastando por ora ênfase à atuação de Figueiredo Pimentel. Seus livros "começaram a fazer um sucesso espantoso. Os que se importam, em linguagem diferente da que se fala no país, vão ficando sob a poeira das estantes", asseverava Luís Edmundo. Ao mesmo tempo, os livros de Figueiredo Pimentel subvertiam inteiramente como leitura os cânones da época, sobre serem escritos em linguagem solta, livre, espontânea e bem brasileira para o tempo. Foram livros que atravessaram os anos.

6.6 Esforço e libertação

Ao alvorecer do século XX a paisagem brasileira, bem ou mal, do ponto de vista cultural, já apresentava melhores perspectivas, como decorrência dos fenômenos de alteração econômica do País. O surto de urbanização e a criação de colégios por todos os quadrantes brasileiros, como vimos anteriormente, abria novas possibilidades culturais, inclusive para a retomada de consciência da própria nação e seus valores mais legítimos. É dentro dessa moldura que, em Minas Gerais, a professora Alexina de Magalhães Pinto publica o seu livro *Os nossos brinquedos*[41] visando ao grande público infantil brasileiro, nesse sentido de reintegrá-lo na verdade da terra e sua cultura, oriunda da confraternização do português com o índio e com o negro. É esta uma obra fundamental neste vasto quadro de preliminares da história da literatura infantil brasileira. E por duas razões fundamentais: (a) destinava-se ao público infantil; e (b) revalorizava os temas de nossa formação cultural. O mesmo espírito vigente em *Os nossos brinquedos* continuava em outros livrinhos da

40 Edmundo, *O Rio de Janeiro do meu tempo*, v.II, p.702.
41 Pinto, *Os nossos brinquedos*.

grande mestra brasileira, tais como *Cantiga das crianças e dos pretos, As nossas histórias, Poesias e hinos patriáticos* e mesmo em *Provérbios populares*, que Basílio de Magalhães[42] arrola entre os livros de nossa paremiologia, mas cujo título correto é *Provérbios, máximas e observações usuais*, publicado em 1917.[43]

Os temas tratados por Alexina de Magalhães Pinto são impressionantemente brasileiros. Em sua obra se encontra o processamento de uma temática que seria, modernamente, um filão extremamente explorado pela nossa literatura infantil, ou seja, o folclore e sua imensa variação. O primeiro livro de Alexina de Magalhães Pinto representa admirável contribuição para o conhecimento, principalmente, de jogos infantis do começo do século XX. Muitos desses jogos infantis, cirandas e parlendas, chegaram até nós muitas vezes deformados. Outros desapareceram. Em seu caráter de autenticidade, foram fixados pela pesquisadora mineira. Nesses jogos encontram-se brinquedos de roda, os de roda ou de fileira, os de marchar, os de pular, os de correr, os de palmas, os brinquedos ginásticos, os brinquedos de roda assentada, os ruidosos, os brinquedos silenciosos. Também fixou Alexina de Magalhães Pinto, então residente em São João del Rei, com auxílio de senhoras de São Paulo, Rio de Janeiro, Bahia, Pernambuco, Rio Grande do Sul e de várias regiões mineiras, numerosas e belíssimas cantigas de ninar, pedindo hoje o reencontro com alguma sensibilidade de artista.

O que desde logo se nota no livro de Alexina de Magalhães Pinto, ao lado do rico inventário de valores brasileiros, era a nossa deficiência em vários setores da educação escolar. Daí haver em sua obra a indicação de alguns trabalhos estrangeiros que ela considerava apropriados à educação das crianças brasileiras. Isto na primeira década do século XIX. Vale a pena relembrar alguns autores citados por Alexina de Magalhães Pinto para se ter ideia do nível educacio-

---

42 Magalhães, *O folk-lore no Brasil*, p.36.

43 Pinto, *Provérbios, máximas e observações usuais*.

nal brasileiro de então. Muito lido na época, assimilado e seguido era o livro de E. Van Calcar, *Le bonheur de l'enfance* [A felicidade da infância], no qual a autora francesa ensinava inclusive a arte do divertimento de papel recortado. Mas havia também alguns livros brasileiros no gênero, para divertir as crianças em recintos fechados, como *Cartonagem escolar*, de Benigno Ezequiel de Vasconcelos, que ensinava a fazer bonecas, bois, carneiros, lacraus etc. era muito utilizado nas escolas. Outros livros recomendados no gênero para professores eram *Jeux instructifs* [Jogos educativos] de Froebel,[44] e *Jeux d'enfants* [Brincadeiras de crianças], de Queyrat.[45] Os franceses mantinham no setor cultural brasileiro um grande prestígio. Recomendava Alexina de Magalhães Pinto, na época, a quem se interessasse pela infância, livros tais como *L'Année préparatoire et la première année de rédaction e d'élocution* [O ano preparatório e o primeiro ano de redação e elocução], de Carré & Moy; *La première année de lecture courante* [O primeiro ano de leitura corrente], de Georges Lebreton, que era "colorido, atraente e moral".[46] Estes eram livros, ao que parece, de lindas gravuras mas que já tinham seu concorrente nacional no *Álbum de gravuras*, de Romão Puiggari,[47] editado no Novecentos em São Paulo.

Ainda com referência aos franceses indicados por Alexina de Magalhães Pinto no gênero de exercícios de desenhos simples e sem mestre, as crianças podiam utilizar-se, no Novecentos, de oito caderninhos de Jacquot et Ravaux, *Interpretations pour dessiner simplement* [Interpretações para desenhar com simplicidade], ou ainda do *Cours de dessin d'après nature* [Curso de desenho natural], de Barroto & Rymers, nenhum deles "exigindo o conhecimento do francês para

44 Pinto, *Os nossos brinquedos*, p.150.

45 Ibid., p.191.

46 Ibid., p.218.

47 De Romão Puiggari ficaram alguns livros de valor, como *Coisas brasileiras*, de conteúdo particularmente brasileiro pelo aproveitamento do material folclórico.

serem manuseados com proveito, pois falam por si os desenhos",[48] advertia Alexina de Magalhães Pinto. Para a caligrafia, quando não era o autor nacional sintetizado nos então famosos cadernos de Filgueiras, havia os sete caderninhos de C. Robquin, intitulados *Nouvelle méthode d'écriture droite* [Novo método de caligrafia vertical]. Para brinquedos e construções chamadas "froebelianas" (Froebel gozava, então, entre nós, de muito prestígio), indicava a mestra mineira os volumes de materiais escolares da Livraria Hachette, de Paris. No setor da psicologia infantil aparecem duas obras muito lidas na época: *De l'imagination chez l'enfant* [Sobre a imaginação na criança], de Queyrat; e de Paula Lombroso, *Vila dei bambini* [Vila das crianças].[49] Neste particular figuravam livros nacionais, como *Arte de formar homens de bem*, de Jaguaribe Filho, e *O lar doméstico*, de Vera Cleser, ambos lançados por Laemmert. Dos norte-americanos, lembra Alexina de Magalhães Pinto, o livro de Miss F. H. Ellis, *Character Forming in School* [Formação de caráter na escola], publicado em Londres.[50]

Já em 1907, porém, Alexina Magalhães Pinto lamentava que nossos editores não dessem às crianças livros bastante ilustrados, dentro dos ensinamentos pedagógicos da época, que eram os de que as crianças deviam "ver com os dedos", isto é, "que vão apontando e dizendo o que veem pintado".[51] Por volta dessa primeira década, muito pouca coisa havia para crianças. Sabia-se que a Editora Laemmert traduzira do alemão uma coleção infantil de vários livros. A Livraria Francisco Alves começava então a se interessar pelos livros infantis, ou, na expressão de Alexina de Magalhães Pinto, "deslizando pela biblioteca recreativa infantil".[52] De Laemmert, com sua chancela, saíra o livrinho traduzido por Carlos de Laet, *A minha viagem ao*

48 Pinto, op. cit., p.221.

49 Ibid., p.223.

50 A edição do livro de Miss F. H. Ellis foi feita por Longmans, Greens & Co., Londres.

51 Pinto, op. cit., p.218.

52 Ibid., p.219.

redor do mundo; o *Juca e Chico,* de Fantásio (pseudônimo usado por Olavo Bilac nessa tradução); e as *Aventuras de Gulliver* que, então, "andam a merecer as preferências infantis".[53] A Livraria Francisco Alves lançara os *Contos pátrios,* de Olavo Bilac, e *Histórias da nossa terra,* de Júlia de Almeida – todos ilustrados. E já então recomendava as *Poesias infantis,* de Olavo Bilac, o *Teatro infantil,* de Olavo Bilac e Manuel Bonfim, e *O livro das crianças,* de Zalina Rolim. Já com seu livrinho *Coração* merecera a poetisa elogios dos grandes nomes de poetas de então, como Olavo Bilac. São muitas as poesias de Zalina Rolim declamadas pelas crianças do Brasil todo. Presciliana Duarte de Almeida publicara *Páginas infantis* e o *Livro das aves.*

6.7 O tema da terra

Referimo-nos à temática brasileira da obra de Alexina Magalhães Pinto. Com efeito, ela fixou grande número de canções atualmente muito pouco conhecidas, inclusive de muitos especialistas em temas do folclore. Alexina de Magalhães Pinto mostra, no seu inventário, como muitas cantigas ficaram lembrando o negro e sua influência por largos anos na educação dos meninos brasileiros. Constatamos o fato pelas lembranças de nossos memorialistas no capítulo "Literatura oral". Uma dessas belas canções de ninar o menino do Novecentos era o Tu-tu-ru-tu-tu, que assim dizia:

Tu-tu-ru-tu-tu
Detrás do murundu
Já vem a Sinhá Velha
Lá da banda do angu.

Tu-tu-ru-tu-tu
Detrás do murundu
A velha deu um tiro
E matou o meu peru.

53 Ibid.

Jacaré-tu-tu,
Jacaré-mandu,
Tutu vai-te embora
Não pega o meu filhinho

que guarda fortes reminiscências africanas.[54] Ou então esta outra, também cantiga, mas já de traços lúcidos evidentes, igualmente com forte sabor afro-brasileiro no seu tema, na sua contextura, sob o título de *Pai João do Botafogo*:

Pai João do Botafogo
— Den-dengue Sinhá.
Seu colete de baeta
— Den-dengue Sinhá.
Sua ceroula de algodão
— Den-dengue Sinhá.
Olari, olará,
— Den-dengue Sinhá[55]

Das velhas amas negras, com duas variantes, é também a canção de ninar *As palminhas de Guiné*. Tomavam as crianças nas mãos, ensinando-as a bater palmas com a melodia de

As palminhas de Guiné
P'ra quando o papai vié
A mamãe dará mamá
O papai dará papá
A Vovó dará cipó
na fraldinha dela só.
Só, só.
Só, só.

Ou a versão mais realista, recolhida em Minas Gerais, por Alexina de Magalhães Pinto:

---

54 Ibid., p.240.
55 Ibid., p.245.

As palminhas de Guiné
P'ra quando o papai vié
A mamãe dará maminha,
O Papai dará sopinha,
A Vovó dará cipó
Na bundinha dela só.
Só, só.
Só, só.

conforme se lê no livro citado[56] da ilustre professora mineira. Numerosas são as canções fixadas no livro. Não seria possível transcrevê-las todas. Mas os exemplos transcritos são o suficiente para demonstrar o interesse que Alexina de Magalhães Pinto sempre demonstrou pelos valores culturais brasileiros.

6.8 Biblioteca para a infância

Talvez se possamos destacar mais ainda a importância de Alexina de Magalhães Pinto no contexto histórico da literatura infantil brasileira, ao lembrarmos que foi ela a primeira autora a indicar uma Biblioteca para a infância no Brasil, ou seja, a relação de livros mínimos que se deveria dar aos meninos para lerem. Já no Brasil se começava a libertar a infância do livro escolar propriamente dito, procurando dar-lhe uma literatura adequada à idade. Alexina de Magalhães Pinto representa no Brasil um dos pontos altos dessa reação à literatura escolar e aos velhos conceitos sobre a infância.

Já nos referimos às páginas excelentes de Enzo Petrini sobre o tema, lembrando que os papiros gregos descobertos, por exemplo, mostram quão antigas são as antologias escolares, mas ainda assim "la vida del niño está también allí ausente[57]".[58] É o autor italiano que nos lembra o dramático depoimento de Santo Agostinho a respeito

56 Ibid., p.250.
57 "a vida do menino também está ali ausente".
58 Petrini, *Estudio critico de la literatura juvenil,* p.21.

da infância e daí que Montaigne poderia repetir, séculos depois, que só podia entender que "a maior e mais importante dificuldade da ciência humana parece residir no que concerne à instrução e à educação da criança".[59]

Assim talvez o entendesse Alexina de Magalhães Pinto a seu tempo. Seu projeto de uma biblioteca infantil contém uma série enorme de livros, com um inventário que pode muito bem mostrar quão pobre, por volta de 1917, era ainda nossa literatura infantil. Vale a pena conhecer esse inventário, não só pelo seu valor histórico, mas por dar a indicação necessária a respeito dos livros com que a nossa infância e juventude podiam contar então. Vai ele a seguir relacionado, observando-se, pelos títulos, a variação dos temas, quando não há confusão na identificação dos autores. É também o inventário ilustrativo dos primeiros livros marcados pela presença sistemática da pedagogia, palavra, aliás, até merecedora de certos reparos irônicos do Professor João Vieira de Almeida, em seu livro *Pátria*.

Os "primeiros livros ilustrados para audição e análise de imagens", como os classificou Alexina de Magalhães Pinto, eram os seguintes: *João Felpudo, O menino verde, Viagem numa casquinha de noz, Aves do Brasil, Mamíferos do Brasil, Aventuras de Hilário, Cristóvão Colombo, Ride comigo, O anjo da guarda, João Patusco, O que vem agora, Chapéu preto, Para todos* e *Eu sei ler, Os irmãos de Pedro Ouriçado, A baratinha* e *Álbum de gravuras*, de Romão Puiggari, *Juca e Chico*[60] e *Alfabeto ilustrado*. Esses livros, cujos autores em sua maioria não pudemos identificar, constituíam o que Alexina de Magalhães Pinto considerava a Coleção Infantil. Serviam para as crianças ainda não

59 Montaigne, *Ensaios*, v.I., p.216.

60 *Juca e Chico* foram traduzidos primeiramente por Olavo Bilac. Há uma tradução relativamente recente de Guilherme de Almeida. São os dois peraltas nomes aportuguesados, pois no original de seu autor, Wilhelm Busch, tinham os nomes de Max e Moritz. Esses dois famosos personagens de Busch apareceram pela primeira vez em 1865. Toda obra de caricaturista de Busch foi reunida (desenhos e estórias) em dois grossos volumes, na Alemanha, por Rolf Hochhultz, o primeiro que teve a ideia de juntá-los para uma edição completa.

alfabetizadas ouvirem as estórias e "ante as respectivas estampas repeti-las". No gênero poesia indicava mais os seguintes títulos: *Poesias infantis*, de Olavo Bilac, *O livro das crianças*, de Zalina Rolim, e *Musa das escolas*, de Pinheiro.

Teríamos ainda os *Contos infantis*, de Júlia Lopes de Almeida e Adelina Vieira, *Teatro infantil*, de Olavo Bilac e Coelho Neto, *A queda de um anjo*, de Figueiredo Pimentel;[61] *As férias*, de Max Fleiuss, *Histórias do reino encantado* e *Contos para os nossos filhos*, de M. Amália e G. Crespo, *Contos para crianças*, de M. Pinto Rodrigues, *Contos para crianças*, de Guerra Junqueira, *Contos*, de Ana de Castro Osório,[62] e *Amiguinho de Nhonhô*, de Meneses Vieira.

Das dificuldades de pesquisa em um campo como esse tão complexo – o da literatura infantil – em virtude de suas implicações pedagógicas e escolares, principalmente em sua fase pioneira, já nos dava notícia, em 1917, Alexina de Magalhães Pinto. Tentava ela então organizar a indicação de uma biblioteca mínima infantil para as crianças brasileiras, conforme apelo publicado em um dos números do *Almanaque Garnier*. Esse apelo dirigia-se principalmente à Academia Brasileira de Letras e pessoas de projeção, contendo a pergunta: "Que livros dá para seu filho ler?" Nada conseguiu a educadora, senão apelar, como o repetimos atualmente, mas de modo sistemático neste ensaio de preliminares, para os catálogos das diversas editoras de então. Procurava Alexina de Magalhães Pinto, pelas respostas, aferir as preferências do adulto nas suas relações de literatura com as crianças.

Mesmo assim, porém, a biblioteca mínima de Alexina de Magalhães Pinto foi feita. Vamos enumerar os títulos que a ilustre professora colheu nos catálogos do seu tempo, isto é, em 1917. Pela relação, tem-se exatamente o acervo de livros com que a infância

---

61 Esta obra de Figueiredo Pimentel figura também com o título de *Castigo de um anjo*, publicada pelo editor Quaresma. Não se tem notícia de sua reedição.

62 Ana de Castro Osório teve papel saliente e de importância na renovação da literatura infantil portuguesa no começo do século. Expendeu várias interessantes ideias em seu livro sobre educação e leituras para a infância.

Rua de S. João, 8 SÃO PAULO

brasileira podia contar para sua leitura e entretenimento, com, evidentemente, prévia seleção da autora. Somente este método de pesquisa – o da inventariação em catálogos – pode explicar a omissão praticada por Alexina de Magalhães Pinto com relação à Biblioteca Infantil, organizada por Arnaldo de Oliveira Barreto[63] em São Paulo.

Eis a relação: *Escolha de histórias morais*, tradução de P. Carolino Duarte, sem indicação de autor; *Rosa e Branca – os benfeitos da educação*, de Mme. A.; *Tesouro das meninas*,[64] sem indicação de autor; *O cestinho de flores*, do Cônego Schmid. Deste autor teríamos mais os seguintes títulos: *O carneirinho*, *A mosca*, *A rola*, *O canário e o pirilampo*, *A capela da floresta*, *Rosa de Tannenberg*, *Henrique d'Eichenfels*, *A cruz de madeira e o menino perdido* e, finalmente, *Ovos de Páscoa*. Seguem-se: *Matilde ou a Órfã suíça*, sem indicação de autor; também sem autor expresso, os volumes *Bruno*, *Chiquinho*, *Lídia ou A menina bem-educada* e *O amigo das crianças*.[65] De Perrault teríamos um único livro: *Contos de fada*. Da Condessa de Ségur apareciam vários títulos: *Desastres de Sofia*, *Que amor de criança*, *As meninas exemplares*, *As férias* e *La Bible d'une grande-mère* [A bíblia de uma avó]. De Stoltz teríamos *A casa do saltimbanco*. Outros títulos arrolados por Alexina de Magalhães Pinto: *A novena da Candelária*, em tradução de Ramiz Galvão; *Mil e uma noites*, em tradução de Carlos Jansen, que também assinaria as traduções de *Dom Quixote*, de *As aventuras do Barão de Münchhausen* e de *Robinson Crusoé*. Quanto à obra-prima de Daniel Defoe, advertia Alexina de Magalhães Pinto que a tradução de Pinheiro Chagas deixava muito

63 Com efeito, a Biblioteca Infantil, organizada para as Edições Melhoramentos por Arnaldo de Oliveira Barreto, teve seu primeiro título, com a estória de Hans Andersen, *O patinho feio*, publicado em 1915.

64 Mais adiante, este livro, *Tesouro das meninas*, aparece como de autoria de Mateus J. da Costa. Lembremo-nos, porém, que a autoria é de Madame Beaumont e que o tradutor é J. I. de Frias. O livro *Tesouro dos meninos*, por sua vez, de P. Blanchard, foi realmente traduzido por Mateus J. da Costa. Essa confusão nas informações de Alexina de Magalhães Pinto com certeza se deve ao empastelamento da matéria.

65 Trata-se de uma obra de Berquin.

a desejar.[66] Outros títulos da biblioteca mínima: *Aventura do Juca*, de Pinheiro Chagas; *Viagem ao redor do mundo em 80 dias*, de Júlio Verne; *O menino da mata e seu cão piloto*; *O Brasil*, de Ramiz Galvão; *Os sertões*, de Euclides da Cunha – "é um livro são, porém difícil de ser lido",[67] acentua Alexina de Magalhães Pinto; *Sertões*, de Afonso Arinos; *Contos fluminenses*, de Machado de Assis; *Narrativas brasileiras*, de Galpi; *Tesouro das meninas*, de Mateus J. da Costa; *Tesouro dos meninos*, de J. Inácio Faria; e *Contos para filhos e netos*, de Carlos Jansen.

Os critérios de Alexina de Magalhães Pinto eram válidos na sua época. Aí vemos incluídos, na biblioteca mínima, um Machado de Assis, um Euclides da Cunha e um Afonso Arinos.[68] Não obstante seu esforço de esclarecimento, sua preocupação com a infância não podia fugir aos padrões dominantes da educação e do divertimento na época. Era o material com que contava para indicar sua biblioteca. Talvez até haja certa contradição entre a excelente promotora dos valores nativos existentes no livro *Os nossos brinquedos* e nesse Esboço Provisório de uma Biblioteca Infantil, constante do seu livro *Provérbios populares, máximas e observações usuais*.

6.9 A Biblioteca Infantil

Se Alexina de Magalhães Pinto pôde, embora provisoriamente, indicar uma biblioteca infantil em 1917, desde 1915 Arnaldo de Oliveira Barreto, que não deixou nenhuma documentação a respeito, vinha dirigindo para as Edições Melhoramentos, com espírito verdadeiramente renovador, uma Biblioteca Infantil que se tornaria famosa com o correr dos anos e a publicação de mais de cem títulos na série.

A série foi iniciada por um trabalho de mestre, a estória *O patinho feio*, de Hans Andersen, com ilustrações a cores de Francisco Richter.

---

66 Pinto, *Provérbios populares, máximas e observações usuais*, p.166.

67 Ibid., p.166.

68 O título do livro de Afonso Arinos é *Pelo sertão*, mas na obra de Alexina de Magalhães sai confusamente com o título de *Sertões*.

A nota editorial da edição comemorativa da quinquagésima publicação desse extraordinário livrinho de Andersen informa que o lançamento foi feito no mês de outubro de 1915. A Biblioteca Infantil, dirigida por Arnaldo de Oliveira Barreto, nasceu sob a inspiração de Walther Weiszflog, "um homem bom, amigo da infância e da natureza",[69] diretor da então Weiszflog Irmãos Editores-Proprietários, com sede em São Paulo. A coleção alcançaria em alguns anos seu centésimo volume, reunindo estórias dos grandes clássicos da literatura infantil, "espalhando-se por todo o país, como a mais popular coleção de livros para crianças, incorporando-se por assim dizer ao patrimônio cultural de cada família".[70] Na verdade, de modo sistemático, com um peso específico em sua orientação – a de proporcionar realmente literatura infantil às crianças – não só foi a mais popular coleção de livros para crianças, como também a única em extensão e seleção de leitura. Vimos já que a iniciativa do velho editor Quaresma, embora importante do ponto de vista histórico, pois começou a aparecer em 1896 com o nome de Figueiredo Pimentel, não teve a extensão e a sistematização da coleção ideada por Arnaldo de Oliveira Barreto. Uma centena de títulos desta série em milhões de exemplares espalhou-se pelo Brasil.

O significado revolucionário da iniciativa de Arnaldo de Oliveira Barreto, do ponto de vista da criança, parece estar mais na apresentação gráfica dos volumes do que propriamente no conteúdo. É verdade que os temas eram não poucas vezes adaptados por Arnaldo de Oliveira Barreto, e a coleção, anos mais tarde, foi revista pelo prof. Lourenço Filho. E é verdade também que tanto Andersen, como Perrault, como Schmid e outros clássicos, já não eram estranhos aos meninos brasileiros, quer por meio de traduções e adaptações portuguesas ou de empreendimento brasileiro, durante o século XX. Os livros

69 Andersen, *Estórias maravilhosas*, p.1. Adaptação de Arnaldo de Oliveira Barreto, desenhos em cores de Francisco Richter e desenhos em preto e branco de Gioconda Uliana Campos. Orientação do prof. Lourenço Filho.

70 Ibid., p.2

da série inovavam a leitura para a infância pelo seu aspecto gráfico. Fisicamente, já representavam um divórcio dos moldes escolares. Não eram volumes pesados, com aquela seriedade doutoral dos lançamentos do século XIX. Pelo contrário, desde seu aspecto externo eram uma festa para os olhos dos meninos pelo seu rosto colorido e a figura simpática da vovozinha cercada de netos. Eram volumes de poucas páginas entremeadas de gravuras coloridas, estórias compostas em tipo grande, com um equilíbrio de texto em cada página que se constituía em verdadeira atração para a leitura.

A partir de 1926 os volumes já publicados na histórica série, e mais intensamente a partir de 1937, passaram pela revisão completa de texto feita pelo prof. Lourenço Filho. Esta revisão objetivou a simplificação do vocabulário, de modo a atingir maior público infantil em função da idade, e a expungir as estórias de certas passagens menos satisfatórias, por inspirarem sentimentos de medo ou terror. Esse trabalho de Lourenço Filho se constata pelo confronto entre as edições originais até 1926 e as reedições a partir dessa data.

Desse prolífico período da literatura escolar, enquanto reação brasileira às traduções e originais portugueses, que cobriu vários anos no panorama cultural brasileiro e dentro do qual todo professor se sentiu na obrigação de fazer pelo menos um livro, ao final de tanto papel gasto, de tantas edições, de tanto esforço, restaram apenas dois livros superiores: *Através do Brasil*, de Manuel Bonfim e Olavo Bilac, e *Saudade*, de Tales de Andrade, como vimos. Podemos acrescentar mais um – e dos mais importantes: *Narizinho arrebitado*, de Monteiro Lobato. Este último, embora já com características específicas de uma literatura capaz de transcender o simplesmente pedagógico, ou intencionalmente educativo, como os dois primeiros, por uma questão de técnica talvez até editorial, apareceu como "literatura escolar", conforme se lê do frontispício de sua primeira edição.[71]

---

71 Ao leitor que encontrar dificuldade para consultar a primeira edição da obra, recomenda-se o estudo de Edgar Cavalheiro, *Monteiro Lobato*, em que se encontra um fac-símile do frontispício dessa mesma primeira edição.

Livros esses ainda hoje lidos com aquele encantamento e ternura da infância de todos nós, que nos sensibilizavam com as aventuras de Mário e Rosinha, de Juvêncio e dos dois irmãos, Carlos e Alfredo, que correram o Brasil à procura do pai, bem como com *Narizinho* e seu poder de magia, que transfigurava a realidade de nossas vidas, dando-lhes uma nova dimensão.

A literatura escolar produziu milhares de volumes. Monteiro Lobato observava, quando do aparecimento de *Saudade*, em 1919, em artigo,[72] que "da massa formidável de obras didáticas surgidas até hoje, bem poucas sobrenadam – uma em um país, outra noutro". Por quê? O próprio Monteiro Lobato responde, nesse artigo de saudação, à pergunta. Para ele, o mal dessa literatura era "a pré-ocupação de uma pátria verbal – pátria de parada ou de fachada", que "estraga a maioria deles".[73] E acrescentava que as crianças se empanturravam nessas páginas de "verborreia nacionalista, falsa e mentirosa sempre, adquirindo, não raro, engulho por uma 'pátria' que as seca tão impiedosamente".[74]

Devemos tratar com interesse o artigo de Monteiro Lobato, escrito quando ele ainda não publicara nenhum livro infantil. Nessas linhas lança o escritor, já, as preliminares de sua futura obra, além de conterem observações curiosas em torno da reação ao espírito português ainda dominante entre nós, na época. No livro de Tales de Andrade, via Monteiro Lobato a coragem de contrariar os "moldes estabelecidos e aborrecidos" somada à sua originalidade e audácia "pela língua em que está vazado". Neste particular, chegava a escrever que "é escrito na língua que todas as crianças deste país falam, que do Norte ao Sul todos nós falamos, mas que, por força duma congenial subserviência à velha metrópole não temos ainda coragem de reduzir à escrita".[75] Estas afirmações revelariam também em Monteiro Lo-

72 Monteiro Lobato.

73 Ibid.

74 Ibid.

75 Ibid.

bato, já em 1919, um escritor disposto a rebelar-se contra os cânones ultramarinos, rebelião, aliás, que três anos depois se consumaria na Semana de Arte Moderna com as Tarsila, com os Oswald de Andrade, com os Ribeiro Couto, com os Guilherme de Almeida, com os Mário de Andrade, com os Graça Aranha, com os Sérgio Buarque de Holanda, com os Menotti del Picchia – abrindo perspectivas mais generosas e verdadeiras ao movimento cultural brasileiro.

O belo livro de Tales de Andrade, contudo, implicava em uma tese muito em voga no começo do século XX, defendida inclusive na Europa: era essa tese o que Sud Mennucci, em um artigo sobre o livro[76] considerava "a exagerada tendência do urbanismo, que se acentua no país",[77] já aí havendo uma implicação dialética que foge aos objetivos deste livro. O crítico chega mesmo a proclamar que, apesar dos pesares, "a miséria roceira é quase uma fartura diante da indigência das cidades".[78] Esta obra de Tales de Andrade, na verdade, em que pesem suas excelentes qualidades literárias, inaugurava, na área escolar, um esforço concentrado, aplaudido pelo Governo, de retorno ao campo, à mentalidade de país essencialmente agrícola, uma vez que dois fatos fundamentais já começavam a abrir perspectivas e a chamar a atenção do povo para o incipiente processo de industrialização do País, combatido por não poucos setores da vida nacional: a Exposição de 1908 (centenário da abertura dos portos com a vinda de D. João VI) e a Exposição Nacional de 1922, comemorativa do Centenário da Independência.

Com esse mesmo espírito do livro de Tales de Andrade, de retorno ao campo, apareciam vários livros consagrados: *Sombras que vivem*, de João de Toledo, que Sud Mennucci considerou "a epopeia infantil da raça";[79] o *Coração brasileiro*, de Faria Neto; o *Campos e arrebóis*, de Túlio Espíndola de Castro; e *As férias no pontal*,

76 Mennucci, *Rodapés: ensaios críticos*.
77 Ibid., p.112. O artigo está datado de janeiro de 1920.
78 Ibid., p.116.
79 Ibid., p.131.

de Rodolfo von Ihering. Outra razão, que não econômica ou social puramente, mas de "ordem cultural e ideológica",[80] na expressão de Fernando de Azevedo, orientava tal tendência na educação escolar. Referimo-nos ao inquérito sobre instrução que Gustave Le Bon havia feito na França. Uma de suas conclusões era a de que "na história natural, na experiência das lições de coisas que se devia basear o ensino tendente ao desenvolvimento e ao aperfeiçoamento do raciocínio".[81]

O crítico de melhor público do tempo, Sud Mennucci, deu o devido destaque ao livro de Tales de Andrade, *Saudade*. O mesmo faria Monteiro Lobato. Foi justo ao exaltá-lo e ao afirmar então que "é um livro para a infância das escolas que cai em nossos meios pedagógicos com o fulgor e o estrondo de um raio".[82] Como não poderia deixar de ser, estabelecia, desde logo, paralelo com o *Coração*, de Edmundo de Amicis, mas com a vantagem de não incorrer na "pieguice quase melosa em que quase esparramava a sentimentalidade transbordante do insigne escritor italiano"[83] e, aproximando-o de outro autor brasileiro, João Kopke, dizia que a obra de Tales de Andrade fugia "à secura, um tanto hierática, dos melhores livros de Kopke, que são, em nossa biblioteca didática, os padrões atuais".[84] E por que o livro de Tales de Andrade representava assim tão acentuada novidade em nossos meios escolares? O próprio Sud Mennucci responde à pergunta em sua apreciação, quando afirmava que *Saudade* não incorria nas duas pechas clássicas de todo livro escrito com o intuito de propaganda:

> a pose declamatória do entusiasmo verborrágico e a mania das preleções técnicas, o ar de grã-senhor que nos damos todos para mostrar a profundeza de nossa erudição e a distância que nos separa do mísero ignorante que nos lê.[85]

---

80 Azevedo, *A educação e seus problemas*, v.I, p.218.

81 Mennucci, op. cit., p.144.

82 Ibid., p.111.

83 Ibid., p.114.

84 Ibid., p.115.

85 Ibid., p.117.

E que propaganda era essa? A da excelência da vida agrícola sobre a vida urbana. Neste ponto, Sud Mennucci parece ter incorrido em sério erro de apreciação. Combatia ele, o crítico, "a tendência do urbanismo" e endossava a tese segundo a qual era a volta à agricultura "uma das mais viáveis formas de resolver angustiosos problemas econômicos e sociais".[86] Apesar disso, a conclusão de Sud Mennucci consagra *Saudade* como "indiscutivelmente, o padrão de nossa literatura didática".[87]

Por essa mesma época alguns outros livros didáticos representaram também a necessária reação a uma situação que já não correspondia aos anseios de educação do País. Entre eles estavam os livros de João de Toledo, *Sombras que vivem, Taba Tupi* e *Energia e firmeza,* que Sud Mennucci considerava "a epopeia infantil da raça";[88] o de Faria Neto, *Coração brasileiro,* o de Túlio Espíndola de Castro, *Campos e arrebóis,* e os de Rodolfo von Ihering, *Livrinho das aves* e *As férias no pontal.*

Talvez não muito tarde, começavam a se fazerem sentir as críticas e a se aceitarem as ideias de José Veríssimo sobre a educação nacional, ideias essas que tinham como um dos pontos fundamentais, como já vimos, a modificação do livro de leitura para crianças. Por volta de 1914, a leitura escolar já se caracterizava por uma temática nacional, conforme podemos constatar em pequenos volumes de Hilário Ribeiro, Tomás Galhardo, Romão Puiggari com a série *Coisas Brasileiras,* João Kopke, Erasto de Toledo, Felisberto de Carvalho, Arnaldo Barrete etc. A série Puiggari-Barreto foi das primeiras a apresentar ilustrações em cores no Brasil.

Não menos complexo será sempre o estudo das obras apresentadas por alguns precursores, que figuraram no período histórico demarcado pelas velhas traduções portuguesas, ou brasileiras, e pelo aparecimento de Tales de Andrade e Monteiro Lobato. Olavo

---

86 Ibid., p.112.
87 Ibid., p.120.
88 Ibid., p.131.

Bilac, por exemplo, o grande poeta do parnasianismo brasileiro, tem uma contribuição extremamente importante no panorama precursor da literatura infantil brasileira. Seus dois primeiros livros, *Contos pátrios* e *Poesias infantis*, foram escritos em 1896, segundo os velhos assentamentos dos arquivos da Livraria Francisco Alves. Ignora-se a data exata da primeira edição desses dois volumes, mas a segunda edição foi impressa em Paris no ano de 1906. A narrativa que o poeta escreveu em colaboração com Manuel Bonfim, *Através do Brasil*, e que, como vimos, foi dos três grandes livros criados pela literatura escolar, teve sua primeira edição impressa em Paris no ano de 1910. O terceiro livro de Olavo Bilac, escrito no mesmo ano em que foram escritos *Contos pátrios* e *Poesias infantis*, ou seja, em 1896, também não tem sua primeira edição bem fixada nos arquivos da Livraria Francisco Alves. Só se encontra, deste pequeno volume, o registro da sexta edição, de 1912, ainda impressa em Paris. Com exceção de *Teatro infantil*, cuja terceira edição é de 1918, já impressa no Brasil, todos os demais foram ao prelo em Paris, como vimos.

Olavo Bilac dedicou muito trabalho a traduções várias, feitas em contrato para a velha Editora Laemmert & Cia. Sob o pseudônimo de Fantásio vendeu àquela editora uma tradução de *Juca e Chico*, que ainda hoje, ao lado da tradução de Guilherme de Almeida, corre as livrarias do Brasil. Nos arquivos da Livraria Francisco Alves existem recibos de Olavo Bilac pelos pagamentos feitos de traduções de *Para todos*, *A vida das crianças* e *Ride comigo*. Quando era inspetor escolar, dirigindo a instrução pública no Rio de Janeiro, no começo do século XX, Olavo Bilac colaborou ativamente na chamada literatura escolar, ou, mais propriamente, em livros escolares adotados nas escolas brasileiras. Foi ele, assim, o autor da edição revista da *Gramática elementar*, de Hilário Ribeiro, autor da ampliação da *Pequena história do Brasil*, de J. M. de Lacerda e da ampliação de *Lições de história do Brasil*, de Joaquim Manuel de Macedo.

Não se pode deixar de reconhecer em Olavo Bilac um profundo sentido de comunicação com as crianças. Sua poesia ainda hoje é admirada, amada e lida, constituindo-se em peças recitativas obrigatórias de festas escolares e reuniões familiares. Os *Contos pátrios* obedecem ao sistema de leitura característica da fase da literatura escolar, mas já são apresentados com um estilo que nada tem de didático, propositalmente educativo. Na narrativa de *Através do Brasil* palpita o Brasil inteiro em sua complexidade regional, e ainda hoje a obra resiste às leituras mais exigentes. Nela há um pulsar inequívoco de aventura. Ao lado deste traço fascinante – o movimento, a aventura, o suspense – junta-se a beleza da narrativa em seu ritmo total, que levam o leitor a percorrer suas páginas com redobrado interesse.

Mais radical em sua influência no atual panorama de literatura infantil brasileira foi a obra de Tales de Andrade, cujo livro *Saudade* é um verdadeiro rasgo de gênio. Trata-se de outro livro que nasceu surpreendentemente na fase da literatura escolar. O livro *Saudade* teve suas origens em um pequeno artigo intitulado "Instrução e agricultura", publicado em 1911 no *O Monitor*, Jornal da Escola Complementar de Piracicaba, onde lecionavam, entre outros, Léo Vaz, Sud Mennucci, André Hoepner e Breno Ferraz do Amaral. O abandono da agricultura em face do fenômeno da radicalização do urbanismo preocupava fortemente os estudiosos dos problemas brasileiros.[89] Depois desse artigo, Tales de Andrade tornou-se professor em zona rural, onde, em contato mais íntimo com a vivência agrária, pôde colher numerosas observações e elementos. Daí armar a estória e escrever o livro que, segundo seu depoimento, foi escrito durante quarenta manhãs. Mário, Rosinha e Nhô Lau são figuras que desafiam o tempo em sua autenticidade.

A primeira edição de *Saudade* saiu toda ilustrada, com capa de J. Wasth Rodrigues. Guilherme de Almeida colaborou com várias poesias no volume, as quais, segundo Tales de Andrade, foram retribuídas[90] com um pequeno quadro do pintor piracicabano Alípio Dutra. O autor

---

89 Ibid., p.144.

90 Depoimento de Tales de Andrade ao autor.

pensara em Amadeu Amaral e Paulo Setúbal para escrever esses versos, mas afinal a escolha recaiu sobre Guilherme de Almeida. Voltolino fez a ilustração do conto *O cordão* que se insere no volume. A estória de Pedro Pichorra foi assinada por Hélio Bruma, que também contribuiu com uma pequena ilustração. Esse era, então, o pseudônimo usado por Monteiro Lobato. A primeira edição de *Saudade* foi feita pelo Governo do estado de São Paulo pela Secretaria da Agricultura, cujo titular era Cândido Mota. Totalizou 15 mil exemplares. A segunda edição foi feita, alguns meses depois, pelo *Jornal de Piracicaba*, com uma tiragem de 20 mil exemplares. Da terceira à 13ª edição, o livro saiu com a chancela da Gráfica Editora Monteiro Lobato, e depois disso, sob a égide da Companhia Editora Nacional.

Mas Tales de Andrade não ficou apenas em *Saudade*. Escreveu muitos outros livros, que não colheram os louros dessa obra citada. São eles: *A filha da floresta*, publicado em 1919; *Trabalho*; *El-Rei*; *D. Sapo*; *Bem-te-vi feiticeiro*; *Dona Içá rainha*; *Bela, a verdureira*; *Totó judeu*; *Espelho*; *Árvores milagrosas*; *O pequeno mágico*; *Fim do mundo*; *Caminho do céu*; *Ler brincando*; *Vida na roça*; *O sono do monstro*; *A rainha dos reis*; *Praga e feitiço*; *A fonte maravilhosa*; *O capitão feliz*; *A bruxa branca*; *O castelo maldito*; *O grito milagroso*; *O gigante das ondas*; *Morto e vivo*; e, afinal, *Alegria*. São pequenos volumes, todos esses, com estórias interessantes, escritas com profundo senso de comunicação e simplicidade.

O êxito de *Saudade*, contudo, empalideceu toda a obra posterior de Tales de Andrade. O livro, desde logo, teve seus méritos reconhecidos. Basta dizer que dele se ocuparam, entre outros, Sud Mennucci, como já vimos, Lourenço Filho, Sampaio Dória, João Kopke, Afonso de E. Taunay, Artur Neiva, Otoniel Mota, Léo Vaz, Navarro de Andrade, Amadeu Amaral, Erasmo Braga, B. H. Hunnicutt, Afonso Celso, Cornélio Pires, Afrânio Peixoto, Mário de Alencar, Rodrigo Otávio, Mário Sete, Carneiro Leão e Monteiro Lobato. Retomando o tema de *Saudade*, em 1964, com o livro *Campo e cidade*, Tales de Andrade não parece ter conseguido, como dissemos, obter o sucesso da obra anterior.

O livro de Olavo Bilac e Manuel Bonfim, *Através do Brasil*, que com *Saudade*, de Tales de Andrade, *Contos da avozinha*, de Adolfo Coelho (este, apesar de tudo, vindo de Portugal) e *Reinações de Narizinho*, de Monteiro Lobato, são os únicos que resistiram ao tempo de toda a vasta produção da fase da literatura escolar, desde logo representou uma reação a certas orientações pedagógicas então válidas na área da leitura para as escolas. Os autores salientavam no prefácio o erro dos moldes enciclopédicos, erro que

> se tem repetido em diversas produções destinadas ao ensino e constituídas por verdadeiros amontoados didáticos, sem unidade e sem nexo, por meio de cujas páginas insípidas se desorienta e perde a inteligência da criança,[91]

deficiências essas, aliás, de que se livraram aqueles autores citados. Os amontoados didáticos a que se referem Olavo Bilac e Manuel Bonfim consistiam na relação pura e simples de regras gramaticais, aritméticas, regras de bem viver, noções de geografia e apontamentos de zootecnia, descrições botânicas e quadros históricos, "formando um todo disparatado, sem plano, sem pensamento diretor, que sirvam de harmonia e base geral para a universidade das conhecimentos que a escola deve ministrar".[92]

Mas se por um lado já havia na intenção dos autores uma crítica pedagógica, por outro lado se impunha também o objetivo renovador do tema. Tínhamos em *Através do Brasil* uma obra de caráter nacional, como a de Tales de Andrade, de Adolfo Coelho (pelo tema da cultura popular) e de Monteiro Lobato. Redescobria-se o Brasil pela mágica da bela narrativa de Olavo Bilac e Manuel Bonfim, mostrando-nos não só a paisagem física do País como a paisagem humana, pela criação de tipos inesquecíveis que conviviam com os pequenos leitores a que o livro se destinava. Assim o confessam os autores:

91 Bilac; Bonfim, *Através do Brasil*. 30.ed., p.VI.

92 Ibid., p.VI.

> neste livro existem e entrelaçam-se, por meio de mútua sugestão, todas as noções que a criança pode e deve receber na escola; e, ao mesmo tempo, a sua leitura representa por si mesma uma visão geral do Brasil, um conhecimento concreto do meio no qual vive e se agita a criança; e deste modo se consegue isto, que é a grande aspiração do ensino primário: que a escola ensine a conhecer a natureza com a qual a criança está em contacto, e a vida que ela tem de viver e da qual já participa.[93]

Nestas palavras está todo um programa de nacionalismo sadio e fecundo, nascido da necessária reação à literatura escolar importada.

Por volta de 1928 não foram poucos os livros para crianças aparecidos no Brasil, assinados por numerosos autores, a maioria hoje praticamente impossível de ser identificada. Muitas vezes se confundiam tais obras entre a literatura escolar e a literatura infantil propriamente dita. Relacionemo-las com o objetivo de dar aos seus autores uma guarida – as páginas deste ensaio – talvez mais duradoura que as páginas dos fugazes catálogos de livraria. Temos, assim, que nesse ano apareciam vários álbuns ilustrados contendo as estórias clássicas da literatura infantil, tais como Perrault, Andersen, Schmid. Surgiam as *Aventuras de Kaximbown* e as *Aventuras de Lavrabreck*, ambos de Yantock; *Almas em flor*, de Noêmia Carneiro; *Aventuras do Casaquinha Verde*, de F. C. Hoehne; *Árvore de Natal*, de Tycho Brahe; *Aventuras do Barão de Münchhausen*, de G. A. Burger, sem o nome do tradutor; *Brinquedo de Natal*, de Bastos Tigre; *Contos de Malba Tahan*, de Melo e Sousa; *Contos da carochinha*, de Figueiredo Pimentel, reedição; *Contos de gênios de fada*, de Gondim da Fonseca; *Contos primaveris*, de Raquel Prado; *Contos infantis*, de Chrysanthème; *Corações infantis*, de Assis Cintra; *Dodoca*, de Dolores Barreto; *Garimpeiro do Rio das Graças*, de Monteiro Lobato;[94] *História para crianças*, de Jane Craig Smith, também sem nome do tradutor; *História da Baratinha*, de Figueiredo Pimentel, também reedição; *História do arco da velha*, de Viriato Padilha; *O homem*

93 Ibid., p.XI-XII.

94 É curioso o título deste livro de Monteiro Lobato, que destoa em geral dos demais de sua fecunda produção literária.

julgado pelos animais, de Gastão Penalva; *Histórias de bonecos*, de Benjamim Costallat; *Lendo e aprendendo*, de Ana de Castro Osório; *Livro de fábulas*, de Baltasar Pereira; *Livingstone, o pioneiro*, de B. Mathews, sem o nome do tradutor; *Pinocchio na África*, de Cherubini; *Pinocchio*, de C. Collodi, sem a nome da tradutor;[95] *Poemas da primeira infância*, de Bastos Tigre; e *Poesias seletas*, de Odete O. Pita.

Estes livros constituíam, na classificação do catálogo,[96] a chamada Biblioteca Infantil. Aí figurava também o livro *Selvas e Choças*, de Otoniel Mota. A relação de obras é interessante por vários motivos. O primeiro deles é que revela muitos autores, nomes conhecidos da literatura nacional, como Assis Cintra, Gondim da Fonseca, Bastos Tigre, Benjamim Costallat e outros – todos em sua época – a preocupar-se com livros infantis. O segundo é que no rol estão obras dos clássicos da literatura infantil já traduzidos no Brasil, como Defoe, Swift e Collodi.

Uma nota curiosa é que nessa relação figura também, como livro para crianças, a tradução de *A tempestade*, de Shakespeare. Por essa mesma época, outra série de livros muito apreciada era a publicada pela Livraria Francisco Alves. Traziam os volumes capas coloridas, muito simpáticas, em que, ao lado de autores brasileiros, figuravam autores portugueses. Embora em sua maioria fossem volumes praticamente de ordem ficcional, ainda assim não escondiam a preocupação didática de seus autores, principalmente Olavo Bilac e Coelho Neto, que aí apareciam com maior número de obras. De Olavo Bilac, com ilustrações em preto e branco, capa em cores, teríamos as *Poesias infantis*, que encantaram os meninos de todo o Brasil. De parceria com Coelho Neto, Bilac figurava com *Teatro infantil, Pátria brasileira e Contos pátrios*. Nessa coleção, destacava-se o livrinho de Chrysanthème, *Contos para crianças*, com ilustrações do grande desenhista que foi Julião Machado. Vários livros de João da Mota Prego, autor português, também se alinhavam nessa coleção da Livraria Francisco Alves.

---

95 O livro de C. Collodi foi editado pela primeira vez no Brasil no ano de 1933, como já vimos.

96 Livraria Editora Leite Ribeiro, *Catálogo 1928, edições e obras de fundo*.

6.10 Teatro, um ensaio

No setor do teatro não foram poucos, também, os livros surgidos até por volta de 1920, ainda nitidamente marcados por certa indistinção psicológica e pedagógica entre o adulto e a criança. Como muitos livros da fase foram precursores na prosa e na poesia, também no teatro infantil apareceram peças que hoje dificilmente poderiam ser representadas em qualquer casa para o público infantil ou adolescente. O conceito de que a criança era o adulto menor, conforme temos visto em vários trechos deste ensaio, levava os autores do tempo a não se preocuparem de modo algum com certos aspectos mais dramáticos, ou melhor, mais trágicos, dos temas, colocando ante a infância, o mais das vezes, problemas verdadeiramente shakespearianos, como no caso, por exemplo, do livro de Benedito Otávio, *Teatro da infância*.[97]

Do começo do século talvez sejam os primeiros livros com pequenas peças de teatro para crianças. Eram trabalhos geralmente de autores portugueses, embora poucos. No setor não se conseguirá largo inventário de peças aparecidas, principalmente para serem lidas, uma vez que a encenação era algo de que pouco se cogitava na época.

O Catálogo da Empresa Literária Fluminense registra uma Coleção de Teatro Infantil, com cinco títulos, alguns com nomes de autores. São eles *Abaixo a palmatória!*, comédia em um ato, de Matos Moreira; *O anjo do lar*, comédia em um ato, de Maria Rita Chiappe Cadet; *Uns donos de casa respeitáveis*, comédia em um ato, seguida dos diálogos *O galo canta* e *A boneca*, de autoria de Inês d'Azevedo e Silva Drago. Mais duas, sem o nome dos autores: *Quem paga a conta* e *O dia de S. Lamecha*, ambas comédias em um ato.

Tanto essa ausência de tradição teatral infantil é surpreendente quanto se sabe que a educação no Brasil foi praticamente iniciada com o teatro. Dele se serviam bastante os jesuítas, pois em sua técnica se encontra a perfeita realização de uma comunicação integral. Em seus

97 Otávio, *Teatro da infância*.

vários colégios distribuídos pelo Brasil, os inacianos representaram muitos autos para os indígenas e seus filhos com um objetivo mais didático que propriamente lúdico. Severamente regulamentado, como escreve o Padre Leonel Franca, foi ele introduzido no *Ratio*, como instrumento eficaz de proselitismo e de educação.[98] A arte dramática é tão velha como o homem. As antigas civilizações utilizaram-se muito do teatro de bonecos, uma técnica de divertimento que se popularizou a partir do século XVII com suas duas figuras máximas, isto é, Polichinelo e Pierrô.

As razões da pouca utilização do teatro escolar entre nós são várias e principalmente complexas, integrando-se em um corpo de problemas que se repete, aliás, em vários países. Mesmo na França e na Inglaterra, sua tradição é pobre. Até princípios do século XX, afora adaptações de pequenas peças de Berquin e algumas comédias de Hartzenbusch, nota Carmen Bravo-Villasante,[99] também em Espanha nada se encontrou digno de menção com respeito ao teatro infantil.

No caso particular do Brasil, as pesquisas demonstram um teatro infantil que surge a partir da primeira década do século XX, mas um teatro predominantemente exemplar nas suas peças, cheias de uma intenção moralista que de modo algum despertava a atenção da criança, como poderiam, no século XVI, os autos de Anchieta terem prendido, pela novidade, a alma cândida dos aborígines. Olavo Bilac e Coelho Neto de certo modo mudaram o conceito de teatro infantil – o primeiro utilizando-se de sua famosa peça burlesca (monólogo) *O nariz*. No gênero cumpre destacar, contudo, o nome de J. Vieira Pontes. No começo do século XX publicava ele a *Lira das crianças*, volume de 320 páginas, no qual se encontrava "desde a poesia mais pequenina à mais delicada e fina comédia, tudo próprio para crianças",[100] de autores brasileiros e portugueses. Também de sua autoria encontramos o *Teatro das crianças*, peças infantis para

98 Franca, *O método pedagógico dos jesuítas*.
99 Bravo-Villasante, *Historia de la literatura infantil española*, p.233.
100 Livraria Teixeira, *Catálogo de livros úteis e novidades literárias*, p.60.

crianças de 6 a 12 anos, conforme advertia o autor, em uma quase antecipação de métodos pedagógicos hoje aplicados como critério para a ordenação de livros infantis. Aí encontrava o leitor comédias, monólogos, poesias, recitativos e cançonetas – quarenta peças entre esses gêneros.[101]

O livro de Benedito Otávio tem importância pelo que significa de conceitos pedagógicos e formas lúdicas, então válidos na época, e, portanto, como ilustração. Pertenceu ele à Academia Paulista de Letras e foi professor e jornalista em Campinas, onde morreu sem deixar descendentes. A prosa, a poesia e o teatro para a infância ainda não usufruíam certos méritos criados pela investigação pedagógica, dos quais o maior, na observação de Enzo Petrini, seria justamente o de ter tornado a literatura infantil um problema vivo, "haberlo delimitado críticamente como un complemento esencial de la educación[102]".[103]

No caso do teatro, o livro de Benedito Otávio, como não podia deixar de ser, ignorava completamente essa contingência. Na peça inicial do livro, *Conto de Natal* – peça religiosa em três quadros da época das fadas –, temos uma série de valores hoje completamente absurdos, sem falar na confusão da paisagem que serve de fundo à estória, que umas vezes é à beira de uma floresta sombria e outras mais em uma rua de cidade, onde há sempre um coro alegre de populares. No mesmo diapasão transcorrem as demais peças, a maioria das quais em redondilhas maior e menor. Esse livro continha, além da peça citada, também: *A adoração dos pastores; Os sapatos do senhor menino; A cigarra, a formiga e a abelha; O pai dos cristãos; Teresa ou Judite?; A doença da boneca; O retrato; A pequena cantora; Os exames do grupo; O remédio eficaz; Natal; O concurso das borboletas; O canário; O que Deus faz é benfeito; A República; A liberdade* e *Dez tostões em prata*. Tais peças

101 Ibid., p.123. Alguns desses monólogos resistiram até há pouco tempo nas festas escolares. Como se trata de longa relação de peças, deixamos de transcrevê-la.
102 "tê-lo delimitado criticamente como um complemento essencial da educação".
103 Petrini, op. cit., p.15.

eram umas vezes classificadas pelo autor como "sainete", outras mais como comédia, opereta, drama, apólogo, diálogo e monólogo.

Há em todo esse livro de Benedito Otávio, que nos parece exemplificar conceito de teatro infantil nas primeiras décadas do século XX, indisfarçável, uma profunda preocupação moralizante, educativa, em que há de tudo e, diante de conceitos modernos, nada de entretenimento gratuito. Nem por isso, contudo, um livro como o de Benedito Otávio deixa de ter sua importância histórica no processo da criação da literatura infantil brasileira. Como muitos, aliás, de que nos vimos ocupando ao longo destes capítulos em que se examinam os precursores da nossa literatura para crianças e mostram, claramente, a vinculação estreita entre a literatura chamada escolar e a infantil propriamente dita, esta resultando daquela após longo período de elaboração.

Só muito recentemente o teatro infantil brasileiro vem sendo encaminhado para seus verdadeiros objetivos de divertimento e educação, mercê de bases e estudos, de criação de peças realmente apropriadas para a infância. Particularmente, no caso de São Paulo, há a destacar a criação da revista *Teatro da Juventude*, editada pela Comissão Estadual de Teatro, do Conselho Estadual de Cultura, que reúne numerosas produções para o teatro infantil, juntamente com estudos da aplicação de arte cênica. Com razão, lembrava Joraci Camargo que "falta ao teatro infantil, como à escola primária, a utilização adequada dos recursos que desenvolvem a sensibilidade artística da criança e lhe despertem a capacidade de criação".[104] O que se vem fazendo em torno daquela revista procura justamente eliminar a falha apontada pelo dramaturgo brasileiro.

Em torno do *Teatro da Juventude*, reúnem-se autores brasileiros de teatro para crianças. Há uma floração admirável de autores no gênero, e desde logo podemos apontar peças de autoria de Lúcia Benedetti, Tatiana Belinky, Cavalheiro Lima, Júlio Gouveia, Genivaldo Wanderley, Isa Silveira Leal, Roberto Freire, Rui Afonso, Stella Leonardos, Bar-

---

104 Camargo, "Teatro da Criança", em *Teatro da juventude*, n.8/9, p.9.

bosa Lessa, Maria Vera Siqueira, Miroel Silveira, Graça Melo, Ricardo Gouveia, Rubem Rocha Filho, Ida Laura, Ricardo Artner Filho, Pedro Touron, Lenita Miranda Figueiredo, Jorge Rizzini, Walter Quaglia, Jurandir Pereira, Nilda Maria T. Quadros Barros, Mario Kuperman, Carlos Ney, Oscar von Pfuhl, Regina Igel, Paul McCoy, Graham Du Bois, Renata Pallotini, Jair Teresinha Agoinsky Dania, Hagar Aguiar Caruso, Oto Xavier, Célia Andrade e outros. A grande contribuição de Maria Clara Machado para o teatro infantil, que é nitidamente um fenômeno do nosso século XX, possibilitou a abertura de numerosas perspectivas cênicas entre nós. Quando se fizer a história do nosso teatro infantil terá essa autora lugar de destaque.

O *Teatro da Juventude* reúne peças feitas especialmente para crianças de várias idades, atendendo assim ao que Nelly Novais Coelho denomina de "desenvolvimento psicológico".[105] São peças para o ciclo primário, de 6 a 10 anos, para os ciclos primários e ginasial, de 6 a 14 anos, e para os ciclos ginasial e colegial, de 15 a 18 anos. A importante publicação não esquece a parte teórica do problema teatral infantil, publicando estudos vários, nos quais se destacam especialistas como Oscar Von Pfuhl, Tatiana Belinky, Júlio Gouveia, Divina Sales da Silva e Altino Martinez, entre outros.

Não podemos, contudo, ignorar, no Brasil, o recurso lúdico e educativo que vem representando o teatro de marionetes, muito difundido entre nós desde o século XVIII, segundo depoimento de Luís Edmundo.[106] O teatro de bonecos é tão antigo quanto o homem,[107] e mesmo no Brasil, conforme alguns autores, já teria ele vindo junto com os primeiros povoadores do litoral brasileiro, da mesma forma como o foram com os conquistadores do México sob o

---

105 Coelho, *O ensino da literatura*, p.127. Veja-se também, sobre o teatro para crianças, o excelente capítulo de Bárbara Vasconcelos de Carvalho em *Compêndio de literatura infantil*; Olga Obry em *O teatro na escola*; e Maria Clara Machado em *Como fazer teatrinho de bonecos*.

106 Edmundo, *O Rio de Janeiro no tempo dos vice-reis*, p.447 et seq.

107 Borba Filho, *Fisionomia e espírito do mamulengo*, p.3 et seq.

comando de Hernán Cortez. O testemunho é de Frei Bernardino de Sahagun, contemporâneo da conquista, que viu numa praça pública da cidade de Tianquitzli um feiticeiro tolteca com uma figurinha que lhe dançava na palma da mão.[108] Olga Obry refere-se[109] a um titeriteiro mineiro de 1896, José Ferreira, o qual já manipulava seus títeres, representando peças para adultos e crianças por volta de 1842, em Ouro Preto. O desenvolvimento do teatro de bonecos entre nós cobriu ampla área geográfica e cultural do País, sobrevivendo na tradição muitos tipos curiosos de bonecos, fantoches, títeres e os mamulengos do Nordeste: João Minhoca, Briguela, Mané Gostoso, Benedito, Babau, João Redondo.

Os estudos de Hermilo Borba Filho e de Olga Obry ilustram, histórica e tecnicamente, toda a importância do teatro de fantoches. Para essa autora, que examinou a função do teatro de bonecos no âmbito escolar, seu objetivo será o de fazer o aluno pensar, aprender a expressar seu pensamento e a entender o pensamento alheio; para tais afirmações, Olga Obry cita[110] observações e experiências colhidas na Sociedade Pestalozzi do Brasil. O teatro de fantoches conta com enorme recurso temático, cujas peças podem, segundo a classificação de Olga Obry,[111] ser: (a) escritas pelos próprios alunos, eventualmente sobre assunto sugerido pelo mestre; (b) escritas pelos professores; (c) escritas especialmente para teatro escolar, por autores profissionais; e (d) peças de um repertório geral, que compreenda o teatro infantil, o teatro clássico e o teatro moderno.

Cecília Meireles, Lúcia Benedetti (tomando por vezes temas dos livros de Monteiro Lobato), Teresinha Éboli, Susana Rodrigues, Augusto Rodrigues, Olga Obry, Maria Helena Góis, o Departamento de Bonecos do Teatro do Estudante de Pernambuco, Ariano Suassuna, José de Morais Pinho, Martim Gonçalves, Maria Helena Amaral e

---

108 Apud Obry, *O teatro na escola*, p.25.
109 Obry, op. cit., p.27.
110 Ibid., p.37.
111 Ibid., p.38.

Sílvia Watson, entre outros tantos outros, têm desenvolvido fecundo trabalho na área do teatro de fantoches. Desde a segunda década do século XX, tem-se registrado certo esforço para o desenvolvimento do teatro infantil no Brasil. Não foram poucos os autores que nos deixaram variadas peças, aqui e ali representadas em escolas do interior e das capitais, em festinhas escolares. Citam-se Edesias Aducci, Hildegard Albuquerque, José Anselmo, Gofredo Cavalli Cocconi, Carlos Góis, Alberto Leal e muitos outros, cuja relação seria fastidiosa. Nem se esquecerá neste particular as antigas experiências de Olavo Bilac, Coelho Neto, Presciliana Duarte de Almeida e Figueiredo Pimentel, cujas peças ainda hoje são admiradas e não poucas vezes representadas.

O teatro infantil, em São Paulo, teve um período áureo por volta de 1944 e 1946, com nomes que desenvolviam intensa atividade, principalmente nos parques infantis e nos teatros da Prefeitura Municipal ou se revezavam na improvisação de palcos, especialmente para o teatro de bonecos, em estabelecimentos de ensino. Antonieta Lex, Tatiana Belinky, Júlio Gouveia, Madalena Nicols e, sobretudo, Susana Rodrigues, deram magnífico realce ao movimento teatral para a infância em São Paulo.

No Rio de Janeiro, esse movimento veio a acentuar-se, sobretudo pelo esforço de Lúcia Benedetti e Maria Clara Machado.

6.11 O gênio de Monteiro Lobato

Embora estreando na literatura escolar com *Narizinho arrebitado*, Monteiro Lobato trazia já com seu primeiro livro as bases da verdadeira literatura infantil brasileira: o apelo à imaginação em harmonia com o complexo ecológico nacional; a movimentação dos diálogos, a utilização ampla da imaginação, o enredo, a linguagem visual e concreta, a graça na expressão – toda uma soma de valores temáticos e linguísticos que renovava inteiramente o conceito de literatura infantil no Brasil, ainda preso a certos cânones pedagógicos decorrentes da enorme fase da literatura escolar, fase essa expressa, geralmente, em um português já de si divorciado do que se falava no Brasil.

Três foram os grandes livros da literatura escolar brasileira: *Através do Brasil*, de Manuel Bonfim e Olavo Bilac; *Saudade*, de Tales de Andrade; e *Narizinho arrebitado*, de Monteiro Lobato. O livro de Monteiro Lobato – e isto é curioso porque demonstra o amplo predomínio da literatura escolar –, embora já com características específicas de uma literatura capaz de transcender o simplesmente pedagógico, a obra de intenção didática ou educativa, como os outros dois livros não as tinham, apareceu como "literatura escolar", conforme se lê do frontispício da primeira edição. Monteiro Lobato teve que fazer concessões à literatura escolar no primeiro plano do êxito de sua obra literária para a infância. De outra maneira, poderia talvez, a curto prazo, ter vendido ao Governo do Estado um total de 30 mil exemplares da sua edição inicial.

É possível estabelecer-se a gênese da literatura infantil de Monteiro Lobato? É o que tentaremos pelo seu próprio testemunho na correspondência de quase 40 anos com o escritor Godofredo Rangel, que residia em Minas Gerais. Essa preciosa correspondência foi reunida por Edgar Cavalheiro no volume intitulado *A barca de Gleyre*, editado em 1944. Aí se encontram cartas importantes, documentos claros de um sonho que Monteiro Lobato acariciou durante longos anos. Há um episódio isolado, contado por Jorge Rizzini, que nos informa sobre a primeira estória escrita para crianças por Monteiro Lobato. Na estória de um peixinho que "morreu afogado" há a impulsão inicial para a vocação ainda não de todo revelada. O caso reporta-se às partidas de xadrez que Monteiro Lobato, em seu escritório, costumava jogar com Toledo Malta.[112] Este lhe contara a estória de um peixinho

---

112 Trata-se do engenheiro civil José Maria de Toledo Malta. Toledo Malta integraria, por volta de 1920, o grupo da *Revista do Brasil*, no qual já se achavam, entre outros, Monteiro Lobato, Léo Vaz e Paulo Prado. Toledo Malta se tornaria conhecido pelo seu famoso, infelizmente hoje pouco conhecido, romance *Madame Pommery*, publicado com o pseudônimo de Hilário Tácito. Esse romance fixa aspectos e costumes de São Paulo da primeira década do século XX e já traz elementos de inspiração para a Semana de Arte Moderna. Toledo Malta deixou também magnífica tradução de ensaios seletos de Montaigne, de quem foi dos maiores conhecedores entre nós.

que, ficando algum tempo fora d'água, naturalmente para limpeza do pequeno aquário, desaprendera como nadar. Colocado novamente no aquário "morreu afogado". A estória, na sua ingenuidade e pureza, impressionou Monteiro Lobato, que a escreveu para crianças. "Foi a primeira história que escrevi para crianças", diz ele.[113]

Foi dessa história do peixinho que nasceu o Sítio do pica-pau amarelo. O peixinho puxou, na imaginação do escritor, velhas lembranças da fazenda, brincadeiras com as irmãs, as estórias contadas pelo agregado Evaristo, a pesca de lambaris no ribeirão com a mulata Joaquina – tudo gente da infância de Monteiro Lobato em Taubaté. Daí nasceu o Narizinho que, a princípio, como informa Edgard Cavalheiro,[114] receberia o título de *A menina do caroço no pescoço*. Alguns fragmentos das aventuras de Narizinho foram inicialmente publicados na *Revista do Brasil*, com uma nota em que Monteiro Lobato focaliza a literatura infantil no Brasil.[115] *Narizinho arrebitado* foi muito bem recebido. Breno Ferraz observou então que se publicava "um livro absolutamente original, em completo, inteiro desacordo com todas as nossas tradições didáticas".[116] E mais: "em vez de afugentar o leitor, prende-o. Em vez de ser tarefa, que a criança decifra por necessidade, é a leitura agradável, que lhe dá a amostra do que podem os livros".[117] Breno Ferraz sentiu bem que algo de

---

113 Rizzini, *História de Monteiro Lobato*, p.142.

114 Cavalheiro, *Monteiro Lobato: vida e obra*, v.II, p.144.

115 Ibid., p.182. A nota é a seguinte: "A nossa literatura infantil tem sido, com poucas exceções, pobríssima de arte, e cheia de artifício – fria, desengonçada, pretensiosa. Ler algumas páginas de certos livros de leitura equivale, para rapazinhos espertos, a uma vacina preventiva contra os livros futuros. Esvai-se o desejo de procurar emoções em letra de forma; contrai-se o horror do impresso... Felizmente esboça-se uma reação salutar. Puros homens de letras voltam-se para o gênero, tão nobre como outro qualquer".

116 Apud Cavalheiro, op. cit., p.146.

117 Cavalheiro, op. cit. Acrescenta Breno Ferraz: "de fato, a historieta fantasiada por Monteiro Lobato, falando à imaginação, interessando e comovendo o pequeno leitor, faz o que não fazem as mais sábias lições morais e instrutivas: desenvolve-lhe a personalidade, libertando-a e animando-a para cabal eclosão, fim natural da escola. Nesses moldes há uma grande biblioteca a construir".

MONTEIRO LOBATO

NARIZINHO ARREBITADO

SEGUNDO LIVRO DE LEITURA
PARA USO DAS ESCOLAS PRIMARIAS

1.ª EDIÇÃO

Desenhos de Voltolino

MONTEIRO LOBATO & C.
EDITORES — S. PAULO
1921

novo se inaugurava com o livro de Monteiro Lobato: "com o seu aparecimento marca-se a época em que a educação passará a ser uma realidade nas escolas paulistas".[118]

Podemos, sem muito esforço, discordar de Edgar Cavalheiro e Guimarães Menegale quanto à inconsciência de Monteiro Lobato com relação ao que Guimarães Menegale, endossado por Edgar Cavalheiro, chama de "o destino específico da obra de literatura infantil".[119] O argumento de Edgar Cavalheiro é que Monteiro Lobato deu forma didática aos primeiros recontos, o que, na sua opinião, "mostra que mais do que as crianças, visava os escolares".[120] Na verdade, o argumento não prevalece. A forma de aparecimento na fase de literatura escolar era um imperativo do desenvolvimento histórico da literatura infantil. Monteiro Lobato percebeu perfeitamente a dinâmica; daí ter feito concessões formais. *Narizinho arrebitado* aparece como "segundo livro de leitura para uso das escolas primárias", mas o conteúdo não é mais didático: é amplamente lúdico. Consagrado o livro, como os demais que se seguiram, destacado o nome do autor, não teve dúvidas Monteiro Lobato em rever as estórias, muitas vezes para modificá--las, e dar-lhes outro destino dentro de uma independência que não precisava mais subordinar-se, formalmente, à literatura escolar.

As traduções então correntes no Brasil impressionavam Monteiro Lobato, que as considerava "grego".

> Esses livros [testemunha o escritor] eram traduzidos para as crianças portuguesas, que provavelmente não entendiam nada, também. E eram mal impressos, com ilustrações piores que o nariz do ilustrador. Também eu, quando criança, detestava tais livros "miríficos", que quer dizer "maravilhosos, admiráveis". E como não entendia patavina do que estava escrito neles, divertia-me "lendo" as figuras. Pobres crianças daquele tempo. Nada tinham para ler. E para as crianças um livro é todo um mundo.[121]

118 Ibid., p.150.
119 Ibid.
120 Ibid.
121 Rizzini, op. cit., p.147.

LIVRO DIARIO

PARA 1901

Brinde da Livraria Laemmert

Laemmert & C.ia

Rio de Janeiro—S. Paulo e Recife

1901

Confirma a opinião de Monteiro Lobato o testemunho de Luís Edmundo, não bastassem os exemplos do imenso acervo de livros traduzidos em Portugal que recebíamos desde o século XIX e já examinado em outro capítulo deste ensaio. Luís Edmundo afirma também que

> a literatura infantil, por exemplo, vinha toda ela de Portugal. Até certo ponto, para nós ela representava um contrassenso, uma vez que as diferenciações entre o idioma falado nas duas pátrias eram já notáveis na época e, de tal forma que, por vezes, frases inteiras ficavam indecifráveis para as nossas crianças.[122]

Uma carta datada da fazenda de Monteiro Lobato, de 1912, parece dar a primeira informação sobre o mundo do sítio futuro de D. Benta. Nela o escritor narra as peraltices de seu filho Edgar, que o punha doido e era "escandalosamente protegido pela mãe e a tia Nastácia, a preta que eu trouxe de Areias e o pegou desde pequenininho".[123] Era, dizia a carta, uma "excelente preta", com um marido mais preto ainda, de nome Esaú. A carta é de julho. Em agosto, respondendo a uma missiva de Godofredo Rangel, ordenava que ele colecionasse as ideias do Nelo,[124] pois acreditava que elas dariam "matéria para um livro que nos falta. Um romance infantil – que campo vasto e nunca tentado! A ideia de Nelo, de matar passarinhos com foguetes de espeto na ponta, é de se requerer patente!". Aí, nessas cartas, estão dois elementos básicos da obra infantil de Monteiro Lobato. A querida preta Nastácia, a figura brasileiríssima da saga lobatiana, e a nítida consciência do valor da magia (elemento fundamental na literatura infantil de ficção) pelo aproveitamento da ideia do menino Nelo na caça aos passarinhos. Tanto a preta Nastácia como o *non-sense* se constituiriam, pelo tempo afora, as duas constantes máximas da obra lobatiana, depois enriquecida com outros valores apanhados junto à sociedade humana em que viveu e ao meio ecológico que o viu crescer e desenvolver-se e, mais ainda, testemunhou a formação do escritor.

122 Edmundo, *O Rio de Janeiro do meu tempo*, v.II, p.734.

123 Lobato, *A barca de Gleyre*, p.222.

124 Ibid., p.225. Nelo era filho de Godofredo Rangel.

Ilustração de Oswaldo Stomi para *Os segredos de Taquara-Póca,* de Francisco Marins

Luís Bartolomeu de Souza e Silva

Zalina Rolim

Monteiro Lobato

Ilustrações de J. G. Villin para o livro *Estórias do galo e do candimba*, de Leonardo Arroyo

THEATRO DA INFANCIA

ORIGINAL

DE

B. OCTAVIO
(DA ACADEMIA PAULISTA DE LETRAS)

Peças Religiosas
Operetas
Comedias
Dialogos
Apólogos
Monologos, etc.

A' Venda:
FRANCISCO ALVES & C.
RIO DE JANEIRO - S. PAULO - B. HORIZONTE
1918

Theatro da Infancia

Em 1915, Monteiro Lobato manifestava em carta a Godofredo Rangel seu interesse pelo tipo popular de Pedro Malazarte. Estava então colecionando suas aventuras, certo de que elas poderiam dar "um livro popular no gênero Barão de Münchhausen".[125] Godofredo Rangel deve ter enviado a Monteiro Lobato uma série de aventuras e informações sobre Pedro Malazarte, pois no ano seguinte, em carta datada de setembro, acusava seu recebimento. "Guardo tuas notas sobre Malazarte", escrevia. "Um dia talvez aborde esse tema."[126] Isso indicava que rapidamente mudara de ideia, pois andava atrás do "meu livro". E que era esse livro? Ainda não se definira. Monteiro Lobato confessava na época ter várias ideias. Uma delas era

> vestir à nacional as velhas fábulas de Esopo e La Fontaine, tudo em prosa e mexendo nas moralidades. Coisa para crianças. Veio-me diante da atenção curiosa com que meus pequenos ouvem as fábulas que Purezinha lhes conta.[127]

No ano seguinte, porém, Monteiro Lobato continuava em dúvida, dentro de uma inquietação que já agora se dirigia ao saci. Queria saber como ele era e chegara mesmo a escrever alguns artigos. A Godofredo Rangel, em carta de janeiro de 1917, mandava pedir in-

---

125 Ibid.

126 Ibid., p.292.

127 Ibid., p.326. Nessa carta há uns conceitos curiosos de Monteiro Lobato sobre a fábula e sua função. Observando a reação de seus filhos ante as fábulas, afirma que não prestavam nenhuma atenção à moralidade. "A moralidade", escreve, "nos fica no subconsciente para ir se revelando mais tarde, à medida que progredimos em compreensão. Ora, um fabulário nosso, com bichos daqui em vez de exóticos, se for feito com arte e talento dará coisa preciosa. As fábulas em português que conheço, em geral traduções de La Fontaine, são pequenas moitas de amora do mato – espinhentas e impenetráveis. Que é que nossas crianças podem ler? Não vejo nada. Fábulas assim seriam um começo de literatura que nos falta. Como tenho um certo jeito de impingir gato por lebre, isto é, habilidade por talento, ando com ideia de iniciar a coisa. É de tal pobreza e tão besta a nossa literatura infantil, que nada acho para a iniciação de meus filhos. Mais tarde poderei dar-lhes o *Coração* de Amicis – um livro tendente a formar italianinhos". Veja-se, pelo teor da carta, como Monteiro Lobato caminhava conscientemente para a realização de uma literatura infantil verdadeira.

formações detalhadas. Como seria o saci em Minas Gerais? "Minha ideia, escreve ele, é de que se trata dum molecote pretinho, duma perna só, pito aceso na boca e gorro vermelho"[128] e para confirmá-lo realizou então um grande inquérito, um curioso inquérito, através do jornal *O Estado de São Paulo*, e cujos resultados estão reunidos no volume publicado em 1918. Nesse mesmo ano manifestava seu desejo de não assinar o livro, ou, quando muito, assiná-lo com o pseudônimo de Demonólogo Amador. E salientava que "minha estreia será um livro não assinado e feito com material dos outros. Meus só os comentários, prefácios, prólogos, epílogos".[129]

A verdade, porém, é que o volume não saiu assinado com aquele pseudônimo. Publicou-se o livro com capa de Wasth Rodrigues e com o título de *O Saci-pererê: resultado de um inquérito*. São de Monteiro Lobato, embora não assinados, o prefácio, o introito e as duas dedicatórias,[130] mas pública e notória se tornara a autoria e organização do volume. Com efeito, aqui e ali, há cartas de depoentes endereçadas a Monteiro Lobato. Foi com essa experiência que nasceria *O Saci*, um dos grandes livros da literatura infantil de Monteiro Lobato.

Em *O Saci* Monteiro Lobato procurava um livro *sui-generis*, conforme confessa na carta de setembro de 1917 a Godofredo Rangel – "para crianças, para gente grande fina ou burra, para sábios folclóricos; ninguém escapa".[131] Quase um ano depois ficava demonstrado o sucesso de *O Saci*, a gênese de um dos seus melhores livros para crianças que apareceria, com o mesmo título, no ano de 1921. O êxito do livro animou Monteiro Lobato, conforme a carta dirigida ao seu amigo em abril de 1919 e na qual dava conta de ter terminado o trabalho da tradução de La Fontaine, sonhado em 1916. Submetia o trabalho ao velho amigo, experimentado professor. "Tomei de La Fontaine", explica Monteiro Lobato,

---

128 Ibid., p.344.

129 Ibid., p.350.

130 Vide *O Saci-pererê: resultado de um inquérito*.

131 Lobato, op. cit., p.350.

> o enredo e vesti-o à minha moda, ao sabor do meu capricho, crente como sou de que o capricho é o melhor dos figurinos. A mim me parecem boas e bem ajustadas ao fim – mas a coruja sempre acha lindos os filhotes.[132]

Daí pedir a Godofredo Rangel todo rigor no julgamento. Estas reiteradas consultas a Godofredo Rangel, não obstante certo ar de leviandade, que se nota nas cartas do nosso escritor, mostram o quanto Monteiro Lobato perseguia seriamente o seu ideal de escrever para crianças. Ainda não se convencera completamente de sua vocação e da certeza de que poderia enfrentar o grande público mirim que o esperava no País. Mesmo depois de ter saído a primeira edição de *Narizinho arrebitado,* na série escolar, em 1921, submetia-o ao julgamento de Godofredo Rangel em Minas Gerais, pois queria a sua "impressão de professor acostumado a lidar com crianças. Experimente nalgumas, a ver se se interessam. Só procuro isso: que interesse às crianças".[133] Nesse mesmo ano de 1921 lançava *O Saci,* para crianças, um dos mais belos trabalhos da literatura infantil brasileira. E confessava em carta datada de abril de 1921 que tinha novos livros "na bica": sempre infantis – *Fábulas* e o *Marquês de Rabicó.*[134]

O *Narizinho arrebitado* teve uma edição inicial de 50.500 exemplares,[135] e o amplo êxito obtido junto ao jovem público escolar entusiasmou fortemente Monteiro Lobato. Achara seu caminho, seu destino literário, inaugurando para as crianças brasileiras um novo mundo de perspectivas. Enquanto seu complexo criador não inventasse novas ficções, tinha de se socorrer dos clássicos, como fez com La Fontaine.

---

132 Ibid., p.390.

133 Ibid., p.416.

134 Ibid.

135 Ibid., p.417. O exame do arquivo da Companhia Editora Nacional, contudo, revela uma edição de 60 mil exemplares. Os arquivos pertenceram à Gráfica Monteiro Lobato. Segundo informa Edgar Cavalheiro, Monteiro Lobato distribuíra, em um lúcido lance de propaganda, 500 exemplares para escolas e grupos escolares do estado de São Paulo.

> Pretendemos lançar [escrevia a Godofredo Rangel em junho de 1921] uma série de livros para crianças, como Gulliver, Robinson etc., os clássicos, e vamos nos guiar por umas edições do velho Laemmert, organizadas por Carlos Jansen Muller. Quero a mesma coisa, porém com mais leveza e graça de língua.[136]

Na mesma ordem de ideias pretendia socorrer-se das peças de Shakespeare, para o que pedia a Godofredo Rangel que examinasse os contos delas extraídos, conforme carta de janeiro de 1925. De cada conto de Shakespeare pretendia fazer "um livrinho para meninos".[137]

Era uma fase de grande entusiasmo. Monteiro Lobato esquecia-se inclusive das restrições que opusera a alguns clássicos da literatura infantil traduzidos para o Brasil. Resolvera entrar pelo caminho certo: livros para crianças.

> De escrever para marmanjos já me enjoei. Bichos sem graça. Mas para as crianças, um livro é todo um mundo. Lembro-me de como vivi dentro do *Robinson Crusoé*, do Laemmert. Ainda acabo fazendo livros onde as nossas crianças possam morar. Não ler e jogar fora; sim morar, como morei no Robinson e no *Os filhos do capitão Grant*.[138]

E indagava: "Que é uma criança? Imaginação e fisiologia", nada mais, respondia, certo de que as crianças "são em todos os tempos e em todas as pátrias as mesmas".[139] Em 1934, Monteiro Lobato traduzia febrilmente os clássicos da literatura infantil, tais como Grimm, Andersen e Perrault e ainda encontrava tempo para terminar uma nova criação, ou seja, *Emília no país da gramática*. Seu entusiasmo não ficava nesses planos, pois é desse mesmo ano sua ideia de reunir as várias aventuras de Narizinho – publicadas em pequenos tomos intitulados *Narizinho arrebitado* (1921), *Noivado de Narizinho* (1928), *Aventuras do príncipe* (1928), *Pena de papagaio, Gato*

---

136 Ibid., p.419. Monteiro Lobato traduziu e adaptou obras de Lewis Carroll, Grimm, Andersen, Jack London, Perrault e outros.

137 Ibid., p.453.

138 Ibid., p.467.

139 Ibid., p.490.

Félix, Cara de coruja, O irmão de Pinóquio, O circo de escavalinhos, Pó de pirlimpimpim, No país das abelhas e *Novas reinações de Narizinho* – em um único e sério volume. Era o que Monteiro Lobato chamava de "consolidação em um volume grande dessas aventuras que tenho publicado por partes, com melhorias, aumentos e unificação em um todo harmônico",[140] ideia, aliás, que de fato se efetivou nesse mesmo ano de 1934, quando apareceu, com a chancela da Companhia Editora Nacional, o texto definitivo de *Narizinho arrebitado*.

Na carta em que comunicava a Godofredo Rangel o plano, de outubro de 1934, dava conta de que "os novos livros que tenho na cabeça ainda são mais originais".[141] Atrás do entusiasmo de Monteiro Lobato, encontrava-se a figura do editor Octales Marcondes Ferreira, que já havia convocado excelente equipe de ilustradores para os livros do criador de *O Saci*. Eram eles Voltolino, Rafael de Lambo, Villin, J. U. Campos, Belmonte, Weise e Renato Silva, que no desenho corporificavam as figuras admiráveis do mundo lobatiano. Em Octales Marcondes Ferreira encontrou o escritor a mola do êxito comercial de sua literatura infantil. Monteiro Lobato criava e Octales Marcondes imprimia, ambos ligados durante anos e anos por uma harmonia de interesses que só resultou, em última análise, em benefício para a alegria de milhões de crianças brasileiras.

Dessa amizade entre editor e editado deixou-nos Monteiro Lobato um documento precioso: uma carta endereçada a Jerônimo Monteiro, de 22 de janeiro de 1947, na qual se refere a Octales Marcondes Ferreira em termos definitivos. Vale a pena transcrever o parágrafo, porque nele Monteiro Lobato reconhece a grande atuação do editor no êxito de seus livros.

> Meu grande editor foi o Octales [escreve Monteiro Lobato]. Pergunte-lhe um dia como procedi com ele. A confiança entre nós sempre foi perfeita; minha conta-corrente vivia em oscilação. Teve ano em que meu débito passou de 150

140 Ibid., p.495.
141 Ibid.

> mil cruzeiros; e ano em que o meu crédito foi a mais do dobro disso. Nunca um abusou do outro. Sempre reinou a mais perfeita cordialidade e lealdade. E o resultado é que, em vez de andar a falar mal do meu velho editor, como fazem vocês todos, eu continuo a tê-lo como o número 1 entre os meus amigos – e já estamos separados – já não é mais ele o meu editor. Embora aparentemente indiferentes, Octales sabe que conta comigo em todos os terrenos. Não andamos às beijocas porque sempre fomos secos mas eu quero a Octales como a um filho – o último filho homem que me resta.[142]

Nesse ano de 1934, Monteiro Lobato imaginava um verdadeiro rocambole infantil, "coisa que não acaba mais", conforme se expressa.[143] E no que consistia esse rocambole infantil? É Monteiro Lobato que explica nessa carta a Godofredo Rangel:

> aventuras do meu pessoalzinho lá no céu, de astro em astro, por cima de Via Láctea no anel de Saturno, onde brincam de escorregar... E a pobre da tia Nastácia metida no embrulho, levada sem que ela o perceba... A conversa da preta com Kepler e Newton, encontrado por lá medindo com a trena certas distâncias astronômicas para confundir o Albert Einstein, é algo prodigioso de contraste cômico. Pela primeira vez estou a entusiasmar-me por uma obra... Rangel, hás de estar estranhando o tom eufórico desta carta e pensarás que é o ferro ou petróleo que vem vindo *around the corner*. Nada disso. É a perspectiva do encontro da tia Nastácia com Isaac Newton que me põe de bom humor. Imagine a coitada lá pelos intermúndios, escorregando dum rabo de cometa, caindo de estrela em estrela, afinal amparada por um bom par de braços. De quem? De Sir Isaac Newton! E o Burro Falante que andava gostando dela e com honestíssimas ideias de casamento, derruba as orelhas, enciumado... Adeus, Rangel, a literatura ainda é o meu consolo ...[144]

Essa carta é rica de elementos para compreensão da literatura infantil de Monteiro Lobato. Percebe-se facilmente o fato. O que a valoriza, entretanto, de modo considerável, é o poder da expressão que marcava a criação literária de Monteiro Lobato para a infância.

---

142 Lobato, *Cartas escolhidas*, v.11, p.215.

143 Lobato, *A barca de Gleyre*, p.495.

144 Ibid.

E é esse poder a razão do seu êxito e da sua permanência. Tudo aí é possível. O burro que fala; Newton redivivo. Daí a naturalidade com que o pessoal do Sítio do pica-pau amarelo sai de casa da D. Benta para ir ao céu em aventuras extraordinárias. O Visconde de Sabugosa, simples sabugo de milho e Emília, boneca feia, pensam e agem como gente grande, inclusive falando. Já Renan, em seu tempo, lembra Edgar Cavalheiro, confirmava a descoberta de Perrault ao dizer que a criança "espalha sobre todas as coisas o maravilhoso que encontra em sua alma. A curiosidade, o vivo interesse que toma por qualquer combinação nova, provêm de sua crença no fantástico". E acrescenta que não são as coisas que ela conta, ou leva em consideração, "mas sim as impressões fantásticas que tem das coisas, ou melhor, conta-se a si mesma".[145] Lembra ainda Edgar Cavalheiro que Lombroso já observara que para crianças "o mundo sobrenatural nada tem de mágico e de incrível", para acrescentar lucidamente que "a realidade em si já é um conto de carochinha para a criança que inicia o descobrimento do mundo".[146]

A última carta de Monteiro Lobato a Godofredo Rangel é de março de 1943. Traz um tom profético, que não exclui certa melancolia. Melancolia, talvez, por não ter compreendido sua verdadeira missão de 1921, quando do aparecimento de seu primeiro livro infantil, ou melhor ainda, de ter perdido tempo em escrever para adultos: "Vim do Octales", escreve Monteiro Lobato. "Anunciou-me que com as tiragens deste ano passo o milhão, só de livros infantis."[147] E mais ainda:

---

145 Apud Cavalheiro, op. cit., p.154.

146 Ibid.

147 Lobato, op. cit., p.502. Realmente, segundo assentamentos do Arquivo da Companhia Editora Nacional, as edições dos livros de Monteiro Lobato, para adultos e crianças, acusava um total de 1.167.600 exemplares em abril de 1943. Computavam-se nesse total, inclusive, as tiragens da Gráfica Editora Monteiro Lobato. De 1918 a 1925, data da liquidação da Gráfica Monteiro Lobato, as tiragens dos livros infantis foram as seguintes: *Narizinho arrebitado*, 60 mil; *O Saci*, 5 mil; *Caçada da onça*, 4 mil; e *Fábulas*, 10 mil.

> Esse número demonstra que o meu caminho é esse – e é o caminho da salvação. Estou condenado a ser o Andersen desta terra – talvez da América Latina, pois contratei 26 livros infantis com um editor de Buenos Aires.[148]

A carta precisa ser transcrita em mais de alguns tópicos pelo seu significado documental:

> Ah, Rangel, que mundos diferentes o do adulto e o da criança! Por não compreender isso e considerar a criança "um adulto em ponto pequeno" é que tantos escritores fracassam na literatura infantil e um Andersen fica eterno. Estou nesse setor já há vinte anos e o intenso grau de minha reeditabilidade mostra que o meu verdadeiro setor é esse. A reeditabilidade dos meus livros para adultos é muito menor. Não posso dar a receita. Entram em cena imponderáveis inapreensíveis.[149]

É possível que Monteiro Lobato não soubesse dar a receita a ninguém, pois a técnica do êxito era muito pessoal. Por exemplo, a eliminação do elemento puramente literário, o elemento de enfeite, a estética gratuita, dos livros para crianças.

> Não imaginas [escrevia ele a Godofredo Rangel] a minha luta para extirpar a *literatura* dos meus livros infantis. A cada revisão nova nas novas edições, mato, como quem mata pulgas, todas as literaturas que ainda os estragam. O último

148 Ibid., p.502. O editor argentino que contratou as edições dos livros de Monteiro Lobato foi Losada. Em 1947, Monteiro Lobato contratava também com a Editorial Codex, de Buenos Aires, uma edição de alguns outros livros originais do ator. Esses pequenos livros integravam os chamados "livros de armar", novidade editorial na época. Os títulos foram os seguintes: *Uma fada moderna, A lampreia, No tempo de Nero, A casa de Emília, O centaurinho, A contagem dos sacis* e outros mais. Eram livrinhos de pouco texto e muito desenho colorido, que Monteiro Lobato comparava a ovos de galinha velha: "quer dizer que a galinha velha ainda põe ovos – mas ovos pequenos – como acontece com as galinhas de penas quando vão ficando caducas". A propósito de traduções, *Narizinho* foi vertido para o italiano por Ana Bovero; Massao Ieno traduziu-o para o japonês; Haroldo Leite Pinto, para o esperanto. Mary Pidgeon traduziu para o inglês várias histórias infantis de Monteiro Lobato.

149 Ibid.

> submetido a tratamento foram as *Fábulas*. Como o achei pedante e requintado! Dele raspei quase um quilo de literatura e mesmo assim ficou alguma.[150]

Ele procurava realizar seus livros no ímpeto natural da inspiração. "As narrativas precisam correr a galope, ensina,

> sem nenhum enfeite literário. O efeito literário agrada aos oficiais do mesmo ofício, aos que compreendem a beleza literária. Mas o que é beleza literária para nós é maçada e incompreensibilidade para o cérebro ainda não envenenado das crianças.[151]

A preocupação do que fosse sensível à criança na literatura infantil de Monteiro Lobato não ficava apenas na temática. Aliás, é na temática que observamos seu realismo original, ou seja, aquele impossível para o adulto, mas perfeitamente normal para as crianças: o maravilhoso, em que a imaginação supre as deficiências do mundo atuante. Mas esse realismo ia além, para valer inclusive nas ilustrações de suas estórias. O fato está documentado em muitas de suas cartas. Ao filho de Alarico Silveira, "prezado amigo deste tamanho", conforme a expressão com que abre a carta datada de 1928, de Nova York, acusava o recebimento de um retrato de um menino pescando uma botina velha e informava que já havia remetido o retrato para um dos ilustradores de seus livros para aproveitar a imagem na ilustração. Era comum em Monteiro Lobato o aproveitamento de retratos de amigos seus para ilustração. Fazia, entretanto, com sua personagem Emília uma ressalva: é que os desenhistas não faziam, a rigor, o desenho como deveria ser, pois alteravam os traços da figura que devia ser retratada,[152] o que provocava reclamações da própria Emília. "A Emília vive se queixando dos desenhistas, que nunca pintam como ela é."[153]

---

150 Apud Cavalheiro, op. cit., 3.ed., v.II, p.152-3.

151 Ibid.

152 Lobato, *Cartas escolhidas*, v.I., p.213.

153 Ibid., v.I, p.265.

Os amigos viviam no sítio de D. Benta, onde Monteiro Lobato inventava cenas com eles próprios. Em 1929, comunicava a Alarico Silveira Júnior que, em um dos dois livros que ia escrever no mês de janeiro, ia botar o menino, fazer "o amigo íntimo aparecer na casa de Narizinho e passar uma tarde inteira brincando com ela e o Rabicó".[154] O poder de criação de Monteiro Lobato alcançava miríficas relações. Imaginava receber cartas de seus personagens infantis, reclamando contra isto ou aquilo. Era muito comum escrever a seus amigos adultos, a Alarico Silveira, a Heitor de Morais, ao seu neto Rodrigo, à sua nora Gulnara, dando conta de tais missivas, em um contentamento realista de criador que acreditava na sua própria criação. O mundo do sítio de D. Benta vivia realmente no coração do escritor. Ainda no que diz respeito ao aproveitamento de retratos de crianças para dar corpo aos seus personagens, Monteiro Lobato escrevia de Nova York a Alarico Silveira:

> recebi uma cartinha muito curiosa do Alariquinho e agora quero que me mandes um retratinho qualquer dele. Estou escrevendo um novo livro para crianças em que há uma grande festa no sítio de D. Benta, para inauguração do circo de cavalinhos que Narizinho organizou. Para essa festa foram convidados, e compareceram, vários meninos e meninas de carne e osso da atual geração, entre os quais o Sr. Alariquinho, a Maria da Graça Sampaio e outros. Quero ter os retratinhos deles para que o desenhista daqui que me vai ilustrar esse livro apanhe as feições dos convidados. Fica interessante e vai ser uma alegria para eles.[155]

Era esse realismo que dava estrutura de permanência e atualidade à saga lobatiana de literatura infantil. Seu mundo atuava na sensibilidade das pessoas, das crianças, como algo vigoroso e concreto. Resistia ao tempo. Ultrapassava-o. Uma sua leitora, em 1943, Zuleica Celestino, envia-lhe uma carta dizendo que começara a ler Monteiro Lobato em criança através da *Caçada da onça* e assim

154 Ibid., p.274.

155 Ibid., p.276. Realmente, à p.282, informava Monteiro Lobato que o livro em que aparecia desenhado o menino Alarico era *O circo de escavalinhos*, título que vem da pronúncia errada de Emília.

fizera com todos os demais livros. Nessa carta a leitora, além de pedir um retrato ao autor, afirmava que "leu tudo e vai agora passar essas mesmas leituras a um filhinho".[156] Monteiro Lobato responde àquela senhora com palavras comoventes.

> Pedro Celestino Neto [escreve] está com 2 meses de idade. É uma postinha de carne cor-de-rosa ou morena, onde a inteligência ainda está adormecida como a borboleta dentro do casulo. Mas essa inteligência se desenvolverá e sairá do casulo – e daqui a 8 ou 10 anos irá receber por intermédio desses livros as mesmíssimas impressões que 10 ou 12 anos atrás sua mãe recebeu... Irá conhecer a Emília e o Visconde. Irá indignar-se com a faminteza de Rabicó e regalar-se com as pipocas e bolinhos de tia Nastácia – tudo igualzinho como sua mãe fez... E anos mais tarde, Pedro Celestino Bisneto irá ler tudo quando Pedro Celestino Neto leu. E quando crescer dirá a Pedro Celestino Tataraneto: meu pai contava que a minha avó escreveu uma carta ao autor destes livros e recebeu a resposta e um retrato com dedicatória a ele, meu pai, então com dois meses de idade.[157]

E se indaga o próprio autor nessa carta: "haverá nada mais comovente para este amigo das crianças e das mães que perpetuam no mundo o fenômeno *criança?*".

Três meninas do Distrito Federal (o Rio de Janeiro), Nilda, Margarida e Rute, escreveram, em 1944, uma carta a Monteiro Lobato pedindo auxílio para a instalação de um gabinete dentário em sua escola. Lobato achou uma vergonha a deficiência. Que solução dar ao caso? A Sua literatura infantil, ainda uma vez, fazia a confusão dos planos da realidade, convidando as meninas – "venham todos brincar no Sítio do pica-pau amarelo, o Quindim virou dentista. Ele trata dos dentes de vocês todas, de graça".[158] Em 1946, escrevia a Gulnara, sua nora, preocupando-se com as leituras do neto Rodrigo: "quando Rodrigo estiver no ponto, quero que se divirta com o pessoalzinho do Pica-pau amarelo. Para isso estou lhe reservando

---

156 Ibid., v.II, p.99.
157 Ibid., v.II, p.143.
158 Ibid., v.II, p.158.

aqui uma coleção completa dos meus livros".[159] Nesse mesmo ano, outra carta, esta a Antônio Olavo Pereira, preocupando-se com as leituras do neto: "não sei que livros meus tem o Rodrigo. Mande--me uma lista, para que eu lhe complete a coleção. Está chegando o tempo do Rodrigo morar aí *em corpo* e no sítio de Dona Benta *em imaginação*".[160] Dois anos depois, isto é, em 1948, escrevia ao próprio neto congratulando-se com ele por ter gostado das *Reinações de Narizinho* e da adaptação do *D. Quixote,*[161] acrescentando que "nesse ponto o avô está de acordo com o neto, porque eu também gosto muito desse livro".[162]

Realmente, *Narizinho arrebitado* já era então o livro mais conhecido de Monteiro Lobato. Em 1947, em São Salvador, com a presença do autor, estreava a opereta de Adroaldo Ribeiro da Costa sob o tema do livro, com grande êxito. A estreia deu-se exatamente a 22 de dezembro de 1947, inaugurando-se também na bela capital baiana a Biblioteca Infantil Monteiro Lobato, sob a direção de Denise Tavares. No Rio de janeiro, Fernando Jacques adaptou várias estórias de Monteiro Lobato em uma peça intitulada *O Sítio do pica-pau amarelo,* interpretada pelos integrantes do Teatro da Carochinha. Artur Neves levou *O Saci* para o cinema com grande êxito, demonstrando assim a importância, no mundo moderno, da sétima arte como veículo lúdico e de educação.

6.12 Tentativa de um panorama atual

Para um ensaio como este, que não tem a mínima pretensão crítica, a atual situação da literatura infantil brasileira, ou seja, aquela formada ou influenciada por Monteiro Lobato – ou mesmo não seguindo os padrões vitoriosos da saga deixada pelo escritor

159 Ibid., v.II, p.163.
160 Ibid., v.II, p.268.
161 Ibid.
162 Ibid.

paulista – deve ser estudada também na pretensão predominantemente exclusiva de suas coordenadas históricas. Estamos ainda muito próximos dessa literatura infantil para podermos avaliá-la criticamente. De resto, qualquer observador mais atento verificará que o panorama atual da literatura infantil brasileira conserva os valores de um profundo condicionamento histórico. Pretende-se dizer com isso que as correntes tradicionais ainda vigem nos nossos atuais livros infantis, os quais delas não se libertaram totalmente. A literatura escolar, por exemplo, tem nela um prolongamento e sobrevivência facilmente demonstráveis.

Devemos insistir em que a literatura infantil no Brasil não encontrou seus críticos e seus historiadores, mercê, sem dúvida, de um preconceito que não se proclama, mas se cultiva: o de que ela é um gênero menor e, assim considerada, não mereceu, nem merece, melhor atenção. Devemos reconhecer a existência de alguns esforços isolados no sentido de delinear os quadros históricos da literatura infantil brasileira, mas dois ou três desses esforços, infelizmente, são lamentáveis pela ausência de pesquisas de profundidade e somente tiveram em mira usufruir a procura de texto para certas áreas do nosso ensino. Mesmo o *Dicionário das literaturas portuguesa, brasileira e galega*, que pretende ser completo, somente talvez em face da condição universitária de seus colaboradores, traz um verbete sobre literatura infantil brasileira dos mais pobres e deficientes. Proclamam-se, contudo, três exceções nessa área de pesquisas e de estudos: o trabalho do prof. Fernando de Azevedo, pela sua amplitude sociocultural;[163] o do prof. Lourenço Filho, em capítulo especial à *História da literatura*, de Marques da Cruz,[164] e o pequeno, mas substancial livrinho de Cecília Meireles.[165] Esta ausência de estudos, de outro lado, não se justifica, como poderia parecer, pela

163 Azevedo, *A educação e seus problemas*.

164 Filho, "Literatura infantil", em *História da literatura*. O trabalho de Lourenço Filho foi publicado originalmente no volume 7 da *Revista Brasileira*.

165 Meireles, *Problemas de literatura infantil*.

pobreza bibliográfica de nossa literatura infantil. Pelo contrário, há uma riqueza enorme no Brasil de livros para crianças, e seu valor se expressa pelas numerosas traduções de obras de Monteiro Lobato, pela projeção do teatro infantil de Lúcia Benedetti e Maria Clara Machado no exterior, e, agora, pelo reconhecimento, na Inglaterra, na Hungria, Espanha e África do Sul, dos trabalhos de Francisco Marins, para cujas línguas foram traduzidos.

É possível, nessa problemática em que ressalta entre nós a ausência de literatura infantil e de sua história,[166] verificar-se a existência do inexorável divórcio entre a atmosfera mental do adulto e a da criança, tantas vezes lamentado, por exemplo, com Menéndez y Pelayo: "todo hombre tiene horas de niño y desgraciado del que no las tenga[167]".[168] Pois são essas horas que nos faltam para a devida valorização de nossa literatura infantil, levando-as para uma análise crítica no campo do tema e da composição.

Por outro lado, o exame da atual literatura infantil brasileira é dificultado pelo notável volume das edições que se sucedem em todo o País. Um dado ilustrativo nesse particular nos vem do Centro de Bibliotecnia. Pesquisa publicada em 1966 revelava que cinco editoras no Brasil se dedicavam a publicar livros para crianças de 5 a 8 anos; sete editoras o faziam para crianças de 8 a 10 anos; e 22 editoras se inscreviam na área de livros para crianças de 10 a 14 anos.[169] Adverte a pesquisa que não são poucas as editoras que deixaram de figurar no exame da produção de livros para crianças, cuja tiragem alcançou milhões de exemplares. A dificuldade maior está, pois, no grande, imenso número de autores de livros infantis

---

166 Preste-se uma homenagem à poetisa Stella Leonardos, que manteve, durante algum tempo, no *Jornal de Letras*, uma coluna de críticas de livros infantis.

167 "todo homem tem horas de menino, e coitado daquele que não as tenha".

168 Apud Bravo-Villasante, op. cit., p.12.

169 *Bibliotecas infantis*, publicação do Centro de Bibliotecnia, v.I, São Paulo, 1966. A pesquisa foi parcial. Várias editoras deixaram de responder ao inquérito do Centro de Bibliotecnia.

que se aventuram no gênero com um único, se não dois títulos, no máximo, e não produzem mais nada. Qualquer catálogo fornece exemplos múltiplos do fenômeno.

Esta imensa quantidade de livros infantis localiza-se em número insuficiente de bibliotecas. O Centro de Bibliotecnia relacionou, até 1966, apenas 205 bibliotecas infantis[170] por meio de dados do Ministério da Educação e do Instituto Nacional do Livro. Ora, essa situação, acrescida da não especialização de diretores ou diretoras de tais bibliotecas, cria dificuldades para pesquisas. Não há interesse em estudos, tais como tendências de temas, métodos de composição, temas e ilustradores. É possível fazer-se exceção à Biblioteca Infantil de São Paulo, fundada, em 1936, por Lenyra Fraccaroli, que tentou um levantamento da bibliografia infantil brasileira, colhendo dados curiosos, mas incompletos e que esperam uma análise aprofundada dos especialistas.[171] Para se ter uma ideia clara da quantidade de livros existentes no Brasil, recorre-se à pesquisa do Centro de Bibliotecnia. Em outubro de 1965, havia 790 títulos disponíveis no mercado. Obedeciam esses livros, com uma tiragem total avaliada em 3 milhões de exemplares, aos seguintes grupos de leitura: grupo A (para crianças de 5 a 8 anos), 289 livros; grupo B (para crianças de 8 a 10 anos), 157 livros; e grupo C (para crianças de 10 a 14 anos), 344 livros.

Desse modo, torna-se difícil tal exame. Em verdade, mesmo entre os autores de um ou dois livros, podem-se apontar verdadeiras obras que atravessam o tempo na consagração dos jovens leitores. Por exemplo, *O boi aruá*, de Luís Jardim; *Estórias da Velha Totônia*, de José Lins do Rego; ou mesmo *Estórias de Alexandre*, de Graciliano Ramos.

A característica atual da literatura infantil brasileira é a de prosseguir o uso dos velhos temas nacionais, com perspectivas e formulações novas: (a) tradicional (folclore); (b) educativa (no sentido de insistir em temas didáticos); (c) ficcional (pura criação da estória com

---

170 Ibid., p.4.

171 Fraccaroli, *Bibliografia de literatura infantil em língua portuguesa.*

invenção de tema). A primeira área vem sendo largamente explorada entre os autores brasileiros, que valorizam dessa forma os elementos da cultura popular resultantes da confluência das culturas europeia, africana e indígena. Em geral, todo autor nacional paga tributo a essa tendência com resultados magníficos, mas é evidente também, em contrapartida, que o complexo dá oportunidade à aventura na área da literatura infantil brasileira. A segunda área, reconheça-se, embora não ideal, a rigor, dentro do conceito puro da literatura infantil, faz-se necessária em um país como o nosso, em franco desenvolvimento cultural, em que é preciso insistir na difusão de conhecimentos de educação, de valores cotidianos, de história, de higiene, de ciência etc. A terceira área, porventura a mais legítima na conceituação da literatura infantil – e por isso mesmo a mais difícil pelas qualidades que exige do escritor – já nos tem dado obras de real importância a partir de Monteiro Lobato.

Observa Fernando de Azevedo – e os fatos diários o comprovam de maneira total – que as "modificações de estrutura econômica e social e suas repercussões no próprio sistema de relações sociais, no grupo doméstico",[172] criam condições para o aparecimento de novo público infantil de leitores. A criação de novas riquezas obriga ao desenvolvimento da rede escolar, ao desenvolvimento de livrarias e editoras, todo um complexo beneficiador da curiosidade dos jovens sobre livros, mesmo com a concorrência da televisão e do cinema e, sobretudo, das revistas de quadrinhos. Estas são uma realidade indiscutível, um fato concreto, um fenômeno da civilização pela imagem, que exige um estudo mais aprofundado e não apenas dogmática condenação. Fernando de Azevedo lembra um confronto entre o movimento editorial da literatura infantil no alvorecer do século XX e o movimento de 1950 a 1951,[173] para se poder "ter ideia, mais ou menos exata, do extraordinário desenvolvimento que, no último

172 Azevedo, op. cit., v.1, p.218.
173 Ibid., p.220.

período, adquiriu essa produção editorial cada vez mais facilitada pelas novas técnicas da indústria do livro".

Os resultados, porém, em parte, são também nefastos. Esse grande mercado de livros infantis cria oportunidades para as aventuras nocivas que vemos diariamente nas livrarias. É a "literatura banal, vulgar e insuportável" de que nos fala Fernando de Azevedo.[174] Essa aventura é o ônus do desenvolvimento da literatura infantil brasileira. De modo geral, contudo, a atual literatura infantil brasileira apresenta livros de alta significação, capazes de atuar no que Nelly Novais Coelho chama de "educação da sensibilidade" da criança[175] pelas várias ocorrências das estórias: (a) os valores latentes; (b) a potencialidade psíquica; (c) o alimento fecundo; e (d) a capacidade expressiva da criança.[176]

Nelly Novais Coelho esquematiza a teoria da literatura infantil brasileira atual de acordo com o desenvolvimento psicológico da criança, o que vem demonstrar uma grande disponibilidade de livros para os jovens leitores entre nós. São três as fases fundamentais enumeradas pela autora citada: (a) dos 5 aos 7 anos, fase do pen-samento lúdico, quando as crianças anseiam praticamente pelo maravilhoso – a realidade do absurdo – das fábulas, das fadas, do mundo vegetal e animal e inanimado; (b) dos 8 aos 11 anos (fase durante a qual o pensamento mágico se casa com a aventura individual); e (c) dos 12 aos 14 anos, fase do pensamento lógico, quando a criança, conforme Jesualdo,[177] começa a penetrar "en el sentido de las realidades[178]".[179]

---

174 Ibid., p.221.

175 Coelho, *O ensino da literatura*, p.126.

176 Ibid., p.126.

177 Apud Coelho, op. cit., p.129.

178 "no sentido das realidades".

179 O livro de Nelly Novais Coelho representa um grande esforço para compreensão dos objetivos da literatura, que não são meramente gratuitos. O capítulo referente à literatura infantil deve, necessariamente, ser consultado por quem quer que se interesse por esse gênero literário injustamente considerado menor. As páginas

Dentro desse esquema básico somado à característica maior da temática atual da literatura infantil brasileira (tradicional, educativa e ficcional), poderemos apontar vários autores que se destacam pela apresentação de uma obra literária para crianças perfeitamente definida e válida. Esta enumeração não tem preocupação cronológica nem qualquer intenção crítica, mas se encontra no contexto maior da atual literatura infantil brasileira: Guilherme de Almeida, Lúcia Machado de Almeida, Menotti del Picchia, Hernâni Donato, Benedito Bastos Barreto (Belmonte), Érico Veríssimo, Viriato Correia, Max Yantock, Mário Donato, Renato Sêneca Fleury, Luís Gonzaga Fleury, Ofélia Fontes, Narbal Fontes, Vicente Guimarães, Jerônimo Monteiro, Pedro de Almeida Moura, Francisco Marins, Leão Machado, Francisco Acquarone, Nina Salvi, Virgínia S. Lefèvre, Elos Sand, Correia Júnior, Jannart Moutinho Ribeiro, Sérgio Macedo, Edy Costa Lima, Lucília de Figueiredo, João Guimarães, Lourenço Filho, Maria Lima, Baltasar de Godói Moreira, Antônio de Pádua Morse, José Reis, Guiomar Rocha Rinaldi, Franklin de Sales, Miroel Silveira, Maria José Dupré, Antônio Barata, Malba Tahan, Judas Isgorogota, Maurício Goulart, José Mauro de Vasconcelos, Arnaldo Magalhães de Giacomo, Lúcia Benedetti, José Lins do Rego, Luís Jardim, Graciliano Ramos, Humberto de Campos, Isa Silveira Leal, Armando Brússolo, Mary Buarque, Lúcio Cardoso, Herbert Pinto de Carvalho, Fernando Fortarel Barbosa, Mário Cordeiro, Ariosto Espinheira, Barros Ferreira, Amílcar de Garcia, Jaçanã Altair, Paulo Gustavo, Frei Ildefonso, Pepita de Leão, Orígenes Lessa, Jorge de Lima, Paulo Correia Lopes, Clemente Luz, Cecília Meireles, Manuel Mendes, Sebastião da Silva Neiva, Osvaldo Orico, Lúcia Miguel Pereira, Leonor Posada, Henriqueta Lisboa, Mário Pederneiras, Mafalda Zamela, Lúcio Cardoso, Gondim da Fonseca, Júlia Lopes de Almeida, João Kopke, Godofredo Rangel, Gustavo Barroso, João Lúcio, Batista

de Nelly Novais Coelho, com o estudo de Cecília Meireles, significam que se abrem perspectivas novas para compreensão e avaliação devidas da literatura infantil entre nós.

Martins, Murilo de Araújo, Zulmira Queirós Breyner, Francisca Rodrigues, Elsa de Moura, André Carvalho, Gilberto Mansur, Mercês Maria Nogueira, Ronaldo Vaz de Carvalho, Inês de Oliveira, Acileia Carvalho, Ivana Galery, Olavo Celso Romano, Bárbara Vasconcelos de Carvalho, Maria de Sousa Campos Artigas, Ceição de Barros Barreto, Gustavo Kuhlmann, Mariano de Oliveira, Olegário Mariano, Gilda Helena, Glória Régi, Wanda Mycielski, Galvão de Queirós, Carlos Manhães, Josué Montelo, Tostes Malta, Stella Leonardos e outro sem-número de autores.[180]

O exame, embora perfunctório, dessa relação mostra-nos, ao lado de nomes de autores com uma autêntica obra de literatura infantil, uma série de escritores que apenas realizaram uma aventura no difícil gênero de livros para crianças. Já ao longo destas páginas mostramos esse curioso fenômeno que a literatura infantil também exerce entre os adultos. Ao escrever um livro para crianças não estaria o adulto, nesse caso, à procura de uma difícil solução para sua infância perdida? À procura do tempo perdido? Carlos Drummond de Andrade coloca uma pergunta dentro dessa problemática ao escrever sobre literatura infantil: "ou será a literatura infantil algo de mutilado, de reduzido, de desvitalizado – porque coisa primária, fabricada na persuasão de que a imitação da infância é a própria infância?".[181] Com efeito, parece que é justamente isso que ocorre entre os escritores e autores que se aventuram na literatura infantil. Compensa-se o adulto na imitação da criança e, com apenas um pequeno livro, o mais das vezes, sem a menor importância, resolve seu próprio problema psicológico, mas contribui para sobrecarregar o gênero de imensa quantidade de livros inadequados, presunçosos e falsos. "Nessas condições" – é Cecília

180 Os interessados poderão obter maior relacionamento de autores brasileiros contemporâneos de literatura infantil em Bárbara Vasconcelos de Carvalho, *Compêndio de literatura infantil*; Antônio d'Ávila, *Literatura infantojuvenil*; Lenyra C. Fraccaroli, *Bibliografia da literatura infantil em língua portuguesa*; e nos catálogos de editoras brasileiras especializadas no lançamento de livros infantojuvenis.

181 Andrade, *Confissões de Minas*, p.220.

Meireles que escreve – "qualquer tema, de suficiente elevação moral, exposto em forma singela e correta pode transformar-se em um livro infantil",[182] mas que se isola, por isso mesmo, do verdadeiro contexto e significado da legítima literatura infantil. Pode acontecer, lembra ainda a nossa autora, que a criança "entre um livro escrito especialmente para ela e outro, que o não foi, venha a preferir o segundo". Realmente, assim tem sido desde a experiência de Perrault e de Andersen. "Tudo é mistério[183] nesse reino que o homem começa a desconhecer desde que o começa a abandonar".

Mas na verdade o crivo do tempo é inexorável. O do tempo e o do espírito crítico da criança. A resultante é que a grande maioria dos que escrevem para crianças apenas o faz para si mesma, como um mecanismo de compensação pela infância perdida. São aqueles muitos chamados, mas pouco escolhidos, de que nos falam as Santas Escrituras.

Acresce que certas condições sociais e econômicas podem alterar os dados da problemática de modo a criar uma paisagem cultural bem complexa de se analisar e de compreender. É o que nos mostra, por exemplo, pesquisa feita na área do Nordeste por Paulo Rosas. A extensão, os modos, os imperativos, as implicações desse terreno refletem-se no estudo de Paulo Rosas, que abrange a área geográfica e social do Nordeste. Os dados reunidos nesse trabalho[184] mostram o áspero caminho que temos a percorrer no campo da literatura infantil ou infantojuvenil. Há uma série de divertimentos populares que competem vantajosamente com a leitura, como, por exemplo, o cinema, o rádio e a televisão. O rádio e a televisão, principalmente, lembra Paulo Rosas, citando, Lugi Gedda[185] asseguram ao espectador "um estado de repouso mental e físico, uma vez que as associações se produzem automaticamente, sem exigir, como divertimento,

182 Meireles, op. cit., p.35

183 Ibid., p.36.

184 Rosas, *Interpretação da literatura infanto juvenil no Nordeste*. O estudo abrange comparação dos gêneros de livros e revistas favoritas da infância e da adolescência.

185 Ibid.

participação das faculdades lógicas".[186] Assinala ainda o prof. Lugi Gedda que "quando Andersen, por exemplo, narra a história do Patinho feio ou do Soldadinho de chumbo, exige certo esforço lógico e de imaginação do leitor para poder entender o sentido da narração".[187] A conclusão de Paulo Rosas é melancólica: a leitura está representando insignificante papel na vida dos adolescentes e crianças.[188]

Nessas observações, colhidas na mensuração de uma incômoda realidade – a social e cultural – por meio de estudo feito com rigoroso espírito científico, há toda uma complexa problemática, de raízes profundas. As implicações econômicas condicionariam a realidade colocada pelo estudo de Paulo Rosas. Suas conclusões não são de entusiasmar. Mas, sem dúvida, apesar disso, atrás delas existem possibilidades de correção pela tomada de medidas em múltiplas áreas da vida infantojuvenil. As conclusões são as seguintes: (1) Os livros estão desempenhando pálido papel na vida das crianças e adolescentes; (2) É notável a preferência pelas revistas. Parece haver certa causalidade entre essa preferência e o desinteresse pelos livros; (3) O conteúdo das revistas ditas para crianças é, na maioria dos casos, de péssima qualidade; (4) Registramos influência da leitura nos modos de comportamento e nos critérios de valor que os adolescentes consagram; (5) Pais e professores (de nível médio) não estão preparados para dar às crianças e adolescentes orientação conveniente, no tocante à leitura; (6) Não podemos, em rigor, falar de uma literatura infantojuvenil no Nordeste.[189]

A tese do condicionamento econômico dessa realidade ressalta no ligeiro confronto que se possa estabelecer com os resultados da pesquisa do Centro de Bibliotecnia, feita na cidade de São Paulo, e referida linhas atrás neste estudo. É verdade que a pesquisa de

186 Ibid.
187 Ibid.
188 Ibid., p.31.
189 Ibid., p.99-101.

Paulo Rosas abrange uma área geográfica e cultural bem maior que a da cidade de São Paulo. Com todos os elementos colocados nestas linhas – que demonstram, em última análise, a complexidade do problema – restam-nos a certeza de que embora o volume de livros para a infância e adolescência continue a ser grande, a questão ainda possui aspectos não estudados e medidos que devem merecer a atenção dos especialistas. Tanto a infância e adolescência, como os livros que para elas são escritos, constituem uma preocupação constante de uma sociedade responsável e interessada.

A literatura infantil brasileira tem sido, entre nós, considerada sempre um gênero menor do universo literário. Poucos autores se referem a ela com objetivos críticos, e nesta lista honrosa poderíamos citar Cecília Meireles, Lourenço Filho e Fernando de Azevedo, além da poetisa Stella Leonardos, com importantes contribuições, inclusive com pesquisas originais, como no caso de Lourenço Filho e Lenyra C. Fracarolli. Abra-se, porém, ao acaso, qualquer história da literatura brasileira e constatar-se-á a ausência total de entendimento e interesse pela literatura infantil. E, entretanto, é uma literatura que preocupa a todo adulto em função da criança e que conta com maior número de leitores que a dos adultos. A *História da literatura*, de Marques da Cruz, excetua-se nesse espaço pela contribuição de Lourenço Filho, que soube ver a gritante deficiência. Thibaudet, na França, rompeu o preconceito, dedicando em seu trabalho algumas páginas à literatura infantil francesa, que tanta influência exerceu em todo o mundo.

Se da parte dos teóricos se observa tal omissão, não será o fato capaz, contudo, de atingir o senso criador do escritor para crianças. É verdade que prejudica a curiosidade do estudioso do fenômeno literário. "La littérature destinée à la jeunesse fait figure de parent pauvre",[190] escrevia Georges G. Toudouze no prefácio ao livro de Jean de Trigon.[191] Mas esta atitude da crítica oficial ou atuante,

---

190 "A literatura destinada à juventude passa por parente pobre".

191 Apud Trigon, *Histoire de la littérature enfantine*, p.IX.

curiosamente, não atinge o índice da produção e criação da literatura infantil. É que ela se encontra em uma área que transcende a filosofia afirmativa do adulto. A criança ignora a crítica. Daí que um autor de livros para crianças pode ser compreendido e aceito como verdadeiro escritor, e que só espera compensação do próprio leitor infantil. Toda esta problemática, em consequência, atinge o campo de estudos e de compreensão da literatura infantil em sua manifestação mais moderna. Escasseiam os elementos de informação e de crítica, e o que existe de atual é muito pouco.

6.13 Poesia para crianças

Entre os precursores de nossa literatura infantil, encontramos as mais válidas vozes da poesia para crianças no Brasil. São quatro autores que nos deixaram uma obra clássica, classicamente poética, para a infância, mostrando assim os verdadeiros critérios de composição de uma lírica capaz de ser longamente amada pelas crianças. O Brasil inteiro, nas festas escolares, nas reuniões de família, pelos seus meninos e meninas, recitou versos de Zalina Rolim, Presciliana Duarte de Almeida, Francisca Júlia e Olavo Bilac. Presciliana Duarte de Almeida deu-nos dois bons livros, *Páginas infantis* e *Livro das aves*; Zalina Rolim deixou-nos *Poesias*, e Olavo Bilac, a beleza dos versos contidos em *Poesias infantis*.

Não se diga, porém, que estes autores disseram tudo que havia na área poética. Houve um prolongamento dessa poesia aparecida no alvorecer do século XIX que, inclusive, evoluiu, tanto pela alteração do sistema da métrica como pelo aproveitamento de novos temas. É assim que se poderia apontar, como dois imediatos herdeiros dessa tradição poética que nos vem de Zalina Rolim, Presciliana Duarte de Almeida e de Olavo Bilac, um Antônio de Pádua Morse, com *O Faquir Havançarah* e *Zé Prequeté*, e Herbert Pinto de Carvalho com *Lira infantil* e *O menino que foi para o céu*; e também Guilherme de Almeida com *O sonho de Marina*, poeta aliás que se destaca outrossim pelas

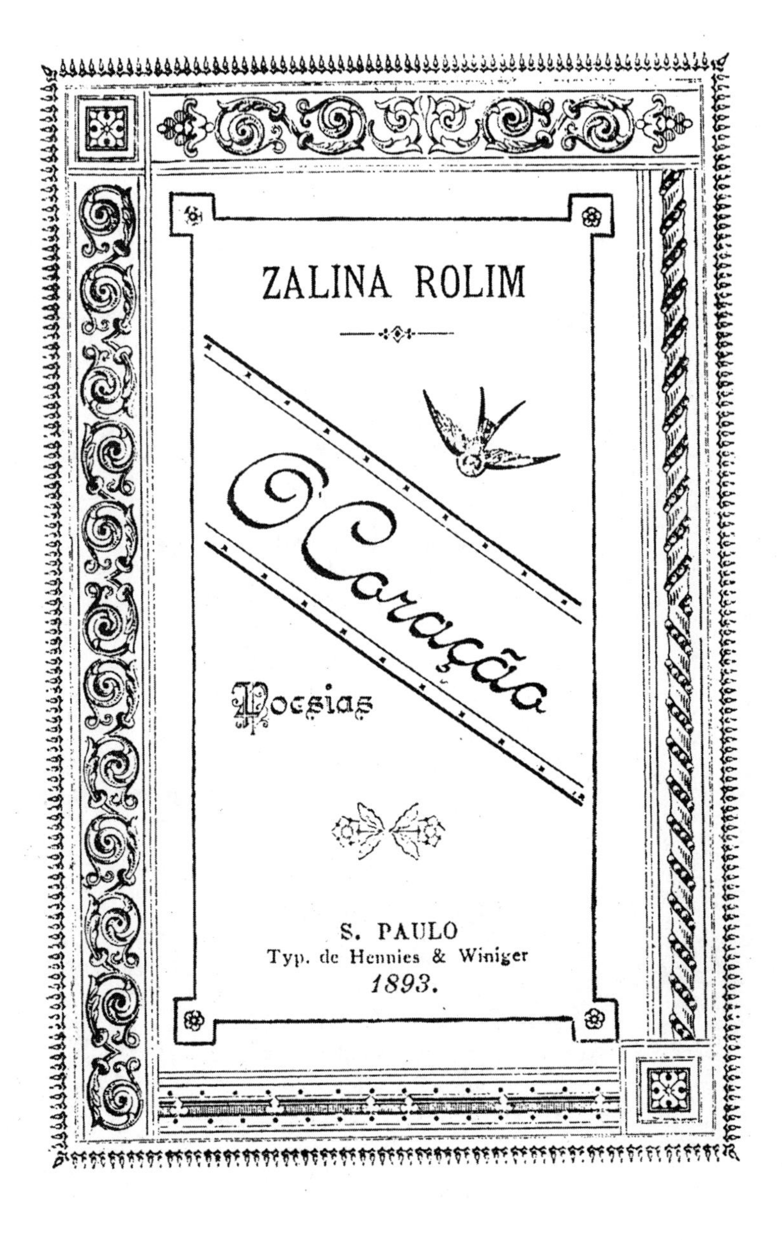
ZALINA ROLIM

O Coração

Poesias

S. PAULO
Typ. de Hennies & Winiger
1893.

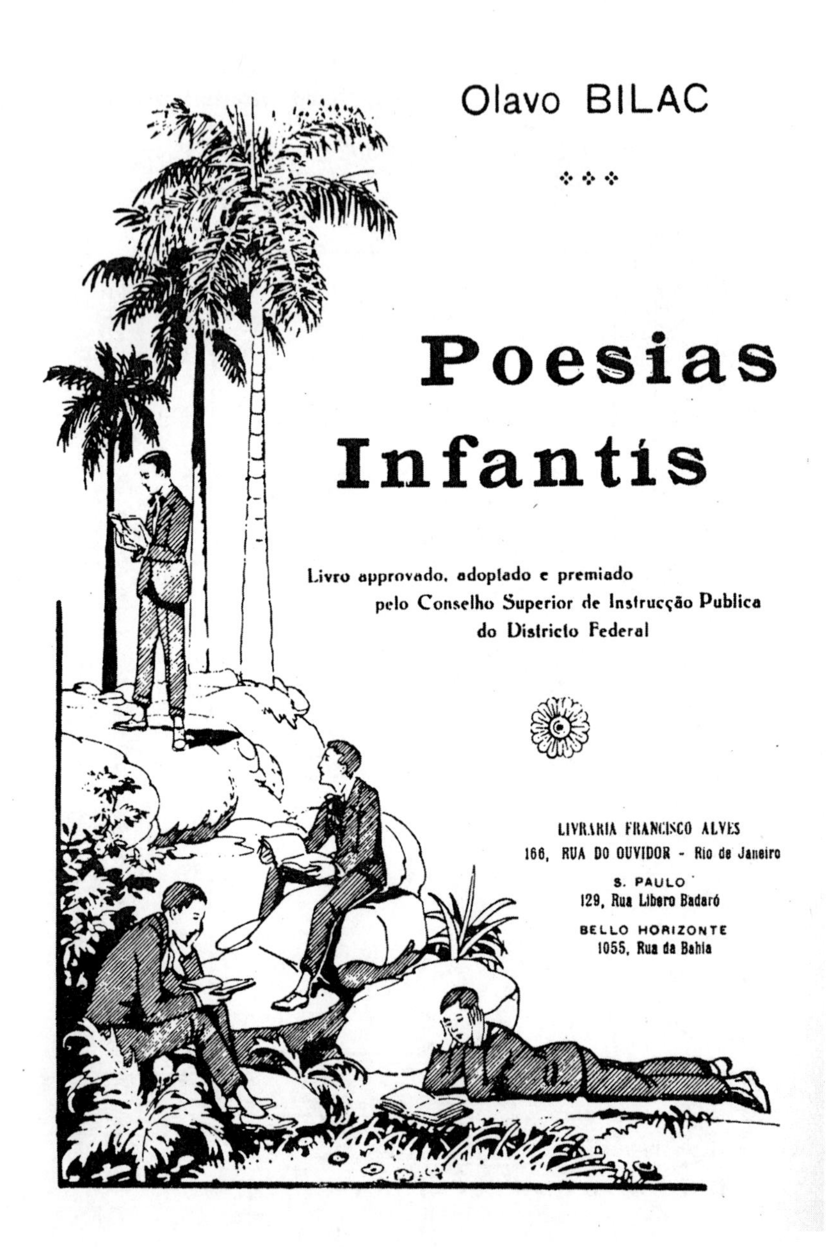

Olavo BILAC

Poesias Infantis

Livro approvado, adoptado e premiado
pelo Conselho Superior de Instrucção Publica
do Districto Federal

LIVRARIA FRANCISCO ALVES
166, RUA DO OUVIDOR - Rio de Janeiro
S. PAULO
129, Rua Libero Badaró
BELLO HORIZONTE
1055, Rua da Bahia

traduções magníficas que fez de autores estrangeiros. Na mesma relação figuram com destaque Mário Donato, com a revalorização da fábula em versos modernos; Cecília Meireles, com seus autos para o teatro infantil e Leonor Posada.

A tradição poética para a infância na literatura infantil brasileira floresceu nestes últimos anos em numerosos livros. Foram livros que, a rigor, pagaram tributo àquele fenômeno da produção industrial a que já fizemos referências. A grande quantidade de livros novos que surge impede a sedimentação profunda das obras de real valor. Daí que muitos livros infantis de poesia podem ficar esquecidos depois de dez anos do seu aparecimento. A obra de arte infantil também exige determinado tempo para sua consagração. Nem por isso, contudo, podemos deixar de nos referir a vários autores que nos legaram interessantes livrinhos de poesia, tais como Hildegard Albuquerque, Martins D'Álvares com suas *Poesias infantis*, Murilo de Araújo, Mary Buarque, J. Didier, Judas Isgorogota (Agnelo Rodrigues de Melo) com *O Bandeirante Fernão*, poema infantil, Francisca Pereira Rodrigues, José Scaramelli, Bastos Tigre com o seu livrinho *Brinquedos de Natal*, Augusto Wanderley, entre outros. Em Isabel Vieira Serpa e Paiva, antes mesmo da poetisa, impõe-se a professora com a experiência de cerca de 30 anos de magistério. Sua lírica deixava transparecer profunda orientação didática: *Cançonetas escolares*, *Poesias cívicas e escolares*, *Gorjeios e canções* e outros livros que foram a alegria de várias gerações de crianças. Em campo oposto, sem contudo perder suas características de interesse, inclusive na área escolar, estão Guilherme de Almeida e Cecília Meireles, com livros marcados por uma beleza de expressão, de temas, que explicam facilmente seu êxito. Em *Ou isto ou aquilo*, livro de excepcionais virtudes literárias para a sensibilidade infantil, Cecília Meireles deixou-nos verdadeira obra-prima da poesia moderna para crianças.

É bem verdade que tais livros mudam com o interesse das gerações, com a modificação dos conceitos de educação e com a própria orientação da literatura infantil. O volume *Alma infantil*, de Francisca

Júlia e Júlio César da Silva, que tanto êxito obteve quando do seu aparecimento[192] em 1912, está completamente esquecido. O mesmo ocorre com o livro de Zalina Rolim e com o de Olavo Bilac. O *Livro das crianças*, de Zalina Rolim, foi publicado em 1898, e a autora encantou muitas crianças da época com suas poesias publicadas então em revistas. Atualmente, porém, Zalina Rolim não é mais lida, e ninguém se preocupou em reeditar o seu famoso livrinho.

Em Francisca Júlia, encontra-se uma poesia infantil límpida, apropriada e benfeita. Na lírica infantil, repete seu mágico sentido de equilíbrio entre forma e tema. O pequeno volume *Alma infantil*, com recitativos, monólogos, diálogos, comédias escolares, hinos, com os então chamados "brincos infantis", tudo em versos, resiste ainda hoje à leitura. Do mesmo modo pode ser encarado seu volume de prosa, sob o título de *Livro da infância*, que apareceu por volta de 1900, publicado por conta do Governo do estado de São Paulo e vulgarizado por todas as escolas. A nota do editor, na edição de 1912 de *Alma infantil*, salienta com justiça o valor do pequeno volume e constata também o fenômeno comum à fase da literatura didática, ou escolar, de uma maioria de livros para crianças verdadeiramente mal escritos e mal apresentados. "As nossas escolas", diz a nota,[193] "estão invadidas de livros medíocres. A maior parte deles são escritos em linguagem incorreta na qual, por vezes, ressalta o calão popular e o termo chulo". Os "calão popular" e "termo chulo", sem dúvida, já eram indícios da renovação da língua portuguesa entre nós.

De certo modo é bem possível que esta última notação crítica talvez atingisse obras de Alexina de Magalhães Pinto e de Sílvio Romero. Muitas das peças recolhidas por Sílvio Romero do populário nacional encontravam-se então, na pureza de sua recolta, transcritas em antologias escolares. De Alexina de Magalhães Pinto tínhamos alguns livros publicados na Biblioteca Infantil da Livraria Francisco Alves. Estes volumes, de bela apresentação gráfica, com capas

192 Lançamento da Editora Livraria Magalhães, São Paulo e Rio de Janeiro, em 1912.
193 Ibid., p.8.

coloridas e bem brasileiras, representavam verdadeiro esforço de pesquisa realizado pela ilustre professora mineira a que, ao longo deste trabalho, temos feito tantas referências. Seus livros, aliás, não obstante a utilização de leitura infantil no que traduziam de pureza criadora da alma do povo, ou por isso mesmo, ainda são autênticas fontes de referência no que dizem respeito às danças populares do Brasil do começo do século XX e já então mostravam profunda alteração em seu rosto original, como no exemplo de "A baratinha":

> Eu vi, vi, uma barata
> No capote de vovô;
> Assim que ela me avistou,
> Bateu asas e voou,
>
> Baratinha no sobrado
> Também toca seu piano...
> Anda o rato de casaca
> Pela rua passeando
>
> E a mimosa baratinha
> No perigo não cuidava...
> Depois já era tarde,
> O galo já beliscava.

A música desses versos é italiana e mereceu, na época, o protesto do estudioso do folclore musical brasileiro J. Eutrópio. Alexina de Magalhães Pinto mostra como as crianças deturparam os versos para acomodá-los ao ritmo musical, realizando um fenômeno de acomodação de que seu livro *Cantigas das crianças e do povo*[194] nos apresenta numerosos e significativos exemplos.

Uma das mais recentes e importantes manifestações no setor da poesia infantil foi o livro de Cassiano Nunes e Mário da Silva Brito, *Poesia brasileira para a infância*,[195] no qual os autores reúnem

194 Pinto, *Cantigas das crianças e do povo*.
195 Brito; Nunes, *Poesia brasileira para a infância*.

peças poéticas de numerosos poetas brasileiros, tanto antigos como modernos. Os autores nesse livro defendem uma tese de Henriqueta Lisboa – tese, aliás, muito querida de Jacques Maritain –, de que "não há poesia com destinatário". Repete-se nesta tese o fenômeno da literatura que não foi escrita para crianças, mas que elas consagraram, como nos casos clássicos do *Robinson Crusoé* e de *Viagens de Gulliver*. Desse modo puderam Cassiano Nunes e Mário da Silva Brito organizar um volume de rara beleza pelo critério da seleção poética com temas de nossa terra e nossa gente, lições em gravuras, de animais, da infância e da imaginação e fadas, reduzidos a poemas de fácil compreensão para as crianças. Poetas como Tasso da Silveira, Álvaro Moreira, Ribeiro Couto, Fagundes Varela, Oliveira Ribeiro Neto, Manuel Bandeira, Menotti del Picchia, Cassiano Ricardo, Ascenso Ferreira, Cleômenes Campos, Guilherme de Almeida, Mário de Andrade, Casimiro de Abreu, José de Anchieta, Carlos Drummond de Andrade, Henriqueta Lisboa, Adalgisa Néri etc. figuram com belas poesias que se diriam, pela simplicidade, conteúdo e expressão, feitas especialmente para a infância. Como neste exemplo de Manuel Bandeira, com o poema intitulado "Acalanto de John Talbot":

> Dorme, meu filhinho,
> Dorme, sossegado.
> Dorme, que a teu lado
> Cantarei baixinho.
> O dia não tarda...
> Vai amanhecer!
> Como é frio o ar!
> O anjinho da guarda
> Que o Senhor te deu,
> Pode adormecer,
> Pode descansar,
> Que te guardo eu.

E mais alguns poemas de Henriqueta Lisboa, Ascenso Ferreira, Cassiano Ricardo e Mário de Andrade, belos e tocantes. Ou mesmo este admirável "São Francisco", de Vinicius de Morais:

Lá vai São Francisco
Pelo caminho
De pé descalço
Tão pobrezinho
Dormindo à noite
Junto ao moinho
Bebendo a água
Do Ribeirinho
Lá vai São Francisco
De pé no chão
Levando nada
No seu surrão
Dizendo ao vento
Bom dia, amigo
Dizendo ao fogo
Saúde, irmão
Lá vai São Francisco
Pelo caminho
Levando ao colo
Jesuscristinho
Fazendo festa
No menininho
Contando histórias
Pros passarinhos.

A poesia brasileira para a infância é muito rica e diversificada. Todos os nossos grandes poetas, que não escreveram especialmente para as crianças, dão-nos peças muito benfeitas e com profundo traço de simplicidade, o que permite trânsito livre para a compreensão da infância e adolescência. No gênero humorístico ela traz momentos muito bons, como no exemplo que se segue, uma peça de Antônio de Pádua Morse, intitulada "Rato velho vira morcego":

Era uma vez um velho rato
Muito invejoso, que vivia
Lá num grotão, de onde, no mato,
A passarada voando via.

Mas, por inveja, o rato vil
Sempre se punha a lamentar

Por não ter preso ao corpanzil
Um bom par de asas para voar.

Ante as lamúrias do ratão,
Disse-lhe Deus: "Terás sossego,
Vou atender-te a pretensão!"
E transformou-o num morcego.

Tendo ficado um bicho alado,
Porém medonho de feiura,
O ex-rato, agora envergonhado,
Só sai de casa em noite escura...

Como esta bela peça, muitas outras de autores vários valorizam consideravelmente o gênero poético brasileiro para a infância. De modo que há um imenso acervo de poesias para crianças em nossa literatura infantil, cultivada ainda hoje por vários autores e realizando o que Cassiano Nunes e Mário da Silva Brito escrevem: "A poesia é a infância que permanece em nós". Foi ela, talvez, a primeira linguagem do homem. Com o mesmo objetivo permanecem os livros de Olegário Mariano, principalmente o belíssimo *Tangará conta histórias* e os três pequenos e tocantes livros de Correia Júnior, *Poesias infantis, O gatinho guloso* e *Barquinhos de papel.*

6.14 Os ilustradores

A ilustração de livros para crianças foi, a rigor, iniciada com o livro de Comenius, *Orbis Pictus*, a que já fizemos referências ao longo destas páginas. É este um capítulo rico de implicações pedagógicas e lúdicas. Com o livro de Comenius, publicado no século XVII, iniciava-se a utilizaçao de uma área lúdica ou educacional de grande valorização para o livro infantil. Bertha E. Mahony e A. W. Tuer estudaram exaustivamente a função da ilustração na obra infantil. A rigor, no Brasil, seria difícil estabelecer o marco cronológico da técnica ilustrativa para as estórias destinadas a crianças.

Nas páginas anteriores fizemos muitas referências a livros ilustrados, a ilustradores do século XIX, de modo que não será necessária a repetição dos nomes desses precursores. Estabelece-se, porém, uma distinção: a do aparecimento do livro ilustrado em cores, que se inaugurava no começo do século XX com os livrinhos de Felisberto de Carvalho, Romão Puiggari e Arnaldo Barreto. Anteriormente, com exceção dos livros publicados no exterior, as ilustrações cingiam-se apenas a preto e branco. Outro pormenor que esclarece o problema do livro ilustrado no Brasil está em que os ilustradores de livros para crianças no País só começaram a se definir como tal com o advento de *O Tico-Tico*. Isto, contudo, não quer dizer que antes desse advento não tivéssemos desenhistas interessados nesse campo.

Havia alguns, e mesmo ao tempo do aparecimento dos primeiros livros – os de Olavo Bilac, de Figueiredo Pimentel, de Coelho Neto, de Presciliana Duarte de Almeida – já havia numerosas manifestações na difícil arte da ilustração. O livro de Antônio Rodrigues, *O livro do povo*, já trazia alguns desenhos originais, tornados defeituosos em face da precária técnica de impressão usada na época. Não nos esqueçamos de que esta obra foi publicada em São Luís do Maranhão na primeira década do século XIX. Ocorria também, como ainda hoje, a função esporádica do ilustrador entre nós. Foi muito comum o aparecimento de ilustradores que empregaram seu talento em apenas uma obra para crianças, abandonando a técnica por falta evidente de condições econômicas e culturais.

A pequena relação de autores de ilustrações para livros de crianças que apresentamos revela uma porcentagem enorme de nomes que não permaneceram na função. Entretanto, alguns deles tiveram trabalho de alta significação pela beleza dos traços. São eles: João Mattoni, Percy Lau, Pedro Lara, Francisco Acquarone, Franco Cenni, Hilda Heber, Mariane Mullenhoff, Mário Pacheco, U. Della Latta, Alceu Pena, Geraldo Costa, Leda Acquarone, Fritz Kredel, H. A. Rey, Hebe, Nélson Boeira Faedrich, Augusto Rodrigues, Santa Rosa, Luís Jardim, M. C. Hidalgo, Julius Diez, Guilherme Walpeteris, J. Carlos, Messias de Melo, Susi, Gustavo Konder, Gilberto, Oswaldo Storni, Cléo, A. Norfini, Leda, Ma-Ma, Márcio Néri, Mendez, Luís Sá, Herbert Caro, Fernando Magalhães Chacel, Armando Kuwer, João Fahrion, João Motini, Calixto Cordeiro, Edgar Koetz, Paez Torres, Paulo Werneck, J. Prado, Dorca, Rita Blumer, Ivone Cavalcanti Visconti, Jean Gabriel Villin, Manuel Vítor Filho, Nico Rosso, Gustavo da Silveira, May Couto, H. Cavaleiro, Paulo Breves e outros.

Alguns desses nomes deram-nos trabalhos de alto valor artístico, capazes de se ombrear com os melhores dos ilustradores franceses e ingleses de livros para crianças. Nélson Boeira Faedrich ilustrou, em volume, os contos clássicos de Andersen e de Perrault, com um efeito surpreendente entre a imagem e o texto. Luís Jardim deixa transparecer nos traços dos seus desenhos o mesmo sentido profundo de brasilidade que há em seu *O boi aruá*. Nico Rosso, Jean Gabriel Villin e Edgar Koetz têm trabalhos magníficos como ilustradores de livros para crianças.

6.15 Os contadores de estórias

Apesar das inúmeras dificuldades apontadas desde o início deste derradeiro capítulo de nosso trabalho, pode-se traçar um panorama mais ou menos avaliativo dos nossos principais autores de livros infantis. Será sempre, evidentemente, uma avaliação precária em virtude principalmente da ausência de uma perspectiva mais segura, que é a do espaço histórico. A contemporaneidade dos autores, implicando em uma série de prejuízos de ordem objetiva e subjetiva, opõe não poucas dificuldades para um exame sereno de sua produção literária. O roteiro, contudo, impõe-se na lógica narrativa deste ensaio, que se completa com uma antologia da Literatura Infantil Brasileira.

Como autor atuante, impõe-se desde logo o nome de Francisco Marins, com o mundo lúdico dos seus dez livros para crianças. O ludismo, objetivo de sua obra, porém, não exclui certo sentido didático. Mas o seu senso didático (e didatismo puro repugna à criança, como observa Anton Makarenko, que preconiza no teor dos livros para crianças a educação de espírito humanista) é salvo porque transcende das simples lições das coisas. Ele apanha a temática movimentada da história, os lances dramáticos da formação brasileira em sua expressão épica (como a saga dos bandeirantes e colonizadores) para, ao mesmo tempo, ensinar e divertir, sem que o primeiro desiderato prejudique o segundo. Este toque de mestre de Francisco Marins é herança técnica da França através das obras de mme. De Beaumont, que viveu no século XVIII, mas nem por isso deixou de sobreviver por sua literatura infantil até nós. O conteúdo mágico-real dos livros de Francisco Marins, pela originalidade de sua expressão, como a obra de Monteiro Lobato, conseguiu transcender os limites da língua portuguesa. A trilogia do *Roteiro dos martírios*, as aventuras *Nas terras do rei Café*, em *Os segredos de Taquara-Póca*, em *O Coleira preta* e em *O bugre-do-chapéu-de-anta*, para citar apenas alguns livros, são obras que revelam a autenticidade de um escritor para crianças. No tema histórico Francisco Marins constrói uma obra com poucos seguidores.

Em plano oposto – o da pura ficção –, Érico Veríssimo trouxe uma contribuição inestimável à literatura infantil brasileira, com alguns trabalhos admiráveis pela simplicidade e adequada composição. São dele: *Rosa Maria no castelo encantado, Os três porquinhos, A vida do elefante Basílio, Urso com música na barriga, Outra vez os três porquinhos, Aventuras de Tibiquera* e *Aventuras do avião vermelho*. Contudo, pagou Érico Veríssimo seu tributo ao tema histórico, com *Viagem à aurora do mundo* e *Aventuras no mundo da higiene*. A ficção pura encontrou também em Lúcia Machado de Almeida uma criadora de obras de real valor, tais como *No fundo do mar, Na região dos peixes fosforescentes, O mistério do polo, Atíria, a borboleta, Aventuras de Marco Polo* e *Aventuras de Xisto*. “Há aí um máximo de lúcida simplicidade”, escreveu sobre Lúcia Machado de Almeida o poeta Guilherme de Almeida, “tudo que ora distrai ou preocupa a gente grande ou pequena”. Com efeito, a autora fixa a vida real em seus valores positivos, tornando-os íntimos da criança com o mágico elemento da graça no escrever e compor suas estórias.

Guilherme de Almeida deu-nos *O sonho de Marina*, além de traduções e adaptações, que revelam uma sensibilidade de escol para a literatura infantil que não encontrou campo propício para a realização de obra maior. O mesmo se poderia dizer de Menotti del Picchia, com *No país das formigas*, *Viagens de João Peralta* e *Pé de moleque*; ou de Benedito Bastos Barreto (Belmonte) com *A cidade do ouro*; ou de Gondim da Fonseca, com *O reino das maravilhas*, *Contos do país das fadas* e *Histórias de João Mindinho*.

Se a literatura infantil brasileira atual pode apresentar muitas promessas, com autores de verdadeiro talento para o gênero – que, apesar de tudo, não conseguiram realizar uma obra integral, como os já citados –, é verdade também que o fenômeno se compensa com outros autores como Viriato Correia, com *Reinado da bicharada*, *Arca de Noé*, *No país da bicharada*, *História do Brasil para crianças*, *Era uma vez*, *Quando Jesus nasceu*, *A macacada* e *Os meus bichinhos*. Em Viriato Correia há, para crianças, uma obra de caráter duradouro, o que se exemplifica com o número das tiragens consecutivas de seus livros. Mário Donato é outro autor a quem as crianças brasileiras devem muita alegria. Já nos deu livros de importância, que ficarão, na literatura infantil, tais como *Espertezas do jabuti*, *A formiguinha da perna gelada* e outros mais que marcam realmente a presença de um legítimo escritor para crianças. Na mesma linha se colocam Ofélia Fontes e Narbal Fontes, que escreveram juntos belos livros, como *A trança mágica*, *O talismã de vidro* e *Aventuras de um coco-da-baía*; Vicente Guimarães, com *Histórias divertidas*, *O frango desobediente*, *Os três irmãos* e outros livros; Max Yantock, com *A ilha dos sonhos*, *Pequenos de alma grande*, *Trapaças do capitão Farófia* e outros; Malba Tahan; Elos Sand com *A história dos meses* e *A estrela e o pântano*; Hernâni Donato, com *Estórias dos meninos índios*, *Estórias da floresta*, *As façanhas de João Sabido* etc.; Jerônimo Monteiro, com *No reino das fadas*, *Viagem ao país do sonho*, *Traição e castigo do gato espichado* etc.

Em Lourenço Filho o tema histórico junta-se ao da ficção e ao do folclore para resultar na série das *Histórias do Tião Damião* para crianças até oito anos de idade. Dentro daquela série, que encantou tantos meninos por todo o Brasil, encontram-se livros como *Totó, Papagaio real, Saci-pererê, O indiozinho, A formiguinha, No circo, Maria do céu* etc.

Por outro lado, Ariosto Espinheira pode ser apontado como o exemplo mais atual do sentimento da terra, com seus livros de viagens pelo Brasil. Em sua obra há muita curiosidade, inclusive etnográfica. Nina Salvi é outra autora que tem um importante acervo de livros para crianças. Sua fantasia fecunda e engenhosa, como já se disse,[196] alia-se à arte de dizer simples. Alcança grande audiência entre os pequenos leitores com seus livros *Os Anões Encantados, Dingo e Tucha, Aventuras de um mosquitinho, O milho de ouro* e *O tesouro da ilha,* entre outros. que se repetem em edições sucessivas.

Por volta de 1933, a Biblioteca Infantil de *O Tico-Tico* publicou uma série de ótimos livros infantis, entre os quais um de Humberto de Campos, *Histórias maravilhosas,* que enfeixa quinze contos de alto teor lúdico. São contos que ainda hoje poderiam contar com leitores atenciosos, mercê da armação e composição de cada um. Nessa mesma série, Osvaldo Orico nos dava dois outros pequenos volumes, *Histórias de pai João* e *Contos da mãe preta,* com temas do folclore nacional e, portanto, com um sentido profundamente nacionalista. Outros livrinhos surgiram na coleção: *Reportagens de Pitusquinho,* de Galvão de Queirós; *No mundo dos bichos,* de Carlos Manhães; *O tesouro de D. José,* do nosso romancista Josué Montelo; *Entrou por uma porta e saiu por outra,* de Tostes Malta; *Bicholândia fantástica,* de Max Yantock; *A guerra dos animais,* de Francisco Acquarone; além de uma antologia, *Meu livro de histórias,* coletânea de vários autores; e de uma adaptação de João Guimarães sob o título de *Pedro, o pequeno corsário.* Os volumes desta Biblioteca eram artisticamente apresentados, com capa e ilustrações em cores.

Luís Jardim, autor de apenas dois livros infantis, tem lugar de destaque em nossa literatura infantil. Em 1937, obteve o primeiro e

---

196 Edições Melhoramentos, *Catálogo Infantil n.22.*

o segundo prêmios no Concurso de Literatura Infantil do Ministério da Educação, respectivamente, pelo *O boi aruá*, verdadeira obra-prima no gênero, e *O tatu e o macaco*, livro de estampas, ambos publicados pela primeira vez em 1940. Este livro de estampas foi traduzido para o inglês e publicado em 1942 sob o título de *The Armadillo and the Monkey*, pela editora Coward-McCann, de Nova York. A segunda edição da mesma obra, apresentou-a a editora E. M. Hales and Company, de Wisconsin. Na literatura infantil de Luís Jardim há um verdadeiro sentido dionisíaco da terra brasileira e de seus valores tradicionais. A história do boi aruá é dessas que desafiam o tempo, pelo conteúdo e pela composição. Embora de narrativa simples, ao alcance de todo leitor miúdo, dele nasce, a cada nova leitura, um mistério e uma atmosfera que lhe dão os frisos de obra-prima.

A referência a Luís Jardim faz-nos lembrar dos autores de livro único e, apesar disso, livro de boa densidade estética e temática, como é o caso de José Lins do Rego com seu *Estórias da Velha Totônia*, ou mesmo de Leão Machado com seu *Acampamento de Boa Vista*, a que se somam outros nomes, autores de um só livro, como Humberto de Campos e Josué Montelo. De um para dois livros, apenas, a experiência de Graciliano Ramos cimentou-se em dois livros de muito valor para crianças, como *Histórias de Alexandre* e *Dois dedos*, lamentavelmente esquecidos diante da grande produção brasileira de literatura infantil.

Jannart Moutinho Ribeiro está realizando uma literatura infantil de valor. Desde sua estreia com *A pata da onça*, nele se percebe um autêntico contador de estórias para crianças. Alguns anos depois, deu-nos as belas páginas de *O fazedor de gaiolas*. Logo mais, publicava *A joia perdida*, para alcançar em *O circo*, sem dúvida alguma, um dos bons momentos da moderna literatura infantil brasileira, que se coroa com *Aventuras do Dito Carreiro*. A grande aceitação dos livros de Elos Sand, entre as autoras, e, portanto, sua qualidade, fazem com que esta criadora de muitas páginas significativas se inscreva entre as melhores autoras brasileiras, como Lúcia Machado de Almeida, Ofélia Fontes, Nina Salvi e Maria José Leandro Dupré, para não citar outros nomes.

A literatura infantil de Vicente Guimarães, já citado, implica uma valorização de experiência com que poucos autores podem contar hoje no Brasil. Com efeito, sua obra de ficção nasceu do processo oral, pois começou contando estórias para crianças em um programa organizado em Belo Horizonte, com o pseudônimo de Vovô Felício. Em face do êxito como contador de estórias, escreveu vários livros, que são realmente bons, porque marcados por aquele processo oral, objetivo, direto e concreto. Alguns de seus livros alcançam várias edições, entre os quais *Histórias divertidas, Os três irmãos, Festa de Natal* e *A princesinha do castelo vermelho.* Sua atividade é importante na literatura infantil brasileira também pela iniciativa da fundação de algumas revistas para a infância, como *Em uma vez...* e *Sesinho,* além de ter sido o fundador, em Belo Horizonte, da Biblioteca Infantil Caio Martins.

As observações de Monteiro Lobato e Sérgio Milliet sobre a literatura para adultos de Maria José Leandro Dupré valem para sua saga infantil. Deu-nos ela livros de bela imaginação e composição. "Nos seus livros", diz Monteiro Lobato, "não há preocupação de nada senão do assunto. Ela solta a frase no rastro do assunto e a frase vai caminhando como cachorro perdigueiro atrás da perdiz da vida, amarrando-a sempre". Sérgio Milliet acentua a "psicologia seguríssima" dos seus livros. São estas mesmas virtudes que se refletem em seus livros infantis, permanentemente reeditados. As anotações de Monteiro Lobato e Sérgio Milliet[197] consagram uma literatura para adultos da qual a infantil não se separa, mas antes se identifica pelas mesmas qualidades. Em *Aventuras de Vera Lúcia, Pingo e Pipoca, O cachorrinho Samba, A montanha encantada, A mina de ouro, A ilha perdida* e outros livros de Maria José Leandro Dupré, seus personagens são profundamente reais e convencem, graças

197 Apud Melo, *Dicionário de autores paulistas*, p.192.

ao talento criador da autora e sua experiência, em todas as suas movimentadas aventuras.

Ainda um nome feminino: o de Isa Silveira Leal, com sua experiência praticamente isolada de uma literatura juvenil. Especializou-se, com muita graça e justeza, em escrever livros para jovens, meninas-moças, dando-nos a série de aventuras com sua personagem Glorinha. Os livros de Isa Silveira Leal encontram correspondência nos aplausos de seus numerosos leitores.

Referimo-nos já a autores de um livro só, ou dois no máximo, e que assim mesmo, com essa bagagem minúscula, mas bem significativa, têm entrada firme no elenco da literatura infantil brasileira. Citamos os nomes de Luís Jardim, de Humberto de Campos, de Leão Machado, de José Lins do Rego, de Graciliano Ramos e de Josué Montelo. Nesta galeria também se inscreve Miroel Silveira com seu *O mistério do anel*, pequena novela bem arquitetada, melhor expressa como narrativa, que mereceu o Prêmio Alcântara Machado, da Academia Paulista de Letras. Em Miroel Silveira há uma vocação legítima de escritor para crianças, que se realiza pela justeza da narrativa, do processo de contar a estória. Pena é que se tenha perdido tão legítima vocação.

Parece-nos que estas linhas são o suficiente, mas não o cabal, sem dúvida, para dar-se ideia da extensão da atual literatura infantil brasileira em sua dimensão bibliográfica. Já dissemos que estamos muito próximos dessa literatura para avaliá-la criticamente. Não resta dúvida, contudo, que o exame mais perfunctório das obras dos autores relacionados – todos eles bem ou mal devendo a Monteiro Lobato uma orientação verdadeiramente criadora – revela um fato tradicional. Ou melhor, um processo histórico tradicional, qual seja o da utilização dos velhos temas nacionais com perspectivas e formulações novas. Seriam eles: (a) o tradicional (folclore); (b) o educativo (no sentido de insistir em temas didáticos); e (c) o de ficção, isto é, a criação pura da estória com invenção do tema. Embora tradicional, o processo sofreu poderosa alteração em seus objetivos. O despertar da consciência nacional, mercê de uma melhor integração do País tanto em sua área econômica quanto social e cultural, descobriu-nos um conceito novo de cultura, uma filosofia nova de nacionalidade. Esta moldura condiciona inclusive os valores da literatura infantil brasileira, dando-lhe um teor mais brasileiro, mais da terra, com o aproveitamento dos seus próprios valores culturais e da contribuição das correntes imigratórias que ajudam a construir a nação. Longe estamos, muito longe mesmo – embora ainda tenhamos muito que conquistar nesse terreno – da paisagem descrita por José Veríssimo no começo do século XX.

Referências bibliográficas

ABREU, C. *Capítulos de história colonial*. 4.ed. Rio de Janeiro: Sociedade de Amigos de Capistrano de Abreu, 1954.

ALENCAR, J. de. *Sistema representativo*. [S.l.: s.n., s.d.].

ALLMAYER, V. F. *Commento a Pinocchio*. Firenze: G. C. Sansoni, 1945.

ALMEIDA, J. V. *Pátria*. São Paulo: Casa Eclética, 1899.

ALMEIDA, R. *Inteligência do folclore*. Rio de Janeiro: Livros de Portugal, 1957.

ALMENDROS, H. *La imprenta en la escuela*. Buenos Aires: Editorial Losada, 1947.

AL-MUKAFA, Ibn. *Calila e Dimna*. Acigi (Record), [s.d.].

AMADO, G. *História da minha infância*. 2.ed. Rio de Janeiro: José Olympio Editora, 1958.

ANDERSEN, H. C. *Estórias maravilhosas*. São Paulo: Melhoramentos, 1965. (Tiragem comemorativa).

ANDRADE, C. D. *Confissões de Minas*. Rio de Janeiro: América Editora, 1944.

ANDRADE, C. D. *Poesias*. Rio de Janeiro: José Olympio Editora, 1942.

ANDRADE, P. *Filho de gato*... Rio de Janeiro: Irmãos Pongetti Editores, 1962.

ARBUTHNOT, M. H. *Children and Books*. New York: Foresman and Company, 1947.

ARNO, C. *Memórias de um estudante (1885-1906)*. [S.l.]: Edição Particular, [s.d.].

ARROYO, L. *O tempo e o modo*. São Paulo: Comissão Estadual de Literatura do Conselho Estadual de Cultura, 1963.

ASSIS, M. *Obras completas*. Rio de Janeiro: Companhia Editora José de Aguilar, 1959.

ÁVILA, A. *Literatura infantojuvenil*. São Paulo: Editora do Brasil, 1961.

AZEVEDO, F. *A cultura brasileira*: introdução ao estudo da cultura no Brasil. 4.ed. Brasília: Editora Universitária de Brasília, 1963.

AZEVEDO, F. *A educação e seus problemas*. São Paulo: Melhoramentos, 1958.

BANDEIRA, M. *Itinerário de Pasárgada*. Rio de Janeiro: Livraria São José, 1957.

BARATA, M. M. C. Catálogo de Imprensa no Pará – 1822-1908. *Anais da Imprensa Periódica Brasileira*, [s.l.; s.n.; s.d.].

BARBOSA, R. *Obras completas*. Rio de Janeiro: Ministério da Educação e Cultura, 1955. v.XIX, t.I.

BARROS, F. P. *Poesia e vida de Castro Alves*. São Paulo: Editora das Américas, 1962.

BARROS, M. P. *No tempo de dantes*. São Paulo: Editora Brasiliense, 1946.

BARROSO, H. J. *Monteiro Lobato*. Buenos Aires: Editorial Futuro, 1959.

BATTISTELLI, V. *La moderna letteratura per l'infanzia*. Firenze: Vallecchi Editore, 1925.

BELMONTE. *No tempo dos bandeirantes*. São Paulo: Melhoramentos, [s.d.].

BELO, J. M. *Memórias de um senhor de engenho*. 2.ed. Rio de Janeiro: Livraria José Olympio Editora, 1948.

BEVILÁQUA, C.; CAVALCANTI, L. *Catálogo geral da Biblioteca Pública do Estado de Pernambuco*. Recife: [s.n.], 1896.

BILAC, O. *Ironia e piedade*. Rio de Janeiro: Livraria Francisco Alves, 1916.

BILAC, O.; BONFIM, M. *Através do Brasil*. 30.ed. Rio de Janeiro: Livraria Francisco Alves, 1937.

BINZER, I. *Alegrias e tristezas de uma educadora alemã no Brasil*. São Paulo: Editora Anhembi, 1951.

BITELLI, G. *Píccola guida alia conoscenza della letteratura infantile*. Torino: Paravia, 1953.

BLAKE, S. *Dicionário bibliográfico brasileiro*. Rio de Janeiro: Imprensa Nacional, 1883-1902.

BONAFIN, O. *La letteratura per l'infanzia*. Brescia: La Scuola Editrice, 1956.

BONE, W. A. *Children's Stories and How to Tell Them*. New York: Harcourt, 1924.

BOOK, F. *La vida del poeta H. Ch. Andersen*. Buenos Aires: Ediciones Peuser, 1947.

BORBA FILHO, H. *Fisionomia e espírito do mamulengo*. São Paulo: Companhia Editora Nacional, 1966.

BORGES, A. C. Prefácio a *Os Lusíadas*. Bruxelas: Tipografia E. Guyot, 1879.

BRAGA, T. *Contos tradicionais do povo português*. Lisboa: J. A. Rodrigues Editores, 1914.

BRAUNER, A. *Nos livres d'enfants ont menti*. Paris: SABRI, 1951.

BRAVO-VILLASANTE, C. *Historia y antología de la literatura infantil ibero-americana*. Madrid: Editorial Doncel, 1966.

______. *Historia de la literatura infantil española*. 2.ed. Madrid: Editorial Doncel, 1963.

______. *Historia de la literatura infantil española*. Madrid: Revista de Occidente, 1959.

BRITO, M. S.; NUNES, C. *Poesia brasileira para a infância*. São Paulo: Edição Saraiva, 1960.

BROCA, B. *Pontos de referência*. Rio de Janeiro: Serviço de Documentação/Ministério da Educação e Cultura, 1962.

CALDAS, D. Catálogo de Imprensa na Paraíba – 1826-1908. *Anais da Imprensa Periódica Brasileira*,[s.l.; s.n.; s.d.].

CALÒ, G. *La letteratura per l'infanzia*. Firenze: SAG Editore, 1946.

CAMÕES, L. *Os Lusíadas*. Edição crítica de José da Fonseca. Paris: Livraria Europea de Baudry, 1846.

CAMPOS, A. *Trancoso*: histórias de proveito e exemplo. Lisboa: Ahlaud Bertrand, 1921.

CAMPOS, H. *Memórias*. 7.ed. Rio de Janeiro: José Olympio Editora, 1935.

CAMPOS, H. *Memórias inacabadas*. 3.ed. Rio de Janeiro: José Olympio Editora, 1937.

CAMPOS, S.; LOBO, A. *Imprensa mineira*. Belo Horizonte: Tipografia Oliveira, Costa & Cia., 1922.

CAPPE, J. *L'art de racconter des histoires aux enfants et des histoires à leur racconter*. Paris: Casterman, 1946a.

CAPPE, J. *Les problèmes de la littérature de jeunesse*. Paris: Casterman, 1946b.

CARNEIRO, O. L. *Metodologia da linguagem*. Rio de Janeiro: Agir, 1951.

CARPEAUX, O. M. *Retratos e leituras*. Rio de Janeiro: Edição da Organização Simões, 1953.

CARRATO, J. F. *As Minas Gerais e os primórdios do Caraça*. São Paulo: Companhia Editora Nacional, 1963.

CARVALHO, A. Catálogo de Imprensa em Pernambuco – 1821-1908. *Anais da Imprensa Periódica Brasileira*, [s.l.; s.n.; s.d.].

CARVALHO, A.; TORRES, J. N. *Anais da Imprensa na Bahia*, [s.l.; s.n.; s.d.].

CARVALHO, B. V. *Compêndio de literatura infantil*. 2.ed. São Paulo: Edições LEIA, 1961.

CASASSANTA, G. *Jornais escolares*. São Paulo: Companhia Editora Nacional, 1939.

CASCUDO, L. C. *Dicionário do folclore brasileiro*. Rio de Janeiro: Instituto Nacional do Livro, 1954.

______. *Cinco livros do povo*. Rio de Janeiro: José Olympio Editora, 1953.

______. *Literatura oral*. Rio de Janeiro: José Olympio Editora, 1952.

______. *Vaqueiros e cantadores*. Porto Alegre: Globo, 1938.

CASTELO, J. A. *Memória e regionalismo* (Introdução aos romances de José Lins do Rego). 8.ed. Rio de Janeiro: José Olympio Editora, 1965.

CASTRO, A. O. V. Catálogo da Imprensa no Maranhão – 1821-1908. *Anais da Imprensa Periódica Brasileira*, [s.l.; s.n.; s.d.].

CASTRO, J. et al. *Estudos sociais na escola primária*. Rio de Janeiro: Centro Brasileiro de Pesquisas Educacionais/Ministério da Educação e Cultura, 1964.

CAVALHEIRO, E. *Monteiro Lobato*: vida e obra. 3.ed. São Paulo: Brasiliense, 1962.

CENTRO DE BIBLIOTECNIA. *Bibliotecas infantis*. São Paulo, v.I, 1966.

CHAIA, J. A Educação Brasileira (Índice Sistemático da Legislação Brasileira). *Coleção de Boletins, Cadeira de Administração Escolar e Educação Comparada*, Marília, n.1, Faculdade de Filosofia, Ciências e Letras, 1963.

CHESTERTON, G. K. *Chesterton, maestro de ceremonias*. Buenos Aires: Emecê Editores, 1950.

CHIESA, M. T. *Letteratura infantile*. Roma: Garzanti, 1963.

CIBALDI, A. *Criteri per la scelta dei libri di letteratura per l'infanzia*. Brescia: La Scuola, 1954.

CLARK, E. *More Stories and How to Tell Them*. London: University Press, [s.d.].

CODIGNOLA, E. *Infanzia, la nuova Italia*. Firenze: [s.n.], 1948.

COELHO, F. A. *Contos da avozinha*. São Paulo: Livraria e Oficinas Magalhães, 1918.

COELHO, J. P. *Dicionário das literaturas portuguesa, brasileira e galega*. Porto: Livraria Figueirinhas, 1960.

COELHO, N. N. *O ensino da literatura*. São Paulo: FTD, 1966.

COLLADO, P. *La literatura infantil y los niños*. Madrid: Ediciones Collado, 1955.

COMPAYRÉ, G. *Fénelon et l'education attrayent*, Paris: [s.n.], 1910.

CRUZ, J. M. *História da literatura*. 8.ed. rev. São Paulo: Melhoramentos, 1957.

DEFOE, Daniel. *Robinson Crusoé*. São Paulo: Iluminuras, 2004.

DEODATO, A. *Políticos e outros bichos domésticos*. Belo Horizonte: Itatiaia, 1962.

DEPLANQUE, A. *La pensée de Fénélon*. Paris: [s.n.], 1950.

DIEGUES, J. T. P. Catálogo de Imprensa em Alagoas – 1831-1908. *Anais da Imprensa Periódica Brasileira*, [s.l.: s.n., s.d.].

DIEGUES, M. J. *Regiões culturais do Brasil*. Rio de Janeiro: Centro Brasileiro de Pesquisas Educacionais/Ministério da Educação e Cultura, 1960.

DOTTIN, P. *Daniel Defoe et ses romans*. Paris: Presses Universitaires, 1924.

DUARTE, E. B. Algumas ideias sobre literatura infantil. *Revista Anhembi*, São Paulo, v.1, 1968.

DYRENFURTH, G. I. *Geschichte des Deutschen Jugendbuches*. Hamburgo: Eberhard Stichnote, 1951.

EDDY, W. A. *Gulliver's Travels*: A Critical Study. London: Princeton Universtry, 1923.

EDMUNDO, L. *De um livro de memórias*. Rio de Janeiro: Departamento de Imprensa Nacional, 1958.

______. *O Rio de Janeiro do meu tempo*. Rio de Janeiro: Imprensa Nacional, 1938.

______. *O Rio de Janeiro no tempo dos vice-reis*. Rio de Janeiro: Departamento de Imprensa Nacional, [s.d.].

ENFANCE. *Les livres pour enfants*. (Prefácio de Henri Vallon, n. especial). Paris: CNRS, 1956.

ETCHEBARNE, D. P. *El cuento en la literatura infantil*. Buenos Aires: Editorial Kapelusz, 1962.

EXPILLY, C. *Mulheres e costumes do Brasil*. São Paulo: Companhia Editora Nacional, 1935.

FAGUET, E. *Dix-septième Siècle*. Paris: Éditions Contemporaines/ Boivin & Cia., [s.d.].

FANCIULLI, G. *Letteratura per l'infanzia*. Torino: SEI, 1929.

FÉNELON, F. de S. M. *Télemaque*. [Ed. bras.: *As aventuras de Telêmaco*. São Paulo: Madras, 2006.]

FERNANDES, L. Catálogo de Imprensa no Rio Grande do Norte – 1832-1908. *Anais da Imprensa Periódica Brasileira*, [s.l.: s.n., s.d.].

FONSECA, G. *Biografia do jornalismo carioca (1808-1908)*. Rio de Janeiro: Quaresma Editora, 1941.

FONSECA, G. Figueiredo Pimentel e a Livraria Quaresma, *Gazeta de Notícias*, 21 fev. 1964.

FRACCAROLI, L. C. *Bibliografia de literatura infantil em língua portuguesa*. São Paulo: Prefeitura do Município de São Paulo, 1955 [1953].

FRANCA, L. *O método pedagógico dos jesuítas*. Rio de Janeiro: [s.n.], 1942.

FRANCE, A. *Le livre de mon ami*. Paris: Calmann-Lévy, 1964.

FREITAS, A. A imprensa paulistana. *Revista do Instituto Histórico e Geográfico de São Paulo*, São Paulo, v.XIX, [s.d.].

FREYRE, G. *Vida social no Brasil nos meados do século XIX*. Recife: Imprensa Universitária, 1965.

______. *Ordem e progresso*. Rio de Janeiro: Livraria José Olympio, 1959.

______. *Sobrados e mocambos*. Rio de Janeiro: Livraria José Olympio Editora, 1951.

______. *Casa grande e senzala*. 4.ed. Rio de Janeiro: Livraria José Olympio, 1950.

______. *Perfil de Euclides da Cunha e outros perfis*. Rio de Janeiro: Livraria José Olympio, 1944.

______. *Artigos de jornal*. Recife: Edições Mozart, [s.d.].

FUSCO, R. *Vida literária*. São Paulo: Sociedade Editora Panorama, 1940.

GANZAROLI, W. *Breve storia della letteratura per l'infanzia*. Rovigo: Instituto Padano di Arti Grafiche, 1947.

GOMES, L. *Contos populares brasileiros*. 3.ed. São Paulo: Melhoramentos, 1965.

______. *Nihil novi*. Juiz de Fora: Typografia Brasil, 1927.

GRAHAM, M. *Viagem ao Brasil*. São Paulo: Companhia Editora Nacional, 1961.

GRIM, J.; GRIM, W. *Contos dos irmãos Grimm*. Trad. Clarissa Pinkola Estes. Rio de Janeiro: Rocco, 2005.

GROOM, A. *Writing for Children*: A Manual of Juvenile Fiction. London: Black, 1929.

GUARANÁ, M. A. C. Catálogo de Imprensa em Sergipe – 1832-1908. *Anais da Imprensa Periódica Brasileira,* [s.l.; s.n.; s.d.].

GUMUCHIAN & CIE. *Les livres de l'enfance du XV au XIX siècle*. Paris: Gumuchian & Cie., 1930.

HAZARD, P. *Les livres, les infants et les hommes*. Paris: Éditions Contemporaines, Boivin & Cia., 1949.

HOGBEN, L. *From Cave Painting to Comic Strip*. Tradução italiana. Roma: Arnaldo Mondadori, 1952.

HOLLEBECQUE, M. L. *Les charmeurs d'enfants*. Prefácio de Edouard Herriot. Paris: Baudiniere Éditions, 1928.

HÜRLIMANN, B. *Europäische Kinderbücher in drei Jahrhunderten*. Zürich: Atlantis, 1959.

INSTITUTO NACIONAL DO LIVRO. *Revista do livro*, Rio de Janeiro, n.14, jun. 1959.

INTERGUGLIELMO, M. N. S. de. *Libros para niños en la República Argentina*. Buenos Aires: [s.n.], 1951.

JESUALDO. *La literatura infantil*: ensaio sobre ética, estética y psicopedagogía de la literatura infantil. 3.ed. Buenos Aires: Editorial Losada, 1959.

LA FONTAINE. *Fábulas*. Rio de Janeiro: Imprensa Nacional, 1886. (Biblioteca Escolar.)

LATZARUS, M. T. *La littérature enfantine dans la deuxième moitié du XIX° siècle*. Paris: Presses Universitaires de France, 1924.

LEAL, O. *Metodologia da linguagem*. Rio de Janeiro: Livraria Agir Editora, 1951.

LEITE, D. M. A influência da literatura na formação da criança. *Atualidades Pedagógicas*, n.53, p.3 e 8.

LEITE, Pe. S. *Páginas de história do Brasil*. São Paulo: Companhia Editora Nacional, 1937.

LEITHOLD, T.; RANGO, L. *O Rio de Janeiro visto por dois prussianos em 1819*. São Paulo: Companhia Editora Nacional, 1965.

LEONE, G. *La letteratura per l'infanzia*. Salermo: Hermes, 1954.

LEPRINCE DE BEAUMONT, Madam Jeanne-Marie. *A bela e a fera*. São Paulo: Scipione, 2010. (Coleção Conto Ilustrado.)

LIMA, A. A. *Estudos*: 1ª série. 2.ed. Rio de Janeiro: Edição de A Ordem, 1929.

______. *Estudos literários*. Rio de Janeiro: Companhia Editora José Aguilar, v.I, 1966.

LIMA, H. *História da caricatura no Brasil*. Rio de Janeiro: Livraria José Olympio, 1963.

LIMA, O. *D. João VI no Brasil*. 2.ed. Rio de Janeiro: José Olympio Editora, 1945.

LOBATO, M. *A barca de Gleyre*. São Paulo: Companhia Editora Nacional, 1944.

______. *Cartas escolhidas*. São Paulo: Brasiliense, 1950.

LOEFFLER-DELACHAUX, M. *Le symbolisme des contes de fées*. Paris: L'Arche, 1949.

LOURENÇO FILHO, M. B. *A pedagogia de Rui Barbosa*. 3.ed. São Paulo: Melhoramentos, 1966.

______. Literatura infantil e juvenil. In: CRUZ, M. *História da literatura*. 8.ed. São Paulo: Melhoramentos, 1957.

______. A criança na literatura brasileira. *Revista da Academia Paulista de Letras*, n.44, 1948.

LUGLI, A. *Letteratura per l'infanzia*. Firenze: Sansoni, 1950.

LÚLIO, Raimundo Loyola. Libre de lês besties. [Ed. bras.: *Livro das Bestas*. São Paulo: Edições Loyola, (s.d.).]

LUZURIAGA, L. *Diccionario de pedagogía*. Buenos Aires: Editorial Losada, 1960.

MACHADO, A. *Vida e morte do bandeirante*. São Paulo: Livraria Martins Editora, [s.d.].

MACHADO, M. C. *Como fazer teatrinho de bonecos*. São Paulo: Melhoramentos, 1955.

MAGALHÃES, B. *O folk-lore no Brasil*. Rio de Janeiro: Livraria Quaresma, 1928.

MAHONY, B. E. *Illustrators of Children's Books*. Boston: [s.n.], 1947.

MAKARENKO, A. S. *Acerca de la literatura*. Trad. Lydia Kuper de Velasco. Montevideo: Ediciones Pueblos Unidos, 1960.

MANTOVANI, F. S. *Sobre las hadas*: ensayos de literatura infantil. Buenos Aires: Editorial Nova, 1959.

______. *Fábula del nino en el hombre*. Buenos Aires: Editorial Sudamerica, 1951.

______. *El mundo poético infantil*. Buenos Aires: El Ateneo, 1944.

MARE W. de La. *Lewis Carrol in the Eighteen-Eighties*: Essays by Fellows of the Royal Society of Literature. Cambridge: University Press, 1930.

MARTINS, W. *A palavra escrita*. São Paulo: Anhembi, 1957.

MEIGS, C. et al. *A Critical History of Children's Literature*. New York: The Macmillan Company, 1953.

MEIRELES, C. *Problemas da literatura infantil*. Belo Horizonte: Imprensa Oficial, 1951.

MELO, L. C. *Dicionário de autores paulistas*. São Paulo: Comissão do IV Centenário da Cidade de São Paulo, 1954.

MELO, M. *A imprensa pernambucana em 1918*. Recife: [s.n.], 1918.

MELO, T. F. Os primeiros jornais do Rio Grande do Sul. *Almanaque Popular Brasileiro*, Porto Alegre, 1905.

MENNUCCI, S. *Rodapés*: ensaios críticos. São Paulo: Casa Editora Antônio Tisi, 1927.

MONTAIGNE. *Ensaios*. Trad. Sérgio Milliet. Porto Alegre: Editora Globo, 1961.

MUQAFFA, A. *Calila e Dimna*. Buenos Aires: Editorial Arábigo-Argentina El Nilo, 1948.

NERY, F. J. de S. *Folk-lore brésilien*. Paris: Librairie Académique Didier, 1889.

NEVES, A. Catálogo de Imprensa no Piauí – 1835-1908. *Anais da Imprensa Periódica Brasileira*, [s.l.: s.n., s.d.].

NOEL, B. *Dictionnaire biographique des auteurs*. Paris: SEDE, 1957.

NUNES, J. S. *Os Lusíadas*: edição escolar. Rio de Janeiro: Livraria Francisco Alves, 1927.

OBRY, O. *O teatro na escola*. São Paulo: Melhoramentos, 1958.

OLIVEIRA, A. O livro do povo, uma raridade bibliográfica. *Jornal do Comércio*, Rio de Janeiro, 20 jan. 1963.

OLIVEIRA, J. F. *O ensino em São Paulo*. São Paulo: Tipografia Siqueira, 1932.

OSÓRIO, A. C. *Instrução e educação*. Lisboa: Livraria Editora Guimarães & Cia., 1909.

OTÁVIO, B. *Teatro da infância*. Belo Horizonte: Editor Carlos Góis, 1918.

PARANAPIACABA, B. *Camoniana brasileira*. Biblioteca Escolar do Conselho de Instrução Pública do Império. Rio de Janeiro: Imprensa Nacional, 1886.

PARTON, F. S. Harwey. *Children's Book in England*. Cambridge: University Press, 1922.

PEIXOTO, A. *História do Brasil*. Porto: Livraria Lello & Irmãos, 1940.

______. *Ensinar a ensinar*. Rio de Janeiro: Livraria Francisco Alves, 1923.

PEREIRA, M. M. A. *Oiteiro (memórias de uma sinhá-moça)*. Rio de Janeiro: Irmãos Pongetti Editores, 1958.

PÉREZ-RIOJA, J. A. *Diccionario de símbolos y mitos*. Madrid: Editorial Tecnos, 1962.

PERRAULT, C. *Contos de fadas*. Trad. Monteiro Lobato. São Paulo: IBEP-Nacional, 2007.

PETRINI, E. *Estudio critico de la literatura juvenil*. Madrid: Ediciones Rialp, 1963.

PIMENTEL, G. F. Figueiredo Pimentel. *Diário de Notícias*. Rio de Janeiro, 22 mar. 1964.

PINTO, A. *Um livro sem título (memórias de uma provinciana)*. Rio de Janeiro: Irmãos Pongetti Editores, 1963.

PINTO, A. M. *Provérbios populares, máximas e observações usuais*. Rio de Janeiro: Livraria Francisco Alves, 1917.

PINTO, A. M. *Cantigas das crianças e do povo*. Rio de Janeiro: Livraria Francisco Alves, 1916.

______. *Os nossos brinquedos*. Lisboa: Tipografia A Editora, 1909.

PONS, E. *La jeunesse de Swift et le Conte du Tonneau*. Paris: Imprimerie Alsacienne, 1925.

PORTO, A. *O colono alemão (notas para a história da imprensa rio-grandense – 1827-1837)*. Rio de Janeiro: Publicações do Arquivo Nacional, 1934.

PREGO, J. da M. *A lagoa de Donim*. Rio de Janeiro: Livraria Francisco Alves, 1918.

PROENÇA, M. C. O negro tinha caráter como o diabo! (Introdução a *O moleque Ricardo*). 7.ed. Rio de Janeiro: José Olympio Editora, 1966.

______. *Literatura popular em verso*. Rio de Janeiro: Edição da Casa de Rui Barbosa/Ministério de Educação e Cultura, 1964. (Antologia, t.1.)

QUEIRÓS, E. *Cartas da Inglaterra*. Porto: Lello & Irmãos Editores, 1951.

REGO, J. L. do. *Menino de engenho*. Rio de Janeiro: José Olympio Editora, 1958.

______. *Meus verdes anos*. 2.ed. Rio de Janeiro: José Olympio Editora, 1957.

REZENDE, F. P. F. *Minhas recordações*. Rio de Janeiro: José Olympio Editora, 1944.

RIBEIRO, J. *O folk-lore*. Rio de Janeiro: Jacinto Ribeiro dos Santos Livreiro-Editor, 1919.

RIO, J. do. *O momento literário*. Rio de Janeiro: H. Garnier, 1908.

RIZZINI, C. *O livro, o jornal e a tipografia no Brasil*. Rio de Janeiro: Livraria Kosmos Editora, 1945.

RIZZINI, J. *História de Monteiro Lobato (para a infância e juventude)*. São Paulo: Editora Piratininga, [s.d.].

ROBLES, A. *El maestro y el cuento infantil*. Cuba: publicaniones cultural, [s.d.].

RODRIGUES, A. M. *O livro do povo*. 9.ed. Maranhão: Tipografia Frias, 1881.

RODRIGUES, A. P. Notas para a história da imprensa no Rio Grande do Sul. *Almanaque do Rio Grande do Sul,* 1900.

RODRIGUES, N. *Os africanos no Brasil*. 3.ed. São Paulo: Companhia Editora Nacional, 1945.

ROMERO, S. *História da literatura brasileira*. 3.ed. Rio de Janeiro Livraria: José Olympio, 1943.

______. *Contos populares do Brasil*. Lisboa: Livraria Internacional, 1883.

ROQUETE, J. I. *Código de bom-tom*. Paris, 1859.

ROSAS, P. *Interpretação da literatura infantojuvenil no Nordeste*. Recife: Instituto Pernambucano de Estudos Pedagógicos, 1960.

SANTUCCI, L. *Letteratura infantile*. 2.ed. Firenze: G. Barbèra, 1950.

______. *Limiti Ragioni della letteratura infantile*. Firenze: Editor Sansoni, 1942.

SCHELL, M. C. *Títeres, sombras y marionetas*. Buenos Aires: Editorial Ferrari Hermanos, 1947.

SENNA, E. *O velho comércio do Rio de Janeiro*. Rio de Janeiro: Livraria Garnier Irmãos, [s.d.].

SEQUEIRA, P. A. *Esboço histórico dos costumes do povo espírito-santense*. 2.ed. Vitória: Imprensa Oficial de Vitória, 1944. (1.ed. 1893).

SILVEIRA, M. I. *Isabel quis Valdomiro*. São Paulo: Livraria Francisco Alves, 1962.

SMITH, E. S. *The History of Children's Literature*. Chicago: American Library Association, 1937.

SODRÉ, N. W. *História da literatura brasileira*. 3.ed. Rio de Janeiro: José Olympio Editora, 1960.

SOUSA, J. B. F. Catálogo da Imprensa no Amazonas (1851-1908). *Anais da Imprensa Periódica Brasileira,* [s.l.: s.n., s.d.].

STUDART, B. Catálogo de Imprensa no Ceará – 1824-1908. *Anais da Imprensa Periódica Brasileira*, [s.l.: s.n., s.d.].

SWIFT, J. *As viagens de Gulliver*. São Paulo: Scipione, 2005.

TIBALDY, M. C. *Letteratura infantile*. Milano: Garzanti Editor, 1961.

TOLEDO, L. Imprensa paulista (memória histórica). *Revista do Instituto Histórico Geográfico de São Paulo*, São Paulo, v.III, [s.d.].

TORAL, C. *Literatura infantil española*. Madrid: Editorial Coculsa, 1957.

TRAVASSOS, N. P. *Minhas memórias dos Monteiros Lobatos*. São Paulo: Edart Livraria-Editora, 1964.

TREJO, B. L. *La literatura infantil en México*. México: [s.n.], 1950.

TRIGON, J. *Histoire de la littérature enfantine*. Paris: Hachette, 1950.

TUER, A. W. *Pages and Pictures from Forgotten Children Books*. London: [s.n.], 1899.

VASCONCELOS, J. L. *Ensaios etnográficos*. Famalicão: Tipografia Minerva de Gaspar Pinto de Sousa & Irmão, 1911. 4v.

VERÍSSIMO, J. *A educação nacional*. Rio de Janeiro: Francisco Alves, 1906.

VERNE, J. *Cinco semanas num balão*. São Paulo: Ática, 1998.

______. *Viagens e aventuras do capitão Hatteras*. 2v. [S.l.]: Europa--America, 1983.

VIANNA, H. *Contribuição à história da imprensa brasileira (1812-1869)*. Rio de Janeiro: Imprensa Nacional, 1945.

______. *Formação brasileira*. Rio de Janeiro: José Olympio Editora, 1935.

VISENTINI, O. *Scrittori per l'infanzia*. Roma: Edizioni Scolastiche Mondadori, 1953.

VIVEIROS, J. de. *História do comércio do Maranhão (1612-1895)*. São Luís: Edição da Associação Comercial do Maranhão, 1954.

WHITAKER, E. A. *A família Whitaker*. São Paulo, [s.n.]: 1950.

Catálogos

CATÁLOGO da Empresa Literária Fluminense. Lisboa, 1909.

CATÁLOGO das Edições F. Briguiet & Cia. F. Briguiet & Cia., Rio de Janeiro, [s.d.].

CATÁLOGO de Laemmert. Rio de Janeiro, 1906.

CATÁLOGO geral. São Paulo, Ed. Melhoramentos, 1962.

CATÁLOGO geral. São Paulo, Ed. Melhoramentos, 1955.

CATÁLOGO geral da Biblioteca Pública do Estado de Pernambuco. Rio de Janeiro, 1896.

CATÁLOGO infantil. São Paulo, Ed. Melhoramentos, 1947, 1949, 1950, 1953, 1955, 1959.

CATÁLOGOS. São Paulo, Companhia Editora Nacional.

CATÁLOGOS de obras. São Paulo, Ed. Melhoramentos, 1924-31.

LAEMMERT & CIA. *Catálogo geral das obras de fundo*, Rio de Janeiro, 1906.

______. *Livro diário para 1901*, Rio de Janeiro, 1901.

LELLO & IRMÃOS. *Catálogo geral da Livraria Chardron*, Porto, 1907.

LIBRAIRIE GARNIER FRÈRES. *Catalogue général 1912-1913*, Paris, 1913.

LIVRARIA EDITORA LEITE RIBEIRO. *Catálogo 1928, edições e obras de fundo*. Rio de Janeiro, 1928.

LIVRARIA FRANCISCO ALVES. *Catálogo Aillaud e Bertrand*, Rio de Janeiro, [s.d.].

LIVRARIA GARNIER. *Catálogo geral 1928*, Rio de Janeiro, 1928.

LIVRARIA H. ANTUNES. *Boletim n.2*, Rio de Janeiro, [s.d.].

LIVRARIA H. GARNIER. *Catálogo geral de 1907*, Rio de Janeiro, 1907.

LIVRARIA TEIXEIRA. *Catálogo de livros úteis e novidades literárias*, Porto, Tipografia da Empresa Literária e Tipográfica, 1914.

MINISTÉRIO DA EDUCAÇÃO E CULTURA. *Catálogo da exposição camoniana*. Prefácio de Celso Cunha, Rio de Janeiro: Biblioteca Nacional, 1957.

O TICO-TICO. Edição do cinquentenário. Rio de Janeiro, 1955.

Índice onomástico

Sobre o livro

Formato: 14 x 21 cm
Mancha: 25 x 44 paicas
Tipologia: Iowan Old Style 10/14
Papel: Offset 75 g/m^2 (miolo)
Cartão Supremo 250 g/m^2 (capa)

3ª edição: 2011
408 páginas

Equipe de realização

Edição de Texto
Gisele Carnicelli (Copidesque)
Elisa Andrade Buzzo (Preparação de original)
Renata Gonçalves e Mariana Vitale (Revisão)

Assistente Editorial
Olivia Frade Zambone

Editoração Eletrônica
Vicente Pimenta (Diagramação)

Capa
Estúdio Bogari

Impressão e acabamento